Lutherische Kirche in der Welt

Jahrbuch des Martin-Luther-Bundes 2008

Begründet von Christian Stoll
Herausgegeben von Claus-Jürgen Roepke

Lutherische Kirche in der Welt

Jahrbuch des Martin-Luther-Bundes
Folge 55 • 2008

MARTIN-LUTHER-VERLAG • ERLANGEN
2008

Bibliografische Information der Deutschen Nationalbibliothek
Die Deutsche Nationalbibliothek verzeichnet diese Publikation in der Deutschen Nationalbibliografie; detaillierte bibliografische Daten sind im Internet über <http://dnb.d-nb.de> abrufbar.

ISBN 978-3-87513-159-8

Herausgegeben im Auftrag des
Martin-Luther-Bundes
von Claus-Jürgen Roepke
Redaktion: Dr. Rainer Stahl, Erlangen
Gestaltung: Frank Thiel, Erlangen
Druck: Freimund-Druckerei, Neuendettelsau

Inhalt

Claus-Jürgen
Roepke

Zum Geleit

Neuerscheinungen, die im vergangenen Jahr aus England und den USA kommend auf den deutschen Büchermarkt geworfen wurden, sorgen anhaltend in den Feuilletons unserer großen Tages- und Wochenzeitungen für einen lebhaften Schlagabtausch zwischen Atheisten und Theisten, Kreationisten und Vertretern der Evolutionstheorie, Gläubigen und Ungläubigen. Da greift man dann schon mal gerne zu einem deutschen Autor, der die Gottesfrage und den Kirchenfrust gelassener, informativ und mit Humor angeht. Etwa zu dem Buch „Gott – Eine kleine Geschichte des Größten“, das der katholische Mediziner, Psychotherapeut und Theologe Manfred Lütz rechtzeitig zur Buchmesse vorlegte. Oder zu dem Band, den der Hamburger lutherische Hauptpastor Johann Hinrich Claussen unter dem Titel „Zurück zur Religion“ unlängst als Antwort auf die Frage, warum wir vom Christentum nicht loskommen, veröffentlichte.

Im Schatten dieses theologischen Diskurses auf dem Zeitschriften- und Büchermarkt befindet sich die Tagungskultur in Deutschland, in der immer häufiger religiöse und theologische Fragen thematisiert werden. Erinnert sei an die theologischen Tagungen der evangelischen und katholischen Akademien, die Konferenzen, die auf EKD-Ebene oder von der Theologischen Wissenschaft organisiert werden, an Seminare der Luther-Akademie, der Paul-Gerhardt-Gesellschaft und anderer Vereinigungen. Auch im Martin-Luther-Bund nimmt die Tagungsarbeit einen breiten Raum ein. Dabei ist das Spezifikum dieser jährlichen Tagungen in Seevetal – früher Bad Segeberg – und abwechselnd in Gallneukirchen und auf dem elsässischen Liebfrauenberg neben dem theologischen Gespräch und der *vita communis* vor allem immer die Begegnung mit interessierten Laien und Theologen aus anderen lutherischen Kirchen Europas.

Tagungen haben den Vorteil, dass aktuelle und grundsätzliche Fragen des Glaubens ausführlich in Rede und Gegenrede diskutiert werden können und dass diese Gespräche eingebettet sind in die Struktur gemeinsamen Gebetes und der Begegnung. Ihr Nachteil ist, dass sie nur höchst indirekt in die Breite zu wirken vermögen. Auch Referate, die im Nachgang abgedruckt werden, sind da nur ein Behelf, denn sie können weder die persönliche Glaubwürdigkeit und Ausstrahlungskraft des Referenten noch den Verlauf der anschließenden Gespräche wiedergeben.

Dennoch gehört es zur Tradition des Jahrbuches, auch immer wieder das eine oder andere Referat von einer Tagung des Martin-Luther-Bundes zum Abdruck zu bringen. Das ist nicht nur für die Tagungsteilnehmer wichtig und will auch nicht nur allgemein auf die Tagungsarbeit des Martin-Luther-Bundes hinweisen und zur Teilnahme einladen. Mit diesen Referaten will sich der Martin-Luther-Bund vielmehr in die aktuelle Diskussion theologischer und kirchlicher Fragen in unserem Land einmischen. Auch wenn sich die Verantwortlichen nicht immer mit allen Einzelheiten der Ausführungen identifizieren wollen, sollen diese Beiträge doch generell eine dezidiert lutherische Positionsanzeige sein. Dies gilt auch für die Tagungsreferate dieses Jahrbuchs.

Zu den herausragenden theologischen Konferenzen des vergangenen Jahres gehörte eine Konferenz, die vom 17. bis 19. Januar in Wittenberg zum Thema „Der Beruf des Christen – Bekenntnis, Identität und gesellschaftliche Verantwortung" durchgeführt wurde. Veranstalter waren die Theologische Fakultät der Martin-Luther-Universität Halle-Wittenberg, das Gustav-Adolf-Werk, der Martin-Luther-Bund und der Evangelische Bund. Anlass des gemeinsamen Unternehmens war das 175-jährige Jubiläum des Gustav-Adolf-Werks. Ein besonderes Merkmal dieser Veranstaltung war, dass sich hier Studenten aus dem Umfeld der Universität, Pfarrer und Pfarrerinnen aus den umliegenden Landeskirchen, Gäste aus benachbarten europäischen Ländern und engagierte Freunde der Diasporaarbeit zu einem mehrtägigen Gespräch zusammenfanden. Mehr als ein Drittel aller Teilnehmer waren Freunde des Martin-Luther-Bundes. Gleich in mehrerer Hinsicht wurden in diesen Tagen Grenzen überschritten – Grenzen zwischen den Generationen und den unterschiedlichen Kulturen, Grenzen auch der herkömmlichen Konfessionalität zwischen lutherisch, reformiert und uniert sowie die immer noch spürbare Grenze zwischen Wissenschaft und Kirche, zwischen dem gelebten Glauben in Ost und West.

Zur Eröffnung der Tagung sprach der polnische Europa-Abgeordnete Professor Jerzy Buzek, der frühere Premierminister Polens, ein evangelischer Christ aus dem Süden des Landes. Schon die Tatsache, dass ein Pole nicht katholisch ist, sondern sich zur lutherischen Kirche des Landes bekennt, erregte bei den Journalisten Aufmerksamkeit. Auf Einladung des MLB sprach Buzek über die gesellschaftliche Ausstrahlungskraft von Minderheiten, die er als „enorm und sehr positiv" bezeichnete. Am Beispiel der

Waldenser in Italien und der Protestanten im eigenen Land – er hätte ebenso noch den französischen Protestantismus erwähnen können – legte er eindrücklich dar, dass und warum der Einfluss engagierter Minderheiten auf das Gemeinwohl oft wesentlich größer ist, als man aufgrund ihrer zahlenmäßigen Stärke vermuten möchte. Die auch juristisch interessanten Ausführungen sind in diesem Jahrbuch nachzulesen – von Interesse für jeden, der – auch andernorts und hierzulande! – über die Minderheitssituation des christlichen Glaubens nachzudenken hat.

Ein Höhepunkt der Tagung war zweifellos die Begegnung mit Professor Dr. Nelson Kirst von der Hochschule São Leopoldo in Brasilien, der auf Einladung des GAW den Beitrag der Liturgie der Kirche zu Bekenntnis, Identität und gesellschaftlicher Verantwortung entfaltete. Auch dieses Referat ist im Jahrbuch 2008 in voller Länge abgedruckt. Kirst ging von der „kargen liturgischen Landschaft" seiner Einwanderungskirche in Brasilien aus, die sich bis in die jüngste Gegenwart hinein mit einer ausgedünnten preußischen Gottesdienstordnung begnügt hatte. In einem mitreißenden Durchmarsch ließ er die Tagungsteilnehmer daran teilnehmen, wie seine Kirche in den letzten zwanzig Jahren die „andere, schöne, grünende, blühende, wasserreiche liturgische Landschaft" der Kirche neu für sich und ihre Pastoren und Gemeinden entdeckt hat. Für alle, denen der lutherische Gottesdienst lieb und vertraut ist und die sich im neuen Gottesdienstbuch der VELKD und der Kirchen der Union geistlich zuhause fühlen, war da vieles gewiss nicht neu. Neu und eindrücklich war aber, wie hier die Inkulturation der Liturgie durch Luther, die Realpräsenz Jesu Christi im Mahl, die Kreuzestheologie Luthers und die Rückkoppelung der lutherischen Liturgie in die alte Kirche und ihre Einbindung in die Ökumene der Gegenwart neu entdeckt und für die Gestaltung der Gottesdienste, den gottesdienstlichen Raum und das Kirchenjahr fruchtbar gemacht wurden.

Die Herbsttagung 2007 des MLB in Gallneukirchen war der bleibenden Bedeutung des Christusbekenntnisses für Lehre und Glauben der Kirche gewidmet. Wie aktuell diese Thematik ist, machte Professor Dr. Alar Laats aus Tallinn (Reval) deutlich, der anhand einiger Entwicklungen im Christentum des postkommunistischen Estland aufzeigte, wie es im Zuge einer geistigen Anpassung zu einer Ausdünnung des christlichen Glaubens kommen kann. Sein Referat wird voraussichtlich im nächsten Jahrbuch veröffentlicht werden. Das theologische Hauptreferat hielt der Regensburger Regionalbischof Dr. Hans-Martin Weiss. Wir freuen uns, dass es auch bereits in diesem Jahrbuch nachzulesen ist. Nicht nur wegen seines warmherzigen Rückblicks auf das Paul-Gerhardt-Gedenken des Jahres 2007, sondern vor allem auch wegen der Klarheit, mit der es die bleibende zentrale Bedeutung des

Christusbekenntnisses auch im Wandel der geistigen Strömungen unterstreicht.

Mit der Bitte, auch die zukünftigen Tagungsprogramme aus der Zentrale in Erlangen aufmerksam zu studieren und sie als Einladung zum theologischen Gespräch über den eigenen Horizont hinaus anzunehmen, danke ich Ihnen für alle Verbundenheit mit dem Martin-Luther-Bund. Ich bitte Sie, seine Arbeit auch in Zukunft zu unterstützen – durch Ihre Fürbitte, indem Sie neue Freunde gewinnen und vielleicht auch durch eine besondere Spende für die „Diasporagabe" des Jahres 2008, die den lutherischen Christen in der Ukraine zugutekommen soll.

München, Erlangen,
am 375. Todestag
Gustav Adolfs von Schweden

Dr. h. c. Claus-Jürgen Roepke
Präsident des Martin-Luther-Bundes

Miloš
Klátik

Die Verheißung wirklichen Lebens

Zur Jahreslosung für 2008

Jesus Christus spricht: „Ich lebe, und ihr sollt auch leben" (Joh 14,19).

Diese Worte unseres Herrn Jesus Christus sind Worte des ewigen Lebens. Sie enthalten die Heilige Wahrheit und sind von dem ausgesprochen, der geboren wurde und in diese Welt gekommen ist, damit er Zeugnis von der Wahrheit gibt (Joh 18,37). Seine Worte vergehen niemals, wenn auch Himmel und Erde vergehen (Mt 24,35). Alle seine Worte sind uns wertvoll und kostbar. Mir sind die Worte aus Johannes 14,19 ganz besonders wertvoll und wichtig. Sie drücken eine große Wahrheit aus. Man könnte sie sogar als Osterpredigt des österlichen Siegers, der uns das ewige Leben versprochen hat, bezeichnen. Deswegen singen wir auch: „Jesu, meines Lebens Leben, Jesu, meines Todes Tod" (EG 86). Diese Worte spricht der aus, der sagt: „Ich bin der Erste und der Letzte und der Lebendige. Ich war tot, und siehe, ich bin lebendig von Ewigkeit zu Ewigkeit" (Offb 1,17–18). Das sagt der, „der Amen heißt, der treue und wahrhaftige Zeuge, der Anfang der Schöpfung Gottes" (Offb 3,14), der „Erstling unter denen, die entschlafen sind" (1 Kor 15,20), der „Löwe aus dem Stamm Juda, die Wurzel Davids" (Offb 5,5), der die Welt besiegt hat. *Das zeigt uns, dass wir uns seinem Zeugnis völlig anvertrauen sollen.*

Seine Worte sind mehr als die Worte der Engel am leeren Grab: „Was sucht ihr den Lebenden bei den Toten? Er ist nicht hier, er ist auferstanden" (Lk 24,5). Seine Worte sind mehr als das Zeugnis der Frauen, die vor dem leeren Grab stehen. Sie sind mehr als das Zeugnis der Zeugen, über die der Apostel Paulus im 1. Korinther 15,3–8 schreibt. Denn hier sagt Jesus selbst: „Ich bin lebendig." Das ist eine Wahrheit, die über die Geschichte hinausgeht und auf die der Glaube gegründet ist. Jesus lebt als der Ewige, Allmächtige und wirkt durch seinen heiligen Geist. Er spricht zu uns genau so, wie er zu unseren Vorfahren gesprochen hat und wie er auch noch zu unseren Kindern sprechen wird: „Und siehe, ich bin bei euch alle Tage bis an der Welt Ende“ (Mt 28,20) – weil ich lebendig bin. Der Beweis dafür ist die christliche Kirche, die sein Leib ist und deren Haupt er selbst ist. Das bezeugt jeder Christ, wenn er das Wirken Jesu in seinem Leben spürt und deshalb bekennt: „Aber ich weiß, dass mein Erlöser lebt“ (Hiob 19,25).

Jesus ist nicht nur eine Person aus der Kirchengeschichte, die einmal gelebt hat und jetzt nur noch durch Erinnerungen präsent ist, so wie es bei vielen bedeutsamen Persönlichkeiten ist. Er ist die lebendige Wirklichkeit, Realität und Gegenwart. Das hat auch unser Reformator Dr. Martin Luther erlebt und deshalb „VIVIT“ um die Lutherrose herum geschrieben. Das heißt: „Er lebt“. Jesus gibt uns die Gewissheit des Glaubens, denn er sagt: „Ich bin die Auferstehung und das Leben“ (Joh 11,25). „Ich bin der Weg und die Wahrheit und das Leben“ (Joh 14,6) – weil ich lebendig bin.

Gott gab uns seinen Sohn nicht, damit er sein Ansehen bei uns steigert. Die Summe des Evangeliums sagt, dass Gott ihn allein aus seiner väterlichen Liebe in die Welt gegeben hat, „damit alle, die an ihn glauben, nicht verloren werden, sondern das ewige Leben haben“ (Joh 3,16). Jesus ist unser Leben!

In einem geistlichen Lied singen wir: „Jesus lebt! Sein Heil ist mein, / sein sei auch mein ganzes Leben; / reines Herzens will ich sein, / bösen Lüsten widerstreben. / Er verlässt den Schwachen nicht; / dies ist meine Zuversicht“ (EG 115,4). Er hat unsere Sünde mit seinem Leib auf das Holz hinaufgetragen, „damit wir, der Sünde abgestorben, der Gerechtigkeit leben. Durch seine Wunden seid ihr heil geworden“ (1 Petr 2,24). „Ich bin gekommen, damit sie das Leben und volle Genüge haben sollen“ (Joh 10,10). Wir sollen in seinen Fußstapfen gehen und dann das ewige Leben erreichen. Darum sagt er auch nicht nur, dass „er lebendig ist“, sondern er verbindet damit, dass auch wir mit ihm „leben werden“.

Manche Übersetzungen benutzen „ihr werdet leben“, andere „ihr sollt leben“. Das bedeutet, dass wir nicht nur im Sinne von „existieren“ leben sollen, sondern dass wir als Kinder Gottes durch seinen heiligen Geist an sein Wort glauben und ein frommes Leben jetzt und bis in die Ewigkeit führen sollen. Jesu Worte beinhalten ein Versprechen und gleichzeitig eine Aufforderung. Wir werden aufgefordert, uns daran zu erinnern, dass Jesus lebt und von uns weiß. Darum sollten wir die Sünde vermeiden, denn Gott sieht uns. Solch eine Einsicht hilft uns, auf dem Weg mit Jesus auszuharren. Sie beschützt uns vor Kleinmut und Verzweiflung.

Gleichzeitig verpflichten uns Jesu Worte, dass wir uns in Liebe und Treue zu Gottes Geboten halten. Dann werden wir die Sicherheit gewinnen, dass wir in seinen Händen geborgen sind und dass niemand uns von ihm trennen kann.

Dann werden wir unsere Hoffnung auch nicht am Grab unserer Lieben verlieren. Denn wir können Jesu Zuspruch vertrauen: „Ich lebe, und ihr werdet auch leben." Dieser Zuspruch gibt nicht nur dem Einzelnen, sondern auch der ganzen Kirche Sicherheit. Wenn wir uns sicher sind, dass Jesus lebt, müssen wir nicht in Sorge um unsere Kirche leben. Die Kirche wird leben und sogar die Höllenpforte wird sie nicht überwinden. Denn der Herr ist lebendig, weshalb Luther ja auch singt: „Er heißt Jesus Christ, / der Herr Zebaoth, / und ist kein andrer Gott, / das Feld muss er behalten" (EG 362,2). Er hat die Sünde überwunden und ist derjenige, „der da ist und der da war und der da kommt" (Offb 1,4). Sein Gnadengeschenk an uns ist das ewige Leben, das wir in ihm und durch ihn haben. Mit dem Apostel Paulus haben wir dazu eigentlich nur eines zu sagen: „Dank sei Gott durch Jesus Christus, unsern Herrn!" (Röm 7,25).

Marc Lienhard

Theologie für die Kirche: Lutherische Perspektiven[1]

I. Die Heilsbotschaft bei Luther und in den Kirchen heute

Wie viele seiner Zeitgenossen hat Martin Luther an der Kirche, in welcher er aufgewachsen war, gelitten. Er hat gelitten unter schwatzhaften Klerikern, unter der Käuflichkeit geistlicher Güter,[2] unter der Verderbtheit der Kurie und am Lebenswandel vieler Geistlichen. Doch war dies, im Unterschied zu vielen Menschen des 16. Jahrhunderts wie etwa Erasmus, nicht sein Hauptproblem. Er ist nicht als Reformer der Kirche angetreten, und er wollte keine neue Kirche gründen. Ihm ging es darum, zu verstehen und zu verkünden, was die Heilige Schrift unter Evangelium und unter Heil der Menschen versteht. Das war bis zu seinem Lebensende sein großes Anliegen. Noch in den dreißiger Jahren des 16. Jahrhunderts, als schon evangelisches Kirchentum entstanden war, als Luther sich vom Papst gelöst hatte und immer wieder vom Papst als dem Antichristen sprach, kann er in seinem großen Kommentar des Galaterbriefs schreiben: „Wenn der Papst mir die Rechtfertigung durch den Glauben lässt, bin ich bereit, nicht nur ihm die Füße zu küssen, sondern ihn auch auf den Händen zu tragen."[3]

Bekanntlich hat Luther die Rechtfertigungsbotschaft im Römerbrief neu entdeckt. Beim Lesen von Römer 1,17 – so lautet es zumindest in seinem Selbstzeugnis von 1545[4] – wurde ihm klar, dass die Gerechtigkeit Gottes, von der das Evangelium spricht, eine Gerechtigkeit ist, die Gott in Christus dem Menschen schenkt, der, vom Gesetz verurteilt, als Sünder vor ihm steht.

---

1 Vortrag bei den Theologischen Tagen des Martin-Luther-Bundes zu dem Thema „Welche Theologie braucht die Kirche? Wie viel Kirche braucht die Theologie?" auf dem Liebfrauenberg am 11. Oktober 2006.

2 Vgl. WA 56, 4,58,3.

3 WA 40, I, 181,1–3.

4 WA 54, 179–184.

Aber Luther hat diese Botschaft nicht nur in paulinischen Kategorien ausgedrückt. Er konnte von der Rechtfertigung des Sünders sprechen, ohne das Wort Rechtfertigung zu benutzen. Es fehlt im Kleinen Katechismus, aber das ist gemeint, wenn Luther sagt: „… der mich verlorenen und verdammten Menschen erlöset hat, erworben und gewonnen von allen Sünden, vom Tod und von der Gewalt des Teufels".

Die Botschaft, nicht die Lehre an sich, macht das Proprium der Kirche aus. In ihr liegt ihre Existenzberechtigung. Damit steht und fällt sie, wie Luther in den Schmalkaldischen Artikeln sagt. Die Kirche ist dazu berufen, ein Ort zu sein, wo dem Menschen Befreiung verkündet und geschenkt wird von Schuld, Tod, Teufel und allen Zwängen, die damit verbunden sind.

Für die Kirche und für ihre Einheit wird Entscheidendes gewonnen, wenn die Tür sich öffnet zu gemeinsamen Aussagen verschiedener Kirchen zur Rechtfertigungsbotschaft. Dies ist in der Leuenberger Konkordie an zentraler Stelle geschehen: „Das rechte Verständnis des Evangeliums [verstanden als die Heilsbotschaft von Jesus Christus] haben die reformatorischen Väter in der Lehre von der Rechtfertigung zum Ausdruck gebracht […]. Gott ruft durch sein Wort im heiligen Geist alle Menschen zu Umkehr und Glauben und spricht dem Sünder, der glaubt, seine Gerechtigkeit zu."[5]

Artikel 12 bestimmt die Rechtfertigungsbotschaft als Aussage zur „ausschließlichen Heilsmittlerschaft Jesu Christi". Betont wird außerdem – und das ist von Bedeutung für unser Thema –, „dass die ausschließliche Heilsmittlerschaft Jesu Christi die Mitte der Schrift und die Rechtfertigung als Botschaft von der freien Gnade Gottes Maßstab aller Verkündigung der Kirche ist"[6].

Bedauerlich ist, dass in anderen neueren Dokumenten, wie in der Vereinbarung von Porvoo, die Rechtfertigungslehre fast ganz abwesend ist.

Wie aber ist es mit der Gemeinsamen [lutherisch-katholischen] Erklärung zur Lehre von der Rechtfertigung von 1999? Ich bin der Meinung, dass sie ein Meilenstein auf dem Weg der Kirchen zueinander darstellt, nicht zuletzt weil sie, im Unterschied zu vielen anderen ökumenischen Vereinbarungen, von den Kirchen rezipiert wurde. Wie aber steht es mit dem Inhalt? Wir lesen in den Artikeln 16 und 17: „Allein durch ihn [Christus] werden wir gerechtfertigt, indem wir im Glauben dieses Heil empfangen. Der Glaube selbst ist wiederum Geschenk Gottes durch den Heiligen Geist, der im Wort und in den Sakramenten in der Gemeinschaft der Gläubigen wirkt und zugleich die Gläubigen zu jener Erneuerung ihres Lebens führt,

5 Leuenberger Konkordie, Artikel 8 und 10.
6 A. a. O., Artikel 12.

die Gott im ewigen Leben vollendet." „Gemeinsam sind wir der Überzeugung, dass die Botschaft von der Rechtfertigung uns in besonderer Weise auf die Mitte des neutestamentlichen Zeugnisses von Gottes Heilshandeln in Christus verweist. Sie sagt uns, dass wir Sünder unser neues Leben allein der vergebenden und neu schaffenden Barmherzigkeit Gottes verdanken, die wir uns nur schenken lassen und im Glauben empfangen, aber nie, in welcher Form auch immer, verdienen können."

Die Kritik an der Gemeinsamen Erklärung hat sich vor allem an drei Punkten entzündet. Einige meinten, dass u. a. durch die differenzierten Aussagen über die Rechtfertigung *sola fide*, die Heilsgewissheit, das bleibende Sündersein der Gerechtfertigten, die guten Werke, diese Übereinstimmung doch in Frage gestellt würde. Andere bedauerten das Fehlen von ekklesiologischen Implikationen und Konsequenzen. Schließlich wurde gestritten über den Stellenwert der Rechtfertigungslehre. Wird ihre kriteriologische und normative Funktion genügend zum Ausdruck gebracht? Für die Lutheraner ist sie einzigartig, die Katholiken sprechen von mehreren Kriterien, ohne dass in der Gemeinsamen Erklärung diese Kriterien genannt werden. Aber die besondere Funktion der Rechtfertigungslehre wird von keiner Seite verneint und wurde noch im Anhang der Erklärung (11. Juni 1999) verstärkt. Hier heißt es: „Die Rechtfertigungslehre ist Maßstab oder Prüfstein des christlichen Glaubens". Keine Lehre darf diesem Kriterium widersprechen. In diesem Sinn ist die Rechtfertigungslehre ein „unverzichtbares Kriterium, das die gesamte Lehre und Praxis der Kirche unablässig auf Christus hin orientieren will"[7].

Was ist damit gemeint und gemeinsam ausgesagt? Aufgrund der Rechtfertigungslehre ist jede Rede über den Menschen falsch, die von seiner Sünde und Schuld absieht, und jede Rede von Gott, die ihn nicht als den rechtfertigenden Gott versteht. Ebenso orientiert diese Lehre die Verkündigung und die Verwaltung der Sakramente, inklusive auch des kirchlichen Amtes, dahingehend, dass sie Medien oder bezeugende Instanzen der vorbehaltlosen göttlichen Gnade seien. Zwar sind nicht alle Glaubensaussagen aus der Rechtfertigung zu deduzieren wie von einem Axiom. Aber diese Lehre ist „nicht lediglich ein Teilstück der Glaubenslehre, sondern deren kritischer und konstruktiver Inbegriff"[8]. Aber, wäre es nicht besser gewesen, nur von der kritischen und normativen Funktion der Rechtfertigungsbotschaft zu sprechen und auf das Wort Kriterium zu verzichten?

---

7 Gemeinsame Erklärung 18.
8 Gemeinsame Erklärung, Artikel 17.

Nun ist mit all dem nicht gesagt, dass die Botschaft und die Lehre der Kirche nur darin bestehen soll, die Rechtfertigungsbotschaft und -lehre zu entfalten oder alle Lehraussagen aus dieser Lehre zu deduzieren, wie es manchmal den Lutheranern von katholischer Seite vorgeworfen wurde. Auch die Reformation bekennt die Dreieinigkeit Gottes, sein Wirken als Schöpfer und Erhalter, die Rolle des Gesetzes, das Eingebundensein des Menschen in die Kirche, den endzeitlichen Horizont aller Glaubensaussagen.

Aber die Rechtfertigungslehre als Inbegriff des Evangeliums, also auch der Offenbarung, muss diese Aussagen prüfen und bestimmen. So hat etwa Luther schon in der Erklärung des ersten Artikels Gottes Wirken im Licht der Rechtfertigungsbotschaft gedeutet, wenn er sagt, dass mich Gott geschaffen hat „aus lauter väterlicher, göttlicher Güte und Barmherzigkeit ohn all mein Verdienst und Würdigkeit“.

So können wir uns auch verständigen über die Aufgabe der Theologie in der Kirche und für die Kirche. Die Theologie hat sich zu bemühen, das Ganze der biblischen Botschaft zu reflektieren und in heutiger Sprache zum Ausdruck zu bringen und jeder Engführung (etwa existenzialer Theologie) zu widerstehen. Sie hat außerdem die Rechtfertigungsbotschaft hörbar zum Klingen zu bringen. Sie würde aber ihren Dienst verfehlen, wenn sie absehen würde von der biblisch bezeugten Situation des Menschen vor Gott, von seinem Sündersein und von der biblischen Heilsbotschaft.

Die Theologie hat die Kirche zur Sache zu rufen, wenn statt der Sorge um den Menschen und sein Heil organisatorische Bestrebungen, liturgische oder juristische Streitigkeiten aller Art die Tagesordnung beherrschen.

Die Theologie hat die Kirche kritisch zu befragen, wenn die Institutionen und Riten Selbstzweck geworden sind und nicht mehr klar ist, dass sie nur Sinn und Berechtigung haben im Dienst an der Rechtfertigungsbotschaft.

Der Theologie ist ein Wächteramt aufgetragen, damit in der Kirche die Verkündigung nicht versandet im Moralismus oder sich im Kommentar zum Tagesgeschehen oder in psychologischen Erörterungen erschöpft, um nur einige der heutigen Versuchungen zu nennen.

II. Wie wird das Heil dem Menschen zugeeignet?

Es ist nicht damit getan, die Heilsbotschaft herauszustellen, so zentral und entscheidend das auch für die Kirche und ihren Dienst sein mag. Wir müssen uns jetzt näher mit der Frage befassen, wie das Heil dem Menschen zugewendet wird. Artikel 5 des Augsburgischen Bekenntnisses spricht mit

Vorsicht (*tamquam*!) von den Instrumenten (Mitteln). Es ist immer daran zu erinnern, dass die Reformation – und nicht nur Luther – mit einer doppelten Front konfrontiert war: Auf der einen Seite gab es den Ritualismus, auf der anderen Seite den Spiritualismus.

1. Bekanntlich hatte es Luther mit einer vielfältig gestalteten und zum großen Teil auch verzerrten Sakramentstheologie und -praxis zu tun, in der vor allem das Bußsakrament eine entscheidende Rolle spielte. Bestimmend waren nicht mehr die großen theologischen Traditionen, etwa Augustins (das Sakrament als Zeichen) oder Thomas' von Aquin (das Sakrament wirkt nicht, weil es gesprochen, sondern weil es geglaubt wird). In der Volksfrömmigkeit und Vulgärtheologie des 16. Jahrhunderts war die Meinung vorherrschend, dass die Sakramente schon durch ihren Vollzug wirksam sind. Das Heil war dadurch zu erlangen, dass die Messe gefeiert wurde (*ex opere operato*). Bei der Buße waren einige Bedingungen äußerlicher Art zu erfüllen, um die Gewissheit zu stärken, wirklich vom sakramental vermittelten Heilsgeschehen erreicht zu werden. Aufgekommen war die Auffassung vom Riegel, nämlich die Meinung, dass die Gnade Christi wirklich dem zuteil wird, der sich nicht bewusst dem Geschehen widersetzt und ihm keinen Riegel vorschiebt.

Angesichts dieser Verzerrungen hat Luther wieder die Verbindung von Wort und Glaube in den Mittelpunkt gestellt. Das Sakrament, ja jedes Handeln der Kirche, wirkt heilsam nur, wenn diese Verbindung nicht verdunkelt wird, sondern im Mittelpunkt steht. Dazu einige Äußerungen:

„Der Glaube weidet sich nicht denn allein von dem Wort Gottes."[9]

„Der Glaube hängt allein dem Worte bloß und lauter an."[10]

„Das Wesen und die Natur des Glaubens ist, dass er auf Gottes Wort sich baue und verlasse, und wo nicht Gottes Wort ist, da mag und soll kein Glaube sein."[11]

Glaube ist nur worthafter, vom Wort und dem Heiligen Geist geschaffener Glaube. Abgelehnt werden also jede *fides implicita* sowie eine nur äußere Zugehörigkeit zur Kirche. Abgelehnt wird auch jedes Sakramentsverständnis und jede Sakramentspraxis, in den das Tun des Menschen – des Zelebranten oder des Empfängers – das Wort, das heißt die Verheißung, verdrängt.

9 WA 6, 363,28.
10 WA 10, III, 423,17.
11 WA 10, I, 1,616,2.

Der Glaube ist vom Wort gewirkt, er hängt an dem Wort. Zugleich kann Luther die Christusbezogenheit des Glaubens auf vielfältige Weise zum Ausdruck bringen, zum Beispiel durch das Bild der Ehe. Im Freiheitstraktat stehen beide nebeneinander, die Worthaftigkeit des Glaubens und seine Christusbezogenheit. Genau besehen handelt es sich um das gleiche Geschehen.

Christus ist im Wort gegenwärtig. Nur im Wort schenkt er uns das Heil. „Wie haben wir denn nun Christum? Denn er sitzt im Himmel zur Rechten des Vaters, er würde nie zu uns herabsteigen in unser Haus. Nein, das tut er auch nicht. Wie erlange und habe ich ihn aber? Ei, den magst du nicht anders haben denn im Evangelio, darinnen er dir verheißen wird. [...] Und also kommt Christus durch das Evangelium in unser Herz, das muss auch mit dem Herzen angenommen werden. So ich nun glaube, dass er im Evangelio sei, so empfange und habe ich ihn schon."[12]

2. Mit dieser Wortbezogenheit der Christuspräsenz haben Luther und die Reformatoren auch den Spiritualismus abgelehnt. Das hat angefangen mit Karlstadt. Luther widersetzt sich dem Ansinnen, der Mensch müsse sich zu Christus erheben, zum Himmel steigen, um sich mit Christus zu vereinigen. „Christus am Kreuz mit all seinem Leiden und Tode hilft nichts, wenns auch aufs aller ‚brünstigest, hitzigest, herzlichst erkannt und bedacht' wird (wie Karlstadt lehrt). [...] Es muss alles noch ein anderes da sein. Was denn? Das Wort, das Wort, das Wort, hörestu du Lugengeist auch, das Wort tuts; denn ob Christus tausendmal für uns gegeben und gekreuzigt würde, wäre es alles umbsonst, wenn nicht das Wort Gottes käme, und teilets aus und schenket mirs und spreche, das soll dein sein, nimm hin und habe dirs."[13]

„Wären hunderttausend Christus gekreuzigt und niemand hätte von ihnen geredet, was hätte dann das Faktum ‚ans Kreuz überliefert' noch genützt?"[14]

Aber könnte sich der Mensch nicht mit dem inneren Wort begnügen? In den Schmalkaldischen Artikeln musste Luther diese andere Seite des Spiritualismus ablehnen: „Gott gibt niemand seinen Geist oder Gnade ohn durch oder mit dem vorgehend äußerlichem Wort, damit wir uns bewahren vor den Enthusiasten, das ist Geistern so sich rühmen, ohn und vor dem Wort den Geist zu haben, und darnach die Schrift oder mündlich Wort richten, deuten und dehnen nach ihrem Gefallen."[15]

---

12 WA 10, III, 349,17–24.
13 WA 18, 202,34–203,2.
14 WA 26, 40,10.
15 Schmalkaldische Artikel, Artikel von der Beichte. Die Bekenntnisschriften der evangelisch-lutherischen Kirche, Göttingen 1930, S. 453.

Nun muss eines klargestellt werden: Entgegen mancher Interpreten hat Luther nicht das Wort auf Kosten der Sakramente betont. Zwar wurde aus naheliegenden Gründen die Verkündigung rehabilitiert und neu gestaltet. Es wurde viel und lang gepredigt im Protestantismus. Allmählich wurde aus verschiedenen Gründen auch das Abendmahl weniger häufig gefeiert. Es war klar, dass die Verkündigung keine untergeordnete Form des Wortes und der Christuspräsenz war. Aber das Wort des Evangeliums teilt sich nicht nur in der Verkündigung mit, sondern auch in Verbindung mit den sichtbaren Zeichen.

Die lutherische Reformation bietet wenige Überlegungen, um das Verhältnis zwischen dem Wort der Verkündigung und dem verheißenden Wort in den Sakramenten näher zu bestimmen. Die Schmalkaldischen Artikel sprechen von der „überschwänglich reichen Gnade Gottes“[16], die dazu führt, dass das Evangelium uns sowohl durch das mündlich gepredigte Wort als auch durch Taufe, Abendmahl, Kraft der Schlüssel und *mutuum colloquium et consolationem fratrum* geschenkt wird. Doch entscheidend war nicht nur, dass es in Wort und Sakrament um dieselbe Gabe geht, sondern überhaupt, dass sie, jedes auf seine Art, Gabe sind. Ausgeschlossen wurde die Vorstellung, man würde mit dem Sakramentsvollzug Gott eine Leistung darbringen. Nicht die Menschen bringen Gott ein Opfer dar, sondern Gott schenkt uns im Abendmahl seinen Sohn und teilt die Früchte seines Opfers aus.

Die Gabe wird aber auch wirklich geschenkt. „Hier hast du ihn in seinem Leib und Blut“, lautet Luthers Motto. Damit wehrt er sich gegen jede Reduktion, die aus dem Abendmahl nur eine Erinnerung, ein Bekenntnis des Menschen oder auch nur ein verzichtbares Anhängsel zur Predigt machen würde.

Inwiefern wurden diese verschiedenen Anliegen in den ökumenischen Dialogen aufgenommen? Ich muss mich auf einige Hinweise beschränken.

Die Leuenberger Konkordie hat den Gabecharakter des Abendmahls betont: „Christus der Auferstandene schenkt sich in seinen für alle in den Tod gegebenen Leib und Blut durch sein verheißendes Wort“[17]. Damit ist auch die Relation Wort – Glaube bewahrt. Die Verbindung zu den Elementen wird durch das melanchthonische „mit“ ausgedrückt. Luther hätte gesagt: „in, mit und unter“. Spezifische Lehren Luthers wie diejenige von der Ubiquität, die allerdings auch nicht im gesamten Luthertum rezipiert wurde, sind nicht aufgenommen. Auch wird keine Realpräsenz *extra usum* ausge-

16 Artikel Vom Evangelio, a. a. O., S. 449.
17 Artikel 15.

sagt. Dagegen wird die *manducatio oralis* meiner Ansicht nach vertreten: „Er gibt sich vorbehaltlos allen, die Brot und Wein empfangen“[18]. Stärker als üblich im Luthertum, wenn auch knapp, werden die ekklesiologischen und ethischen Dimensionen zum Ausdruck gebracht: Im Abendmahl „lässt er [Jesus Christus] uns neu erfahren, dass wir Glieder an seinem Leibe sind. Er stärkt uns zum Dienst an den Menschen.“[19]

In Bezug auf die römisch-katholische Kirche müssten die neuere Sakramentstheologie, die nachkonziliare Praxis, aber auch die Konsenstexte wie *Das Mahl des Herrn* untersucht werden. Kann man mit Otto Hermann Pesch sagen, dass „es endlich dahin gekommen ist, dass auch ein katholischer Christ das Sakrament ganz selbstverständlich als Verkündigungshandlung begreift und vom Wort her versteht, weit entfernt von allen halbmagischen Vorstellungen eines quasi ‚automatisch‘ wirkenden Heilsmittels; dass sich auch der katholische Christ vom Sakrament nur etwas verspricht, wenn er es in gläubigem Vertrauen empfängt, und nicht nur ‚keinen Riegel vorschiebt‘“?[20]

Was den Opferbegriff betrifft, ist es zu weit reichenden Konvergenzen gekommen. Wenn wir jedoch die Aussage, dass die Gemeinde Christus opfert, so verstehen müssen, dass die Kirche kraft der zwischen Christus und seinem Leib bestehenden Einheit am Selbstopfer Christi partizipiert, so bleibt zu fragen, wie die Exklusivität im Opfer Christi, das heißt in seinem Heilshandeln, bewahrt wird. Auch bei der Rede von der Messe als Sühnopfer „für die Lebenden und Verstorbenen“[21] muss geklärt werden, ob damit nur der effektive Charakter des Abendmahls im Gegensatz zu einem nur zeichenhaften Verständnis vom Sakrament herausgestellt wird und ob wir, im Bezug auf die Verstorbenen, nicht den Rahmen der von der Apologie des Augsburgischen Bekenntnisses nicht verbotenen Fürbitte für die Toten verlassen.[22]

Darüber hinaus müssen, in Bezug zu Wort und Sakrament, alle Kirchen sich heute Fragen stellen ihre Verkündigung betreffend. Inwiefern wird über die bloße, oft verarmte verbale Kommunikation oder über die Reduktion auf den exegetischen Kommentar deutlich, dass das mündliche Wort der Verkündigung Vergegenwärtigung Christi und Gnadenmittel ist?

---

18 Artikel 18.
19 Artikel 15.
20 Hinführung zu Luther, Mainz 1982, S. 152.
21 Denzinger Nr. 1753.
22 24 Artikel Von der Messe.

Alle Kirchen sind mit dem heutigen Spiritualismus konfrontiert. Religiöse Enthusiasten, die ohne das biblische Zeugnis auskommen und den Heiligen Geist mit ihrem Eifer und ihrer Begeisterung identifizieren, gibt es überall. Es gibt auch den von allen Formen gelösten Spiritualismus, der nur das Verhältnis zwischen dem Einzelnen und einer nicht näher bestimmten Form von Transzendenz kennt, wenn er überhaupt vermag, über sich selbst hinaus zu schauen.

Müssten sich die reformatorischen Kirchen in Bezug auf die Sakramente nicht weiter bemühen um häufigere Feiern, um Erweiterung ihres Abendmahlsverständnisses (über die Sündenvergebung hinaus), um eine organische Verbindung zwischen der Verkündigung und dem Abendmahl und eine stärkere liturgische Entfaltung? Was die Taufe betrifft sind noch andere Themen als nur dasjenige der Kindertaufe zu bedenken.

III. Christus, der Glaube und die Kirche

Immer wieder, insbesondere im Neuprotestantismus, aber auch im Katholizismus, wurde die Meinung vertreten, dass Luther am Ursprung des neuzeitlichen protestantischen subjektivistischen Individualismus steht. Er hätte es immer nur abgesehen auf das Heil und auf den Glauben des Einzelnen.

Einiges scheint dafür zu sprechen. Die Konzentration auf die Rechtfertigungsbotschaft hebt das Heil des Einzelnen hervor. Es kommt alles darauf an, dass der Einzelne zur persönlichen Heilsgewissheit gelangt. Der Glaube ist unvertretbar. „Wir müssen glauben und ein jeglicher für sich selbst allein", sagte Luther.[23] Zu beachten ist auch, wie in Luthers Abendmahlstheologie der Communiogedanke, den er in seinem Sermon von 1519 entfaltet hat, in den folgenden Jahren zurücktritt; vorherrschend wird die Frage der Realpräsenz. Auch die seelsorgerliche Dimension tritt um 1530 stärker hervor: Das Abendmahl spendet dem Einzelnen Trost und bezeugt ihm die Vergebung der Sünden. Es gehört sicher zu den heutigen theologischen und kirchlichen Aufgaben, wieder stärker die gemeinschaftlichen Auswirkungen herauszustellen, die mit der Eingliederung in Christus durch den Glauben gegeben sind.

Doch finden sich auch bei Luther viele Aussagen, die zeigen, wie wichtig für ihn die Kirche war, auch wenn er das Wort Kirche gelegentlich

---

23 WA 10, II, 90,21.

kritisiert. Immer wieder ist die Rede von der Kirche als Gemeinschaft und ihrer Bedeutung für den Einzelnen. Die Kirche ist „ein christlich heilig Volk, das da glaubt an Christum“[24]. Als Gemeinschaft der „heiligen Gläubigen und der Schäflein, die ihres Hirten Stimme hören“[25], ist sie eine unentbehrliche Hilfe für den Einzelnen. Luther kann sogar sehr traditionell schreiben: „Wer Christum finden soll, der muss die Kirche am ersten finden. […] Nun ist die Kirche nicht Holz und Stein, sondern der Haufe christgläubiger Leute, zu der muss man sich halten und sehen, wie die glauben, beten und lehren; die haben Christum gewisslich bei sich.“[26]

Wenn für Luther klar ist, dass dieser Haufe „durch das Wort Gottes geboren, ernährt, bewahrt und gestärkt“[27] wird und er sich nicht aus eigener Initiative und mit eigenen Zielen zusammenfindet, so steht fest, dass „Gottes Wort nicht ohne Gottes Volk sein“[28] kann. Es schafft den Glauben des Einzelnen und es schafft zugleich Gemeinschaft der Glaubenden.

Innerhalb dieser Gemeinschaft, weil sie Gemeinschaft der vor Gott stehenden und von Gott berufenen Menschen ist, herrscht grundsätzliche Gleichheit vor. Das ist gemeint mit der Auffassung vom Priestertum aller Gläubigen.

Luthers Kritik an den überlieferten kirchlichen Institutionen wurde oft hervorgehoben. Schon im 16. Jahrhundert haben die Spiritualisten wie Franck und Schwenckfeld besonders diese Seite von Luthers Botschaft herausgestellt und sich eingestellt auf ein Christentum ohne Institutionen. Und sie haben in der Neuzeit viele Nachfolger gefunden.

Aber Luthers Problem waren nicht die kirchlichen Institutionen an sich. Die hat er vorgefunden und als solche nicht in Frage gestellt. Aber er wollte sie in ihrer Funktion zurechtrücken, sie auf ihren Grund und auf ihre Bestimmung zurückführen. Ihr Sinn bestand darin, die Heilsbotschaft zu verkünden und somit dem Volk Gottes zu dienen. Sie waren für ihn nicht an sich die Kirche. Er brach mit einer jahrhundertelangen Tradition, die die Kirche als Hierarchie bestimmte. Für ihn war die Kirche das Volk der Gläubigen. Und er meinte eine Situation vorzufinden, in der der Papst und die Bischöfe nicht zu diesen Gläubigen gehörten. „Sie glauben nicht an Christo, leben auch nicht heilig, sondern sind des Teufels böses schändliches Volk.“[29]

24 WA 50, 624,29.
25 WA 50, 250,1.
26 WA 10, I, 1,140,8.14.
27 WA 12, 191,16.
28 WA 11, 408,13.
29 WA 50, 625,11.

Damit hat er – gut antidonatistisch – nicht bestritten, dass sie trotzdem, wenn auch gleichsam ungewollt, das Evangelium und die Sakramente weitergeben konnten (so auch CA 8). Er hat auch nicht, mit der Lehre etwa des allgemeinen Priestertums, bestritten, dass Ämter in der Kirche sein sollten. Doch er hat aufgrund des allgemeinen Priestertums, aber auch der von ihm festgestellten Fehlbarkeit der Amtsträger, eine Definition der Kirche abgelehnt, die auf den Amtsträgern beruhte.

Wenn wir die Definition der Kirche als Volk Gottes beachten, können wir auch verstehen, was mit der Kontinuität der Kirche bei Luther und in den lutherischen Bekenntnissen gemeint ist. „Es wird auch gelehrt, dass alle Zeit musse ein heilig christlich Kirche sein und bleiben.“[30] Für Luther bleibt sie bestehen, insofern es immer Gläubige geben wird; und wenn es nur ein „Rest“ sein wird. Zugleich betont er, dass das Wort nie ohne Wirkung bleiben wird. Er konnte in der Geschichte Spuren und Zeichen der Kontinuität der Kirche finden, wie etwa die Glaubensäußerungen der Konzilien der vier ersten Jahrhunderte, das Kirchenjahr, viele traditionelle Lieder, die Ordnung der Messe, die Bilder, die Kindertaufe usw. Nicht nur weil diese Zeichen schon eine jahrhundertelange Tradition hatten (dieses Argument wird oft in Bezug auf die Kindertaufe benutzt,[31] ja auch auf die Lehre von der Realpräsenz), sondern weil sie dem Evangelium entsprechen. Luther kann auch sagen: „Unser Gott heißt nicht Gewohnheit aber Wahrheit.“[32]

Wir müssen noch auf einen Aspekt von Luthers Ekklesiologie hinweisen, der von den übrigen Reformatoren geteilt wurde. Es geht um die Verborgenheit der Kirche. Damit wird nicht die konkrete, institutionell verfasste Kirche in Frage gestellt, sondern zum Ausdruck gebracht, dass die Kirche als „Geschöpf des Gotteswortes“ eine Tiefendimension hat, die uns verwehrt, die Kirche Jesu Christi und die empirische Kirche ganz zu identifizieren. Dass Christus in der Kirche durch Wort und Sakrament am Wirken ist, bleibt ein Geheimnis, das sich der Vernunft entzieht und nur dem Glauben zugänglich ist. Ebenfalls entzieht es sich unserer Wahrnehmung, wer in der Tiefe seines Herzens ein glaubender Christ ist und wer nicht. Hier hat Luther die traditionelle Lehre von der Kirche als einem „*corpus mixtum*“ aufgenommen.

Die Aussagen über die Verborgenheit der Kirche haben sich mit den Jahren bei Luther verstärkt, ohne dass er damit eine „*civitas platonica*“ und den Rückzug in die Innerlichkeit postuliert hätte. Weil jede Kirche eine

30 Augsburgisches Bekenntnis, Artikel 7.
31 WA 26, 168,27.
32 WA 11, 355,30–32.

verborgene Dimension hat, aber weil zugleich in ihr die wahre und eine Kirche Jesu Christi so oder so präsent ist, musste Luther auch die Lehre von den *notae ecclesiae* ausbauen und präzisieren, wie wir die Präsenz der Kirche Jesu Christi feststellen und wahre Kirche von der falschen Kirche unterscheiden können.

Wo sich das Augsburgische Bekenntnis (Artikel 7) auf zwei *notae* konzentrierte (die reine Predigt des Evangeliums und die Darreichung der Sakramente gemäß dem Evangelium), hat Luther in späteren Jahren die Liste der *notae* ausgeweitet. Er erwähnt die Schlüsselgewalt (d. h. die Absolution), die kirchlichen Ämter, das Gebet, das Kreuz[33] und in einem anderen Text außerdem das Bekenntnis, die Ehrung der Obrigkeit und die Ehe.[34]

Wir müssen jetzt wieder in einem zweiten Schritt diese Aussagen Luthers in das heutige ökumenische Umfeld aufnehmen und auf ihre Tragweite und Rezeption befragen.

Zunächst geht es um das Verhältnis zwischen der empirischen Kirche, die sich spätestens seit dem 16. Jahrhundert als partikulare Kirche darstellt, und der Kirche Jesu Christi. Die partikulare Kirche – auch die römische Kirche ist partikular! – ist Kirche Jesu Christi, insofern in ihr die *notae ecclesiae* vorhanden sind und das Wirken Christi bezeugen. Das *subsistit* gilt nicht nur für die römisch-katholische Kirche; die partikulare Kirche kann nicht beanspruchen, allein Kirche Jesu Christi zu sein. Christi Wirken durch Wort und Sakrament ist nicht auf meine Kirche beschränkt. Wer anders denkt, macht seine Kirche zur Sekte. Luther konnte schon 1528 schreiben: „Wir bekennen, dass unter dem Papsttum viel Christliches Gutes, ja alles christlich Gut sei und auch daselbst herkommen sei an uns." Um das zu verdeutlichen, erwähnt Luther „die rechte heilige Schrift, rechte Taufe, recht Sakrament des Altars, rechte Schlüssel zur Vergebung der Sünde, rechtes Predigtamt, rechter Katechismus, als das Vater Unser, Zehn Gebote, die Artikel des Glaubens"[35].

Wo die *notae ecclesiae* vorhanden sind, da ist auch Kirche im vollen, biblischen Sinn des Wortes. Die reformatorischen Kirchen nur als kirchliche Gemeinschaften zu bezeichnen, weil bei ihnen die episkopale Form der apostolischen Sukzession fehlt, ist für diese Kirchen nicht akzeptabel. Wenn Kirche Jesu Christi in einzigartiger Fülle nur in der römisch-katholischen Kirche präsent ist, führt das notwendigerweise zu einer Ökumene der Rückkehr. Diese Auffassung von *Dominus Jesus* und neueren Texten ist also

33 Vgl. WA 50, 632,35 ff.
34 Vgl. WA 51, 482,17 ff.
35 WA 26, 147,13.

zurückzuweisen. Christus wirkt in der Partikularkirche, um in ihr die Kirche Jesu Christi zu verwirklichen. Das wird durch die *notae ecclesiae* bezeugt. Doch zugleich ist sein Wirken Gegenstand des Glaubens. Dies gilt auch für die Einheit der Kirche. Insofern sie sich nicht auf äußere Traditionen und Institutionen bezieht, sondern auf das einigende Wirken Christi, kann sie nur geglaubt werden. Sie kann und muss bezeugt werden, nicht aber hergestellt. Menschliche Institutionen können dienlich sein, wenn sie die Glaubenseinheit zum Ausdruck bringen. Letzten Endes ist aber die Einheit das Werk Christi, ihre Verwirklichung muss erhofft und erbeten sein, sie liegt nicht in unseren Händen.

Dass Partikularkirche im Lauf der Zeiten Christi Kirche bleibt, das kann in reformatorischer Perspektive nicht durch die Amts-Hierarchie an sich gewährleistet werden, sondern durch die Autorität der Schrift. Sie muss als lebendige Norm, wenn auch nicht ohne den Dienst der Ausleger, der Ämter und des Volkes Gottes, Glauben und Leben der Kirche bestimmen.

Artikel 7 des Augsburgischen Bekenntnisses wie auch *Dominus Jesus* (Artikel 10) bekennen sich zu Gottes Treue, der seine Kirche durch die Zeiten hindurch erhält. Die Treue Gottes bleibt nicht rein transzendent oder unsichtbar, sie kommt auch zum Ausdruck in den Institutionen, die im Lauf der Geschichte dazu gedient haben, die Kirche zu erhalten. Es ist aber zu fragen, ob diese Institutionen, wie zum Beispiel das päpstliche Amt, seine Gestalten und die Art und Weise, wie es verstanden wurde, oder auch der Priesterzölibat und andere Institutionen und Regelungen in allen Fällen Zeichen der Gnade und der Treue Gottes und als solche unaufgebbare Mittel für die gottgewollte Kontinuität der Kirche sind. Dass sie nicht als solche auf die Anfänge der Kirche zurückgehen, genügt nicht, um sie abzulehnen oder zu relativieren. Aber müssen nicht solche in der Geschichte gewordenen Institutionen sich im Licht der Rechtfertigung der Kritik unterziehen? Wie weit kann katholischerseits eine solche Infragestellung gehen?

Heute ist in allen Kirchen das Bemühen vorhanden, vielfältige Formen der kirchlichen Gemeinschaft zu gestalten. In den reformatorischen Kirchen hat man sich lange Zeit, aus geschichtlichen und theologischen Gründen, auf die einzelne Ortsgemeinde konzentriert, mit der Gefahr des Kongregationalismus oder der Identifizierung von Kirchgemeinde und Zivilgemeinde. Übergreifende Gemeinschaftsformen werden heute auch im evangelischen Raum gefordert.

Innerhalb der Ortsgemeinden sucht man nach Kerngemeinden, die schon in der Reformationszeit, so bei Luther und bei Bucer, angestrebt waren. Auch monastische Kommunitäten oder aktionszentrierte und konfessionsübergreifende Gruppen sind vielfach präsent und wirksam.

In reformatorischer, ja gesamtchristlicher Perspektive ist darauf zu achten, dass die vielfältigen christlichen Gemeinschaften weiterhin verwurzelt bleiben im biblisch bezeugten Evangelium und sich durch das evangeliumsgemäße Sakrament bestimmen lassen. Auch ist bei allem Engagement solcher Gruppen und ihrer Glieder nicht nur der Dienst an der Gesamtkirche im Blickfeld zu behalten; es ist auch Raum zu lassen für eine offene Kirche, für Menschen auf dem Weg, deren Glauben, zumindest nach menschlichem Ermessen, noch im Werden ist.

Hans-Martin
Weiss

Was heißt es im Jahr 2007, sich auf Jesus Christus im Leben und Sterben zu verlassen?[1]

Die christliche Religion ist bald 2000 Jahre alt. Durch diese vielen Jahrhunderte hindurch ist ungezählte Male erprobt und erfahren worden, was es heißt, sich auf Jesus aus Nazareth als den Christus im Leben und im Sterben zu verlassen. Es ist diese selbe Erfahrung freilich immer wieder neu und auch anders gemacht worden, je nach geschichtlichem bzw. kulturgesellschaftlichem Kontext. Wie also sieht eigentlich die grundsätzliche Erfahrung, die Theorie und Praxis des Christusglaubens hierzulande im Jahr 2007 aus?

Diese Frage ist immer noch so tief und weit formuliert, dass eine Beschränkung auf drei ausgewählte Aspekte sinnvoll erscheint:

1. Wie steht es 2007 um den Christusglauben als Rechtfertigungsglauben?
2. Wie steht es in diesem Jahr um die Zukunftsausrichtung des christlichen Glaubens, also um die christliche Hoffnung?
3. Woran erinnert uns in diesem Zusammenhang Paul Gerhardt, dessen wir in diesem Jahr wegen seines 400. Geburtstages gedachten?

1. Sich auf Jesus als den Christus im Leben und im Sterben zu verlassen heißt grundsätzlich: das eigene Leben und Sterben mit dem Leben Jesu von Nazareth und mit seinem Tod zusammenzubringen. Sinn macht das nur, wenn dieser im Jahr 30 hingerichtete Jesus von mir ernsthaft als der Chris-

---

1 Für tragende Gedanken und Passagen dieses am 9. Oktober 2007 bei der Theologischen Tagung des Martin-Luther-Bundes in Gallneukirchen von mir gehaltenen Vortrags danke ich ausdrücklich meinem Referenten, Herrn Pfarrer Prof. Dr. Werner Thiede: Er hat sich, wie auch die weiteren Anmerkungen zeigen, mit den hier berührten Themen bereits verschiedentlich wissenschaftlich und publizistisch befasst.

tus, als der eine Sohn Gottes, ja als Gott im trinitarischen Sinn geglaubt wird. Viele Menschen sehen heutzutage solchem Glauben den Boden entzogen, weil die Buchläden und auch die Fernsehprogramme voll sind von unsäglichen Jesus-Darstellungen, deren Anliegen es vor allem ist, Jesus als einen Menschen darzustellen, der mit dem kirchlichen Dogma nicht das Geringste zu tun hatte. Verheiratet soll er gewesen sein, Kinder soll er gezeugt haben, und am Kreuz soll er nur scheintot gewesen sein. Mit seiner Auferstehung, die ihn dem Neuen Testament zufolge als Gottessohn bestätigt hat, darf es dann schon gleich gar nichts auf sich haben: Seine Knochen will man gefunden haben. Kurioserweise will derselbe Forscher das Grab Jesu innerhalb nur weniger Jahre an zwei völlig verschiedenen Orten gefunden haben. All diese von Jesus so präsentierten „Bilder" sind für seriöse Religionswissenschaftler und Theologen mehr oder weniger suspekt. Aber Millionen von Menschen sind in hohem Grad in ihrer Glaubensorientierung verunsichert. Viele flüchten sich in die Esoterik, ermuntert durch mehrere TV-Esoteriksender.[2] Für die Esoterik gilt Jesus freilich auch nicht als der eine Gottessohn im Sinn des kirchlichen Bekenntnisses. Kein Wunder, dass die Entkirchlichung unserer Gesellschaft fortschreitet! Kurz: Der Glaube an Jesus als den Christus hat es im Jahr 2007 hierzulande so schwer wie schon lange nicht mehr.

Und das bedeutet in der Konsequenz: Der neutestamentlich begründete Glaube, durch Jesus Christus vor Gott aus reiner Gnade gerechtfertigt zu sein und so seine bedingungslose Liebe erfahren zu dürfen, ist heutzutage alles andere als selbstverständlich in Kirche und Gesellschaft. Politisch spiegelt sich das m. E. in einem zunehmenden Ruf nach mehr „Eigenverantwortung": Der Sozialabbau in unserer Gesellschaft ist offenkundiges Programm; das Bild vom Menschen als eines göttlich geliebten und beschenkten Wesens hat an Leuchtkraft stark eingebüßt. Aber lassen wir das Politische. Was mich besonders besorgt macht, ist der Umstand, dass sich der Rechtfertigungsglaube sogar innerhalb unserer evangelischen Kirche 2007 immer weniger von selbst versteht.

Dafür seien kurz ein paar Beispiele genannt. Der durch seine Bücher und Vorträge bekannt gewordene emeritierte Theologieprofessor Klaus-Peter Jörns argumentiert in seinem Buch „Notwendige Abschiede"[3]: Während sich Luthers Rechtfertigungsbotschaft noch ganz auf Paulus gestützt habe, gelte es bei der Begründung der Botschaft von Gottes unbedingter Liebe heute, hinter Paulus zu Jesus von Nazareth zurückzugehen. Paulus sei es nur

2 Dazu: Werner Thiede, Theologie und Esoterik, Leipzig 2007.
3 Klaus-Peter Jörns, Notwendige Abschiede, Gütersloh [3]2006.

um den Tod, nicht aber um das Leben Jesu gegangen. Wir indessen hätten zu lernen, dass Jesus die Liebe Gottes nicht als Gnade, sondern als um ihrer selbst willen gültig verstanden habe. Für diese Verkündigung sei er hingerichtet worden. Sein Tod sei jedoch in sich kein Heilsgeschehen gewesen. Gott habe diesen Tod weder gewollt noch gebraucht. Erst später sei der Sühnopfergedanke formuliert und auf das letzte Mahl Jesu übertragen worden. Heutzutage aber könnten wir dank exegetischer Arbeit klarer sagen, wie Jesu letztes Mahl ausgesehen habe. Daher müsse man das Abendmahl im Sinn von „Lebensgaben Gottes feiern", wie Jörns' 2007 erschienenes Buch betitelt ist.[4] Da Christi Tod hier nicht mehr als Heilstod verstanden ist, kann ich mich, würde ich Jörns folgen, nicht mehr im Leben und Sterben auf Jesus als den Christus verlassen, sondern allenfalls auf Jesus von Nazareth als genialen Propheten einer „natürlichen Theologie" der Liebe Gottes. Das aber ermöglicht nicht mehr jene tiefe Glaubensgewissheit, wie sie in der lutherischen Tradition begründet ist.

Ein weiteres aktuelles Beispiel ist der Benediktiner-Pater und buddhistische Zen-Meister Willigis Jäger, um den 2007 im Deutschen Pfarrerblatt[5] eine heftige Kontroverse entbrannt ist. Er vertritt eine „transkonfessionelle" Perspektive: Ihm ist es gleich-gültig, ob Gott „nun Parusha, Brahma, Jahwe oder Allah heißt". Daher meint er: „Alle Religionen sind Wege zur Erfahrung des Göttlichen, aber keine von ihnen kann behaupten, den einzigen Zugang zu ihm zu besitzen." Was sollte ihm da noch die Rechtfertigungslehre des Apostels Paulus bedeuten, von deren Wiederentdeckung und Zuspitzung durch Luther ganz zu schweigen? Willigis Jäger kritisiert konsequent am Protestantismus den Leitgedanken, das „Ich" müsse vor Gott gerechtfertigt sein: „Aber das muss es gar nicht." Demgemäß braucht es auch keinen Erlöser, der als Gottes Sohn zwischen Gott und Mensch die Brücke schlägt. Vielmehr deutet Jäger den Begriff des „Sohnes Gottes" pauschalisierend als eine „Bezeichnung für alle Menschen und alle Wesen". Entsprechend bezieht Jäger die berühmten Paradoxien des Chalcedonense einfach auf den ganzen Kosmos – als sei das eine theologisch legitime Variante christlichen Glaubens! In Wahrheit wird durch diese „Umschaltung" das altkirchliche Dogma von Chalcedon gerade ausgehebelt, seines Sinnes beraubt. Die biblischen Aussagen über Jesus als den Christus, über seinen Kreuzestod, über

4 Klaus-Peter Jörns, Lebensgaben Gottes feiern. Abschied vom Sühneopfermahl: eine neue Liturgie, Gütersloh 2007.

5 Vgl. Werner Thiede, Willigis Jägers spiritueller Monismus. Analysen zum Mystik-Verständnis eines umstrittenen Theologen und Zen-Meisters, in: DtPfrbl 3/2007, 152–154; dazu Leserbriefe in der Mai-, Juni- und August-Ausgabe.

seine Auferstehung als Anfang universaler Erlösung und als Grund des Geschenks der Rechtfertigung im Glauben an ihn werden von Jäger umgedeutet – wie das damit zusammenhängende Menschen-, Welt- und Gottesbild insgesamt! Seine Anhängerscharen stört das kaum; seine Bücher verkaufen sich ausgezeichnet. Und wenn ihm auch der Vatikan zu schweigen geboten hat, so hat ihm doch der evangelische Dekan in Würzburg die Tore für weitere Vortragstätigkeit aufgetan, und der evangelische Kirchentag 2007 hat ihn als Redner eingeladen. Mir macht das Sorgen.

In diesem Zusammenhang muss auch auf das Projekt der „Bibel in gerechter Sprache" Bezug genommen werden. Es wurde am Reformationstag 2001 begonnen und am Reformationstag 2006 öffentlich präsentiert; aber es hat mit reformatorischer Theologie herzlich wenig zu tun.[6] Nicht von ungefähr haben sich 2007 sowohl die Bischöfe der VELKD als auch der Rat der EKD von der „Bibel in gerechter Sprache", die bereits ein Vierteljahr nach Erscheinen in dritter Auflage auf den Markt geworfen wurde, deutlich distanziert. Ist es doch unter anderem die Rechtfertigungsbotschaft, die in dieser umstrittenen Übersetzung ihrer Spitze beraubt wird! Dies geschieht zunächst dadurch, dass zentrale paulinische Texte, die für die reformatorische Position von besonderem Gewicht waren und sind, sprachlich holprig und unverdaulich formuliert werden. Als Beispiel sei aus Römer 3 zunächst nach der Lutherübersetzung zitiert: Sie „werden ohne Verdienst gerecht aus seiner Gnade durch die Erlösung, die durch Christus Jesus geschehen ist. Den hat Gott für den Glauben hingestellt als Sühne in seinem Blut ..." In der neuen Übertragung klingt Paulus wie folgt: „Gerechtigkeit wird ihnen als Geschenk zugesprochen kraft der Zuwendung Gottes als Freikauf, der im Messias Jesus vollzogen wird. Ihn hat Gott als ein durch Vertrauen wirksam und wirklich werdendes Mittel der Gegenwart Gottes, als Ort, an dem Unrecht gesühnt wird, in seinem Blut öffentlich hingestellt ..." Rein sprachlich ist dieser konstruierte Satz ein Ungetüm, mag er philologisch noch so korrekt übersetzt sein! – Gravierender aber ist der Umstand, dass der Rechtfertigungsgedanke, das zentrale Zeugnis von der Gerechtigkeit Gottes als reinem Gnadengeschenk, in der „Bibel in gerechter Sprache" theologisch regelrecht vernebelt wird. Begründet wird dieser Angriff auf ein Kernstück reformatorischer Spiritualität mit der Berücksichtigung des jüdisch-christlichen Dialogs. Ob bei angemessenem Dialog-Verständnis die

6 Vgl. Jens Schröter/Ingolf U. Dalferth, Bibel in gerechter Sprache? Kritik eines misslungenen Versuchs, Tübingen 2007; Werner Thiede, Die Bibel in selbstgerechter Sprache. Protestantische Kritik einer Übersetzung zwischen Ideologie und Spiritualität, in: Materialdienst der EZW 7/2007, 243–256.

Einebnung wesentlicher Gehalte zu fordern oder überhaupt sinnvoll ist, muss demgegenüber gefragt werden. Römer 3,28 lautet in der „Bibel in gerechter Sprache“ folgendermaßen: „Nach reiflicher Überlegung kommen wir zu dem Schluss, dass Menschen aufgrund von Vertrauen gerecht gesprochen werden – ohne dass schon alles geschafft wurde, was die Tora fordert.“ Karin Bornkamm hat diese Übersetzung in den „zeitzeichen“[7] wie folgt kommentiert: „Die erfolgreiche Bemühung um die Erfüllung der Tora gehört dann eben doch auch dazu, um von Gott Gerechtigkeit zuerkannt zu bekommen. Eine ganze Menge ist eben doch schon geschafft.“ Die emeritierte Theologieprofessorin verweist weiterhin auf Röm 9,32: Die Israeliten haben demnach die Gerechtigkeit vor Gott verfehlt, „weil sie so handelten, als ob aufgrund von Anstrengungen allein ans Ziel zu kommen sei und nicht von Vertrauen.“ Hierzu Bornkamm: „Das aber heißt: ohne Anstrengungen geht es natürlich auch nicht. Dasselbe Bild ergibt sich bei Römer 11,6.“ Was bei Luther dort übersetzt wird mit „nicht aus Verdienst der Werke“, lautet nun: „nicht auf Grund von Anstrengungen allein“. Mit Recht bemerkt Bornkamm dazu: „Das sind schwerwiegende Fragen, sie betreffen das Herzstück des christlichen Glaubens. Hier muss man von einer groben, theologisch irreführenden Abänderung des Textes sprechen, die weder als Übertragung noch gar als Übersetzung tolerabel ist. Hier wird die paulinische Rechtfertigungslehre im Kern verfälscht.“ Mit Blick auf den jüdisch-christlichen Dialog, der solche Verfälschung legitimieren soll, erläutert die „Bibel in gerechter Sprache“ im Anhang: „Jetzt durch Christi Tod und Auferstehung ist der Weg der Gerechtigkeit nach der Tora neu geöffnet“. Angesichts dessen ist es kein Wunder mehr, dass sich auf dem Kirchentag in Köln 2007 Elisabeth Raiser, Vorstandsmitglied selbigen Kirchentages, als Sympathisantin der „Bibel in gerechter Sprache“ deutlich von der Rechtfertigungslehre als einem Kernstück evangelischen Glaubens distanziert hat. Der Boden reformatorischer Theologie ist damit verlassen – im Grunde sogar der Boden jeder ernsthaft christlichen, aufs Neue Testament gestützten Theologie. 2007 ist so gesehen ein Jahr, das im Blick auf das zentrale Glaubensgut der Rechtfertigung durch Jesus Christus Anlass zu ernster kirchlicher Sorge gibt. Sich auf Christus im Leben und Sterben zu verlassen muss darum heutzutage einschließen, innerkirchlichen Tendenzen zur Relativierung, ja Eliminierung der Rechtfertigungslehre theologisch fundiert und entschlossen entgegenzutreten.[8]

---

7 Vgl. Karin Bornkamm, Vermisst: der Menschensohn. Die „Bibel in gerechter Sprache“: theologisch zweifelhaft, sprachlich missglückt, in: zeitzeichen 4/2007, 15–17.

8 Vgl. Werner Thiede, Lasst klare Töne hören, in: Rheinischer Merkur 43/2007, 25.

2. Wie steht es im Jahr 2007 um die Zukunftsausrichtung des christlichen Glaubens, also um die Hoffnung, die sich mit dem Namen Jesu Christi verbindet? Auch hier sind Krisenzeichen sichtbar. Umfragen zeigen: Wir sind heute so weit, dass in unserer Gesellschaft der Glaube an Seelenwanderung den christlichen Auferstehungsglauben überflügelt hat.[9] Was das für unsere abendländische Kultur insgesamt bedeutet, kann man sich ausmalen. Noch mächtiger als der Reinkarnationsglaube mit seiner Karma-Gesetzlichkeit ist im Übrigen hierzulande der Glaube, mit dem Tod sei überhaupt alles aus. Sich auf Jesus Christus im Sterben zu verlassen, wird in diesen Kontexten zu einer besonderen Herausforderung.

Hinzu kommen aber für diese Schwierigkeit auch noch theologische Gründe. Wie nämlich soll Jesus von Nazareth als der Christus gelten, dem die Zukunft gehört, wenn er doch unzweideutig einst den Einbruch des universalen Gottesreiches in unsere Wirklichkeit in großer zeitlicher Nähe erwartet, sich also damit geirrt hat? Fest steht: Das Reich Gottes ist entgegen seiner Verkündigung mitnichten universal hereingebrochen. Und da nützt es auch nichts, wenn Pfarrer Claus Petersen aus Nürnberg in einem Buch die Ansicht verbreitet, das „Reich Gottes" sei als eine Größe aufzufassen, die immer schon in unserer Welt universal da sei.[10] Nein, das hat weder Jesus von Nazareth gemeint, noch ist es wahr, dass Gottes Herrschaft schon allenthalben gegenwärtig sei. Solch platten Enthusiasmus muss man sich verbitten. Auf unserer Erde geschieht täglich so viel Entsetzliches, wird stündlich so viel gelitten, wird minütlich so viel gestorben, dass die religiöse Annahme einer bereits gegenwärtigen Allherrschaft Gottes zynisch wirken könnte. Nein, wenn Gott universal herrschen, wenn sein Wille überall auf Erden geschehen wird wie im Himmel, dann wird das eine andere Welt sein. Dann ist das eine neue Erde unter einem neuen Himmel. Dann ist das Auferstehung und ewiges Leben statt Wohlstandsgesellschaft und tägliches Sterben. Dann ist da eine umfassende Gerechtigkeit und Liebe anstatt global wachsender Ungerechtigkeit und Lieblosigkeit. Wenn Gottes Herrschaft wirklich kommt, dann und erst dann wird ihre Wirklichkeit unbestreitbar sein, weil sie in ihrer Herrlichkeit allgemein vor Augen sein wird. Sie jetzt schon universal zu behaupten ist allenfalls frommes Heidentum oder grobe Missdeutung der Hoffnung Jesu und der Kirche.

Wenn nun Claus Petersen und seine Freunde so missdeutend mit der Reich-Gottes-Hoffnung Jesu umgehen, dann tun sie das freilich, weil ihnen

---

9 Dazu näherhin Werner Thiede, Theologie und Esoterik, a. a. O. (wie Anm. 2), 3. Teil.

10 Vgl. Claus Petersen, Die Botschaft Jesu vom Reich Gottes. Aufruf zum Neubeginn, Stuttgart 2005.

bewusst ist: Als Zukunftshoffnung ist diese Erwartung aufgeklärten Menschen eigentlich nicht mehr zuzumuten. Darum muss man sie umdeuten, koste es, was es wolle. Aber halt! Bevor man sich mit dieser Abwehr der Botschaft Jesu von Nazareth zu sehr im Recht wähnt, höre man zunächst einmal den Aufklärungsphilosophen Immanuel Kant: Er klärt darüber auf, dass alles ethische Verhalten eigentlich nur Sinn macht, wenn man damit rechnet, dass Gott die Zukunft gehört. Moralische Orientierung, also gerade auch der Verzicht auf egoistische Selbstdurchsetzung, gründet bewusst oder unbewusst auf dem Glauben an die Durchsetzungskraft einer letzten Gerechtigkeit. Das „Reich Gottes" war dementsprechend auch für den aufgeklärten Philosophen Kant ein wichtiger Begriff.[11] – Freilich: Auch Kant ist schon lange tot. Wir Heutigen im Jahr 2007 haben den Horizont des Gottesreiches, haben Gott als Horizont unseres Lebens mehr noch als frühere Generationen aus den Augen verloren. Für manche Menschen unserer Zeit heißt der Horizont ihres Daseins überhaupt nur noch „Second Life" – eine Computerwelt, mit der es aus ist, sobald jemand den Stecker aus der Dose zieht. Aber selbst wenn man sich nicht in solch irreale Cyberwelten verrannt hat: Ist nicht tatsächlich dem Menschen von heute die wirkliche Zukunft abhandengekommen? Jene Zukunft nämlich, die Gott gehört und darum jeden von uns zutiefst angeht? Uns kümmert im Blick auf die Zukunft vielleicht die Wettervorhersage, eventuell die Rentenreform, möglicherweise die Aktienkurse und, wenn's spirituell hoch kommt, das Horoskop oder die Astroshow im Esoterik-Sender. Wer aber denkt noch an den letzten, wirklich letztgültigen Horizont, der uns eigentlich der allernächste sein sollte? Ja, der allernächste: weil er tatsächlich der wichtigste, der alles und auch mein eigenes Leben zutiefst bestimmende Horizont ist! Weil auf ihn alles und auch mein eigenes Leben und Sterben unweigerlich zuläuft!

Bedenken wir das, dann macht es plötzlich herzlich wenig aus, wie weit dieser letzte Horizont weg ist. Wenn er mein Ziel und damit meine ureigenste Identität bestimmt, dann steht seine Wichtigkeit fest – unabhängig von messbaren Zeitgrößen. Diese Bedeutsamkeit der letzten Zukunft macht sie für mich ganz nahe. Und deshalb hat sich auch Jesus von Nazareth damit im Grunde keineswegs geirrt. Er hat nichts anderes getan, als Gott und die von ihm bestimmte Zukunft für so wichtig erachtet, dass ihre Bedeutsamkeit und ihre Nähe gleichbedeutend wurden. Gerade so hat er sich als der Christus angemessen verhalten.

---

11 Siehe insgesamt: Werner Thiede (Hg.), Glauben aus eigener Vernunft? Kants Religionsphilosophie und die Theologie, Göttingen 2004.

Darum gilt: Wem Gott ganz und gar wichtig ist, wer Gott von ganzem Herzen liebt und sich von ihm geliebt weiß, der rechnet mit Gottes Kommen von ganzem Herzen, mit brennendem Herzen! Der sagt wie einst Jesus von Nazareth: Ich weiß nicht, wie zeitlich nah Gottes Herrschaft ist, aber sie kommt gewiss – und darum ist sie von mir und allen Glaubenden nicht weit weg! Wer glaubt, der lebt in Gottes Nähe, was sich auch eben in entsprechenden zeitlichen Bildern und Vorstellungen zum Ausdruck bringen lässt.

Im Grunde ist es doch garantiert so, dass wir alle der Herrschaft des allmächtigen Gottes in einer absehbaren, nämlich höchstens zweistelligen Zahl von Jahren begegnen werden. Vielleicht sogar schon viel eher! Jedenfalls wird es dann sein, wenn uns der Tod dieser sichtbaren Welt enthebt. Freilich: Mehr als jedes andere Zeitalter verführt das unsrige dazu, den Horizont der Ewigkeit abzublenden. Noch nie wurde in einer Gesellschaft der Tod so entschieden tabuisiert wie in den Tagen des modernen Menschen![12] Nie gab es früher ein solches Ausmaß von Jenseitsflucht, also Flucht vor jener Zukunft, die mit dem Tod beginnt! Aber es hilft alles gar nichts: Niemand wird dem Tod entrinnen! Keiner wird jenem Geheimnis entkommen, das sich im Tod auftun wird.

Skeptiker mögen hier einwenden: Der Tod könnte doch das große Nichts sein, einfach das absolute Ende für jedes Individuum. Klar: könnte! Doch dann wird das nie jemand erfahren, weder die Frommen, die sich getäuscht hätten, noch die Skeptiker selbst! Wenn es sich aber anders verhält – und dieses gigantische Universum und jede einzelne Seele deuten doch in diese andere Richtung! –, dann haben die Skeptiker aufs falsche Pferd gesetzt, und alle werden es erfahren. Dann wird mit der letzten Zukunft auch der letzte Sinn aller Dinge offenbar werden; und es wird sich zeigen, wer ihm mehr und wer ihm weniger entsprochen hat. Ja, es wird sich zeigen, wer ihm mit seinem Leben näher war und wer ferner. Darum gilt: Wer in der Nah-Erwartung der Zukunft Gottes und seines Sohnes Jesus Christus lebt, liegt damit nicht so verkehrt wie Menschen, die das nicht tun.

Niemand aber wundere sich, wenn viele Menschen im Jahr 2007 diese Hoffnungsperspektive ablehnen. Diese unvollendete Welt, die wir kennen – sie zeugt nicht unbedingt von Gottes Zukunft. Sie ermutigt oft wenig zum Glauben. Dazu braucht es die Botschaft. Jesus von Nazareth hat sie gebracht. Aber er hat auch das Wort gesprochen: „Wenn der Menschensohn kommen wird, meinst du, er werde Glauben finden auf Erden?" (Lukas

12 Vgl. Werner Thiede, Tabuisierung des Todes im 21. Jahrhundert? Überlegungen zu einem spätmodernen Kulturphänomen, in: Berliner Theologische Zeitschrift 2/2004, 206–225.

18,8). Der „Menschensohn“ – das ist Jesu Geheimwort für seine Gestalt, wie sie am Ende der Zeit, am Ende der Weltgeschichte allen offenbar werden wird. Kaum wird er, der Richter über alle Welt, Glaubende antreffen, wenn es so weit sein wird. Wohlgemerkt: Jesus hat nicht gesagt, die Kirche werde immer mehr wachsen und größer werden, bis sie eines schönen Tages wie von selbst übergehen werde ins Reich Gottes. Nein, das ist eine kulturprotestantische Phantasie, die mit dem geschichtlichen Jesus nichts zu tun hat. *Krise* des Christusglaubens wird es geben – gerade wenn sein Kommen vielleicht wirklich unmittelbar bevorsteht. Christsein wird alles andere als selbstverständlich sein, wenn die Weltzeit ihrem Ende zugeht; und da werden auch keine kirchlichen Impulspapiere helfen.

Christi Nähe muss aber nicht unbedingt eine zeitliche sein. Ich bin nicht so vermessen, hier Genaueres wissen zu wollen. Aber ich bin erst recht nicht so kühn, das zeitliche Ende der Zeit überhaupt für unmöglich zu halten. Die Naturwissenschaft sagt bekanntlich, das Universum werde in einigen Milliarden Jahren im Kältetod enden. Wäre es so, ginge das niemanden, niemanden etwas an! Es wäre das im Übrigen der Sieg absoluter Sinnlosigkeit. Gibt es aber trotz allen gegenteiligen Anscheins einen Sinn, einen letzten Sinn,[13] dann ist überhaupt nicht gesagt, dass diese letzte Zukunft eine *ferne* Zukunft ist. Dann kann sie *jederzeit* offenbar werden, vielleicht schon morgen. Ich versuche deshalb, konsequent Christ zu sein, indem ich mit der Zukunft Christi rechne – ohne sie berechnen zu wollen. Ich spekuliere nicht, aber ich blicke auch im Jahr 2007 im Leben und im Sterben auf den kommenden Christus. Bei der Herausforderung, die das heute mehr denn je bedeutet, weiß ich aber auch eine gute Hilfe – und damit komme ich zum letzten Aspekt.

3. In diesem Zusammenhang bietet Paul Gerhardt, dessen wir in diesem Jahr wegen seines 400. Geburtstags schon verschiedentlich gedacht haben, in besonders eindrucksvoller Weise Unterstützung. Ich halte ihn für einen ausgesprochenen Lehrer der christlichen Hoffnung. Mit den Mitteln seiner Poesie kann er noch uns Heutigen beibringen, was es heißt, sich im Leben und Sterben auf Jesus Christus zu verlassen.

Zu einem solch spirituellen Lehrer der Hoffnung ist Paul Gerhardt gerade durch intensive Leiderfahrung herangereift.[14] Er hätte all das Leid in seinem

---

13 Vgl. Werner Thiede, Der gekreuzigte Sinn. Eine trinitarische Theodizee, Gütersloh 2007 (spanische Übersetzung in Vorbereitung).

14 Siehe zum Folgenden: Sven Grosse, Gott und das Leid in den Liedern Paul Gerhardts, Göttingen 2001; ferner: Werner Thiede, Er wollte seine depressive Frau trösten, in: Rheinischer Merkur Nr. 28 (12. 7. 2007), 26.

Leben gar nicht ertragen können, wenn er nicht die frohe, tiefe Gewissheit in sich verspürt hätte, dass die Botschaft von Jesus Christus stimmt, dass sie im Leben und im Sterben stärkt und tröstet. Deshalb sind seine Liedtexte eben nicht nur ästhetisch schön gedichtet, sondern sie sind erfahrungsgesättigt – und gerade auch deshalb überzeugend. Sie vermitteln Trost, der aus existentieller Lebenserfahrung stammt, und Hoffnung, die darum andere kraftvoll trösten kann.[15] Ein Beispiel hierfür wäre Dietrich Bonhoeffer, der aus dem Kontext seiner eigenen Leiderfahrung dankbar von der Wirkkraft der Paul-Gerhardt-Lieder berichtet hat.

Zweifellos hat Paul Gerhardt in seinen Liedern die eigenen schmerzlichen Erfahrungen seiner Biographie spirituell verarbeitet. Schon am Ende seiner Kindheit war er Vollwaise geworden. Nach einigen Jahren erreichten dann die Auswirkungen des Dreißigjährigen Krieges auch sein Hauslehrer-Dasein. Als er 30 Jahre alt war, wurde sein Heimatdorf gebrandschatzt, und sein Geburtshaus ging in Flammen auf. Kurz darauf starb sein Bruder an der Pest. Erst mit 44 Jahren wurde er Pfarrer. Nachdem er schließlich geheiratet hatte, kamen insgesamt fünf Kinder; aber vier davon starben schon im ersten Lebensjahr. Seiner depressiven Ehefrau galten die zärtlich und tröstlich gemeinten Worte eines seiner berühmtesten Lieder: „Geh aus, mein Herz, und suche Freud“! Nach 13 Ehejahren musste er auch seine Gattin beerdigen.

Leidvoll war dann zu alledem jene berufliche Erfahrung, die ihm Abstieg statt Aufstieg brachte und seine dichterische Ader versiegen ließ. Er weigerte sich standhaft in Berlin, einen kurfürstlichen Erlass zu unterzeichnen: Demnach hätte er nämlich Teile der lutherischen Bekenntnisschriften nicht mehr in der ihm von seinem Gewissen vorgeschriebenen Weise gegenüber dem calvinistisch-reformierten Denken vertreten können. Daraufhin verlor er konsequent seine schöne Stellung an einer der Hauptkirchen von Berlin. Bei dieser Auseinandersetzung ging es keineswegs bloß um formale Bekenntnistreue und Paragraphenerfüllung, sondern hintergründig auch um das Festhalten an der lutherisch besonders betonten Gewissheit des christlichen Glaubens. Sich ganz und gar auf Jesus als den Christus im Leben und im Sterben zu verlassen – dazu sah sich Paul Gerhardt befähigt durch den Blick auf Jesu Krippe und Kreuz, also auf den leidenden Gottesknecht, der Gottes Liebe noch unter dem Anschein größter Gottverlassenheit verbürgt. Nur dadurch konnte er selber alles Leiden auf sich nehmen und weisheitlich deuten.

Wunderschön kommt das in einem Vers zum Ausdruck, den das Lied „Wie soll ich dich empfangen“ als 5. Strophe enthält: „Nichts, nichts hat

15 Vgl. Werner Thiede, Gottes Liebe mitten im Schmerz. Paul Gerhardt und das Leiden, in: Evangelisches Sonntagsblatt aus Bayern Nr. 13 (1. 4. 2007), 10.

dich getrieben / zu mir vom Himmelszelt / als das geliebte Lieben, / damit du alle Welt / in ihren tausend Plagen / und großen Jammerlast, / die kein Mund kann aussagen, / so fest umfangen hast.“ Gottes geliebtes Lieben umfängt auch den unaussprechlichsten Schmerz – das ist die Botschaft Paul Gerhardts im Kern, und sie befähigt zum Hoffen! Diese Erkenntnis formuliert der lutherische Theologe aber keineswegs bloß als abstrakte Formel. Er spricht sie vielmehr den einzelnen Menschen in ihrem individuellen Leid zu. Vor allem jedoch spricht er sie dankbar Gott gegenüber aus: „Du zählst, wie oft ein Christe wein, / und was sein Kummer sei; / kein Zähr- und Tränlein ist so klein, / du hebst und legst es bei.“ Paul Gerhardt kündet in seinen Liedern immer wieder von etwas ganz Verborgenem: von Gottes Einfühlung, vom göttlichen Mitleiden. An dieses himmlische Mitgefühl – das schärft er gerne ein – dürfen und sollen wir Christen hoffnungsvoll im Gebet appellieren. Hingegen kommt die göttliche Empathie dort einfach nicht zum Ziel, wo Menschen meinen, ihr Leid autonom, sozusagen in Eigenverantwortung bewältigen, aus eigener Kraft in die Hand nehmen zu müssen. Paul Gerhardt mahnt: „Was kränkst du dich in deinem Sinn / und grämst dich Tag und Nacht? / Nimm deine Sorg und wirf sie hin / auf den, der dich gemacht.“ Aus seinem berühmten Lied „Befiehl du deine Wege“ stammt die eindringliche Formulierung: „Mit Sorgen und mit Grämen / und mit selbsteigner Pein / lässt Gott sich gar nichts nehmen, / es muss erbeten sein.“ Einige Strophen weiter heißt es dann: „Auf, auf, gib deinem Schmerze / und Sorgen gute Nacht, / lass fahren, was das Herze / betrübt und traurig macht; / bist du doch nicht Regente, / der alles führen soll, / Gott sitzt im Regimente / und führet alles wohl.“

Die theologische Aussage, dass Gott im Regiment sitze und alles bestens im Griff habe, weshalb man ihm seine eigenen Wege getrost anempfehlen könne, ist freilich alles andere als unmittelbar einleuchtend. Wir brauchen diesbezüglich keinen Enthusiasmus. Dennoch – was will Paul Gerhardt mit dieser These von Gottes Allmacht eigentlich sagen? Immerhin hat sie ein Mann formuliert, dem Leiderfahrungen von Kindesbeinen an nicht fremd gewesen sind und dessen Lebenszeit bis dahin mit dem gesamten Dreißigjährigen Krieg deckungsgleich gewesen ist! Insofern beeindruckt es mich wenig, wenn Dorothee Sölle gemeint hat, man könne heutzutage das Paul-Gerhardt-Lied „Befiehl du deine Wege“ nicht mehr ernsthaft singen. Angesichts der Gräuel des Zweiten Weltkriegs und insbesondere auch der Judenvernichtung hat übrigens der jüdische Philosoph Hans Jonas ähnlich gesagt, von Gottes Allmacht könne unmöglich länger die Rede sein. Zum Atheisten ist Jonas deshalb freilich nicht geworden: Er lehrte nun den Mythos von einem Schöpfergott, der auf seine Allmacht für immer verzichtet habe. So spekuliert er: „Damit Welt sei, entsagte Gott seinem eigenen Sein; er entkleidete sich seiner Gottheit, um sie zurückzuempfangen von der Odyssee der Zeit, beladen mit der Zufallsernte unvorhersehbarer zeitlicher Erfahrung, verklärt oder vielleicht auch entstellt durch sie.“[16] Die Worte „er entkleidete sich seiner Gottheit“ stammen bekanntlich aus dem Neuen Testament, nämlich aus dem 2. Kapitel des Philipperbriefs, wo sie im Blick auf das Kommen des Gottessohnes von seiner himmlischen Wirklichkeit hinab in unsere leidvolle Welt bis hin zum Tod am Kreuz formuliert worden sind. Jonas dagegen sagt solche Selbstentäußerung von dem einen Gott aus, den das Judentum kennt. Er teilt die Unterscheidungen der christlichen Dreifaltigkeitslehre nicht – und kann darum Gottes Allmacht und Kreuzeserfahrungen nicht zusammen denken. Der tiefe Gedanke der göttlichen Selbstentäußerung verliert bei ihm seine trinitarische Absicherung. Was dabei herauskommt, ist ein ewig ohnmächtiger Gott, ist Kreuz ohne Auferstehung, ist göttliches Mitleiden ohne tröstende Wirkung.

Demgegenüber ist es wesentlich tiefer gedacht, an Gottes himmlischer Allmacht festzuhalten, wie das Paul Gerhardt angesichts seiner vielfältigen Leiderfahrung durchaus getan hat. Anders macht christlicher Gottesglaube wenig Sinn. Aber ist es nicht wirklich zu kindlich gedacht, sich Gott „im Regimente“ vorzustellen? Mutet es im Blick auf das vielfältige Leid in unserer Welt nicht geradezu zynisch an, zu behaupten, Gott führe alles wohl? Nun war freilich Paul Gerhardt kein einfältiger Tropf, und seine leiderprobten, weisheitshaltigen Lieder hätten keine die Jahrhunderte durchdringende spirituelle Tragkraft, würden sie sich bloß in märchenhaften Illusionen von einem alles herrlich regierenden Gott erschöpfen. Der Liederdichter wusste sehr genau, dass Jesus vor Pilatus gesagt hatte: „Mein Reich ist nicht von dieser Welt“. Er wusste, dass der Apostel ausdrücklich gelehrt hatte, Gott werde am Ende „alles in allem“ sein, und ihm war zugleich klar, dass das keine Aussage über den gegenwärtigen Weltzustand war. Lautet nicht die dritte Vaterunser-Bitte „Dein Reich komme“? Keine Frage – unsere Welt ist eben nicht schon identisch mit dem Reich Gottes! Umso wichtiger war Paul Gerhardt die Gewissheit: Auf dieses Kommen des universalen Gottesreiches zielt alles hin. Der lutherische Theologe war überzeugt, dass alles Kreuz dieser Welt auf die Auferstehung der Schöpfung zuläuft. Freilich: Gott ist in seiner Herrlichkeit und Macht bislang verborgen; er hat sich offenkundig ein ganzes Stück verzichtsbereit zurückgenommen, um die

16 Hans Jonas, Philosophische Untersuchungen und metaphysische Vermutungen, Frankfurt a. M./Leipzig 1992, 193 f.

Schöpfung sich weithin eigenständig entwickeln zu lassen. Doch der Sinn von allem, das große Ziel ist seine universale Herrschaft, in der einst alles durch ihn, durch sein allmächtiges Eingreifen vollendet werden und bleiben wird.

Christlicher Glaube ist somit identisch mit christlichem Hoffen. Von daher ist es zu verstehen, wenn Paul Gerhardt von Gott aussagt: „Er hat noch niemal was versehn / in seinem Regiment, / nein, was er tut und lässt geschehn, / das nimmt ein gutes End." Hier ist es im Grunde offensichtlich: Der Liederdichter spricht von „Gottes Regiment" in Verbindung mit dem Ziel, im Hinblicken auf das Ende, auf das alles zuläuft. Und das wird um Jesu Christi willen ein gutes Ende sein. Der sprichwörtliche Satz „Alles wird gut werden" ist dort billiger, allzu billiger Trost, wo er rein innerweltlich verstanden wird – als sei das Leben ein Roman mit garantiertem Happy-End. Dieser Satz ist aber dort von spiritueller Tiefe, wo er sich von Gottes Verheißung nährt, wo er jene Sinnganzheit im Blick hat, auf die sich christliches Glauben, Hoffen und Lieben seit jeher richtet.

Paul Gerhardt hat die christliche Hoffnungsperspektive konsequent dichterisch umgesetzt. So stammt von ihm die schöne – im neuen Gesangbuch leider nicht mehr abgedruckte – Strophe, die er gegen Ende des Dreißigjährigen Krieges formuliert hat: „Wie's Gott gefällt, so muss es sein, / zuletzt wird's dich erfreuen; / was du jetzt nennest Kreuz und Pein, / wird dir zum Trost gedeihen. / Wart in Geduld: / die Gnad und Huld / wird sich doch endlich finden; all Angst und Qual / wird auf einmal / gleichwie ein Dampf verschwinden." Darum darf sich der Christ in allem Leid dieses Lebens glaubend auf Jesus Christus verlassen und auf das Offenbarwerden des dreieinen Gottes hoffen: „Es ist ein Ruhetag vorhanden, / da uns unser Gott wird lösen; / er wird uns reißen aus den Banden / dieses Leibs und allem Bösen. / Es wird einmal der Tod herspringen / und aus der Qual uns sämtlich bringen."

Als es für Paul Gerhardt selbst in seinem 70. Lebensjahr ans Sterben ging, hat er sich – einer späteren Darstellung zufolge – mit Hilfe seiner eigenen Dichtung Trost zugesprochen. Demnach hat sich damals die folgende Liedstrophe in unmittelbarer Todesnähe bewährt, wie sie das in ungezählten anderen Fällen bis heute getan hat. Der Text, den der Sterbende leise gebetet haben soll, lautet: „Kann uns doch kein Tod nicht töten, / sondern reißt / unsern Geist / aus viel tausend Nöten, / schleußt das Tor der bittern Leiden / und macht Bahn, / da man kann / gehn zu Himmelsfreuden."

Uns Christen im Jahr 2007 kann Paul Gerhardt neu ermuntern, Mut zum ganzheitlichen Blick auf die kommende Vollendung zu entwickeln. In unserer aufgeklärten Kultur haben wir es weithin verlernt, unseren Blick über die Todesgrenze hinaus zu lenken. Unser Sinnen und Rechnen bezieht sich auf Gesundheit und Heilung statt auf unser ewiges Heil, auf materielle Güter statt auf unvergängliche Schätze, auf irdischen Ruhm statt auf Ruhm bei Gott. Gegen solch heillose Innerweltlichkeit helfen uns die Lieder Paul Gerhardts anzukämpfen. Sie mahnen uns, für die Gesundheit unserer Seele, für das Licht unseres Geistes Sorge zu tragen – und zwar dadurch, dass wir uns nicht von zeitlichen Sorgen oder Freuden die Sinne vernebeln lassen, sondern im Hören auf die Botschaft von Jesus Christus immer wieder neu die Dimension des Ewigen in unser Leben hineinlassen. Gegen das so beliebte Narkotikum platter Diesseitsvertröstung stellt Paul Gerhardt die trostreiche Jenseitsperspektive des christlichen Glaubens – etwa mit jener schönen Strophe aus dem Lied „Die güldne Sonne“: „Kreuz und Elende / das nimmt ein Ende; / nach Meeresbrausen / und Windessausen / leuchtet der Sonnen gewünschtes Gesicht. / Freude in Fülle / und selige Stille / hab ich zu warten / im himmlischen Garten; / dahin sind mein Gedanken gericht.“ Wer so aufs Ziel und damit auf den Sinn des Ganzen ausgerichtet ist, der denkt wirklich ganzheitlich.

Zu solch ganzheitlicher Hoffnung kann die Besinnung auf Paul Gerhardts Liedgut auch die zeitgenössische Theologie neu ermutigen helfen. Viele Jahrzehnte lang haben Theologinnen und Theologen an den Universitäten, in den Kirchen und dann auch an den Gräbern die Lehre vertreten, mit dem Tod sei es ganz und gar aus für den Menschen. Ein größerer Teil dieser Theologen – aber doch auch nur ein Teil von ihnen – pflegt dann hinzuzufügen, dereinst am Jüngsten Tage werde Gott sich an die Toten erinnern und sie aus dem Nichts auferwecken. Mit dieser so genannten Ganztodlehre sollte es theologisch endlich ein Ende haben[17] – und zwar im Namen des Gottes, den Jesus als der Christus bezeugt hat. Dieser Gott lässt uns im Tod nicht untergehen – weder vorläufig noch endgültig! Vielmehr hält er uns gerade dann, wenn es darauf ankommt: Er schenkt uns in seiner göttlichen Treue unvergängliches Leben, wenn uns alles natürliche, irdische Leben verlassen wird. Das hat der Apostel Paulus oft genug zum Ausdruck gebracht, und im Johannesevangelium heißt es unmissverständlich: Wer an Jesus Christus glaubt, wird nimmermehr sterben. Paul Gerhardt steht in der Traditionslinie dieser christlichen Hoffnung, die sich speist aus der Überzeugung: „Gott ist Liebe“. Christen müssen sich nicht schämen, wenn sie mit dem Liederdichter bekennen: „Alles Ding währt seine Zeit, / Gottes Lieb in Ewigkeit.“

17 Vgl. bereits Werner Thiede, Auferstehung der Toten – Hoffnung ohne Attraktivität? Göttingen 1991, 143ff.

In einer neuen Biographie über Paul Gerhardt nennt ihn Hans-Joachim Beeskow einen „der größten Tröster der Christenheit“. Auch im Jahr 2007 ist die Welt, ist die Christenheit, ist die Kirche keineswegs so beschaffen, dass wir eines solchen Trösters entbehren könnten. In dankbarer Erinnerung an diesen Mann dürfen wir Christen froh unsere Gegenwart bewältigen und zuversichtlich nach vorne blicken, indem wir mit ihm bekennen: „Die Sonne, die mir lachet, / ist mein Herr Jesus Christ. / Das, was mich singen machet, / ist, was im Himmel ist.“

Ich komme zum Schluss: Was heißt es, sich 2007 auf Jesus aus Nazareth als den Christus im Leben und im Sterben zu verlassen? Es heißt heute wie zu allen Zeiten der Kirchengeschichte: an den dreifaltigen Gott glauben, wie er sich in Jesus von Nazareth uns Sterblichen voller Liebe erschlossen hat. Es heißt freilich im Jahr 2007, dies gegen allerlei Widerstände zu tun – wohl gegen mehr Widerstrebendes in Kirche und Gesellschaft, als das seit vielen Jahren der Fall gewesen ist. Aber das ist kein Schaden. Christlicher Glaube wird seiner selbst, wird seiner Substanz und Kraft bewusster, je umkämpfter er ist. Und Christen werden umso dankbarer, je bewusster sie glauben.

Anton
Tikhomirov

Und die Pforten der Hölle sollen sie nicht überwinden?

Von der Notwendigkeit und dem Sinn einer kenotischen Ekklesiologie

1. Tod der Kirche und Tod Gottes

Nach den Worten, die in der Überschrift dieses Aufsatzes stehen, würde man ein Ausrufezeichen (im schlimmsten Fall drei Punkte ...) erwarten. Aber ein Fragezeichen? Das sieht wie eine Herausforderung, ja wie eine Frechheit aus! Darf man diese Worte Christi bezweifeln? Das würde bedeuten, dass man ernsthaft vom Sterben, vom Tod der Kirche reden würde. Ist das möglich? Das wäre ein Widerspruch nicht nur zu einer der bekanntesten und populärsten neutestamentlichen Verheißungen – sondern auch zu den klaren Worten der Confessio Augustana: *„Item docent, quod una sancta ecclesia perpetuo mansura sit.“*[1] Jede – wenn auch sehr vorsichtige – Erwähnung des möglichen Todes der Kirche wird auch von kaum traditionsgebundenen Theologen heftig bestritten oder gar nicht verstanden – das weiß ich aus meiner eigenen Erfahrung. Dieses Thema ist im Christentum (in jeder Kirche und in jeder Strömung) ein absolutes Tabu.

Das ist im Grunde genommen erstaunlich. Denn das scheinbar viel skandalösere Thema des *Todes Gottes* ist in der Theologie durchaus tolerabel, sogar „anständig“. Noch mehr: Im christlichen Bewusstsein sind Gott und Tod zwei Begriffe, die untrennbar zusammengehören. Die Rede vom Tod Gottes – wenn man von einer bestimmten Richtung der Theologie mit ihrer bestimmten Intention absieht – ist nur eine scheinbare Provokation. Man kann christlich von Gott nicht reden, ohne über den Tod Gottes zu sprechen. Wie soll man anders vom Kreuz reden? Das Kreuz ist im Christentum die ultimative Offenbarung Gottes. Unser Verständnis Gottes, unsere Bezie-

1 BSLK, S. 61.

hung zu ihm wird vom Geschehen des Kreuzes, d. h. vom Tod aus, gestaltet. Gewiss kann man das Kreuz unterschiedlich verstehen, aber auf jeden Fall werden dort Gott und Tod in die engste Verbindung gebracht.

Ganz anders aber ist es, wenn es um den Tod der Kirche geht.

Die Kirche wird als etwas postuliert, das im Rahmen der Geschichte unzerstörbar ist, etwas, das schon von vornherein über die feindlichen Mächte triumphiert. Die Kirche könne nicht vergehen. Sicher, es geht dabei nicht einfach um eine blinde Selbstsicherheit, die sich auf einem wörtlichen Verständnis der biblischen Aussagen und der Bekenntnisschriften gründet. Diese Vorstellung von der Kirche kann auch viel tiefer und existenzieller begründet werden: z. B. in der Weise, dass Kirche als ***die** Hoffnungsgemeinschaft* verstanden wird.[2] Der Glaube an die Verheißung soll uns diese Hoffnung geben.

Worauf richtet sich aber diese Hoffnung? In Wahrheit geht es ja um eine innergeschichtliche, eine sichtbare Hoffnung. Schon dies sollte uns eigentlich warnen. Denn die Kirche wird auf diese Weise aus dem Feld der *theologia crucis* herausgenommen.

Nach dieser von Luther leidenschaftlich verkündigten Theologie offenbart sich Gott immer *sub contrario*: Seine Allmacht wird in der Ohnmacht des Gekreuzigten sichtbar, seine Liebe im Geschehen des Kreuzes nachvollziehbar, dieser grausamen Hinrichtung, seine Gnade für einen Menschen spürbar, indem sich dieser verloren fühlt! Dort, wo Gott am weitesten entfernt zu sein scheint, dort ist er am nächsten. Dort, wo es Gott nach unserem Verständnis überhaupt nicht gibt, noch geben kann, dort ist er in seiner ganzen Fülle präsent – am Kreuz.

Die *theologia crucis* wird bei Luther der *theologia gloriae* gegenübergestellt. Diese Theologie sucht Gott, „direkt" in Herrlichkeit, in Machterscheinungen und in der „Selbstverständlichkeit" seiner Taten in der Natur und in der Geschichte zu finden. Dabei muss sie aber vom Paradox des Kreuzes schweigen, und daher weiß sie gar nichts von der wahren Offenbarung Gottes im gekreuzigten Christus, von der her jene Theologie lebt.

Auf den ersten Blick aber sieht es gar nicht so aus, dass die Kirche sich als ein Element der *theologia gloriae* verstehe. Die Kirche wusste doch schon immer von ihrer Schwachheit. Sie ist aus dem Blut der Märtyrer gewachsen. Die Kirche kennt Verfolgungen und Verbote. Das stimmt. Aber dies bedeutet noch nicht, dass sie das Kreuz in seiner ganzen Radikalität annimmt. Auch in den berühmten Worten, „wenn ich schwach bin, so bin ich stark" (2 Kor 12,10), geht es für viele doch um die Stärke. Das ist zwar

2 Siehe Wolfgang Huber, Kirche, Stuttgart/Berlin 1979, S. 182.

eine ganz eigene Stärke, aber es ist immerhin Stärke. Es geht um einen Sieg – vielleicht um einen auf eine ganz ungewöhnliche Weise errungenen –, aber doch um einen Sieg. Das Kreuz aber bedeutet die völlige Absage an jede Macht, es bedeutet absolute Ohnmacht, absolutes Unglück, das radikale Stellen unter die Frage. Tod, totale Niederlage – das bedeutet das Kreuz.

Sich radikal unter diese Frage zu stellen, dazu ist die Kirche – wie es die Erfahrung zeigt – unfähig. Daher wird die Ekklesiologie nolens volens zu einem Element der *theologia gloriae*. Es wird immer sehr lange und sehr überzeugend davon geredet, dass der Sieg der Kirche *trotz* der Gegebenheiten der Welt geglaubt werden müsse – aber das ist immer noch ein Glaube, der sich auf die Herrlichkeit und auf den Triumph richtet. Deshalb ist das „Dennoch" dieses Glaubens sehr relativ und sehr begrenzt. Er ist ein ganz anderer Glaube als der törichte Glaube angesichts des Kreuzes, als der Glaube an das Kreuz.

Es sieht so aus, als ob die traditionelle Kirchenlehre und die *theologia crucis* (falls sie in ihrer ganzen Radikalität angenommen wird) sehr schlecht zusammenpassen. Hat die christliche Theologie also vielleicht Recht, wenn sie die Frage nach der Kirche nicht mit Hilfe der *theologia crucis* betrachtet? Oder verfehlt sie dabei etwas äußerst Wichtiges? Diese Frage sollte schon deshalb im Rahmen der Theologie gestellt werden, weil sie außerhalb ihrer *schon* auf vielfältige Weise gestellt wird. Als ein sehr illustratives Beispiel benenne ich nur ein Zitat. Es stammt aus einem Science-Fiction-Roman, der von dem amerikanischen Schriftsteller Dan Simmons verfasst worden ist und den Titel „Hyperion" trägt. Einer der Hauptcharaktere dort ist ein römisch-katholischer Priester aus ferner Zukunft, der angesichts des Zustandes der ihm gegenwärtigen Kirche der Meinung ist, dass sie sterbe. Er sagt dabei:

> "If the Church is meant to die, it must do so – but do so gloriously, in the full knowledge of its rebirth in Christ. It must go into the darkness not willingly but well – bravely and firm of faith – like the millions who have gone before us, keeping faith with all those generations facing death in the isolated silence of death camps and nuclear fireballs and cancer wards and pogroms, going into the darkness, if not hopefully, then prayerfully that there is some reason for it all, something worth the price of all that pain, all those sacrifices. All those before us have gone into the darkness without assurance of logic or fact or persuasive theory, with only a slender thread of hope or the all too shakable conviction of faith. And if they have been able to sustain that slim hope in the face of darkness, then so must I … and so must the Church."[3]

---

3 Dan Simmons, Hyperion, New York 1995, S. 91. Es gibt eine, vielleicht sogar mehrere deutsche Übersetzungen dieses Buches, die mir aber z. Z. nicht zugänglich sind. Ein

Obwohl wir hier keine Erwähnung des Kreuzes oder der Selbstentäußerung Christi finden können, werden wir diese Ekklesiologie nicht anders als eine *ecclesiologia crucis* oder als eine *kenotische Ekklesiologie* bezeichnen können. Diese Worte werden jetzt unser Ausgangspunkt sein.

Aber vorher ist zu beachten, dass diese Worte von einem römisch-katholischen Priester stammen. Dieser Hinweis ist hier notwendig, denn die römisch-katholische und die orthodoxe Theologie einerseits und die evangelischen Theologien andererseits gehen von ganz verschiedenen Prinzipien in Bezug auf das Wesen der Kirche aus. Deshalb ist es sehr wichtig, zunächst zu beschreiben, was wir unter der Kirche und folglich unter dem Tod der Kirche verstehen. Was würde das Verschwinden der Kirche bedeuten? Diese Frage zu beantworten ist nur dann möglich, wenn wir uns im Klaren sind, was die Kirche ist.

2. Die evangelische Radikalität der Frage nach der Kirche

Die Frage nach der Entsprechung der *theologia gloriae* und der Ekklesiologie, die im vorherigen Abschnitt gestellt wurde, ist nicht so einfach, wie es scheinen könnte. Eine Antwort auf diese Frage, wie gesagt, wird davon abhängen, was wir unter der Kirche verstehen. Nun gibt es jetzt keine Möglichkeit, sich mit allen vorhandenen Meinungen zu dieser Frage auseinanderzusetzen. Deshalb versuche ich, die Darstellung auf nur zwei Prinzipien zu begrenzen. Diese beiden Prinzipien oder Zugänge zur Frage nach dem Wesen der Kirche kann man als zwei idealtypische Modelle darstellen: „römisch-katholisch und orthodox“ und „evangelisch“.

Es ist unvermeidlich, dass die jetzt gegebene Darlegung der römisch-katholischen oder der orthodoxen Lehre von der Kirche sehr grob, sehr einseitig und sehr schemenhaft wird. Schon die einfache Tatsache, dass diese beiden Lehren zusammen betrachtet werden, belegt das. Meine Darstellung wird alle Nuancen und inneren Vielfältigkeiten dieser beiden Zugänge beiseite lassen und alles eigentlich nur auf ein bestimmtes (man

anderer wichtiger Literaturhinweis (den ich Prof. Dr. Hermann Brandt, Erlangen, verdanke) ist Edzard Schapers Roman mit dem sehr bezeichnenden Titel *Die sterbende Kirche* (Frankfurt 1953), obwohl dort ein etwas anderer Zugang zu dem Thema gefunden wird, als es bei Dan Simmons der Fall ist. Und doch: Gerade in der Erfahrung des Sterbens einer Kirchengemeine, einer Kirche wird dort der Glaube besonders sichtbar.

könnte sogar sagen: künstlich hervorgehobenes) Prinzip reduzieren. Dennoch ist dieses Prinzip wichtig, denn es ist – wenn auch nicht immer ausgeführt, sondern oft latent – für das orthodoxe oder das römisch-katholische Kirchenverständnis wesentlich, es bestimmend und es färbend. Es ist außerdem gerade für unsere Frage sehr wichtig, weshalb seine Betonung notwendig ist. Bei seiner Darstellung werde ich natürlicherweise – kraft meines Kontextes – vor allem von der orthodoxen Ekklesiologie ausgehen und in erster Linie die für sie wichtigen Begriffe und Vorstellungen benutzen.[4]

Der gewaltigste Unterschied zwischen der orthodoxen (römisch-katholischen) und der evangelischen Kirchenlehre besteht m. E. darin, dass für einen orthodoxen (römisch-katholischen) Theologen die beiden Begriffe „Kirche" und „Christenheit" nicht identisch sind. Die Kirche ist eine ganz besondere Realität, sie ist eine mystische Verbindung mit Christus, die mit Hilfe bestimmter historischer Institutionen vollzogen wird, vor allem mit Hilfe des geweihten Priestertums, das von dem in apostolischer Sukzession stehenden Bischofsamt abhängig ist. Deshalb ist Kirche ein engerer Begriff als die Christenheit, als die Gemeinschaft derer, die an Christus glauben. Die Kirche ist ein gottmenschlicher Organismus, der als eine sakramentale Gemeinde realisiert wird.[5] (Übrigens: Nur dieser Zugang zur Kirchenlehre macht die Diskussionen über den Satz *extra ecclesiam nulla salus* wirklich interessant und fruchtbar.)

Bemerkenswert bei dieser Vorstellung ist Folgendes: Die Kirche als eine Institution, die auf dem irdischen Bischofsamt gegründet ist und deren Zen-

---

4 Wenn man sich aber über den Unterschied zwischen dem evangelischen und dem speziell *katholischen* Kirchenverständnis informieren will, kann man dazu eine hervorragende Darstellung in einem Interview mit J. Ratzinger (heute Papst Benedikt XVI.) finden: „Es scheint mir absurd, was unsere lutherischen Freunde jetzt wollen", in: FAZ, Nr. 221, 22. September 2000, S. 51 f. Dort besonders pointiert gegen Ende des Gespräches, S. 52: „Wenn man sagt, wer schriftgemäß lebt, stehe in der Nachfolge der Apostel, so bleibt eben die Frage: Wer urteilt darüber, was schriftgemäß ist und wer schriftgemäß lebt? Wenn man solche Aussprüche konsequent nimmt, *gibt es Kirche überhaupt nicht* (Hervorhebung A. T.). Die These, nicht die Bischöfe, sondern der biblische Kanon sei Nachfolger der Apostel, bedeutet eine klare Ablehnung des katholischen Kirchenbegriffs" (auf diese Veröffentlichung wurde ich von Dr. Rainer Stahl aufmerksam gemacht).

5 Павел Евдокимов, Православие, Moskau 2002, S. 181. Zu diesem Typus der Kirchenlehre kann man im Grunde genommen auch alle jene Vorstellungen zählen, die unter verschiedenen Sekten, aber auch unter ganz respektablen Kirchen verbreitet sind, wonach die wahre Kirche nur auf den Kreis derer begrenzt sei, die eine bestimmte Lehre annehmen, bestimmte Riten vollziehen oder bestimmte ethische Werte teilen. So wird der Begriff „Kirche" wieder enger als die Christenheit.

trum der irdische Vollzug der Eucharistie ist, sieht vom rein empirischen Standpunkt aus gesehen wirklich relativ zerbrechlich aus. Es würde reichen, alle Bischöfe zu vernichten, um die Kirche als solche wenn nicht völlig zu vernichten, so zumindest ihre Existenz äußerst problematisch und „behindert" zu machen. Dieser hypothetische Akt bedeutete aber nicht das Verschwinden der einfachen Gläubigen. Deshalb – zumindest theoretisch – könnte man sich vorstellen, dass die Kirche nicht mehr existiert, aber die Christenheit bleibt, das Wissen von Christus und der Glaube an ihn bleiben sowie die Verkündigung des Wortes Gottes bleibt. In diesem Sinn wird das Verschwinden der Kirche nicht zu einer absoluten Katastrophe.[6]

Einen weiteren wichtigen Aspekt der orthodoxen (römisch-katholischen) Kirchenlehre haben wir bisher außer Acht gelassen. Bisher galten unsere Überlegungen nur der streitenden Kirche. Das Thema der triumphierenden Kirche, d.h. der Kirche der Heiligen, der Erlösten und sogar der Engel, wurde noch nicht berührt. Aber diese Lehre von der triumphierenden und deshalb unzerstörbaren Kirche spielt in der Orthodoxie oder im römischen Katholizismus eine wichtige Rolle.[7]

Noch ein Aspekt, der mit dem Vorherigen eng verbunden ist, soll an dieser Stelle genannt werden: Es ist der kosmische Charakter der Kirche. Die Peripherie der Kirche bildet die geweihte und so in die sakramentale Wirklichkeit des Leibes Christi einbezogene Materie.[8]

Alles Genannte kann uns zeigen, dass nach dem orthodoxen (römisch-katholischen) Kirchenverständnis die Kirche etwas ist, das größer und zugleich kleiner ist als die Versammlung der Menschen, die auf das Wort Gottes hören.

Alles ist ganz anders im – auch vielfältigen – evangelischen Lager. Hier ist die Kirche die *creatura verbi*. Kirche ist die Versammlung der Menschen

6 Hier sei auch auf die orthodoxe Lehre hingewiesen, die besagt, dass eigentlich scharfe Grenzen der Kirchlichkeit fehlen, dass die Grenze der Gnade fehlt, die in der Fülle nur in der Orthodoxen Kirche zu finden ist, dass die Kirche ein „ausdehnbarer" Begriff ist. Siehe z.B.: Епископ Диоклийский Каллист (Уэр), Православнай Церковь, Moskau 2001, S. 318–320. P. Jevdokimov spricht davon, dass die Kirche selber ihre verfassten Grenzen überschreiten könne (Евдокимов, a.a.O. [wie Anm. 5], S. 180). Es muss aber betont werden, dass solche Überlegungen auf Seiten der orthodoxen Theologie immer von der Unterstreichung der Bedeutung der orthodoxen Kirche als der Trägerin der Fülle der göttlichen Gnade, als der einzigartigen in der Empirie nicht immer vollkommenen, aber im Prinzip als Prozess gegebenen Einigung der Gläubigen mit Christus begleitet wird; siehe Каллист, a.a.O., S. 337–339.

7 Siehe z.B. Каллист, a.a.O. (wie Anm. 6), S. 251.

8 Siehe z.B. Евдокимов, a.a.O. (wie Anm. 5), S. 218–219.

um das Wort Gottes und um die Sakramente.[9] Meine Definition lautet: Die Kirche ist *die menschliche Kommunikation des Evangeliums*.

Indem diese Definition gegeben wird, muss sie aber sofort korrigiert werden – und zwar folgendermaßen: Die Kirche ist *die Gesamtheit der Menschen, die in die Kommunikation des Evangeliums einbezogen sind.*[10] Diese Korrektur ist notwendig, weil die Kommunikation des Evangeliums eigentlich das Evangelium selber ist, denn das Evangelium wird in der evangelisch-lutherischen Tradition als das lebendige Wort, als die Gute Nachricht im Prozess ihrer Verkündigung begriffen. Und: Das Evangelium kann nicht mit der Kirche als *creatura* verbi identifiziert werden. Andererseits könnte diese Korrektur entbehrlich sein – zunächst aus einer ganz einfachen soziologischen Erkenntnis heraus, nach der jede Organisation etwas Größeres ist als die Summe derer, die ihr angehören – schon deshalb sollte die Kirche mehr sein als die Menschen, die zu ihr als Glieder zählen. Hinzu kommt die enge Verbindung der Kirche mit der Verkündigung des Evangeliums: Das eine ist ohne das andere nicht möglich – wie noch gezeigt werden wird. Man muss also die Spannung zwischen diesen beiden Definitionen aushalten: Beide Fassungen sind wichtig, und es kann nicht eine preisgegeben werden.

In dieser Spannung könnte man zunächst den Sinn der Rede vom Verschwinden der Kirche suchen. Das bedeutete, sie läge in der Betonung des Unterschieds zwischen der Kirche und dem Evangelium. Das könnte dann besagen, dass die Kirche und das Evangelium zwei grundverschiedene Realitäten sind. Dies würde eine vorschnelle Identifikation zwischen der Kirche und dem lebendigen Evangelium verhindern. Das wäre gerade für das evan-

9 Das besagt die berühmte „Definition“ Luthers: „Denn es weiß, Gott Lob, ein Kind von sieben Jahren, was die Kirche ist: nämlich die heiligen Gläubigen und die Schäflein, die ihres Hirten Stimme hören“ (WA 50, 250,1–4, von 1537).

10 Der Begriff „Kommunikation des Evangeliums“ kann mit der „Kommunikation des Glaubens“ (E. Lange) verglichen werden; siehe Ernst Lange, Chancen des Alltags. Überlegungen zur Funktion des christlichen Gottesdienstes in der Gegenwart, Stuttgart 1966, S. 138 ff. Der Begriff „Kommunikation des Evangeliums“ kann deutlicher auf den äußeren Grund der Kirche, auf ihre Quelle im Wort Gottes hinweisen. Außerdem betrifft er nur die sichtbare Kirche, genauer gesagt: ihre sichtbare Seite, um die es jetzt geht (hier können wir noch nicht vom Glauben, sondern nur vom äußeren Kennzeichen der Verkündigung des Wortes Gottes reden). Unter der „verborgenen Kirche“ verstehe ich dann die Gesamtheit aller Menschen, die vom Evangelium *betroffen* sind. Dazu, dass die verborgene und die sichtbare Kirche zwei Seiten einer Einheit sind und dass sich der Begriff „verborgene Kirche“ vom traditionellen Begriff der „unsichtbaren Kirche“ fundamental unterscheidet, siehe z. B. Wilfried Härle, Dogmatik, Berlin, New York ^{2}2000, S. 571–574.

gelische Kirchenverständnis außerordentlich wichtig. Besonders aufschlussreich sind hier Überlegungen Paul Tillichs, der Prinzip und Form im Christentum deutlich unterscheidet.[11] Es ist auch sinnvoll, auf den Unterschied zwischen dem evangelisch-lutherischen Bekenntnis und dem evangelisch-lutherischen Kirchentum hinzuweisen, den Paul Althaus hervorhebt.[12] Auch Albrecht Beutel kann die Grundprinzipien der Reformation als kirchenkritische Äußerungen verstehen.[13] Diesen Unterschied aber mit Hilfe des Gedankens des Todes der Kirche zu betonen, wäre doch etwas künstlich. Außerdem ist mein Anliegen viel radikaler: Wie noch gezeigt werden wird, gelten meine Überlegungen zum Verschwinden der Kirche beiden Seiten der gegebenen Definition.

Solange es diese in die Kommunikation des Evangeliums einbezogenen Menschen gibt, solange von Christus auf die eine oder die andere Weise gepredigt wird, solange gibt es auch Kirche. Sie ist als solche an keine geschichtlichen Institutionen gebunden. Deshalb würde – im Rahmen dieses Verständnisses – Verschwinden der Kirche bedeuten, dass die Verkündigung des Evangeliums aufgehört hat, dass es keine Menschen mehr gibt, die von dieser Botschaft betroffen sind. Deshalb darf und muss man diese beiden Begriffe – Kirche und Christenheit – gleichsetzen![14]

An dieser Stelle könnte man aber sagen, dass die Begriffe „Kommunikation des Evangeliums" und „Christenheit" wiederum nicht ganz identisch

11 Paul Tillich, Zum Problem des evangelischen Religionsunterrichts, in: Ders., Die religiöse Substanz der Kultur. Schriften zur Theologie der Kultur, Gesammelte Werke, Band IX, Stuttgart 1967, S. 233.

12 Paul Althaus, Die ökumenische Bedeutung des lutherischen Bekenntnisses, in: Ders., Um die Wahrheit des Evangeliums. Aufsätze und Vorträge, Stuttgart 1962, S. 78. Näheres dazu kann in meinem Aufsatz Антон Тихомиров, Толерантность как протест и диалог, in: Tolerance and intolerance in the modern society. International science-practical conference materials, St. Petersburg, April 26–28, 2006, St. Petersburg 2006, S. 321–329 (Abstract: S. 425), nachgelesen werden.

13 Albrecht Beutel, Lutherische Theologie in den Unübersichtlichkeiten unserer Zeit. Ein Vorschlag zur Orientierung, in: ZThK 103, 2006, S. 344–361. Besonders fallen folgende Worte auf: „Nicht lutherisch sondern christlich: Das ist die Maxime, in der, nur scheinbar paradox, die Identität einer lutherischen Kirche und Theologie gründet" (S. 346) (auch auf diese Veröffentlichung wurde ich von Dr. R. Stahl aufmerksam gemacht).

14 Nicht zufällig verwendet Martin Luther in seinem Kleinen Katechismus, wenn er die Gemeinschaft der Gläubigen beschreiben will, die durch den Heiligen Geist versammelt sind, und überhaupt in seinen Schriften, wenn er von der Kirche sprechen will, gerade dieses Wort: „Christenheit" (BSLK, S. 512). Es ist auch charakteristisch, dass z.B. in den meisten russischen Übersetzungen an dieser Stelle das Wort „Kirche" erscheint.

sind. Die Kommunikation des Evangeliums scheint viel breiter und lockerer zu sein. Unvermeidlich entsteht die Versuchung, die gegebene Definition mit bestimmten Adjektiven zu ergänzen – wie „die stabile", „die positive" oder „die bewusste Kommunikation". Dann würden aber die Menschen ausgeschlossen, die z.B. das Evangelium nur oberflächlich gehört, aber nicht richtig wahrgenommen haben, oder die Menschen, die sich dem Evangelium aktiv widersetzen. Aber jede Ergänzung solcher Art – wie verständlich sie auch sein könnte – ist zugleich gefährlich, denn niemand kann hier die Grenzen eindeutig ziehen und klar entscheiden, welche Kommunikation des Evangeliums stabil, positiv und bewusst ist und welche nicht. Daher bleibe ich bei dieser kurzen Fassung der Definition, d.h., ich verstehe die Kirche als die Kommunikation des Evangeliums oder als die Menschen, die in diese Kommunikation einbezogen sind. Die Intention dieser Definition besteht aber nicht im willkürlichen Ausdehnen des Begriffes der Kirche bis zur Unendlichkeit, sondern in der notwendigen Betonung der Verwischtheit der Grenzen der Kirche in der menschlichen Gesellschaft. Man sollte in diesem Zusammenhang den Ereignischarakter der Kirche betonen. Im Grunde genommen ist die Kirche nicht primär eine Institution, sondern ein Ereignis![15] Das macht es noch schwieriger, die Grenzen der Kirche zu ziehen.

Die Sakramente als äußere und eindeutige Zeichen könnten hier theoretisch die Weichen sein, aber die Summe der Menschen, die die Sakramente empfangen, und die Summe der Menschen, die man zur Kirche zählen muss, sind nicht identisch. Ein Teilnehmer am langen Kathechumenat der Alten Kirche war doch ein Glied der Kirche, obwohl er noch nicht getauft war.[16] Auch heute kann man aus orthodoxer Sicht durchaus sagen, dass die Kirche nur die tauft, die ihr sowieso angehören (durch Geburt bei christlichen Eltern oder durch die christliche Erziehung usw.). Also auch die Sakramente als Grenzmerkmale taugen hier nicht.

Die Frage nach der triumphierenden Kirche oder nach der Einbeziehung des Kosmos und der Materie in die Kirche ist m.E. vom evangelischen Standpunkt aus einfach nicht korrekt. Die Kirche ist ausschließlich eine irdische und menschliche Wirklichkeit, derer die Menschen, die in dieser

15 Siehe dazu Gerhard Müller, Das Kirchenverständnis der lutherischen Reformation, in: Lutherische Kirche in der Welt. Jahrbuch des Martin-Luther-Bundes, Folge 54, Erlangen 2007, S. 197–216, S. 205f.

16 Hier sei darauf verwiesen, dass auch heutige Kirchen mit der Herausforderung ringen, Menschen als Kirchenglieder zu verstehen, die gleichwohl – auf Grund schwieriger gesellschaftlicher Konsequenzen – den offiziellen Übertritt nicht vollziehen (vgl. die Situation der christlichen Dalit in Südindien).

Welt leben, bedürfen – insofern bedürfen, als sie die Kommunikation des Evangeliums (traditionell gesprochen: die Verkündigung des Evangeliums und die Verwaltung der Sakramente) brauchen.

Hier kann man daher von einem interessanten Paradox reden: Es wird normalerweise gesagt, dass gerade die orthodoxe oder die römisch-katholische Theologie der Kirche eine ganz besondere Bedeutung geben, während in der evangelischen Theologie dieses Thema nur zweitrangig und unterentwickelt sei.[17] In der Tat aber ist es so, dass gerade im Protestantismus – wenn ich hier diesen Begriff für evangelische Kirchen und evangelische Theologie verwenden darf – die Kirche zu den absolut unabdingbaren theologischen Elementen gehört, weil es ohne Kirche keine Verkündigung des Wortes Gottes geben kann. (Nicht erst, weil die Kirche eine solche Verkündigung möglich oder rechtmäßig macht, sondern, weil die Verkündigung unvermeidlich Kirche um sich baut: Denn sowohl der Prediger als auch die Hörer befinden sich im Prozess der Kommunikation des Evangeliums.)[18] Noch mehr: Gerade in der evangelischen Deutung wird die irdische Kirche als die freie und an keine Institution gebundene Kommunikation des Evangeliums praktisch unzerstörbar: Man kann eine Organisation zerstören, aber es ist kaum möglich, eine religiöse Idee zu vernichten. Erst jetzt wird uns völlig klar, warum das Thema des Todes der Kirche in der evangelischen Theologie nicht berührt wird, sogar – wie es scheint – nicht berührt werden darf.

Kurzum: In der römisch-katholischen und in der orthodoxen Theologie ist das Thema des Todes der Kirche einerseits prinzipiell unmöglich und andererseits nicht so brisant. Denn die triumphierende Kirche ist absolut unzerstörbar, aber das hypothetische Verschwinden der irdischen Kirche würde noch lange nicht das Aufhören des Christentums in der Welt bedeuten. Vom evangelischen Standpunkt aus kann die Frage nach dem Tod der Kirche gestellt werden – zumindest theoretisch. Sie wird aber viel radikaler werden, als es einfach die Frage nach dem möglichen Verschwinden der streitenden Kirche wäre. Und in dieser, seiner evangelischen Radikalität

17 Sehr illustrativ ist dies in der Dogmatik von Wolfgang Trillhaas, in der die Ekklesiologie zur Abteilung „Epilegomena" gehört: Wolfgang Trillhaas, Dogmatik, Berlin 1962, S. 502–560. Darauf wurde ich von Prof. Dr. Hermann Brandt hingewiesen. Man muss aber beachten, dass Trillhaas die Kirche von der Gemeinde unterscheidet. Die Letztere wird im Rahmen der Hauptthemen betrachtet.

18 So kann Rudolf Bultmann schreiben: „… denn gibt es keinen Glauben an Christus, der nicht zugleich Glaube an die Kirche als Trägerin des Kerygmas wäre"; siehe: Rudolf Bultmann, Das Verhältnis der urchristlichen Christusbotschaft zum historischen Jesus, SHAW, 3, 2, 1961, S. 26, zitiert nach TRE IV, S. 557.

wird diese Frage nach dem Niedergang der Kirche erst recht bewegend und scharf. Gerade so, auf die evangelische, die protestantische Weise, wollen wir jetzt die Frage nach dem Tod der Kirche stellen, die vom römisch-katholischen Priester aus dem genannten Science-Fiction-Roman schon gestellt wurde. Jetzt wird diese Frage zur Frage nach dem Aufhören der menschlichen Kommunikation des Evangeliums.

3. Die geschichtliche Erfahrung und die Frage nach der theologischen Relevanz des Themas vom Tod der Kirche

Ich unterstreiche: Die Frage, die so gestellt wird, wie es am Ende des vorherigen Abschnittes der Fall war, ist keine rein theoretische und abstrakte Frage. Viele Beispiele aus den verschiedenen Perioden der Kirchengeschichte können benannt werden, aber gerade das 20. Jahrhundert hat deutlich gezeigt, dass die Kirche in ihrem Kampf mit den antichristlichen Mächten katastrophale Niederlagen erleiden kann. Besonders klar ist dies am Beispiel Osteuropas zu beobachten. Z. B. unsere evangelisch-lutherische Kirche in Russland wurde in den dreißiger Jahren fast völlig vernichtet. Dabei musste sich das sowjetische Regime nicht einmal besonders anstrengen. Historisch ist die folgende Überlegung zwar nicht korrekt, doch könnte man versucht sein, sich vorzustellen, was mit den Kirchen in der Sowjetunion geschehen wäre, wenn das Regime noch ein paar Jahrzehnte überlebt oder wenn nicht der Zweite Weltkrieg begonnen hätte, der die Lage der Kirche etwas erleichtert hat …[19]

Diese Frage ist auch heute immer noch aktuell, denn die Situation der Kirche in der modernen Welt ist sehr ungünstig – nicht nur als Folge der Verfolgungen seitens atheistischer Regime, sondern auch kraft der allgemeinen Tendenzen der Postmoderne. Und wenn man ehrlich bleiben will, gibt es keine vernünftigen Gründe zu meinen, dass diese schwierige Lage nur historisch gegeben war und sich einmal grundsätzlich ändern und die Kirche wieder eine sehr wichtige Stellung im gesellschaftlichen Leben einnehmen würde. Man kann dies gewiss nicht völlig ausschließen, aber viel wahrscheinlicher ist es, dass die Kirche allmählich schwächer und schwächer wird.

19 Hier sei auf eine wichtige Publikation im Martin-Luther-Verlag in Erlangen verwiesen: Hans-Christian Diedrich, „Wohin sollen wir gehen …“ Der Weg der Christen durch die sowjetische Religionsverfolgung. Eine russische Kirchengeschichte des 20. Jahrhunderts in ökumenischer Perspektive.

Religiöse Gleichgültigkeit, der Islam und die neuen Religionen, die die Kirche schon deutlich geschwächt haben, werden sie noch weiter schwächen.[20]

Gewiss, das bedeutet noch lange nicht, dass die Kirche dem völligen Verschwinden preisgegeben ist – besonders, wenn wir die Kirche als die freie Kommunikation des Evangeliums verstehen, die sich auf ganz verschiedene Weisen vollziehen kann. Sehr selten war es der Fall, dass irgendwelche religiöse Organisationen oder Ideen einfach spurlos verschwanden. Der Verlust an Autorität in der Gesellschaft und an Einfluss auf die Kultur, das Schrumpfen der Mitgliederzahl – ja, das alles ist durchaus möglich. Aber das völlige Verschwinden der Kirche scheint unmöglich zu sein – schon vom *historischen und soziologischen Standpunkt* aus.

Jetzt kommen wir zu einem sehr wichtigen Punkt. Man kann sagen, dass das Verschwinden der Kirche undenkbar ist, weil die Gesetze und Gesetzmäßigkeiten dieser Welt dies nicht zulassen können. Das Bleiben der Kirche wird *geschichtlich garantiert*. Aber gerade deshalb wird das Thema der Erhaltung der Kirche zu keiner Glaubensfrage mehr. Die Erhaltung der Kirche, die als die Kommunikation des Evangeliums begriffen wird, die Erhaltung dieser Kirche in allen Zeiten und Schwierigkeiten wird zu einer geschichtlichen Wahrscheinlichkeit, noch mehr: Sie wird faktisch durch den Ablauf der historischen Prozesse garantiert. Das Wort des Priesters aus dem zitierten Roman wird dann zu einer vielleicht schönen und rührenden, tragischen und romantischen, aber leeren Phantasie, die keinen Bezug zur Realität haben kann. Wir brauchen dann nicht mehr die Verheißung aus dem Evangelium im Glauben zu akzeptieren, wir müssen nicht mehr sicher glauben und vertrauen. Es geht überhaupt nicht mehr um die Verheißung, sondern um geschichtliche Gesetzmäßigkeiten, um eine geschichtliche Garantie.

Also, die Frage des Überlebens der Kirche hört auf, eine Frage des Glaubens zu sein, ist auch eigentlich keine theologische Frage mehr. Die Verheißung von der Erhaltung der Kirche wird auf diese Weise zu einer unechten Verheißung. Das Überleben der Kirche wird zur historischen Wahrschein-

20 Man könnte sagen, dass diese Sicht nur die westliche Spezifik reflektiert, und könnte ihr entgegen auf die Tatsache des deutlichen Wachstums der Kirche in Afrika oder in Asien hinweisen. Aber die Gesamtlogik des geschichtlichen Prozesses deutet meiner Überzeugung nach darauf, dass gerade dieses Wachstum nur eine Übergangserscheinung ist. Noch mehr: Hier möchte ich auf den ernüchternden Aufsatz von Ulrich H. J. Körtner hinweisen: Ulrich H. J. Körtner, Megatrend Gottesvergessenheit, in: Zeitzeichen, 05, 2006, S. 12–14. Hier wird behauptet, dass die These von der Wiederkunft der Religion in der modernen Gesellschaft – wie populär sie heute auch sein kann – unhaltbar sei. Es ist übrigens erstaunlich, dass die weit verbreiteten Überlegungen vom Ende der *Religion* nie vom Gedanken an das Ende der *Kirche* begleitet werden.

lichkeit und daher erst recht zu einem Element der *theologia gloriae*. Daher muss man, wenn man im Feld der *theologia crucis*, im Feld des biblischen Zeugnisses bleiben will, an die Frage der Erhaltung der Kirche anders herangehen. Dann wird die Frage nach dem möglichen Verschwinden der Kirche äußerst wichtig – wenn auch als ein künstlich einbezogenes, aber notwendiges Element der Unsicherheit, als ein Gegengewicht zur traditionellen Ekklesiologie des Triumphes.

Wenn sich die Kirche, indem ihre Unzerstörbarkeit empirisch garantiert ist, wirklich als ein Element der *theologia gloriae* sieht, dann sieht sie sich als ein Element der Theologie, die nach der Überzeugung Martin Luthers falsch und gefährlich ist. Ihr wird – wie gesagt – die *theologia crucis* gegenübergestellt. Wenn man aber diese *theologia crucis* konsequent bei der Lehre von der Kirche anwendet, dann werden paradoxerweise gerade die Überlegungen über eine Zerstörbarkeit der Kirche zur Sprache des Glaubens, denn gerade diese Überlegungen erfordern den Glauben. Die Unzerstörbarkeit der Kirche kann jeder, sogar ein Ungläubiger, postulieren, der ausreichend gesunden Verstand und Kenntnisse der Geschichte besitzt. Vom Tod der Kirche sprechen (und dabei sich offen oder latent auf das Kreuz Christi beziehen), kann nur ein Glaubender, nur der, für den die Kirche mehr als eine geschichtliche Gegebenheit ist, für den die Kirche höher ist als die historische Empirie, nur der, der weiß, dass der Glaube die Hoffnung ist, wo nichts zu hoffen ist (Röm 4,18). Ein Beispiel für eine solche Haltung sind die Worte des Priesters aus unserem Roman.

Wenn man aber den Niedergang, den Tod, als das mögliche geschichtliche Ziel der Kirche akzeptiert, dann stellt sich unvermeidlich die Frage nach dem Sinn, besser gesagt: nach dem Unsinn, dieses Zieles. Denn das Verschwinden der Kirche wird in evangelischer Theologie (wenn die Kirche als die Kommunikation des Evangeliums verstanden wird) das völlige Aufhören der Verkündigung und das Ende des Glaubens bedeuten. Das scheint unmöglich, ja absurd zu sein. Aber nicht absurder als der Tod Gottes am Kreuz, als die völlige Niederlage, die Christus erlitten hat!

Wenn die Worte aus dem Evangelium – „Und die Pforten der Hölle werden sie nicht überwinden" – durch die geschichtlichen Gegebenheiten und durch die soziologischen Gesetze bestätigt würden, würden sie dann nicht verarmt, sogar verfälscht? Das Überleben der Kirche würde durch ihre geschichtliche Macht und Kraft garantiert. Die Verheißung, die der Kirche gegeben wurde, würde zur Verheißung der Macht, zumindest zur Verheißung des Überlebens im Existenzkampf. Die Kirche, indem sie eine solche Verheißung annimmt, würde das annehmen, was ihr Herr nicht annehmen wollte. Die Kirche würde ihm dann nicht bis zum Ende nachfolgen. Noch mehr: Im Grunde genommen bewegte sie sich dann in einer ganz anderen Richtung. Ihr Sieg würde dann zum Sieg im Existenzkampf und nicht ein paradoxer und scheinbar sinnloser „Sieg“ des Kreuzes. Ist der Kirche ein solcher Sieg über die „Pforten der Hölle“ verheißen?

Aber welchen Sinn hat es überhaupt, von diesen Fragen zu reden (auch wenn es theoretisch höchst interessant ist), wenn die Kirche sowieso nicht verschwinden, nicht sterben kann, wenn es hier nur um ein künstliches Element im theologischen Denken gehen sollte? Hier muss ich wiederholen: Diese Frage hat ihren Sinn nur, wenn sie nicht im Bereich der geschichtlichen Empirie, sondern im Bereich der Sinngebung gestellt wird. Hier stelle ich eigentlich keine Frage nach dem empirischen Tod der Kirche. Meine Frage, wenn sie in der schärfsten, aber auch in der korrektesten Form gestellt wird, kann noch radikaler erscheinen. Sie lautet nicht: *Kann* die Kirche sterben? Das wäre wirklich die Frage nach der geschichtlichen Wahrscheinlichkeit oder besser gesagt: Unwahrscheinlichkeit dieses Ereignisses. Meine Frage lautet vielmehr: *Soll* die Kirche sterben?

4. Die Kirche und das Reich Gottes

Die Radikalität dieser Frage ist aber nur eine scheinbare. Das Überleben der Kirche in der Welt ist durch ihre Gesetze praktisch garantiert – dennoch: In unserem Glauben (auch wenn wir im Rahmen der konservativsten Tradition bleiben, auch wenn wir in der traditionellsten Sprache sprechen) nehmen wir an, dass die Existenz der Kirche einmal beendet sein wird. Es wird einmal geschehen,[21] dass die Kirche dem Reich Gottes Platz machen wird.[22] Hier sollten für die christliche Theologie keine Fragen oder Probleme entstehen. Die Kirche wird nicht ewig bleiben. Ihr Ende, ihr Ziel ist im Reich Gottes, in der Ewigkeit. Davon geht unser Glaube aus. Er geht davon aus, dass die Kirche – auch wenn sie „alle Zeit“ existiert – doch *nicht ewig* ist.[23]

21 Gewiss muss man die Worte „einmal“ oder „geschehen“ als eine zeitliche Schematisierung der Beziehung der Kirche zum Reich Gottes verstehen. Eine solche Schematisierung könnte aber in mancher Hinsicht hilfreich sein.

22 Hier kann die so genannte amillenarische Position außer Acht gelassen werden, die in einigen ihrer Formen die Kirche und das Reich Gottes identifiziert.

23 In diesem Sinn ist eine russische Übersetzung des Artikels VII der CA, die 1998 im „Книга Согласия“ („Konkordienbuch“) veröffentlicht wurde, äußerst illustrativ: „единая святая Церковь пребывает и должна пребывать *во веки вечные*“ – „Die eine heilige Kirche bleibt und soll bleiben *in alle Ewigkeit*“, in: BSLK, S. 29.

Man könnte sagen, dass das Reich Gottes die Auferstehung der toten Kirche sein soll. Der Tod der Kirche wird zur Voraussetzung oder besser gesagt: zur Rückseite des eschatologischen Reiches Gottes. Dieses Bild ist durchaus biblisch. Der Tod Christi ist zu seinem Sieg geworden – und zwar als solcher, nicht erst kraft seiner Auferstehung (die Auferstehung ist m. E. „nur" der Erweis dieses Sieges). Genauso kann auch der Tod der Kirche zu ihrem Sieg werden. Das Reich Gottes wird dann zum Erweis dieses Sieges über die Pforten der Hölle. Um die Pforten der Hölle wirklich zu überwinden, kann die Kirche nicht überleben, sondern sie muss sterben, sie muss verschwinden, um dem Reich Gottes Platz zu machen, das „Jesus verkündigt hat" – wenn man mit Alfred Loisy redet.[24]

Interessant ist, dass es solche Konzeptionen in der Geschichte des Christentums – wenn auch in einer etwas begrenzten Form – schon gab. Die in der zweiten Hälfte des 19. Jahrhunderts auf der Welle der apokalyptischen Erwartungen und der Erfahrung der „Ausgießung des Heiligen Geistes" entstandene so genannte Katholisch-Apostolische Kirche wurde nach der relativ kurzen Zeitspanne ihres Aufblühens mit dem Tod aller ihrer „Apostel", die nur einmalig gewählt sein durften, zum langsamen Sterben verurteilt. Erstaunlich ist, dass die Gemeinden dieser Kirche gerade dieses Sterben theologisch ganz im Sinn der *theologia crucis* deuten konnten. Sie bezogen sich auf die Worte aus der Offenbarung von der kurzen Stille im Himmel (Offb 7,9f). Die Zeit nach dem Tod ihrer Apostel wurde als diese kurze Pause vor dem Ende der Welt gedeutet: Die Ströme des Heiligen Geistes hätten aufgehört zu fließen, deshalb sollten sich die Glieder dieser Kirche sehr bescheiden und still verhalten. Sie wüssten aber etwas, was den anderen Christen verborgen bleibe: Jetzt sei die letzte Zeit, und das Kommen des Herrn sei nah. Wenn sich andere Christen aktiv verhalten, dann sei das nur Eitelkeit. Die Glieder der sterbenden Katholisch-Apostolischen Kirche sahen als ihr Vorbild Johannes den Täufer an, der immer geringer werden musste, damit Christus wachsen könne. Sie waren bereit, völlig zu verschwinden, denn ihre Mission war schon erfüllt, und sie können dem Herrn selber den Platz einräumen. Sie wurden zu einem „geistlichen Fasten" und zum Sterben verurteilt. Aber dieses Sterben sei ein Sterben dem Herrn entgegen.[25]

---

24 „Jésus annoncait le royaume et c'est l'Église qui est venue" – vgl. Alfred Loisy, L'Évangile et l'Église, Bellevue 1904, S. 155, zitiert nach: Die Bedeutung der Reich-Gottes-Erwartung für das Zeugnis der christlichen Gemeinde. Votum des Theologischen Ausschusses der EKU, Neukirchen 1986, S. 45.

25 Siehe Kurt Hutten, Seher, Grübler, Enthusiasten. Sekten und religiöse Sondergemeinschaften der Gegenwart, Stuttgart [6]1960, S. 25–28.

Es besteht kein Zweifel daran, dass diese Position der Meinung des Priesters aus dem Roman von Dan Simmons sehr nahe ist: die sterbende, aber durch ihr Sterben den Herrn preisende, sogar mehr: dem Herrn den Weg bereitende Kirche. Das ist auch eine ausgesprochen kenotische Ekklesiologie, der man alle Achtung entgegenbringen sollte.

An dieser Stelle ist zu vermerken, dass die Kenosis, d. h. die Selbstentäußerung des Sohnes Gottes (vgl. den aus Phil 2,7 entnommenen Begriff), eine der schwierigsten christologischen Begriffe ist. Schon in Bezug auf die Christologie wird deutlich, wie man diesen Gedanken „wegzudeuten" versucht. So kann dieser Begriff weder in der östlichen Orthodoxie noch in der Orthodoxie des alten Luthertums richtig angenommen werden. Es kann ja um keine Entäußerung der göttlichen Natur gehen. Die Kenosis betrifft nur die Hypostase (Person) Christi, die eigentlich schon „ihrem Wesen nach" kenotisch ist, weil jede Person als Person nur in der Selbsthingabe verwirklicht wird .[26] Ein Versuch, die Kenosislehre ernsthaft anzunehmen und sie (wenn auch sehr vorsichtig) wirklich auf die göttliche Natur Christi zu beziehen, wurde im Rahmen der evangelisch-lutherischen „kenotischen Theologie" (z. B. von G. Thomasius) versucht, aber nie breit rezipiert.[27]

Trotzdem ist für jede Deutung der Kenosis das Leiden und der Tod Christi am Kreuz einerseits und der damit aufs engste verbundene Verzicht Christi auf das sich Durchsetzen andererseits zentral. In diesem Sinn sollte man von „kenotischer Ekklesiologie" reden, die dann den willigen und ernsten Verzicht der Kirche auf Selbstbehauptung – bis zur Bereitschaft zum völligen Verschwinden – bedeuten würde.

Das Sterben der Kirche kann daher einerseits ein Zeugnis vom Tod Christi, von seinem Kreuz, geben. Andererseits kann es auch ein Zeugnis vom kommenden Reich Gottes geben. In der Erfahrung des Sterbens folgt die Kirche ihrem Herrn nach und begreift zugleich ihren Unterschied zu ihm. Das Sterben der Kirche kann daher auf eine doppelte Weise theologisch gedeutet werden: als das kenotische und tropologische (wenn man es so nennen will: existenzielle) Zeugnis vom gekreuzigten Christus und als das Zeugnis von der Erfüllung des Reiches Gottes, das seinem Wesen nach etwas ganz anderes ist als die Kirche.[28]

---

26 Siehe В. Н. Лосский, Догматическое богословие, in: В. Н. Лосский, Очерк мистического богословия Восточной Церкви. Догматическое богословие, Moskau 1991, S. 270f.

27 Siehe RGG[3] III, Sp. 1244ff.

28 Diese Behauptung will nicht der traditionellen Äußerung widersprechen, nach der die Kirche eine „Erinnerung" an das zukünftige Reich Gottes sein sollte (siehe z. B. Hans

Wenn man über den wirklichen und endgültigen Tod der Kirche entsprechend der geschichtlichen und der soziologischen Gesetze kaum sprechen kann, sollte man doch vom ständigen Sterben der Kirche reden. Die Kirche sollte sterben. Nur die sterbende Kirche – die von ihrem Sterben wissende und dieses Sterben zum Lob Christi und aus der Solidarität mit allen Leidenden begrüßende Kirche – kann die wahre Kirche sein. So sah Martin Luther die wahre Kirche. Dabei geht es nun nicht nur um die apokalyptische Färbung seines Denkens, nicht nur darum, dass er die Kirche als wirklich in ihren letzten Tagen existierende sah. Nicht nur in der letzten Zeit, sondern immer sollte die Kirche schwach und schutzlos sein.[29] Sie sollte die Kirche sein, die ihr Kreuz trägt.[30] Sie sollte die Kirche sein, die nicht auf sich selber schaut und nicht ihren eigenen Nutzen und ihr eigenes Überleben sucht. Die Kirche sollte im Unterschied zu allen anderen Institutionen dieser Welt aus dem Existenzkampf ausgenommen sein. Ihre eigene Existenz sollte ihr kein Wert an sich sein. Nur um das Evangelium, nur um das Kreuz sollte es ihr gehen. Es sollte dabei das Kreuz sein, das von ihr angenommen wird.

Dabei muss noch ein Letztes gesagt werden: Die Rede vom Sterben der Kirche darf keine leere und künstliche Phantasie sein. Wenn wir die Radikalität des Tragens des Kreuzes wirklich ernst nehmen, dann können (oder sogar: sollen?) wir auch vermuten, dass eines Tages – trotz der geschichtlichen Unwahrscheinlichkeit – die Kirche wirklich an das Kreuz des Heilands erhöht wird und dann zusammen mit ihrem Herrn am Kreuz stirbt, um dann mit ihm auferstehen zu können. Aber diese Auferstehung wird dann die Erfüllung des Reiches sein, das unserer geschichtlichen Erfahrung unzugänglich ist. Das heißt, dass die *perpetuo mansura* der CA vielleicht doch einer „kenotischen Korrektur" bedarf …

„Und die Pforten der Hölle werden sie nicht überwinden" – das ist keine Garantie des Überlebens der Kirche. Indem sie versucht zu überleben, indem sie um ihre Existenz kämpft, wird sie gerade von diesen Pforten überwunden, von der Hölle (wenn man hier „die Hölle" als ein Symbol der

---

Schwarz, Jenseits von Utopie und Resignation. Einführung in die christliche Eschatologie, Wuppertal 1990, S. 267–276). Vielmehr bestätigt diese Behauptung auf bestimmte Weise diese Position.

29 Siehe z. B. Heiko A. Oberman, Luther. Mensch zwischen Gott und Teufel, Berlin 1982, S. 269–285.

30 Es muss hier daran erinnert werden, dass Martin Luther in seinem Werk „Von den Konziliis und Kirchen" (1539) vom Kreuz als von einem der sieben Kennzeichen, sogar als von einem der sieben Sakramente, der wahren Kirche redet. Unter dem Kreuz werden dabei die Verfolgungen und das Leiden verstanden (WA 50, 641,35–642,7.16 f).

feindlichen, der antichristlichen Mächte versteht) verschlungen. Diese Evangeliumsworte muss man einerseits als einen radikalen Ruf zur Nachfolge und andererseits als Trost angesichts des permanenten Sterbens verstehen.

Die heutige Schwäche der Kirche kann zum Anfang ihres Endes werden. Auf jeden Fall ist sie – diese Schwäche – ein Zeichen ihres ständigen und notwendigen Sterbens. Und dieses Zeichen sollten wir demütig, ohne Verzweiflung, ohne jede irdische Hoffnung, aber „wenn nicht hoffnungs- so doch gebetsvoll" annehmen, annehmen mit dem törichten Glauben des Kreuzes: Die Kirche stirbt, um auf diese Weise von Christus zu zeugen, sie stirbt, um durch ihren Tod das Reich Gottes zu verkündigen. Das Sterben, gerade das Sterben und nicht das Überleben, ist der wahre Modus der Existenz der Kirche.

Diese Behauptung muss demütig angenommen und theologisch bedacht werden. Nicht so sehr die Arten des Überlebens der Kirche sollten heute zum Gegenstand des theologischen Denkens werden, sondern vor allem die Arten des Sterbens der Kirche als einer Möglichkeit, das Evangelium zu bezeugen, das Evangelium, das mit Notwendigkeit das Wort vom Kreuz ist. Von diesem Standpunkt aus können wir nicht nur das Sterben der Kirche als Ganzer begreifen, sondern auch das Sterben konkreter Kirchen und kirchlicher Institutionen in der Geschichte, d. h. gerade die Erfahrung, die uns allen vor allem in Russland bekannt ist.

Gewiss kann die Erfahrung des Niedergangs einer Kirche in der Geschichte (hier soll nochmals an das Beispiel der evangelisch-lutherischen Kirche in Russland zur Sowjetzeit erinnert werden) vom Standpunkt der *theologia gloriae* gedeutet werden. Diese Erfahrung wird dann nur zu einem dunklen Hintergrund des lichten Wunders der Wiedergeburt der Kirche nach den Verfolgungen. Aber dann wird diese Erfahrung als solche, die Erfahrung des Kreuzes, zu einer Peripherie-Erfahrung, sie wird faktisch verloren gehen. In der Wirklichkeit geschieht das ständig: Zentral ist dann nicht die Erfahrung des Sterbens als solche, sondern die Erfahrung der wunderbaren Wiedergeburt oder des wunderbaren Überlebens unter schweren Bedingungen. Meine Frage aber ist die Frage nach dem theologischen und kerygmatischen Wert gerade der Erfahrung des Sterbens, der kenotischen Erfahrung, in der Geschichte der Kirche. Hier solidarisiere ich mich mit dem Priester aus dem Roman von Dan Simmons.

Diesen Aufsatz verstehe ich daher als einen Impuls zum Nachdenken über diese Frage.

Dick
Akerboom

„Ein neues Lied wir heben an"

Über die ersten Märtyrer der Reformation und die Ursprünge des ersten Liedes von Martin Luther

Das erste allgemein anerkannte Lied Martin Luthers ist die Ballade von 1523, mit der das Martyrium der beiden Mönche Henricus Vos und Johannes van den Esschen aus dem Augustiner-Kloster in Antwerpen besungen wird. Der Titel des Liedes lautet: *Eyn new lied von den zween Merterern Christi, zu Brussel von den Sophisten zu Löwen verbrannt.* Besser bekannt ist es nach der ersten Zeile: „Ein neues Lied wir heben an". Die Nachricht vom Martyrium der beiden Mitbrüder des Augustiner-Ordens forderte Martin Luther zu seinem poetischen Werk heraus, das letztlich zu 63 Liedern und mehreren Adaptationen liturgischer Stücke geführt hat.[1]

Ein Bericht der Ereignisse

Am 1. Juli 1523 drängte sich eine vielköpfige Menge auf dem Grote Markt von Brüssel vor dem Rathaus. Noch vor 11 Uhr trafen in einer festlichen Prozession Mönche von drei der wichtigsten mittelalterlichen Orden auf

1 Es liegen viele Ausgaben der Luther-Lieder vor. Die jüngste ist *Luthers geistliche Lieder und Kirchengesänge.* Vollständige Neuedition in Ergänzung zu Band 35 der Weimarer Ausgabe, bearbeitet von Markus Jenny, Köln 1985 (= Archiv zur Weimarer Ausgabe der Werke Martin Luthers, Band 4). Im Folgenden wird auf diese Edition Bezug genommen: AWA, Bd. 4. Weitere Texte Martin Luthers werden in gewohnter Weise aus der Weimarer Ausgabe (WA) zitiert.

dem Grote Markt ein – angeführt von einem Kreuz und von Bannern.[2] Sie nahmen den für sie reservierten Platz ein. Die Professoren der Theologie und die Äbte[3] stiegen hinauf auf eine extra errichtete Plattform gegenüber dem Rathaus und nahmen dort Platz.

Um 11 Uhr wurde ein Mönch der Augustiner-Eremiten in die Mitte des Marktplatzes gebracht. Er ist als Priester gekleidet und steigt die Stufen zur Plattform hinauf, auf der auch ein Altar aufgebaut ist. Er kniet nieder. Hinter ihm steht ein Franziskaner zur Menge gewendet und beginnt zu predigen. Währenddessen entkleidet der Bischof den Mönch der priesterlichen Gewänder. Die Predigt und die Säkularisierung des Mönches dauern beinahe eine Stunde. Nachdem er seiner priesterlichen Gewänder beraubt ist, wird der Mönch zum Rathaus zurückgebracht. Dann werden zwei andere Mönche zum Altar geführt, und mit ihnen wird entsprechend verfahren. Sie akzeptieren schweigend, was ihnen geschieht. Der Inquisitor versucht sie zu bewegen, ihren Fehlern abzuschwören, aber sie lehnen das ab. Daraufhin werden sie der weltlichen Macht übergeben. Die Räte von Margarethe von Parma überantworten sie den Scharfrichtern, damit diese die Todesstrafe vollziehen.

Kurze Zeit danach wurden beide – Henricus Vos und Johannes van den Esschen[4] – vom Rathaus weggestoßen und zu zwei Pyramiden in der Mitte des Marktplatzes gebracht. Nachdem sie noch einmal ablehnten zu wider-

---

2 Hier handelte es sich um die Franziskaner, die Dominikaner und die Karmeliter. Die Augustiner-Eremiten waren nicht bei der Prozession dabei, waren doch drei ihrer Mitbrüder angeklagt.

3 Die Anwesenheit der Professoren und Äbte wird in Anmerkung 10 erklärt.

4 Die genaue Rechtschreibung ihrer Nachnamen kann nicht mehr festgestellt werden. Im Bericht des Johannes Pascha, Prior des Karmels von Mecheln, der als Inquisitor an der Hinrichtung teilgenommen hat, wird einer der Märtyrer als Henricus Vos bezeichnet. Entsprechend dieser Hinweise scheint er aus 's-Hertogenbosch gekommen zu sein. Der andere wird als Johannes van den Esschen bezeichnet. P. Fredericq, Corpus documentorum inquisitionis haereticae pravitatis Neerlandicae, 's-Gravenhage 1900, Teil IV, Nr. 145. In der *Chronycke van Antwerpen* wird berichtet, dass beide aus 's-Hertogenbosch gekommen seien (S. 19; vgl. auch den Hinweis bei P. Fredericq, a. a. O., Nr. 138). An anderer Stelle in der *Chronycke van Antwerpen* wird behauptet, dass einer von „de Kempen" und der andere aus Zeeland gekommen sei (S. 22; vgl. auch P. Fredericq, a. a. O., Nr. 139). Kombiniert man diese Informationen, wird man in die Richtung von 's-Hertogenbosch und seine Umgebung gewiesen, woher Vos und van den Esschen gekommen sein können. In diesem Fall dürfen wir uns unter Zeeland nicht die Provinz vorstellen, sondern das Dorf mit demselben Namen im Osten der Provinz Noord-Brabant nahe von Uden. Vgl. auch L. J. A. van de Laar, De opkomst van de reformatie in 's-Hertogenbosch c. 1525–1565, in: Archief voor de geschiedenis van de katholieke kerk in Nederland, 20, 1978, S. 115.

rufen, wurde das Feuer entzündet. Sie schrieen, dass sie als Christen sterben würden. Während die Flammen hochschlugen, begannen sie das „Credo“ und das „Te Deum“ als Wechselgesang zu singen.

Die beiden Männer, die am 1. Juli 1523 auf den Scheiterhaufen auf dem Grote Markt in Brüssel starben, waren die ersten Märtyrer der Reformation.[5] Sie wurden der *Lutherije*, der lutherischen Überzeugungen, verdächtigt. Wie war es möglich, dass schon in so früher Zeit in den Niederlanden eine „Brutstätte des Verfalls“ hatte entstehen können?

1513 hatte Johannes van Mechelen, der Prior des Augustiner-Konvents in Enkhuizen, einige seiner Mitbrüder nach Antwerpen gesendet, damit sie dort ein Kloster gründeten.[6] Der Augustiner-Konvent von Antwerpen gehörte – wie sein Mutter-Konvent – formal zur Provinz Köln des Ordens der Augustiner-Eremiten, die Aufsicht wurde aber tatsächlich vom stellvertretenden General der Kongregation aller strengen Konvente in den vier deutschen Provinzen wahrgenommen. Auch das Augustiner-Kloster in Wittenberg gehörte zur Kongregation der strengen Konvente. Vertreter dieser Konvente kamen alle drei Jahre zusammen. 1518 hatte dieses Treffen in Heidelberg stattgefunden, wo Martin Luther seine theologischen Anschauungen vor seinen Mitbrüdern verteidigt hatte.

Aus dem Wittenberger Studentenmatrikel wird deutlich, dass einige der Augustiner aus dem Antwerpener Konvent an der gerade gegründeten Univer-

---

5 Für die folgende Darstellung vgl. M. Gielis, Érasme, Latomus et le martyre de deux augustins luthériens à Bruxelles en 1523, in: J. Sperma Weiland und W. Th. M. Frijhoff (Hg.), Erasmus of Rotterdam. The Man and the Scholar. Proceedings of the Symposium held at the Erasmus University, Rotterdam, 9.–11. November 1986, Leiden 1988, S. 61–68. Ders., Augustijnergeloof en predikherengeloof. Het conflict tussen de reformatorische verkondiging van de Antwerpse augustijnen en de scholastieke leer van de Leuvense theologen (ca. 1520), in: Jaarboek van de Provinciale Comissie voor Geschiedenis en Volkskunde, Teil VI, 1996, S. 198–205 (ebenso veröffentlicht in: Lutherbulletin. Tijdschrift voor interconfessioneel Lutheronderzoek 6, 1997, S. 46–57). Vgl. auch J. Decavele, De eerste protestanten in de Lage Landen. Geloof en heldenmoed, Zwolle 2004, S. 41–52. Zu den Martyrien im Europa des 16. Jahrhunderts allgemein vgl. auch B. S. Gregory, Salvation at Stake. Christian Martyrdom in Early Modern Europe, Harvard Historical Studies 134, Cambridge 1999.

6 Für die folgende Darstellung vgl. Th. Kolde, Die deutsche Augustiner-Congregation und Johannes von Staupitz. Ein Beitrag zur Ordens- und Reformationsgeschichte, Gotha 1879, S. 260–262. A. de Meyer, Adriaan Florisz van Utrecht in zijn contacten met de augustijnen, in: Archief … 2, 1960, S. 60–62 (wie Anm. 4). Johannes de Essendia (Johannes van den Esschen) befand sich ebenfalls im Kreis der ersten sieben Mönche, die den Augustiner-Konvent in Antwerpen 1513 gegründet hatten. Vgl. H. Q. Janssen, Jacobus Praepositus, Luthers leerling en vriend, geschetst in zijn lijden en strijden voor de hervormingszaak in Nederland en in Duitschland, Amsterdam 1866, S. 12.

sität studiert haben.[7] Dies hatte auch darin seinen Grund, dass Johannes von Staupitz, damals Generalvikar der Kongregation der strengen Konvente, die Kongregation auf das „Studium generale" (die offizielle Lehrinstitution) an der Wittenberger Universität verpflichtet hatte.[8] Die in Wittenberg studierenden Mönche besuchten neben den Vorlesungen anderer Augustiner-Mönche auch diejenigen Martin Luthers. Das erklärt, weshalb der Augustiner-Konvent in Antwerpen als Zentrum der *Lutherije*, der lutherischen Überzeugungen, angesehen werden kann. Wie Luther selbst, kämpften auch die Augustiner von Antwerpen gegen den Verkauf des Ablasses.

Es ist sicher, dass der Prior des Antwerpener Augustiner-Klosters, Jacobus Praepositus, schon sehr früh die Ansichten seines Mitbruders Luther geteilt hat. Er ergriff öffentlich für die Ansichten Luthers Partei und erhielt von vielen Bürgern Antwerpens zustimmende Reaktionen. Besonders wirksam war er beim öffentlichen Predigen gegen den Ablass in Antwerpen. In einem Brief vom 30. Mai 1519 an Martin Luther bemerkt Erasmus über Praepositus, dass dieser beinahe der Einzige unter den Predigern sei, der nicht für materiellen Gewinn predige, sondern Christus verkündige.[9] Schon am 7. November 1519 verdammten die Theologen von Löwen als Erste Luther und versuchten so zu verhindern, dass diese Bewegung überhand nimmt.

Auf der Basis des Edikts vom 8. Mai 1521, in welchem Karl V. Luthers Ansichten als Häresien identifiziert und verboten hatte, wurde Praepositus kurz vor dem 23. April 1522 angeklagt – dem Termin, zu dem Kaiser Karl V. die Inquisition in den Niederlanden einführte.[10] Er wurde in Gewahrsam

7 Johannes van Mechelen selbst erwarb am 16. 9. 1511 in Wittenberg den Doktorgrad. Dass er Martin Luthers Vorlesungen besucht hat, ist aber nicht sehr wahrscheinlich. 1516 übergab Johannes zwei Mönche – Nicolaus und Hadrianus – zum Studium nach Wittenberg. 1517 wurden wiederum drei Mönche nach Wittenberg gesandt: Johannes Aumann, Christophorus Blackhoffen und Johannes Umaus. 1520 wurde Cornelius Bester gesandt. Auch Jacobus Praepositus und Henricus van Zutphen waren „Alumni" (mit Abschlüssen versehene frühere Studenten) des „Studium generale" in Wittenberg. Vgl. J. Vercruysse, „Was haben die Sachsen und die Flamen gemeinsam?", in: P. Freybe (Hg.): Wittenberg als Bildungszentrum 1502–2002. Lernen und Leben auf Luthers Grund und Boden, Wittenberg 2002, S. 9–31, hier: S. 12 f.

8 Vgl. hierzu D. Guiterrez, Geschichte des Augustinerordens, Bd. 2: Die Augustiner vom Beginn der Reformation bis zur katholischen Restauration 1518–1648, Rom 1975, S. 18–23.

9 Desiderius Erasmus, Opus Epistolarum denuo recognitum et auctum per P. S. Allen, Oxford 1906–1958, Band III, Nr. 980, S. 54–57.

10 Die Vollmacht von Kaiser Karl V. für Frans van der Hulst als Inquisitor der Grafschaft Brabant und aller holländischen Territorien findet sich in P. Fredericq, a. a. O.

genommen und nach Brüssel überstellt, wo er seinen „Irrtümern“ öffentlich abschwor.[11] Er wurde ins Kloster von Ypern gebracht, wo er aber noch einmal wegen Häresie angeklagt wurde. Zum zweiten Mal wurde er dann im Juli 1522 inhaftiert, konnte aber entkommen und im Frühjahr 1523 nach Wittenberg fliehen.

Die kirchlichen und weltlichen Autoritäten wollten die Häresie in Antwerpen wirkungsvoll unterdrücken. Am frühen Morgen eines Tages im Juli 1522 wurden alle Mönche des Augustiner-Konvents in Antwerpen ergriffen und in Wagen nach Vilvoorde gekarrt, einer kleinen Stadt nördlich von Brüssel. Dort wurden sie von mehreren Professoren der Universität Löwen befragt. Alle außer drei willigten ein, abzuschwören. Diese drei wurden in Vilvoorde inhaftiert. Den anderen wurde erlaubt, in ihr Kloster zurückzukehren, sie mussten aber öffentlich ihre Ansichten widerrufen. Trotzdem wurde der Geist der Reform im Augustiner-Konvent in Antwerpen nicht ausgelöscht. Einige der Mönche dort begannen erneut, die neue Lehre öffentlich zu predigen. Im September und Oktober 1522 wurde nun das gesamte Kloster geräumt. Am 7. Oktober wurde die Kirche des Klosters entweiht und der Altar niedergerissen. Aus Briefen wird deutlich, dass Adrian von Utrecht, ein Löwener Theologe, der gerade Papst geworden war – nämlich Hadrian VI., der von Anfang 1522 bis zu seinem Tod im Herbst 1523 im Amt war –, die Zerstörung des Klosters bestätigt hatte.[12]

(wie Anm. 3), Teil IV, Nr. 72 und 73. Die Bulle von Papst Hadrian VI., in der er van der Hulst in das Amt des allgemeinen päpstlichen Inquisitors in den Niederlanden Kaiser Karls V. einsetzt, ist auf den 1. Juni 1523 datiert (vgl. ders., a. a. O., Teil IV, Nr. 136). Van der Hulst war Ratsherr in Brabant und Laie. Der Papst übergab ihm Autorität und Macht entsprechend der eines bischöflichen und päpstlichen Inquisitors – allerdings unter der Bedingung, dass er gegen angeklagte Mitglieder des Klerikerstandes nur bei Konsultation zweier Männer der Kirche vorgeht, die selbst ein kirchliches Amt haben oder Doktoren der Theologie sind (die so genannten „Sophisten“). Er hatte Abstand davon zu halten, geistliche Strafen zu verhängen, und bei einer Entfernung häretischer Geistlicher aus dem geistlichen Stand hatte er die Hilfe eines Bischofs, zweier Äbte oder anderer Inhaber hoher kirchlicher Ämter zu erbitten.

11 Vgl. hierzu den offenen Brief von Jacobus Praepositus, in dem er ausführlich darstellt, was ihm geschehen war (bei: P. Fredericq, a. a. O. [wie Anm. 4], Teil IV, Nr. 116). Der Text seines Widerrufs ist dokumentiert bei dems., a. a. O., Teil IV, Nr. 65, und enthält dreißig aus dem Gedankengut Luthers gewonnene Thesen, denen abgeschworen wird.

12 Luther hat letztlich den Einfluss von Papst Hadrian VI. geahnt. Er klagt den Papst deshalb an, weil er den mittelalterlichen Bischof Benno von Meißen kanonisiert hat, während er die wahren Heiligen Johannes und Henricus in Brüssel hat verbrennen lassen. Vgl. Martin Luther, Wider den neuen Abgott und alten Teufel der zu Meißen soll erhoben werden (1524) (WA 15, 184,33–35, vgl. besonders 14–21).

Das Martyrium der beiden Augustiner-Mönche von Antwerpen ist in verschiedenen Schriften veröffentlicht worden.[13] Die erste war *Der actus vnd handlung der degradation und verprennung der Christlichen dreyen Ritter vnd merterer Augistiner ordens geschehen zu Brussel. Anno M.D.xxiij.*[14] Diese Flugschrift spricht fälschlicherweise von drei Märtyrern. Das Schicksal des dritten Augustiner-Mönchs, Lambertus van Thorn, ist nicht klar. Luther schreibt in einem Brief an Spalatin, datiert auf den 22. oder den 23. Juli 1523, mit großer Gewissheit, dass der dritte Mönch am 4. Juli hingerichtet worden sei. In derselben Sache schreibt aber Erasmus, dass er nur Gerüchte über eine Hinrichtung gehört habe.[15] Am 19. Januar 1524 dagegen sendet Luther einen Brief der Ermutigung an Lambert. Er schreibt, dass Lambert seinen Trost nicht brauche, weil Christus in ihm leide und ihn stärke.[16] Anscheinend blieb er bis zu seinem Tod im Jahr 1528 im Gefängnis.[17]

Eine zweite, historisch wichtige Flugschrift, die auch ins Deutsche übersetzt worden war, trug den Titel: *Historia de duobus Augustinensibus, ob evangelii doctrinam exustis Bruxellae – M.D. XXIII. Articuli LXII. Per eosdem asserti* („Geschichte der zwei Augustiner-Mönche, die für die evange-

13 Vgl. Bernd Moeller, Inquisition und Martyrium in Flugschriften der frühen Reformation in Deutschland, in: Ketzerverfolgung im 16. und frühen 17. Jahrhundert, hg. v. S. Seidel Menchi, Wiesbaden 1992, S. 21–48.

14 Der Text ist veröffentlicht in: F. Pijper, Bibliotheca Reformatoria Neerlandica, Teil VIII, 's-Gravenhage 1911, S. 13–19.

15 Vgl. WA Br 3, 635,12–13. In einem auf den 31. August 1523 datierten Brief an Zwingli schreibt Erasmus, dass ihn das Gerücht erreicht habe, der dritte Augustiner-Mönch sei ebenfalls hingerichtet worden – nämlich am Tag nach dem Fest der Heimsuchung Marias (3. Juli 1523) (vgl. Desiderius Erasmus, a. a. O. [wie Anm. 9], Band V, Nr. 1384, 2–7).

16 WA Br 3, Nr. 707.

17 Diese Schlussfolgerung fußt auf einem Hinweis vom 15. September 1528 in P. Fredericq, a. a. O. (wie Anm. 4), Teil V, Nr. 371, wo eine Zahlung an die Scharfrichter von Brüssel für das Ausheben eines Grabes unter dem Galgen auf dem Flotzenberg für „Lambert, den Augustiner-Mönch, der ohne Reue in der *Lutherije* [den lutherischen Überzeugungen – D. A.], verharrt hatte", erwähnt wird. Derselbe Betrag wird als Zahlung für einen Fuhrmann erwähnt, der den Leichnam dorthin gebracht hatte. D. h., Lambertus ist nicht auf dem Schafott gestorben. Dass Erasmus in seinem auf den 1. Juli 1529 datierten Brief an Carolus Utenhovius sagt, er „sei im Geheimen getötet worden", mag darauf hinweisen, dass ihn das Gerücht erreicht hatte, Lambertus van Thorn sei kürzlich im Gefängnis ermordet worden. Desiderius Erasmus, Opus Epistolarum …, Band VIII, Nr. 2188. 60.

lische Lehre in Brüssel starben – 1523“).[18] Diese *Historia* umfasst zwei Briefe, die über die Hinrichtung berichten, und die 62 Thesen, für die die beiden Augustiner-Mönche ihr Leben gegeben haben.[19] Außerdem enthält sie eine Ermahnung für jeden, der seinen Glauben aus Angst vor Verfolgung abgeleugnet hat. Der erste Brief stellt den Bericht eines Augenzeugen dar, der enge Kontakte mit Löwen gehabt haben muss.[20] Der zweite Brief belegt, dass die Person, die ihn abgesendet hat – möglicherweise der Schreiber des ersten Briefes –, über Pläne informiert war, die in führenden Kreisen in Löwen geschmiedet worden waren.[21]

Die 62 Lehrthesen äußern sich kritisch zu den Schritten, die gegen Luther unternommen worden sind:

- sie weisen die absolute Autorität der Kirche zurück und erwägen, dass die Kirche an die Schrift gebunden sei;
- sie akzeptieren nur drei Sakramente – nämlich Taufe, Eucharistie und Beichte;
- sie definieren die Messe nicht als Opfer;
- sie weisen die Transsubstantiationslehre zurück;
- sie behaupten, dass es nicht nötig sei, dass ein Glaubender alle Sünden bekennt und Buße tut, um von Gott Vergebung zu erlangen;
- sie behaupten, dass alle Glaubenden, sogar die Frauen, Priester wären;
- sie verstehen die guten Werke als Folge, nicht aber als Voraussetzung für die Rechtfertigung;
- sie stellen das Fegefeuer in Abrede und bestreiten ansatzweise die Kanonisierung von Heiligen;
- sie erklären Gelübde für nicht bindend.

Die beiden Augustiner haben also beachtliche Kritik am Klerikerstand losgetreten.

Diese Thesen zeigen, dass beide Mönche ernste und gut ausgebildete Theologen gewesen sind. Erasmus berichtet von ihrem Martyrium mit großer Verehrung. Er schreibt, dass der Scharfrichter gefragt wurde, ob sie

18 Veröffentlicht in F. Pijper, a. a. O. (wie Anm. 14), Teil VIII, S. 33–54. Die deutsche Übersetzung trägt den Titel: *Dye histori, so zwen Augustiner Ordens gemartert seyn tzu Bruxel. Dye Artickel darumb sie verbrent seyn mit yrer auszlegung vnd verklerung* (1523), a. a. O., S. 65–114.

19 Wahrscheinlich sind die 62 Thesen von den Inquisitoren an Hand des Verhörs von Henricus Vos zusammengestellt worden.

20 Der Augenzeuge redet von „M.[agistri] N.[ostri] Lovanienses“ („unseren Löwener Professoren“). Vgl. F. Pijper, a. a. O. (wie Anm. 14), Teil VIII, S. 35.

21 F. Pijper, a. a. O. (wie Anm. 14), Teil VIII, S. 38.

noch auf dem Scheiterhaufen widerrufen würden. Die Antwort war negativ. Als sie zu den Scheiterhaufen geführt wurden, bezeugten sie mit lauter Stimme, dass sie als Christen sterben würden.[22]

Martin Luthers Antwort auf das Martyrium von Vos und van den Esschen

Die Hinrichtung von Anhängern seiner Anschauungen hat Martin Luther stark aufgewühlt. Das kann man aus verschiedenen Briefen und Flugschriften ersehen, die er veröffentlicht hat: *Die artickel warumb die zwen Christliche Augustiner münch zu Brussel verprandt sind, samt eynem sendbrieff an die Christen ym Holland und Braband.* Luther hat offensichtlich gegen Ende Juli 1523 von den Umständen ihres Martyriums Kenntnis bekommen. Es war ihm ganz genau bewusst, dass andere durchgemacht hatten, was seine Feinde ihm hätten antun wollen. Ende Juli 1523 schrieb er einen Brief an die Christen in den Niederlanden: „Aber nu ist die zeyt widder komen, das wir der dordel tauben[23] stym hören und die blumen auffgehen ynn unserm land […] Wyr hieroben [in Deutschland; D. A.] sind noch bißher nicht wirdig geweßen, Christo eyn solchs theures werdes opffer zu werden,[24] wie wol unser gelider viel nicht on verfolgung gewesen und noch sind […] Und ob wol die widersacher diße heyligen werden hussitisch, Viglephisch[25] und Lutherisch aus schreyen,[26] und sich yhres mords rhumen, soll uns nicht wundern, sondern deste mehr stercken,[27] denn Christus Creutz mus lesterer haben. Aber unser richter ist nicht ferne, der wirt eyn ander urteyl fellen, das wissen wir, und sinds gewiss."[28]

Dass diese Hinrichtung Luther stark aufgewühlt hat, ist auch an der Tatsache zu erkennen, dass sie ihn dazu anregte, Lieder zu dichten. Sein

---

22 Desiderium Erasmum, Opus Epistolarum …, Band VIII, Nr. 2188, 507–71. Es handelt sich hier um einen Brief an Carolus Utenhovius vom 1. Juli 1529. Wichtig ist besonders das Datum des Briefes. Nach 1523 kann Erasmus mit Sicherheit nicht mehr verdächtigt werden, mit Luther zu sympathisieren.

23 „dordel tauben": Turteltauben.

24 Dieser Gedanke begegnet uns schon in einer Predigt Luthers vom 24. März 1523.

25 Dieser Begriff nimmt auf John Wyclif (1320–1384) Bezug.

26 „aus schreyen": bezeichnen, verleumden.

27 „stercken": stärken.

28 Martin Luther, Eyn brieff an die Christen ym Nidder land (1523), WA 12, 73–80; Zitate: 77,10–12, 78,19–22, 79,4–8.

erstes Lied „Ein neues Lied wir heben an", dessen genauer Titel schon festgehalten worden war – *Eyn new lied von den zween Merterern Christi, zu Brussel von den Sophisten zu Löwen verbrannt* – stellt eine Ballade dar, die der Hinrichtung der Augustiner-Mönche in Brüssel gewidmet ist.

Eyn new lied von den zween Merterern Christi, zu Brussel von den Sophisten zu Löwen verbrannt.[29]

[1] Eyn newes lied wir heben an[30]
des wald Gott,[31] unser herre,
zu syngen, was got hat gethan
zu seinem lob und ehre
Zu brussel yn dem nidderland;
Wol durch zwen yunge knaben
Hatt er seyn wunder macht bekant,
die er mit seynen gaben
So reichlich hat getzyret.

[2] Der erst recht wol[32] Johannes heyst
so reych an Gottes hulden[33]
Seynn bruder Henrich nach dem geyst,[34]
eyn rechter Christ on schulden,[35]

29 Der hier wiedergegebene Text entspricht der Veröffentlichung durch Markus Jenny, a. a. O. (wie Anm. 1), S. 215–222. Hingewiesen sei auch auf W. Lucke, Die Lieder Luthers herausgegeben und eingeleitet, Weimar 1923, WA 35, 411–415, wo unser Lied dokumentiert ist. Viele der folgenden sprachlichen Anmerkungen nehmen Hinweise auf, die schon Lucke gegeben hatte.

30 „Eyn newes lied wir heben an": In dieser Weise begannen oft volkstümliche Lieder, mit deren Hilfe besondere Ereignisse erzählt wurden.

31 „des wald Gott": Das möge Gott geben.

32 „recht wol": „recht passend" (WA 35, 412, Anm. 1).

33 „so reych an Gottes hulden": Das Wort „Huld" ist Fachausdruck für die Beziehung zwischen einem Lehnsherrn und einem Vasallen. Aus dem Blickwinkel des Herrn betrachtet meint es „Gunst" oder „Gnade"; aus dem Blickwinkel des Vasallen meint es „Treue". Luther spielt hier mit dem Namen Johannes, bedeutet dieser Name doch „Gott ist gnädig".

34 „nach dem geyst" gehört zu „seynn bruder". Gemeint ist: Henricus, sein Bruder im Geist.

35 „on schulden": ohne „Schuld, Verfehlungen" (WA 35, 412, Anm. 2).

Vonn dysser welt gescheyden synd,
sye hand die kron erworben,[36]
Recht wie die frumen gottes kind
fur seyn wort synd gestorben.
seyn Mertrer synd sye worden.

[3] Der alte feynd sye fangen liess
erschreckt sye lang mit dreuen,
Das wort Gotts er sye leucken[37] hiess,
mit list auch wolt sye teuben.[38]
Von Löwen der Sophisten[39] viel
mit yhrer kunst verloren
Versamlet er zu dysem spiel;
der geyst sye macht zu thoren.
Sie kundten nichts gewinnen.

[4] Sye sungen suss, sye sungen saur,
versuchten manche lysten;
die knaben stunden wie eyn maur,
verachten die Sophisten.
Den alten feynd das seer verdross,
das er war uberwunden
Vonn solchen yungen, er so gross;
er wart vol zorn; von stunden[40]
gedacht sye zuverbrennen.

[5] Sie raubten yhn das kloster kleyd,
die weyh sye yhn auch namen.[41]
Die knaben waren des bereit;
sie sprachen frölich Amen.

36 Zu „sye hand die kron erworben" vgl. Offb 2,10.
37 „leucken": leugnen.
38 „teuben": betäuben – im Sinn von „unschädlich machen" (WA 35, 412, Anm. 3).
39 „Sophisten" stellt einen verächtlich machenden Begriff für die scholastischen Theologen dar, die mit Hilfe ihrer rhetorischen Tricks lauter unwichtige Dinge diskutieren (s. auch o., Anm. 10).
40 „von stunden": von diesem Moment an.
41 „die weyh sye yhn auch namen": Sie wurden zum Status von Laien degradiert. Dieser Vorgang war vor der Verbrennung von Irrlehrern, die vorher die Priesterweihe empfangen hatten, üblich.

Sie danckten yhrem vater Got,
das sye loss sollten werden
des teufels larven spiel[42] und spot,[43]
daryn durch falsche berden[44]
die welt er gar betreuget.

[6] Das schickt Got durch seyn gnadt also,
das sye recht priester worden,[45]
Sich selbst yhm musten opffern do
und gehn ym Christen orden,[46]
Der welt gantz abgestorben seyn,
die huch[e]ley ablegen,
Zu hymel komen frey und reyn,
die muncherey aussfegen
Und menschen thandt[47] hie lassen.

[7] Man schreib yhn fur ein brieflein kleyn,
das hies man sye selbst lesen.[48]
Die stuck sye zeychten alle drein,
was yhr glaub war gewesen.
Der hochste[e] yrthumb[49] dyser war:
Man mus allein got glauben;

---

42 „larven spiel": „Heuchelei, Scheinwesen" (WA 35, 413, Anm. 1).

43 „spot": „Lästerung, Missachtung (Gottes)" (WA 35, 413, Anm. 2).

44 „falsche berden": täuschendes „Gebaren" (WA 35, 413, Anm. 3).

45 „recht priester worden": Die Kirche hat sie zwar ihres priesterlichen Ranges beraubt, jetzt aber werden sie Priester, wie Gott sie will, indem sie sich selbst für Gott opfern.

46 „Christen orden": die Gemeinschaft der wahren Christen. Hier wird der „Orden Christi" eindeutig den Mönchsorden entgegengestellt. Weil die Märtyrer von der Kirche verstoßen worden waren, sind sie jetzt Mitglieder des wahren Ordens.

47 „menschen thandt": das Herumtändeln der Menschen. Unzweifelhaft soll hiermit die Zurückweisung derjenigen Anschauung zum Ausdruck gebracht werden, nach der die Menschen durch das Erbringen guter Werke die Gnade Gottes verdienen könnten.

48 „Man schreib yhn fur ein brieflein kleyn, / das hies man sye selbst lesen": Hier spielt Luther darauf an, dass eine kurze Erklärung, eine Urkunde, für sie verfasst worden war, die alle ihre Glaubensinhalte aufführte (d. h. die lutherischen Anschauungen, die sie bekannt hatten) und die sie selbst verlesen mussten (s. u., S. 80).

49 „yrthumb": Irrtum. Die Irrlehre, derer sie angeklagt worden waren, bestand darin, dass sie an Gott allein glaubten und den Menschen als vollständig in der Sünde verloren verstanden.

der mensch leugt und treugt ymer dar,
dem soll man nichts vertrauen.
Des musten sye verbrennen.

[8] Zwey grosse feur sye zundten an;
die knaben sie her brachten.
Es nam gross wunder yderman,
das sye solch peyn verachten.
Mit freuden sye sych gaben dreyn,
mit Gottes lob unnd syngen.
Der muet wart den Sophisten klein
fur dysen neuen dyngen,[50]
da sych Gott liess so mercken.

Der jüngere Liedschluss:

[9] Der schympff[51] sie nu gereuen hat,
sie woltens gern schon machen.[52]
Sie thurn[53] nicht rhumen sich der that;
sie bergen fast[54] die sachen.
Die schand ym hertzen beysset sie
und klagens yhrn genossen.
Doch kan der geyst nicht schweigen hie:
des Habels blut vergossen,
es mus den Kain melden.[55]

[10] Die aschen will nicht lassen ab,
sie steubt ynn allen landen.
Die hilft keyn bach, loch, grub noch grab,
sie macht den feynd zu schanden.

50 „fur dysen neuen dyngen“: Das Neue besteht darin, dass Menschen Gott verherrlichen können, selbst wenn sie verfolgt werden und Leiden ertragen müssen – dass sie mitten im Leiden Gott danken können.
51 „schympff“: „Handel, Spiel“ (WA 35, 414, Anm. 8).
52 „schon machen“: „beschönigen“ (WA 35, 414, Anm. 9).
53 „Sie thurn nicht“: Sie „dürfen nicht wagen sich“ zu rühmen (WA 35, 414, Anm. 10).
54 „bergen fast“: etwas für sich behalten, etwas ganz geheim halten.
55 „des Habels blut vergossen, / es mus den Kain melden“: Die Märtyrer werden hier mit dem gerechtfertigten Abel verglichen (Hebr 11,4). Das Blut des Abel zeugte gegen Kain (1. Mose 4,1–16).

Die er im leben durch den mord
zu schweygen hat gedrungen,
Die mus er tod an allem ort
mit aller stym und zungen
Gar frolich lassen singen

Der ältere Liedschluss:

[11] Noch[56] lassen sy yr lugen nicht,
den grossen mort zu schmucken:
sie geben fur[57] eyn falsch geticht,[58]
yhr gewissen thut sye drucken.
Die heilgen Gotts auch nach dem todt
von yhn gelestert werden.
Sie sagen, in der letzten not
die knaben noch auff erden
sych sollen han umbkeret.[59]

[12] Die lass man liegen ymer hyn,
sie habens kleinen fromen.[60]
Wir sollen dancken Got daryn;[61]
seyn wort yst widderkommen.
Der Sommer yst hart fur der thur,
der winter yst vergangen;
die zarten blumen gehen herfur.
Der das hat angefangen,
der wirt es wol volenden.

56 „Noch": „Dennoch" (WA 35, 414, Anm. 1).

57 „geben fur": „bringen vor" (WA 35, 414, Anm. 3).

58 „falsch geticht": Fiktion, Lüge. Diese Bemerkung bezieht sich auf das am Ende des Verses dokumentierte Gerücht, das später von den Folterern ausgestreut worden war und behauptete, die beiden Märtyrer hätten mit ihrem letzten Atemzug doch ihre Anschauungen widerrufen.

59 Die Formulierung „sych sollen han umbkeret" besagt, dass die Märtyrer ihrem Glauben abgeleugnet hätten (s. o., Anm. 48).

60 „Die lass man liegen ymer hyn, / sie habens kleinen fromen": Man soll es auf sich beruhen lassen. Die Mörder haben kaum einen oder gar keinen Vorteil aus ihrer Tat.

61 „Wir sollen dancken Got daryn": Man hat Gott in solchem tragischen Geschehen und wegen solchen tragischen Geschehens zu danken.

Das erste Lied, das Luther überhaupt geschrieben hat, stellte keinen Hymnus für liturgischen Gebrauch dar, sondern eine Ballade – verfasst als Antwort auf das Martyrium von Henricus Vos und Johannes van den Esschen. Es ist eigentlich eine Ode, die Gott wegen des Martyriums der beiden Mönche dankt und preist.[62] Der Grundton dieses „neuen Liedes“ ist freudig und optimistisch. Luther beschreibt das Martyrium seiner beiden augustinischen Mitbrüder in der Weise, dass er sie als diejenigen versteht, die als Erste wert befunden worden sind, ihr Leben für die gute Sache hinzugeben. Das Lied zeigt eindeutige Parallelen mit den Märtyrer-Hymnen der ersten Jahrhunderte der Kirche. Sodann war es nicht die Absicht des Dichters, ein Denkmal für die Märtyrer zu errichten, sondern vielmehr Gott zu danken und ihn für die beiden Beispiele an Treue und Entschlusskraft zu loben, die er seiner Kirche gegeben hatte. So ist für Luther wichtig, mit dieser Ballade das Evangelium von der Gnade Gottes in Christus Jesus zu verkündigen.

Luther war zutiefst von ihrem Martyrium bewegt. Aber statt über das Opfer zu klagen, das sie zu bringen hatten, schätzte er ihren Glauben bis zum Tod und ihr Martyrium als eine Ehre ein. Natürlich war er wegen der Gerüchte besorgt, die sehr schnell von seinen Feinden in Umlauf gebracht wurden – dass nämlich Henricus und Johannes im letzten Moment ihren Überzeugungen abgeschworen und sich mit Rom versöhnt hätten. Er wollte deshalb, dass das Martyrium dieser beiden Männer bekannt und die Lügen seiner Feinde aufgedeckt würden. Deshalb nutzte er ein Massenmedium, dasjenige, das in seinen Tagen vielfach genutzt wurde, um wichtige Neuigkeiten auszubreiten. In einer Zeit ohne moderne Mittel der Kommunikation, in einer Zeit, in der die meisten Menschen weder lesen noch schreiben konnten, war das allgemein bekannte Lied – der „Schlager“ – die am meisten genutzte Form der Massenkommunikation. Diese Balladen wurden auf einzelnen Blättern gedruckt und überall verkauft. Reisende Sänger sangen sie auf Marktplätzen und in den Gaststätten. Balladen haben ihren Weg ganz schnell von Stadt zu Stadt gefunden und wurden von vielen auswendig gelernt.

Zwei Fassungen des Liedes, das Luther als Antwort auf die Ereignisse geschrieben hatte, sind bekannt – eine mit zwölf Versen, eine mit zehn Versen. Die Fassung mit zwölf Versen ist im Wittenberger Liederbuch von 1524 – *Geystliches gesangkbuchleyn* – enthalten, das von Luther selbst herausgegeben worden ist. Was aber den neunten und zehnten Vers anbe-

62 Vgl. hierzu Luther in einem Brief vom 26. Juli 1523 an Jakob Montanus (WA Br 3, Nr. 637, 9–11).

langt, so fehlen diese im Erfurter *Enchiridion*, das auch 1524 herauskam. Die Drucker in Erfurt müssen mit einem Einzelblattdruck des Liedes gearbeitet haben, weil der Titel mit seiner Identifikation des Ereignisses, um das es im Lied geht, und des Namens des Verfassers im Wittenberger Liederbuch von 1524 fehlt.[63] Wilhelm Lucke hat die Meinung vertreten, dass Luther den elften und zwölften Vers mit dem neunten und zehnten ersetzen wollte, der Drucker aber fälschlicherweise alle vier Verse gedruckt habe.[64] Wenn man nun voraussetzt, dass diese Annahme richtig ist, erscheint es doch sehr merkwürdig, dass in keinem der späteren Liederbücher, die unter Luthers Aufsicht herausgegeben worden sind, dieser Fehler korrigiert wurde.

Wilhelm Stapel scheint teilweise mit Lucke übereinzustimmen, wenn er schreibt, dass der zehnte und auch der zwölfte Vers jeweils Schlussverse zu sein scheinen.[65] Dies gilt aber dahingehend, dass der zehnte Vers den Abschluss des Abschnitts über das Scheitern des Plans der Sophisten darstellt und der zwölfte Vers den Abschluss des Abschnitts über die Lügen, die sie verbreiten. Seiner Überzeugung nach sind immer zwei Verse im Lied miteinander verbunden und bilden eine Gedankeneinheit. Deshalb ist der zehnte Vers die Antwort auf den neunten und der zwölfte die Antwort auf den elften. Deshalb glaubt er, dass man nicht schlussfolgern könne, der neunte und der zehnte Vers seien später hinzugefügt.

Das wird noch deutlicher, wenn man die Gesamtstruktur untersucht: Die zwölf Verse bilden eine Einheit. Das Lied kann in drei Gruppen zu je vier Versen untergliedert werden. Der erste Teil handelt von der durch den Urteilsspruch bedingten Entwicklung des Konflikts. Der zweite Teil handelt vom Todesurteil und seiner Vollstreckung. Der dritte Teil handelt von den Folgen.

Jede dieser drei größeren Einheiten ist konstruiert in Form von kleineren Paaren von je zwei Versen:

63 Vgl. hierzu R. W. Brednich, Die Liedpublizistik im Flugblatt des 15. bis 17. Jahrhunderts, Baden-Baden 1974, Band I, S. 86–87.

64 W. Lucke, a. a. O. (wie Anm. 29), 10–11.94. In den meisten Fällen seiner Edition der Luther-Lieder in WA 35 folgt Lucke dem Text, der sich im *Geystlichen gesangkbuchleyn* (Wittenberg 1524) findet. Im Fall unseres Liedes aber folgt er der Textfassung im Erfurter Enchiridion (1524). Bei dieser fehlen – entsprechend der Zählung durch Markus Jenny in AWA – der neunte und der zehnte Vers. Beide Verse werden sogleich anschließend dokumentiert, entnommen dem *Geystlichen gesangkbuchleyn*. O. Schlißke, Handbuch der Lutherlieder, Göttingen 1948, S. 111–124, folgt hierin Lucke.

65 Vgl. zum Folgenden W. Stapel, Luthers Lieder und Gedichte. Mit Einleitung und Erläuterungen, Stuttgart 1950, S. 197–203.

Die erste Gruppe des ersten Teils (der erste und der zweite Vers) stellt die Helden des Liedes vor;

die zweite Gruppe (der dritte und vierte Vers) beschreibt ihre Befragung.

Die erste Gruppe des zweiten Teils (der fünfte und sechste Vers) berichtet von der Ausstoßung der beiden jungen Mönche aus dem Augustiner-Orden;

die zweite Gruppe (der siebente und achte Vers) vom schriftlichen Bekenntnis der beiden exkommunizierten Männer und von ihrer Verurteilung zum Scheiterhaufen.

Die erste Gruppe des dritten Teils (der neunte und zehnte Vers) berichtet vom Scheitern des Versuchs, die Ereignisse herabzuwürdigen;

die zweite Gruppe (der elfte und der zwölfte Vers) vom Scheitern des Versuchs, das Ereignis durch falsche Behauptungen zu rechtfertigen.

In der jüngsten kritischen Edition des Liedes hat Markus Jenny den Untertitel *Der jüngere Liedschluss* über dem neunten und zehnten Vers und den Untertitel *Der ältere Liedschluss* über dem elften und zwölften Vers eingefügt.[66] Der am ernstesten zu nehmende Widerspruch gegen diese Rekonstruktion ergibt sich aus der Beobachtung, dass es keinerlei Edition des Liedes gibt, in der der elfte und zwölfte Vers fehlen, dagegen aber nur eine Edition mit zehn Versen, in der der neunte und der zehnte Vers fehlen. Ein weiteres Problem ergibt sich insofern aus Jennys Untertiteln, als sie suggerieren, dass es einen Gegensatz zwischen dem Inhalt des neunten und des elften Verses gäbe. Tatsächlich wollen die Inquisitoren im neunten Vers ihre Tat verbergen und wird im elften Vers ausgeführt, dass sie über die Sache Lügen verbreiten würden, besonders, dass die beiden Märtyrer letztlich widerrufen hätten. Aber diese beiden Verse müssen nicht von vornherein als miteinander im Widerspruch stehend verstanden werden, weil ja beide das schlechte Gewissen der Richter ansprechen: Auf der einen Seite versuchen die Richter, die Ereignisse aus dem öffentlichen Bewusstsein zu verdrängen, auf der anderen, die Märtyrer zu diskreditieren und sich selbst in besserem Licht erscheinen zu lassen: Erst als es zu spät war und das Feuer längst hochschlug, hätten die Häretiker bereut. Ein dritter Einwand kann vom Sprachverständnis Luthers her vorgebracht werden: Er hatte ein zu gutes Gefühl für Sprache, als dass er die Inklusion, die zwischen dem ersten und dem zwölften Vers besteht und die den Leser durch die Verwendung der ersten Person Plural ausdrücklich in das Lob Gottes einbezieht,

66 M. Jenny, a. a. O. (wie Anm. 1).

zugunsten eines neuen Schlussverses, der aus dem Blickwinkel des Dichters den Text schwächen würde, aufgegeben hätte.

Luther gestaltete in seinem ersten Lied Verse von je neun Zeilen mit dem Metrum 8, 7 / 8, 7 / 8, 7 / 8, 7, 7. Die Zeilen mit acht Silben haben männliche oder starke Endreime, diejenigen mit sieben Silben haben weibliche oder schwache Endreime. Die letzte Zeile jeden Verses lässt Luther ohne Bezug auf einen Reim.

Das Lied stellt eine Ballade dar,[67] ein Volkslied über ein historisches Ereignis. In einer Zeit ohne Zeitungen oder Ähnliches wanderten Nachrichten über wichtige Ereignisse von Mund zu Mund durch Weitersagen und Liedervortrag auf Märkten und in Gassen. Unser Lied stellt eigentlich kein Tanzlied mehr dar, sondern es ist ein Lied, das Neuigkeiten verbreitete.

Die Eröffnungszeile – „Eyn newes lied wir heben an“ – belegt Luthers Absicht, mit Hilfe dieses Liedes Neuigkeiten zu verbreiten. Aber diesem volkstümlichen Motiv folgt sogleich der Hinweis: „des wald Gott, unser herre, / zu syngen, was got hat gethan“. Die Neuigkeiten, die Luther mit diesem Lied weitersagt, stellen einen vertrauenswürdigen Bericht über die Ereignisse dar, die in Brüssel stattgefunden haben. Nachrichten über dieses Ereignis waren durch Flugschriften schnell verbreitet worden. Luther trauerte zutiefst über diese Neuigkeiten. Er erkannte, dass eigentlich er der Erste hätte sein sollen, der um des Evangeliums willen als Märtyrer hätte sterben müssen.[68]

So gibt der erste Vers den Grund für das Lied an: Es geht darum, dass „wir“ Gott für die Tatsache danken, dass Er seine wunderbare Macht durch die beiden jungen Männer in Brüssel offenbart hat. Die beiden werden dann im zweiten Vers vorgestellt: Sie haben ihr Leben für das Wort Gottes gegeben und dafür die Krone der Märtyrer erhalten.

Das handelnde Subjekt der folgenden drei Verse stellt „der alte feynd“ und die mit ihm verbundenen Theologen von Löwen (die „Sophisten“) dar. Im dritten Vers wird „der alte feynd“ auf die Bühne gebracht: Er hat die Mönche ins Gefängnis geworfen, hat sie bedroht und mit List und Tücke zum Widerrufen des Wortes Gottes zu bringen versucht. Er ist es, der die

---

67 Vgl. zur folgenden Darstellung auch T. H. M. Akerboom, „Nun frewt euch lieben Christen gmeyn“. Een spiegel van Luthers theologie, in: Voor de achtste dag. Het Oude Testament in de eredienst. Een bundel opstellen voor prof. Dr. J. P. Boendermaker ter gelegenheit van zijn 65[e] verjaardag, hg. v. K. van der Horst, Kampen 1990, S. 239–250.

68 Vgl. Martin Luther, Ausgewählte Werke, hg. v. H. H. Borchert und G. Merz, München [3]1950, Band 3, S. 378 – dort die Erläuterungen zum „Sendbrief an die Christen im Niederland“.

„Sophisten“ von Löwen auf den Plan ruft, um die Augustiner-Mönche mit cleveren Argumenten zu überzeugen. Aber der Heilige Geist lässt diese Theologen zu Narren werden. Sie sind nicht erfolgreich dabei, ihr System durchzusetzen. Der vierte Vers beschreibt nun, wie die jungen Männer trotz der Versuchungen und Bedrohungen in ihrem Glauben fest bleiben und die Theologen verhöhnen. Es regt den „alten feynd“ immens auf, dass ihm diese jungen Männer widerstehen. Von diesem Moment an fasst er den Plan, sie zu verbrennen. Der fünfte Vers nun beschreibt, wie sie ihrer Kleidung, die sie ja religiös und kirchlich auswies (!), entledigt und zum Laienstand degradiert wurden. Die jungen Männer akzeptieren das. Sie danken Gott, dass sie von der Maskerade des „alten feyndes“ befreit worden sind, dem die Löwener Theologen ihre Dienste geliehen hatten. Der „alte feynd“ wird nicht genauer bezeichnet, aber man tut sicher gut daran, wenn man voraussetzt, dass Luther hier an den Teufel gedacht hat. Im Matthäusevangelium wird der Teufel mit dem „Feind“ identifiziert (Mt 13,39), und in den Werken Luthers wird der Teufel in Beziehung gesetzt zu Begriffen wie Trick, Heuchelei, Lüge und Betrug, Maskerade, Spiel und Falle. In unserem Lied werden die meisten dieser Begriffe verwendet.

Die Verse sechs und sieben stellen das Scharnier unseres Liedes dar. Das Subjekt des sechsten Verses ist Gott, der die degradierten Priester gnadenhaft zu wahren Priestern macht, die sich ihm als Opfer darbringen und so Mitglieder des Ordens der wahren Christen werden. Ihre Beraubung der Mönchskutten und ihre Degradierung – wie im fünften Vers beschrieben – ist als Gegensatz konstruiert zu dem, was jetzt ausgeführt wird über die wahre Priesterschaft und den Orden der Christen. Nachdem ihre Mönchskleidung und ihr Weihepriestertum von ihnen genommen sind, werden sie aus Gottes Gnaden wahre Priester – wie es jeder wahre Christ ist (Priestertum aller Glaubenden), der sich selbst Gott anbietet (opfert). Sie verachten die Welt, nehmen an deren Heuchelei nicht Anteil, machen kurzen Prozess mit allem, wofür (nach Luthers Meinung) das Mönchswesen steht, vor allem für die Orientierung an den Werken, besonders für den Versuch, Rechtfertigung auf der Grundlage der eigenen guten Werke und nicht allein der Gnade Gottes zu erlangen. Im siebenten Vers sind nun die Märtyrer selbst das Subjekt. Er beschreibt, wie ihnen die „Sophisten“ eine kurze Erklärung vorlegen, in der die (lutherischen) Auffassungen kurz zusammengefasst sind, für die sie ihr Leben geben würden. Ihr größter Fehler war, dass sie gelehrt hatten, dass der Mensch seinen Glauben allein auf Gott richten soll und dass der Mensch kein Gegenstand des Vertrauens sein kann, weil er seit dem Sündenfall nur lügen und betrügen kann. Um dieser Überzeugungen willen sind sie zum Scheiterhaufen verurteilt worden!

Das Urteil wird zu Beginn des achten Verses vollstreckt. Der Inquisitor und die ihn unterstützenden Löwener Theologen (die „Sophisten“)[69] verfrachten die jungen Männer auf zwei Scheiterhaufen und entzünden diese.[70] Aber dieser Vers handelt eigentlich nicht von den Tätern, wie es auf den ersten Blick zu sein scheint. Vielmehr will er die Reaktionen der Beobachter provozieren: Sie nehmen es als großes Wunder wahr, dass die Märtyrer keinerlei Zeichen des Leidens zu erkennen geben, das sie durchstehen müssen. Sie sterben vielmehr, indem sie das Lob Gottes singen. Dass Gott sich selbst in diesen neuen Dingen offenbart – durch die neue Art des Lebens und Sterbens, besonders, dass Männer sogar dann Gott preisen können, wenn sie hingerichtet werden –, das führt dazu, dass den „Sophisten“ die Herzen in die Hose rutschen. Insofern wird deutlich, dass das handelnde Subjekt Gott ist, weshalb der sechste, der siebente und der achte Vers ein in sich übereinstimmendes Ganzes bilden.

Während die Inquisitoren im dritten, vierten und fünften Vers ihre Handlungen offen durchführen, geht es im neunten, zehnten und elften Vers vor allem darum, dass sie ihre Taten zu verbergen suchen. Der neunte Vers berichtet, wie sie dazu kommen, ihre Taten zu bereuen und zu versuchen, den Gang der Ereignisse bestmöglich zu steuern. Sie sind aber nicht bereit, für ihre Taten einzustehen und die Verantwortung zu übernehmen, sondern versuchen, sie zu verbergen. Sie sind beschämt, und die Niedertracht nagt an ihren Herzen. Der Heilige Geist aber kann bei dieser Sache nicht schweigend bleiben: Das Blut Abels schreit gegen Kain. Ihre Taten können nicht verborgen bleiben, weil – wie es der elfte Vers ausspricht – die Asche der Scheiterhaufen in alle Winde geblasen wird. Der Feind wird entehrt werden; nichts kann das aufhalten. Obwohl sie jetzt tot sind, singen jene, die durch Mord zum Schweigen gebracht worden waren, überall voll Freude. Ja, wir erfahren aus dem elften Vers, dass die Löwener Theologen nicht aufhören können, ihrer Mordtat den besten Anstrich zu geben: Sie verbreiten das falsche Gerücht, dass die jungen Männer im letzten Moment ihre Ansichten abgeleugnet hätten. Dass sie die Heiligen Gottes sogar noch nach deren Tod verleumden, belastet ihr Gewissen.

Der letzte Vers beginnt mit der Beobachtung, dass wir ignorieren können, was im neunten, zehnten und elften Vers beschrieben wurde, denn es ist von keinerlei Vorteil für die Inquisitoren. „Wir“ sollen vielmehr Gott für

69 Vgl. Anm. 10 für ihre Anwesenheit und Anm. 39 für den Begriff.

70 Luther spricht in seinem Lied wirklich von zwei Scheiterhaufen. In der eingangs referierten Beschreibung des Ereignisses wird dieses Detail nicht hervorgehoben.

dieses tragische Ereignis loben, denn durch dieses Ereignis wird das Wort Gottes gehört werden. Der Abschluss des Liedes ist auf den ersten Eindruck ausgesprochen überraschend: „Der Sommer yst hart fur der thur, / der winter yst vergangen; / die zarten blumen gehen herfur. / Der das hat angefangen, / der wirt es wol volenden.“ Die Hinrichtung der Märtyrer hatte am 1. Juli 1523 stattgefunden. Die Formulierung „der Sommer yst hart fur der thur“ weist auf den Vorabend des Festes der „Heimsuchung Marias“ am 2. Juli. Luther, der mit dem Heiligenkalender aufgewachsen war, war seit seiner Jahre im Kloster mit der Liturgie dieses Festes vertraut. Die erste Nokturn der Mette für die „Heimsuchung Marias“ schließt die Lesung von Hld 2,11–12 ein: „Denn siehe, der Winter ist vergangen, der Regen ist vorbei und dahin. Die Blumen sind aufgegangen im Lande, der Lenz ist herbeigekommen, und die Turteltaube läßt sich hören in unserm Lande.“[71] Hier begegnet dasselbe Thema, das wir schon in *Eyn brieff an die Christen ym Nidder land* entdeckt hatten. Der Kreis hat sich geschlossen.

Übersetzung aus dem Englischen: Rainer Stahl

71 Derselbe Text stellt die Epistellesung beim Fest der „Heimsuchung Marias“ dar.

András
Reuss

Die theologische Prägung der Evangelisch-Lutherischen Kirche in Ungarn

Perspektiven, Mängel und Aufgaben[1]

Aus zwei Gesichtspunkten gesehen ist das Thema und damit die gestellte Aufgabe anspruchsvoll.

Es empfehlen sich, einerseits, zwei mögliche Weisen der Darstellung: die theologische Situation entweder idealistisch, werbend (propagandistisch) zu zeichnen oder uns kritisch den Problemen zu stellen. Die erste Weise könnte die Mängel verdecken und den Eindruck erwecken, dass trotz eventueller Versäumnisse an der theologischen Leistung der Kirche im Großen und Ganzen nichts zu tadeln sei. Die zweite Weise zieht die Versäumnisse in Betracht, sie sucht diese und gibt sich mit den möglichen Anschuldigungen fremder Faktoren oder den eigenen Entschuldigungen nicht zufrieden. Was hier folgt, ist also keine Rede in einer Wahlkampagne, um die Hörer für eine Sache zu gewinnen. Es folgt eher eine Überlegung vor Schwestern und Brüdern über die theologischen Sorgen und Aufgaben unserer Kirche, wobei die eigene Teilnahme und Mitverantwortung nicht ausgeschlossen, sondern selbstkritisch mindestens implizit einbezogen ist.

Es soll, andererseits, Geschichte und Gegenwart der Evangelisch-Lutherischen Kirche in Ungarn theologisch reflektiert werden. Was ist aber die Rolle der *theologischen* Prägung der Kirche in einem Zeitalter wie das des 20. Jahrhunderts, als die Landkarte der ganzen Welt, und nicht nur von Europa, so bedeutend neu gezeichnet wurde? Als sich die soziale Zusam-

1 Vortrag gehalten auf der Theologischen Tagung des Martin-Luther-Bundes mit dem Thema „Welche Theologie braucht die Kirche? Wie viel Kirche braucht die Theologie?“, Liebfrauenberg/Elsass (Frankreich), am 10. Oktober 2006. Überarbeitete Fassung.

mensetzung der Gesellschaft durch das Verschwinden früher herrschender Schichten und durch den Aufstieg früher missachteter Massen so radikal änderte? Als die Lebensverhältnisse der Menschen wie früher nie neu gestaltet wurden und als die staatliche und gesellschaftliche Stellung von Kirche und Christenheit jede mögliche Stufe zwischen Verwöhnung und Todeszelle durchlaufen musste? Die Ungarn erlebten diese allgemeine Entwicklung der Menschheitsgeschichte als ungerechten Verlust von zwei Dritteln des Territoriums und von einem Drittel der ungarischen Bevölkerung nach dem Ersten Weltkrieg. Als ungeliebtes Mitläufertum mit Nazi-Deutschland im Zweiten Weltkrieg und im Holocaust. Als die von den Sowjets erzwungene und von den Alliierten zugelassene Hin-Wende zum stalinistischen Sozialismus-Kommunismus 1948. Als eine Ernüchterung aus der Illusion, dass man 1956 und jemals sonst von außen mit Hilfe rechnen könnte. So blieb nichts übrig, als sich einzurichten im Status quo. Die Zurück-Wende von 1989 auf der einen Seite als der Anbruch von Freiheit und Demokratie, auf der anderen als derjenige eines rohen Kapitalismus.

Das kostbare Geschenk außergewöhnlicher Epochen, wenn Menschen des Geistes an der Spitze schreiten, den Weg zeigen und die Ereignisse bestimmen oder wesentlich mitgestalten, wurde uns indessen nicht beschert. Es fehlten die Menschen, oder sie wurden von der Spitze entfernt. So hinkte auch die Kirche mit ihrer Theologie den Ereignissen nach, tröstete die Menschen und half, dass sie sich einrichten und überleben konnten. Und diese Leistung darf nicht unterschätzt werden.

Bis zum Ende des Ersten Weltkrieges

Die theologischen Richtungen in Deutschland vor dem Ersten Weltkrieg beeinflussten das theologische Denken auch in Ungarn, so etwa der Rationalismus, der Liberalismus, der Konfessionalismus und der Biblizismus, wie der Neutestamentler Károly Karner von der Evangelisch-Lutherischen Fakultät in Sopron darstellt.[2] Die Schüler dieser Richtungen machten Gebrauch von den Ergebnissen des Auslands und formten diese für die ungarischen Verhältnisse um,[3] ohne jedoch wirklich in die Tiefe zu gehen. So zeichnet László H. Gaudy das Bild mit eindrucksvollen Farben: Die Biblizisten be-

2 Karner 1942, 73–74. Károly Karner (1897–1984), Professor für das NT in Sopron (Ödenburg), später in Budapest.

3 Gaudy I 1939. László H. Gaudy (1895–1976), Pfarrer und Religionslehrer in Budapest.

gnügten sich mit der Rezitation passender Bibelzitate, die schon durch sich auferbauten. Polemisierten und apologisierten gegen die anderen, seien mit imponierender Kampflust erfüllt, errangen Siege im Streit der Konfessionen (kein Übertritt, kein Versprechen der römisch-katholischen Kindererziehung). Die Modernisierenden trugen helle Krawatten; sie seien Pfarrer, wollten aber nicht einmal auf der Kanzel als Pfarrer erscheinen. Ihre Bestrebung sei es, das Evangelium und die moderne Zeit miteinander in Einklang zu bringen, immer aber so, dass das Evangelium das Zugeständnis machen müsse. Die Eklektiker seien in jeder Richtung gut zu Hause, verpflichteten sich aber für keine. Die Selbständigen hielten es für gefährlich, die Predigten anderer zu lesen, sie erstellten auch keine eigenen Predigtmanuskripte, kümmerten sich nicht um den Inhalt des Glaubens, seien einfach religiös und mit sich selbst zufrieden.[4]

Zwischen den beiden Weltkriegen

Dem Ersten Weltkrieg folgt eine neue Orientierung. In der Kirche wird versucht, die territoriale Einteilung der Kirche den politischen Gegebenheiten anzupassen, allerdings ohne wirklichen Erfolg. Eine neue Agende und eine neue Gottesdienstordnung werden eingeführt.[5] Es tritt eine neue, junge Generation auf, die mit der Theologie der älteren Generation unzufrieden ist und sie auch kritisiert. Diese Generation ging bei den Vertretern der dialektischen Theologie und der neulutherischen Theologie in die Schule: Karl Barth, Paul Althaus, Werner Elert, Hermann Sasse. Diese jüngere Generation folgt einigen wenigen führenden Gestalten, die theologisch gut geschult sind und auch entschlossen und kräftig auftreten. Die Bibelkritik ist schon Teil ihrer Ausbildung gewesen, doch ist davon in ihrem Predigtdienst nichts zu spüren.[6] Mittlerweile ist auf der einen Seite ein lähmender neo-barocker Zeitgeist wie in der Gesellschaft, so auch in der damaligen Kirche präsent, der mit seinem Konservativismus die Lösung der großen Probleme überall hindert,[7] und auf der anderen Seite ein Anti-Liberalismus, der den Bestand der Kirche wahren möchte. In der neuen Theologie und Frömmigkeit der jungen Generation zwischen den beiden Weltkriegen ist der Mensch keine

4 Nach Gaudy I 1939.
5 Karner 1942, 74–75.
6 Gaudy II 1939.
7 Karner 1942, 76.

handelnde, aktive, freie und selbstbewusste Persönlichkeit, sondern Gegenstand von göttlichen oder satanischen Kräften – meint ein theologischer Zeitgenosse, der selbst auch zur jungen Generation gehört. Diese passive Phraseologie, die sich allerdings reformatorisch versteht, eröffnet für das passive Verhalten in der Gesellschaft einen breiten Weg. Der Liberalismus schätzte den Menschen hoch, überschätzte oft sogar den Menschen, setzte die menschliche Aktivität und Gottes Welthandeln gleich. – Und das ist zweifellos seine Gefahr. Der Anti-Liberalismus der neuen Orientierung unterscheidet nicht nur zwischen den menschlichen Zielsetzungen, Entwürfen, Anstrengungen und der Übernahme von Verantwortung auf der einen Seite sowie Gottes Handeln auf der anderen Seite, sondern sieht manchmal gar keinen Zusammenhang. Damit verwirft der Anti-Liberalismus die menschliche Aktivität, wertet den irdischen Beruf und die Verantwortung ab und zwingt den Menschen, soweit er Christ sein will, in Passivität.[8]

Auch ein gewisser theologischer Einfluss aus Skandinavien ist bei einigen ganz wenigen zu spüren, besonders was die Liturgie betrifft. Viel stärker ist die Wirkung der angelsächsischen und besonders der finnischen Erweckungsbewegungen,[9] deren positive, die Gemeinden belebende Nachwirkung bis in die Gegenwart spürbar ist. Die Erweckungstheologie stärkt aber – diese Feststellung des reformierten Professors Ferenc Szűcs über die Situation der reformierten Kirche gilt auch für die lutherische – eine Reduktion auf das Individuum, auf das Seelenheil und kann somit das Desinteresse am sozialen Leben nähren.[10]

Der lutherische Bischof Béla Kapi,[11] der die Predigten seiner Pfarrer regelmäßig auswertet, nennt als Kriterien der Predigt unter anderen Schriftgemäßheit, Bekenntnistreue und – was man heute so nennen würde – Kontextualität. Ausnahmsweise macht er 1940 nur allgemeine Bemerkungen, auf die wir uns hier beziehen müssen. Was die Schriftgemäßheit betrifft, das ist seine Einschätzung, sind die Predigten sehr verschiedenen Wertes. Einige sind tiefgehend und zeugen von wissenschaftlicher exegetischer Arbeit, andere bleiben an der Oberfläche des Textes, und hoch ist die Zahl derjenigen, deren Verfasser sich keine große Mühe gemacht haben.[12] In der Bekenntnistreue meint Kapi nichts beanstanden zu müssen, obwohl der bekenntnis-

8 Nach Keken II 1942. András Keken (1909–1974), Pfarrer in Budapest.
9 Karner 1942, 76.
10 Szűcs 2004, 124. Ferenc Szűcs (geb. 1942), Professor für systematische Theologie an der Károli Gáspár Reformierten Universität in Budapest.
11 1879–1957, Bischof in Győr 1916–1948.
12 Béla Kapi 1940.

gemäße Inhalt im Allgemeinen schwächer sei. Sein Eindruck ist, dass bei vielen das ausdrückliche lutherische Bewusstsein fehle und von einer allgemeinen Religiosität oder mit einem moralischen Idealismus ersetzt werde.[13] Es ist kaum ein Zufall, sondern eher charakteristisch, obwohl die hier folgende negative Feststellung nicht die ganze ungarische Wirklichkeit jener Zeit kennzeichnet, dass Bischof Kapi keine Beobachtungen zum letzten Kriterium hinsichtlich der Predigten, nämlich über ihre Zeitgemäßheit, macht.[14]

Nach dem Zweiten Weltkrieg bis zum Aufstand 1956

Der Raum hier genügt nicht, die Ereignisse und Entwicklungen darzustellen, die zwangsläufig zur sozialistischen Wende und dann zum Aufstand 1956 geführt haben. Die blutige Niederlage der Revolution prägte das Land zweifach: Es wurde nicht mehr mit einer möglichen Hilfe von irgendwoher gerechnet, von der Großmacht Sowjetunion loszukommen. Von nun an ist man geneigt, die Umstände unter den gegebenen Bedingungen nicht nur zu ertragen, sondern auch zu gestalten. Eine theologische Einschätzung der Lage im Jahr 1957 wird von József Szabó[15] unternommen, die ernüchtert und zur Selbstkritik motiviert. Seiner Meinung nach ist die konstantinische Zeit des Bundes zwischen Thron und Altar zwar vorüber, das Christentum nehme aber diese Tatsache bis jetzt nicht ernst. Zwei Faktoren bezeugen, dass die Illusion der Fortsetzung des konstantinischen Zeitalters noch immer lebendig ist. Erstens: Mit einem Auge schaut man nach Osten, das ist Kollaboration, mit einem Auge schaut man Richtung Westen, das ist Nostalgie. Von den beiden Richtungen, von den beiden Einstellungen hofft man, dass die Dinge trotz Wendepunkte und Paradigmenwechsel im Grunde genommen gleich oder die Änderungen mindestens langsam sind. Um den alten Bestand zu wahren, um Einheit effektiver zu zeigen und um des Friedens willen passen sich die Lutheraner an die römischen Katholiken und die Reformierten an und büßen ihre Identität ein. Zweitens ist im ganzen Prozess zu fragen, was mehr weh tut: die Schlappen in der Verbreitung des Evangeliums oder eher der Verlust der Autorität als Kirche und als kirchliche Würdenträger?[16]

---

13 Béla Kapi 1940.
14 Béla Kapi 1940.
15 1902–1987, Bischof in Balassagyarmat 1948–1953.
16 József Szabó 1957, 223.

Entsprechend der Diagnose der theologischen Lage von József Szabó nach zehn Jahren Sozialismus in Ungarn sei die Abweichung von der Theologie des Kreuzes bemerkbar: Man möchte kein Kreuz tragen. Das Evangelium werde mit Politik und Ethik vermischt. Als Paulus zum Verhältnis der Christen zum Staat schrieb, war der Schmerz der Arenen an der Haut der Verfolgten zu spüren, aber heute sei Römer 13 ein Mittel der Umwerbung der Macht. Das Verständnis der Sünde laufe einseitig Richtung Ethik und werde nur zum sozialen Vergehen verdünnt, während Luther noch über Furcht, Liebe und Vertrauen zu Gott spreche.[17] Aus den Predigten verschwinde fast völlig die eschatologische Stimme. Das Christentum werde als Gottes Menschensache propagiert, was Szabó als abschreckend empfindet. Nicht Gottes Ehre, sondern das Gemeinwohl, immanente Nützlichkeit werde gepredigt. Das Ziel sei nicht mehr des Menschen Heil, sondern die Befähigung des Menschen zum gemeinschaftlichen Leben oder die Befriedigung menschlicher Sehnsüchte und des Anspruchs auf Glück. So entstehe schon damals eine Art Erfolgstheologie. József Szabó beanstandet auch, dass die Herrnhuter Losungen in der ungarischen Bearbeitung immer wieder geändert werden. Bibeltexte, die mit dem offiziellen und obligatorischen theologischen Standpunkt nicht übereinstimmten, werden missachtet. Die kritische Funktion von Kirche und Theologie komme zu kurz. Der Verfasser betrachtet die Lage als Folge der liberalen und rationalen Theologie, die in Mode sei, und meint, dass nicht Gottes Offenbarung, sondern manche heutige Mythen zu entmythologisieren seien.[18] Die Ausführungen von József Szabó weisen ihn als einen markanten Theologen und scharfsichtigen Zeitgenossen aus, der eine historische Stunde wahrgenommen hat, offen zu sprechen.

Nach 1956 bis zur Wende 1989

Wegen mancher so genannten nicht-theologischen Faktoren, wobei ich hier nicht in die Einzelheiten gehen kann, haben nicht die tiefgehenden, realistischen und weisen Ausführungen von József Szabó die Nachfolgejahre bestimmt. Auch nicht die Standhaftigkeit von Bischof Lajos Ordass.

Als Paradigma für das Verhältnis von Kirche und Staat/Gesellschaft wurden von Zoltán Káldy (zuerst schon 1958) vier Wege (Hierokratie, Opposi-

17 Kleiner Katechismus, Das Erste Hauptstück, Die Zehn Gebote.
18 Szabó 1957/2005, 224–225.

tion, Ghetto, Konformismus) abgewiesen. Es ist wahrscheinlich nicht möglich, eine vollkommene Parallele oder einen direkten Zusammenhang, von einer Abhängigkeit ganz zu schweigen, mit anderen Entwürfen nachzuweisen. Doch ist es höchst interessant, nach eventuellen Parallelen zu suchen. Helmut Richard Niebuhr legt 1951 fünf Verhältnisbestimmungen für Christus und die Kultur vor, nämlich Scheidung, Verschmelzung, Überhöhung, Dialektik und Bekehrung der Kultur zu Christus.[19] Viele Jahre später diskutierte eine LWB-Tagung in Århus 1977 über vier mögliche Einstellungen der Kirchen zum Marxismus, nämlich Rückzug, Opposition, Konformismus, kritische Solidarität.[20] Hans Küng wies 1991 im Zusammenhang mit der Sorge um das Überleben der Menschheit die Wege der Festungsstrategie, der Verharmlosungsstrategie und der Umarmungsstrategie ab, weil sie keine Lösung bringen.[21] Trotz der Nähe in der Formulierung, und vielleicht auch der theologischen Konzeption, sind der Inhalt und die Bedeutung der vorgeschlagenen Wege nicht gleich.

Als fünfter Weg wurde von Zoltán Káldy die ganze Sendung Jesu im griechischen Wort des Neuen Testaments *diakonia* zusammengefasst und als Inbegriff des Verhaltens für die Kirche und die Christen vorgeschlagen. Mit dem Wort *diakonia* wollte er eine Kirche auf der Grundlage des Neuen Testaments neu konzipieren, die nicht in Überheblichkeit, sondern in Niedrigkeit ihrem Herrn nachfolgt, die auf keine Ansprüche von vergangener Macht und von ehemaliger sozialer Anerkennung pocht, sondern allein ihrem Herrn entsprechen will. Vorausgesetzt war, dass die Verkündigung des Evangeliums sowieso geschieht, nur die soziale Dimension des Evangeliums soll hinzu getan werden, weil der Anti-Liberalismus und die Erweckungsbewegungen die menschliche Passivität als das rechte Verständnis der Rechtfertigungslehre vorschlugen, worauf ich schon oben hingewiesen habe. Es kann sein, dass „das Amt der Versöhnung“ (2 Kor 5,18) – *he diakonia tes katallages* – in der Anfangszeit, in den ersten Jahren nach 1958, im Zusammenhang mit der diakonischen Theologie nicht betont gewesen ist. In den Jahren der Erweckung, in der Blütezeit der Evangelisationsbewegung war dies ja auch nicht so besonders nötig, weil alle in der Kirche über die

---

19 Niebuhr, Helmut Richard: Christ und Culture (1951), EKL^3 2, Sp. 1515.

20 Wobei das Beispiel für den Konformismus allerdings Ungarn war. Darüber berichtet Vajta Vilmos: Kritikai megjegyzések a diakóniai teológiához [Kritische Bemerkungen zur diakonischen Theologie], in: Vajta Vilmos, Amíg időnk van. Válogatott írások. Szerkesztette és a szöveget gondozta: [ifj.] Fabiny Tibor. Európai Protestáns Magyar Szabadegyetem, Basel/Budapest 1998, S. 217.

21 Projekt Weltethos, 1991, S. 105–108.

Versöhnung mit Gott gesprochen haben. Die damalige Einseitigkeit war, dass man die irdischen und immanenten Konsequenzen dieser Versöhnung vernachlässigte, und diese Tendenz wurde auch durch die politischen Ereignisse gestärkt. Damals war es wirklich notwendig, stärker über die horizontale Dimension der Bekehrung zu sprechen. Und heute ist es wieder notwendig, nicht nur über die Früchte des neuen christlichen Lebens, sondern auch über die Versöhnung mit Gott zu predigen, weil diese Aufgabe von keinem anderen mehr geleistet wird.

Die Befolgung der „Diakonischen Theologie" als der offiziellen Theologie der ELKU, mindestens in der öffentlichen kirchlichen Sprache, war erwartet, somit fast erzwungen, und dem Anschein nach auch befolgt. Das Fehlen der Möglichkeit des offenen Austausches, der Kritik oder der Vertiefung hat die Aneignung nicht weitergeführt. Die „offiziellen" Anstrengungen, die Einseitigkeit der „Diakonischen Theologie" zu überwinden, sind wirkungslos geblieben.

Die „Diakonische Theologie" war ein Versuch, nach der Niederlage des Aufstandes von 1956 einen theologisch verantwortbaren Weg zu finden. Sie hat auch manchen ihrer Gegner geholfen, in der damaligen Volksrepublik Ungarn als Christen zu leben und als Pastoren zu dienen. Indem sie aber im Lauf der Zeit eine bloße Formel, dazu noch eine starre, und damit leere Phrase geworden ist, hat sie weder gründliche theologische Arbeit gefördert, noch den Anbruch der Wende wahrzunehmen geholfen, sondern eher gehindert.

Die „Diakonische Theologie" hat sich in einem gewissen Sinn diskreditiert. Doch ist es nötig, diesen belasteten Ausdruck zu reinigen, denn nicht Begriffe fallen in Sünde, sondern die Menschen, die sie für sich in Beschlag nehmen.[22] Und es gilt auch in einer anderen Welt, dass nicht ihre staatsrechtliche Anerkennung, nicht ihr Eigentum, nicht ihr institutioneller Einfluss die Kirche am Leben erhalten können, so wichtig diese auch sind, sondern sie nur dadurch am Leben erhalten bleiben kann, dass sie aus Gottes Gaben, die in Christus gegeben worden sind, lebt und mit diesen in der Welt dient.

22 Szűcs 2002, 49.

Nach der Wende 1989

Die Zeit seit der Wende 1989 ist die Zeit von enormen Erwartungen, unerwarteten Möglichkeiten, ungeheuren Illusionen und damit die Zeit der großen Enttäuschungen. Das gilt sowohl für die Gesellschaft als auch für die Kirchen und Christen.

In der Begeisterung über den Fall des Kommunismus und in der Freude über ihn findet man sehr schnell biblische Analogien für die Situation. Es kann sein, dass einfach die Zahl vierzig den Anstoß gab für den reformierten Professor István Török, der meint, die Ungarn seien jetzt am Ende der vierzigjährigen Wanderung in der Wüste und an der Grenze des verheißenen Landes.[23] Auch der Gedanke an die Großmacht Sowjetunion legt es für viele nahe, dass das Ende der babylonischen Gefangenschaft nun gekommen sei. Der reformierte Historiker László Kósa[24] sieht die Kirche als das Boot auf dem stürmischen See, dessen Insassen „in der vierten Nachtwache" auf den Befreier und auf das Beruhigen des Windes warten, erwähnt aber nicht, dass das Erscheinen Jesu bei den Jüngern vor allem Furcht auslöst.[25] Andere sprachen über die Jahre des Sozialismus als „die mageren Jahre" (1 Mose 41),[26] als die verlorenen Jahre[27] oder als die Herrschaft des Unkrautes (Mt 13,24 ff).[28] Diese Analogien haben ihre Wurzeln in einer übrigens berechtigten und verständlichen Ablehnung der sozialistischen Epoche und einer Zuneigung zu der Welt nach der Wende. Aber besonders was die Letztere betrifft, ist diese Zuneigung nicht nur politisch unrealistisch, sondern auch theologisch nicht stichhaltig.[29]

Eine Analogie mit der Befreiung aus Ägypten und dem Anfang der Wüstenwanderung, was mein Vorschlag ist, bietet eine andere Sicht der Dinge. Auch dieser Vergleich verwirft und verurteilt die Unmenschlichkeit der sozialistischen Vergangenheit, aber er tut es so, dass die Gegenwart doch nicht verherrlicht und nicht als die Vollkommenheit hingestellt wird. Dieses Verständnis der Situation könnte die Christen davor bewahren, die präkommunistische und die post-kommunistische Periode zu heroisieren, und

---

23 Reformátusok Lapja 1989, július 3.

24 Geb. 1942. Siehe: Die Reformierten. Suchbilder einer Identität. In Zusammenarbeit mit Paul Leuzinger, Hans Jürgen Luibl, Friederike Osthof, Benjamin Stückelberger und Christian Zangger, Zürich 2002, S. 266–269.

25 Mt 14,25–26. In: Protestáns Szemle 1992/2, 146.

26 Gyula Gombos.

27 Gombos Gyula: Verlorene Jahre? 1983.

28 Éliás József: A konkoly uralma, Debrecen 1978 [Manuskript].

29 Szűcs 2002, 44–45.

die Menschen in den Schlaf wiegen, dass 1989 die Dinge so weitergehen und weitergehen könnten, wie sie anno 1945 liegengeblieben waren. Solche Konsequenzen der falschen Analogien halte ich für politisch unrealistisch und theologisch nicht stichhaltig. Daraus folgt nämlich eine kritiklose Anschauung der ungarischen Geschichte bis 1945 und auch die vorbehaltlose Gleichsetzung von politischer Änderung und kirchlicher Erneuerung nach der Wende, kurz gesagt, dass die Kirche, das Volk Gottes politischen und gesellschaftlichen Moderichtungen – wenn auch unbewusst – anheimfällt.[30] Somit läuft eine Tendenz der kirchlichen Einstellung weiter, die aus den eigenen Fehlern und den internationalen Erfahrungen nicht lernt.

Aus einer solchen Einschätzung der Situation, die von einem pragmatischen Interesse gelenkt wird und die die theologischen Kriterien und Implikationen nicht oder nur ganz oberflächlich berücksichtigt, folgt eine äußerst vereinfachte, aber von vielen Menschen auch in der Kirche für echt religiös und moralisch erachtete Sicht der Beteiligten in Gesellschaft und Kirche, die sie in eindeutige Kategorien von gut und böse, gläubig und ungläubig, göttlich und satanisch einteilt, einzelne menschliche Taten und Verhaltensweisen, und somit auch Menschen auf diese Weise charakterisiert. Da ist keine Spur der Unterscheidung der beiden Regimente und der zwei Reiche, da ist nur die Forderung, die Königsherrschaft Christi zu verwirklichen, und zwar sofort, wobei der jeweils Sprechende und sein Standpunkt als absoluter Garant dieser Verwirklichung gilt. Der Mangel an theologischem Tiefgang führt zur schon früher erwähnten praktischen Abdrift,[31] das bedeutet, sich an politische Eventualitäten zu klammern, auf sie zu hoffen, ihnen Dienste zu leisten oder von ihnen ausgenutzt zu werden. Die Verkündigung in der Kirche und das theologische Denken sollten aufpassen, dass die großen Themen der Gesellschaft nicht einfach widergespiegelt, sondern im Licht des Evangeliums reflektiert werden.

Das Interesse der Theologen ist im Allgemeinen breit, sehr breit. Sie verfolgen mit großer Aufmerksamkeit die Entwicklungen im Land und in der Gesellschaft sowie die Ergebnisse anderer Wissenschaften wie etwa Psychologie, Soziologie, Mentalhygiene, Philosophie, Politologie, Geschichte und die möglichen Berührungspunkte mit ihnen. Dabei ist die Gefahr jedoch nicht zu verschweigen, dass der Theologe von der Begegnung mit anderen Wissenschaften so angezogen wird, dass sein theologischer Habitus in den Hintergrund gerät. Wobei natürlich auch die Gefahr besteht, dass theologische Modetrends, theologische Konzeptionen, Lösungsversuche für

30 Szűcs 2002, 45.
31 Szűcs 2002, 44.

andere Zeiten und Umstände ohne Aufarbeitung sklavisch einfach reproduziert werden.

Ohne Frage würde jeder in der Kirche die Verkündigung als die primäre Aufgabe des kirchlichen Dienstes nennen. Wir seien ja die Kirche des Wortes. Nicht gering ist aber die Zahl derjenigen, die Probleme mit den biblischen Wissenschaften des Alten und des Neuen Testaments, mit der historisch-kritischen Methode, mit den neuen Interpretationen der Bibel haben. Sie haben den Eindruck, dass die wissenschaftlichen Methoden und Ergebnisse den Zugang zur Botschaft der heiligen Schrift, zum Wort Gottes, nicht erleichtern, vielleicht nicht nur erschweren, sondern für sie sogar unmöglich machen. So bleiben sie lieber beim einfachen, ungeschulten, unreflektierten Bibelverständnis.

Auch das Bewusstsein, eine lutherische Kirche zu sein, ist stark und wird auch durch die Diasporasituation gestärkt. Das kann aber kaum verhindern, dass der reformatorische Glaube hier oder da nur eine leere Phrase wird, mit der man sich begnügt und deren Inhalt man nicht weitergibt oder eventuell nicht weitergeben kann.

Was die ökumenische Situation betrifft, so kann vielerorts von einer an persönlichen Sympathien orientierenden Ökumene gesprochen werden, wobei die ökumenischen Veranstaltungen im Vordergrund und die theologische Diskussion eher im Hintergrund stehen.

Alles in allem hat die Wende 1989 Kirche und Christen mit einer großen Öffnung beschert. Es sind ungeheure Anstrengungen geleistet worden, um die neuen Möglichkeiten wahrzunehmen. Es sind auch Tendenzen da, sich von dieser Weite, vor den Problemen dieser Welt abzukapseln und einen eigenen Himmel in der eigenen Gemeinschaft zu errichten. Für manche ist Theologie als Wissenschaft zu gefährlich für den Glauben, während Themen der Patristik, der Reformation, der Kirchengeschichte, des Dienstes der Kirche in der Welt an den verschiedensten Fakultäten intensiv und auf hohem Niveau erforscht werden. Hoffentlich werden die Theologen auf allen Gebieten mindestens diskussionsfähig bleiben und dafür auch von der Kirche und dem Volk Gottes einen Raum behalten können.

Falls Theologie für zu abstrakt und unverständlich gehalten wird, soll man bedenken, ob dann das Problem nicht zu viel, sondern eher zu wenig Theologie sei. Denn in diesem Fall ist der letzte Schritt wahrscheinlich versäumt, nämlich die Frage ist nicht beantwortet, warum die Theologie das alles erforscht.

Ohne fundierte Theologie ist man und ist auch die Kirche in Gefahr, von modischen Strömungen, von politischen Zielsetzungen, von Ideologien mitgerissen und missbraucht zu werden.

Die Theologie, zusammen mit der Kirche, weiß davon, dass Gott den Menschen gänzlich anspricht und gänzlich beansprucht, also ständig in Frage stellt. Sie weiß auch davon, dass sich Jesus Christus für den Menschen völlig hingegeben hat, „entäußerte sich selbst und nahm Knechtsgestalt an, … bis zum Tode, ja zum Tode am Kreuz“ (Phil 2,7.8), um die Schöpfung zu erneuern. Indem die Theologie Gottes Anspruch und Gottes Geschenk in Christus vor Augen führt und die kirchliche Verkündigung unter diesen Maßstab stellt, wird sie – was die menschliche Leistung betrifft – nie nur beruhigend sein.

Literatur

Gaudy László, A két nemzedék igehirdetése napjainkban. Előadás a MELE 1939. május 4-én tartott konferenciáján [Die heutige Verkündigung der beiden Generationen. Vortrag an der Konferenz des Evangelischen Pfarrerverbandes in Ungarn am 4. Mai 1939]; I: Evangélikus Élet (VII/19) 13. Mai 1939. S. 5–7. II: Evangélikus Élet (VII/20) 20. Mai 1939, S. 4–6. III: Evangélikus Élet (VII/21) 27. Mai 1939, S. 8–9.

Kapi Béla, [Püspöki körlevél 4107/1939–40. szám] [Rundbrief des Bischofs] Győr, 14. September 1940, 2 S.

Karner Károly, A háború előtti és a jelenkori teológia főirányai [Die Hauptrichtungen der Theologie vor dem Krieg und heutzutage], in: Karner Károly, Evangélium, magyarság. Írások, tanulmányok. A „Keresztyén Igazság“ kiadása, Győr 1942, S. 44–76.

Keken András, Veszendő értékek [Verlorengehende Werte] I: Evangélikus Élet (X/9) 28. Februar 1942, S. 3–5. II: Evangélikus Élet (X/10) 7. März 1942, S. 2–3.

Szabó József, Egyházunk jelenlegi helyzetének felmérése és gyakorlati feladataink [1957? 1958?] [Abschätzung der gegenwärtigen Lage unserer Kirche und unsere praktischen Aufgaben], in: Igazgyöngyök. D. Szabó József püspök igehirdetései és írásai, Budapest 2005, S. 221–235.

Szűcs Ferenc, A reformátori teológia és az ébredési mozgalmak [Die reformatorische Theologie und die Erweckungsbewegungen], in: Szűcs Ferenc, Tükör által. Válogatott írások és tanulmányok. Théma Protestáns Tanulmányi Kör, 2004, S. 119–126.

Szűcs Ferenc, Az elmúlt tíz év teológiai értékelése [2002] [Die theologische Bewertung der letzten zehn Jahre] THÉMA Protestáns Tanulmányi Kör, 2002, Sondernummer, S. 44–50.

Jerzy
Buzek

Die gesellschaftliche Wirksamkeit von Minderheiten[1]

Sehr geehrte Damen und Herren,
Christinnen und Christen,

ich wurde eingeladen, auf dieser Konferenz „Evangelisches Bekenntnis, Identität und gesellschaftliche Verantwortung" den Einführungsvortrag als früherer Ministerpräsident von Polen, aber auch zugleich als ein Evangelischer aus einem katholischen Land, in dem die Anzahl meiner evangelischen Glaubensbrüder keine zwei Promille übersteigt, zu halten. Hinzu kommt noch, dass ich der einzige polnische Premierminister bin, der seit der Wiedererlangung der Unabhängigkeit Polens im Jahr 1918 sein Amt bis zum Ende der vorgesehenen Amtszeit ausgeübt hat. Ich kann mir vorstellen, dass die Veranstalter der heutigen Tagung die Hoffnung haben, dass ich auf die Frage, ob Minderheiten einen Einfluss auf die Gesellschaft, in der sie leben, haben, mit einem „Ja" antworten werde. Ich sage noch mehr: Dieser Einfluss ist enorm und sehr positiv! Ich werde die Organisatoren also nicht enttäuschen … Das ist tatsächlich meine Meinung, und ich habe auch nirgendwo, in keiner Fachliteratur, in keiner Diskussion, in keiner meiner Beobachtungen, je eine andere Behauptung gehört. Dennoch gibt es da ein Problem, denn gerne würden wir wissen, warum das so ist, woher das kommt, und wie wohl das Potential der Minderheiten am besten genutzt werden kann. Diese Fragen stellen sich alle Minderheiten. Aber es ist vor allem die Mehrheit, die sich diese Fragen stellen sollte. Und zwar in ihrem eigenen Interesse, wenn sie gegenüber anderen Mehrheiten in anderen Ländern und auf anderen Kontinenten konkurrenzfähig sein möchte.

Am Anfang wollen wir Folgendes vorweg feststellen: Die meisten Minderheiten sind religiöse oder konfessionelle bzw. nationale oder sprachliche

1 Vortrag im Rahmen der Konferenz „Der Beruf der Christen, Evangelisches Bekenntnis, Identität und gesellschaftliche Verantwortung", Wittenberg, 17. Januar 2007.

Minderheiten. Meistens spricht man von Minderheiten in Bezug auf eine Region oder ein Land, obwohl wir auch von einer muslimischen Minderheit auf dem gesamten europäischen Kontinent sprechen können. Wir leben in Europa, aber vor allem in der Europäischen Union. Schauen wir uns also das Problem der Minderheiten aus der Sicht der Einwohner der Union an, denn aufgrund der dichten Besiedlung unseres Kontinents und seiner langen und nicht selten tragischen Geschichte ist gerade das besonders interessant.

Ich möchte zunächst auf Fragen der Möglichkeiten der Entfaltung von Aktivitäten der Minderheiten zu sprechen kommen, die – wie ich glaube – erstens von rechtlichen und systemspezifischen Regelungen abhängig sind. Zweitens hängen sie nach meiner Überzeugung vom Grad der gesellschaftlichen Akzeptanz für diese Regelungen ab, was sich wiederum aus ethischen Grundsätzen und der Bereitschaft zu einem Dialog ergibt. Drittens hängen die Möglichkeiten der Entfaltung von den Aktivitäten der Minderheiten, von den internen Eigenschaften einer Minderheit selbst ab, von deren Kohärenz, Kreativität, Konkurrenzfähigkeit und den Ambitionen gegenüber anderen gesellschaftlichen Gruppierungen. Zum Schluss meiner Ausführungen werde ich die wichtigsten positiven Folgen des Agierens von Minderheiten vorstellen.

1. Rechtliche und systemspezifische Regelungen

Im Gegensatz zur UNO, dem Europarat und der OSZE wurde das Problem des Minderheitenschutzes in den Aktivitäten und den Dokumenten der EU nur selten exponiert. Der europäische Integrationsprozess hatte nämlich vor allem einen wirtschaftlichen und institutionellen Charakter. Ein anderer Grund ist darin zu suchen, dass die Union keine klassische internationale Organisation ist. Sie befasst sich mit der Verabschiedung von Rechtsakten, die gegenüber den nationalen Rechtsordnungen der Mitgliedstaaten einen übergeordneten und direkten Charakter besitzen. Unter den EU-Mitgliedern war es schwierig, auf dem Gebiet der Einrichtung eines gemeinsamen Regelwerks zum Schutz von Minderheitenrechten übereinzukommen.

In Folge der demokratischen Veränderungen in Mittel- und Osteuropa im Jahr 1989 kam es auch zu einer wesentlichen Veränderung in der EU – und zwar in Hinblick auf den Stellenwert der Menschenrechte, darunter den Schutz der Minderheitenrechte. Dies ergab sich aus der Überzeugung, dass das Umgehen dieser Problematik die Stabilität der gesamten Organisation und das Bestehen des Binnenmarktes gefährden könnte.

Die Union ist seit Anfang der neunziger Jahre bemüht, konsequent gegen jegliche Anzeichen von Intoleranz und Diskriminierung vorzugehen. Ein wichtiger Indikator dieser Veränderungen im Rahmen der EU ist das Inkrafttreten des Amsterdamer Vertrages im Mai 1999 (der 1997 verabschiedet worden war), dessen Art. 13 sich auf das Diskriminierungsverbot bezieht, sowie die Verabschiedung der Richtlinie 2000/43/EG des Rates vom 29. Juni 2000 zur Anwendung des Gleichbehandlungsgrundsatzes ohne Unterschied der Rasse oder der ethnischen Herkunft. Ich möchte dabei unterstreichen, dass auf dem Gebiet der Hervorhebung der Wichtigkeit der Minderheitenrechte in der EU gerade dem Europäischen Parlament eine führende Rolle zukommt. Einzelne Parlamentsausschüsse haben auch eine Reihe von Berichten zu diesem Thema vorgelegt.

Die Minderheitenproblematik fällt auch in die „kulturelle" Dimension der europäischen Integration. Dies steht in Verbindung mit der Anerkennung der kulturellen Vielfalt der gesamten Organisation und hängt auch damit zusammen, dass kein einziges Mitgliedsland eine ethnisch kohärente Nation darstellt. Die kulturelle Vielfalt gilt als ein hoher Wert, und die Charta der Grundrechte der EU stellt in Art. 22 fest: „Die Union achtet die Vielfalt der Kulturen, Religionen und Sprachen". Daher befassen sich auch viele Programme der Union mit Bildung, Forschung und Öffentlichkeitsarbeit auf eben diesem Gebiet.

Der Schutz sowie die Lage von Minderheiten in anderen Ländern bildet auch einen wichtigen Bestandteil der EU-Außenpolitik. Das Interesse an dieser Problematik hat am Ende der achtziger Jahre und zu Beginn der neunziger Jahre zugenommen.

Dies betraf unter anderem die Situation, die in Mittel- und Osteuropa nach dem Zusammenbruch des Kommunismus entstanden ist, aber auch die Situation im damaligen Jugoslawien. Nach Auffassung der Union war die Anerkennung der „neuen" Staaten an deren Übernahme von Verpflichtungen in Bezug auf Menschen- und Minderheitenrechte geknüpft. Die EU wurde oft wegen der Anwendung von „Doppelstandards" auf diesem Gebiet kritisiert. Gemeint ist die vorrangige Behandlung der Minderheitenproblematik in den Außenbeziehungen bei einem gleichzeitigen Umgehen bzw. Ignorieren der Minderheiten in den eigenen Ländern.

Eine gemeinsame Plattform im Bereich des Schutzes von Minderheitenrechten bilden für alle europäischen Staaten völkerrechtliche Regelungen, die von der UNO, dem Europarat sowie von der OSZE verabschiedet wurden. Die darin enthaltenen Rechte stellen Mindeststandards dar und bilden somit auch einen allgemeinen Konsens. Dies betrifft:

- Die Gleichstellung vor dem Gesetz sowie den Grundsatz der Nichtdiskriminierung.
- Die kulturellen Rechte – diese das „kulturelle Leben“ der Minderheiten umfassenden Rechte werden sehr weit ausgelegt und umfassen den Glauben, die Kunst, die Moral, das Recht, die Literatur sowie Sitten und Gepflogenheiten etc. Diese Rechte verbinden sich mit Rechten in Bezug auf Sprache, Bildung, Zugang zu den Medien sowie die Führung eines interkulturellen Dialogs. Völkerrechtliche Dokumente unterstreichen auch das Recht der Minderheiten auf Gründung und Erhaltung eigener Institutionen, Vereine und Organisationen, die eine freiwillige finanzielle Unterstützung und Hilfe des Staates beantragen können. Ein wesentlicher Bestandteil dieses Rechtes besteht auch in der Meinungsfreiheit, das heißt: im freien Zugang zu Medien und der Aufrechterhaltung von grenzüberschreitenden Kontakten mit Mitgliedern von Gruppen mit gleichen ethnischen und kulturellen Wurzeln.
- Die Rechte einer Minderheit in Bezug auf das Bildungssystem – diese verbinden sich, genauso wie das Recht auf die eigene Sprache, mit wesentlichen Schwierigkeiten, denn deren Umsetzung bedarf des aktiven Handelns sowohl seitens der Gruppe selbst als auch seitens des Staates. Diese Rechte umfassen im öffentlichen Schulwesen den Unterricht in der eigenen Muttersprache (parallel zum Unterricht in der offiziellen Amtssprache des jeweiligen Landes), die Gründung von eigenen Bildungsinstitutionen, den Zugang zu Schulbüchern sowie einen gegenseitigen Austausch von Lehrkräften und Studenten aus unterschiedlichen Gruppen.
- Die Glaubensrechte – diese gehören jener Kategorie von Menschenrechten an, die schon am frühesten im Völkerrecht verankert wurden. Sie umfassen das Recht auf Glaubensfreiheit, auf das Praktizieren des eigenen Bekenntnisses, auf Gründung von religiösen und wohltätigen Organisationen, auf Ausübung von Religion in der eigenen Muttersprache, auf Erhalt, Gebrauch und Veröffentlichung von Religionsmaterial, Ernennung von geistlichen Führern, auf das Feiern von Festen und das Kultivieren verschiedenartiger Zeremonien. Die Frage der Konfession und des Praktizierens der eigenen Religion von Mitgliedern einer Minderheit ist heutzutage etwas Selbstverständliches und meistens Unumstrittenes.
- Das Recht auf Teilnahme am öffentlichen Leben. Dieses Recht umfasst die Beteiligung von Vertretern einer Minderheit am politischen, gesellschaftlichen und wirtschaftlichen Leben des Landes, darunter in jenen Bereichen, die für die Minderheit wichtig sind. Dies betrifft das Recht

auf Gründung eigener Vereine und Organisationen, die Versammlungsfreiheit, die Teilnahme an lokalen Wahlen, aber auch an Wahlen zum Parlament etc.

Selbstverständlich sind der Inanspruchnahme der Minderheitenrechte auch bestimmte Grenzen gesetzt. Völkerrechtliche Regelungen sowie nationale Vorschriften verpflichten die Mitglieder von Minderheiten zur Loyalität gegenüber dem Staat, in dem sie leben, sowie gegenüber ihrer eigenen Staatsbürgerschaft. Diese Bestimmungen besagen, dass die Mitglieder einer Minderheit bei der Ausübung ihrer eigenen Rechte nicht die Rechte anderer sowie die Integrität von Justiz und öffentlicher Ordnung des Staates, in dem sie leben, verletzen dürfen.

Zu bedenken sind große Unterschiede in der Auffassung von „Minderheitenrechten" durch die Mitgliedstaaten der EU. Dies ist nicht nur daran zu erkennen, wie die ethnischen Probleme in ihren Ländern gelöst werden, sondern auch an der Übernahme von europäischen Standards zum Schutz von Minderheitenrechten, die vor allem im Rahmen des Europarates ausgearbeitet wurden. Es ist unter anderem Frankreich, das die Rahmenkonvention des Europarates zum Schutz nationaler Minderheiten nicht unterzeichnet hat. Diese Differenzierung auf dem Gebiet des Schutzes von Minderheitenrechten in den EU-Staaten widerspiegelt das fehlende Übereinkommen der Länder in Bezug auf Standards von Minderheitenrechten und bildet somit eine Herausforderung sowohl für die Organisation selbst wie auch für deren „alte" und „künftige" Mitglieder.

2. Gesellschaftliche Akzeptanz von Rechtsvorschriften, von ethischen Grundsätzen und die Bereitschaft zum Dialog

Der Minderheitenschutz bildet nicht nur ein rein rechtliches oder politisches Problem, sondern versteht sich auch als eine Frage der Moral (der Ethik). Der Minderheitenschutz ist nicht nur eine Angelegenheit, die mit der Anerkennung und der Achtung von Rechten der Minderheiten in Verbindung steht. Dahinter verbergen sich allem voran Grundsätze zum Schutz des „Schwächeren" sowie zur Erhaltung der Vielfalt des gesellschaftlichen Lebens. Der Minderheitenschutz lässt nämlich stets die Frage nach der Gesellschaft aufkommen, in der wir leben, sowie Fragen danach, „*wie*" zu leben ist, Fragen nach dem Einsatz von Prinzipien und Mitteln zur Verwirklichung einer Gesellschaft für alle Individuen.

Heute sind wir uns dessen voll bewusst, dass Vielfalt nicht nur durch die Gewährleistung von Minderheitenrechten, sondern vor allem durch die Öffnung gegenüber dem Dialog aufrechterhalten werden kann. Eine volle Akzeptanz der Minderheit durch die Mehrheit lässt uns zunächst nur eine Voraussetzung schaffen zur Selbstverwirklichung der Minderheit und zur vollen aktiven Mitwirkung der Minderheit am gesellschaftlich-politischen Leben.

3. Interne Eigenschaften einer Minderheit und deren Einfluss auf die Wirksamkeit des Handelns

Der dritte Teil unserer Überlegungen bezieht sich auf die internen Eigenschaften von Minderheiten und die Effizienz ihrer Aktivitäten. Außer dass ich evangelisch bin und ein Politiker, bin ich zudem auch noch Wissenschaftler. Deshalb erlauben Sie mir, dass ich Beispiele aus diesem Bereich zitiere, um Ihnen die diversen Aktivitäten von verschiedenen Minderheiten zu veranschaulichen.

Serge Moscovici befasste sich in seinen Untersuchungen mit der Art und Weise, wie Innovationen in der Wissenschaft überhaupt möglich werden. Als Quelle von Innovationen entpuppten sich dabei relativ kleine Gruppen von Wissenschaftlern, die am Rand der jeweiligen Disziplin agierten. Moscovici formulierte die Hypothese,[2] dass die Wirksamkeit des Einflusses einer Minderheit vom Stil ihres Handelns abhängig ist, davon wie sehr sie zusammenhält, von ihrer Autonomie und der Aufgeschlossenheit der Köpfe ihrer Mitglieder (eine Minderheit ist weder allzu starr noch allzu flexibel). Wenn die Mehrheit entscheidet, sind Individuen lediglich auf die Vermittlung von Informationen fokussiert und achten dabei nicht auf alternative Meinungen. Eine Nachricht wird aufgenommen, unterliegt jedoch keinerlei Analyse. Die Präsenz einer Minderheit dagegen verursacht einen Prozess, in dem Argumente für und gegen die zur Diskussion stehende Position gesammelt werden. Der Einfluss einer Minderheit resultiert also in der Entstehung abweichender Denkweisen und der Erwägung kreativer Alternativprozesse sowie in der Originalität von Lösungen. Das Unterdrücken von Einflüssen einer Minderheit führt auf natürliche Art und Weise zu einer Verarmung der Gemeinschaft.

2 Vgl. z. B.: Serge Moscovici: Psychologie des minorités actives, P. U. F., 1979.

Minderheiten provozieren durch ihr Anderssein, das sie aber wiederum dazu verleitet, sich auszuzeichnen und positiv aufzufallen. Im Rahmen von Minderheiten kommt es leichter zur Entstehung von Netzwerken, von informellen Gruppen, die sich nach außen hin als äußerst wettbewerbsfähig zeigen. Ein ausgezeichnetes Beispiel hierfür sind die Waldenser in Italien. Sie zählen knappe Siebzigtausend, sind aber unübertroffen auf dem Gebiet der sozialen Fürsorge und der Medizin. Die von ihnen betriebenen wohltätigen Einrichtungen und Kliniken sind einzigartig. Als vorzügliche Ärzte und dabei tief gläubige Menschen bilden sie die medizinische Elite Italiens. Es zeigt sich also, dass eine Minderheit sehr wirksam sein kann. Die Integration ist eine natürliche Eigenschaft einer Minderheit, und dies entscheidet über deren außergewöhnlichen Erfolg und die Möglichkeiten, aus dem so genannten „Ghetto" herauszukommen.

Rechtliche Regelungen, gesellschaftliche Akzeptanz und die spezifischen Eigenschaften einer Minderheit entscheiden also über deren Erfolg im gesellschaftlichen Leben.

Nun wollen wir uns überlegen, was Minderheiten in das gemeinschaftliche Leben einbringen können, nachdem sie schon über Möglichkeiten verfügen, ihre Aktivitäten zu entfalten und sich präsent zu zeigen:

Die kulturelle Vielfalt, der gegenseitige Austausch zwischen unterschiedlichen gesellschaftlichen Gruppen, eine gute Kommunikation und ständige Veränderungen galten stets als Antriebskraft von Fortschritt und wirtschaftlicher Entwicklung. Dies erkennt man auch an dem Verlauf von Staatsgrenzen, oft noch jahrzehntelang nach deren Verschiebung.

Die Präsenz von Minderheiten ist, wie von einer Gruppe polnischer Sozialwissenschaftler betont wird, einer der zehn entwicklungsfördernden Faktoren in einer Gesellschaft. Jede Minderheit bringt einen Mehrwert mit in das gesellschaftliche Leben. Die Evangelischen bringen als Minderheit ihre besondere Hochschätzung von Arbeit ein, was dann wiederum einer Differenzierung bei Lösungen von wirtschaftlichen und gesellschaftlichen Problemen förderlich ist. Darüber hinaus bringen sie auch die Achtung von demokratischen Regeln ein, die ihnen durch das Jahrhunderte lang gepflegte gemeinsame Lesen und Interpretieren der Bibel zu eigen wurde.

Anders war es noch bis vor kurzem in der römisch-katholischen Kirche, in der der Pfarrer den Gläubigen feste Glaubenswahrheiten übermittelte. Dennoch besitzt die römisch-katholische Kirche überall dort, wo sie in der Minderheit ist, ein großes Kapital in Form von Emotionen, die mit dem Glauben zusammenhängen. Vielleicht fehlt uns gerade das in der evangelischen Kirche. Vielleicht reicht das intellektuelle Fundament alleine nicht aus, um den Glauben zu beleben. Vielleicht braucht der Mensch auf natürliche Art und Weise auch große geistige Emotionen, um das Gefühl zu bekommen, dem Schöpfer näher zu stehen.

Aus dem Judentum, seinen Erfahrungen und seiner Vorliebe für den Unternehmergeist, können wir schöpfen, indem wir die wirtschaftliche Entwicklung ankurbeln. Die jüdische Minderheit war überall dort, wo sie lebte, bekannt für ihre außergewöhnlichen Begabungen in der Entwicklung des Handels und der Erzeugung.

Wir dürfen aber auch nicht vergessen, dass Vielfalt nicht nur Religionen oder Bekenntnisse auszeichnet. Wir sprechen von einer kulturellen, gesellschaftlichen oder auch altersbedingten Vielfalt (ältere und jüngere Personen). Eine Minderheit können je nach Situation auch Frauen, Kinder, Behinderte, ältere Personen darstellen oder auch die Vertreter einer anderen Nation als das in dem jeweiligen Land dominierende Volk etc. In fast jedem dieser Fälle lassen sich Beispiele für eine positive Einflussnahme finden, soweit man diesen Minderheiten die Möglichkeiten einräumt, in einer offenen Gesellschaft zu agieren.

Schließlich darf auch nicht vergessen werden, dass das Bestehen von Minderheiten auch negative Folgen mit sich bringen kann, wie zum Beispiel:

- Entstehung bzw. Zunahme von Spannungen und Trennlinien in der Gesellschaft,
- Widerstand gegen das herrschende System, Proteste,
- Missbrauch einer Minderheit durch die Regierenden als „Sündenbock“, um herrschenden Spannungen vorzubeugen.

Jedoch die positiven Folgen der Präsenz von Minderheiten in einer Gesellschaft überwiegen, und sie lassen sich wie folgt zusammenfassen:

- Sie sind ein positiver Indikator für die Demokratisierung und die Offenheit einer Gesellschaft.
- Sie stimulieren meistens positiv zivilbürgerliche Aktivitäten, die Anzahl von Minderheiten hängt meistens im positiven Sinn zusammen mit der Anzahl und dem Ausmaß des Funktionierens von Nichtregierungsorganisationen.
- Sie erhöhen die Effizienz einer breit verstandenen Sozialpolitik.
- Sie erhöhen meistens den Grad an gesellschaftlicher Partizipation.
- Sie vermindern die Chancen für die Entstehung einer gesellschaftlichen Polarisierung.
- Sie verhindern deutlich das Auftreten einer Massengesellschaft.

– Sie sind Bestandteil und ein Zeichen für den kulturellen Reichtum und die Vielfalt einer Gesellschaft.

Zum Schluss lassen Sie mich bitte mit gewissem Stolz und mit Freude unterstreichen, dass die polnischen Evangelischen allmählich auch am breit verstandenen gesellschaftlichen Leben teilzunehmen beginnen (ein Evangelischer konnte Premierminister werden, an Hochschulen werden evangelische Professoren aktiv, unter Vertretern von Kunst und Kultur sind auch Vertreter von Minderheitskirchen wahrzunehmen, in Cieszyner Schlesien sowie in Oberschlesien gibt es Evangelische in den lokalen Kommunen, z. B. der Vorsitzende des Schlesischen Landtages, Stadt-, Gemeinde- und Kreisräte, Schultheiße). Die obersten Gremien der evangelischen Kirchen äußern ihre Anliegen in eigenen Erklärungen. Zum Beispiel:

- „Die Erklärung des Synodalrates der Evangelisch-Augsburgischen Kirche der Republik Polen über die Europäische Union" vom Januar 2000,
- die Erklärung „Gemeinsames Europa" vom 19. 3. 2000,
- die Stellungnahme zum Integrationsprozess in Europa: „Stellungnahme der evangelischen Konsistorien zur europäischen Integration" vom 4. April 2003.

Beim Aufbau der Mitverantwortung der Minderheitskirchen für das gesellschaftliche Leben in Polen möchten wir italienischen Vorbildern folgen. Minderheitskirchen in Italien und in Polen kennzeichnen ähnliche Größenstrukturen. Die Mitglieder von Minderheiten in Italien sind schon völlig aus ihren Ghettos herausgekommen und wurden somit auch viel aktiver im gesellschaftlichen Leben ihres Landes, als dies in Polen der Fall ist.

Europa ist ein Schmelztiegel, in dem sich Nationalitäten, Sprachen, Religionen und Bekenntnisse miteinander vermischen. Mittel- und Osteuropa weiß erst seit achtzehn Jahren, wie Systeme und Rechte zur Unterstützung von Minderheiten einzuführen sind. In meinem Land gibt es damit keine wesentlichen Probleme. Die deutsche, weißrussische, ukrainische und litauische Minderheit haben gesonderte Privilegien im Bildungssystem oder auch in der geltenden Wahlordnung. Die Kirchen sind gleichberechtigt. Obwohl es auch nicht an gewissen Spannungen und Konflikten fehlt, bedeutet die Zugehörigkeit zu einer Minderheit in meinem Land kein Problem.

Erlauben Sie, dass ich mit einer wahren Geschichte und zugleich einer Anekdote abschließe: Im Jahr 2000 besuchte ich als Premierminister von Polen den Papst. Ich fragte ihn, ob es ihn beunruhige, dass die bekanntesten Polen heute Adam Małysz, Skispringer aus den Beskiden und Gorale (wie wir unsere polnischen „Highlander" zu nennen pflegen) und Jerzy Buzek, ebenfalls ein Gorale aus den Beskiden, heißen. Johannes Paul II. sagte darauf: „Nein, keineswegs, denn es gibt ja noch einen: Karol Wojtyła, auch einen Goralen aus den Beskiden." Das nenne ich wahre Ökumene.

Friedrich Gunesch

Das Verhältnis von Staat und Kirche im Lichte des neuen Kultusgesetzes[1]

Vorbemerkungen

Daß das neue Kultusgesetz nach ganzen 16 Jahren endlich verabschiedet worden ist (13. Dezember 2006), ist schon fast ein Wunder, hat es immerhin fünf Entwürfe gegeben, die in verschiedenen Phasen erarbeitet, fertiggestellt, dann auf Eis gelegt, zurückgezogen oder abgewiesen worden sind. So hatte nämlich das damalige Staatssekretariat für Kulte bereits am 4. September 1990 zu einer ersten Sitzung im Blick auf die Erarbeitung eines Entwurfes für ein neues Kultusgesetz eingeladen. Unzählige Sitzungen, Eingaben, Änderungsvorschläge, gemeinsame Vorgaben mit anderen Schwesterkirchen sind gefolgt. Dazu harte Auseinandersetzungen mit den Vertretern der orthodoxen Kirche, den Freikirchen und den Vertretern des rumänischen Staates, dann Enttäuschungen, lange Auszeiten. Und jetzt ist es dennoch soweit.

Zum Werdegang dieses von den Kirchen, aber auch von jeder Regierung reklamierten nötigen Gesetzes kann noch gesagt werden, daß die Haupthemmschuhe nicht nur im Anspruch der Majoritätskirche lagen, als nationale Kirche und damit als Staatskirche zu gelten, sondern auch in der Vermischung von Inhalten, die von den Kirchen von Rechts wegen eingefordert, aber keinen Platz in einem Kultusgesetz finden konnten. So konnten verständlicherweise weder die Rückgabe von kirchlichem Eigentum noch die steuer und fiskaltechnischen Erwartungen über das Kultusgesetz, sondern nur über die entsprechenden speziellen Gesetze geregelt werden.

---

1 Erstmals abgedruckt in: LKI – Landeskirchliche Information. Amtliches Informationsblatt des Landeskonsistoriums der Evangelischen Kirche A. B. in Rumänien, Jg. XVIII, Nr. 4, 28. Februar 2007. Leicht gekürzt erneut abgedruckt in: G2W, Nr. 5/2007, S. 12f.

Positiv kann gesagt werden, daß es immer wieder und auch im Fall des letzten Entwurfs Kompromißbereitschaft der Teilnehmer gegeben hat, daß die Kirchen ständig an dem Prozeß beteiligt worden sind und vor allem daß es dieses Gesetz jetzt überhaupt gibt. Es ist sicherlich nicht perfekt. Aber es ist ein akzeptables Rahmengesetz, das das Verhältnis zwischen Staat und Kirche regelt und damit den Anachronismus aufhebt, mit einem Kultusgesetz aus dem Jahr 1948 zu leben und zu arbeiten.

Prinzipien und Struktur

Das neue Kultusgesetz geht von der Garantie der Glaubens- und Gewissensfreiheit aus, mit anderen Worten von der Religions- und Bekenntnisfreiheit, als einem Grundrecht des Menschen, gemäß dem Grundgesetz und den internationalen Abkommen (Art. 1). Damit darf niemandem dieses Grundrecht verwehrt, noch kann eine Person aufgrund ihrer religiösen Zugehörigkeit verfolgt werden. Zu der Glaubensfreiheit gehört demnach auch die Freiheit, seinen Glauben auszuüben und in überkommenen Formen und Riten zu praktizieren (Art. 2).

Diese Freiheit wird nur dann eingegrenzt, wenn sie gegen die gesetzlichen Bestimmungen, gegen die öffentliche Sicherheit, Ordnung oder Moral verstößt.

In diesem I. Kapitel, das unter dem Titel „*Allgemeine Bestimmungen*" steht, werden diese Grundfreiheiten näher bestimmt und entsprechend auf die Kirchen und religiösen Gemeinschaften übertragen.

Wichtig ist hierbei die Denomination der Subjekte, die diesem Gesetz unterstehen, und zwar:

1. Kulte (Kirchen)
2. religiöse Vereine
3. religiöse Vereinigungen.

Die ersten beiden aufgezählten Institutionen sind juristische Personen, während die religiösen Vereinigungen diesen juristischen Charakter nicht, d. h. keine Rechtsfähigkeit, haben.

Neu ist in diesem Kultusgesetz die Bestimmung in Art. 5 (4) und (5), die den Datenschutz betreffen und aussagen, daß Daten betreffend Religionszugehörigkeit nur nach Zustimmung der betreffenden Person verwendet werden dürfen.

Verhältnis Kirche – Staat

Anders als in der Bundesrepublik Deutschland z. B., wo das Verhältnis zwischen Kirche und Staat durch einen Staatskirchenvertrag geregelt ist, ist in Rumänien, aber auch in vielen anderen westlichen und östlichen Ländern Europas dieses Verhältnis durch ein Kultusgesetz geregelt.

So kommt auch im neuen Kultusgesetz dieser Regelung die bedeutendste Stelle zu. Das umfangreiche Kapitel II steht unter der Überschrift „*Die Kulte*“ und ist in fünf Abschnitte gegliedert:

1) Verhältnis zwischen Staat und Kirche
2) Gründung eines Kultes (Kirche)
3) Personal
4) Eigentum
5) Konfessioneller Unterricht.

Die Bezeichnungen in deutscher Sprache sind nicht wortwörtlich, sondern sinngemäß durchgeführt worden.

In Kap. II, Abschnitt 1, anerkennt der Staat die Rolle der Kirche in der Gesellschaft und sieht die Kirchen als soziale Partner an.

Der Kompromiß in Art. 7 (2) beläßt die Rumänische Orthodoxe Kirche als einzige expressis verbis genannte Kirche, wobei juristisch, aber auch grammatikalisch die Formulierung „und die anderen vom Staat anerkannten Kirchen“ diese Kirchen der orthodoxen Kirche gleichstellt. Wenn man zur Kenntnis nimmt, daß die orthodoxe Kirche 85 % der Gläubigen hat und es die Gewißheit – zumindest die gesetzliche – gibt, daß vor dem Gesetz alle Kirchen gleich sind, kann man damit leben.

Eine positive Errungenschaft des Kultusgesetzes ist, daß oft auf die eigenen Statuten verwiesen wird, so daß das Kultusgesetz nicht in die internen Lebensformen der Kirchen eingreift, sondern in einem demokratischen Staat nur die Rahmenbedingungen für ein gutes Funktionieren der Kirchen schafft.

Damit wird ein wichtiger Schritt getan, um den Kirchen die lebensnotwendigen Rechte zu gewähren wie:

– die Dienstherrenfähigkeit,
– die Disziplinargewalt,
– die Autonomie und die Organisationsgewalt,
– res sacrae,
– das Parochialrecht und
– andere Privilegien.

Art. 8 definiert die Kirchen als juristische Personen „de utilitate publică“ (Gemeinnützigkeit). Diese Rechtsstellung bezieht sich auf die Sozialstaatlichkeit der Kirchen und anerkennt damit den Beitrag der Kirchen im sozialen und diakonischen Bereich wie auch in der Erziehung und Bildung.

Im Blick auf den juristischen Status der anerkannten Kirchen hat es ein langes und zähes Ringen gegeben, weil beispielsweise im alten Kultusgesetz Nr. 177/1948 die Kirchen wie auch ihre untergeordneten Einheiten als „juristische Personen des öffentlichen Rechts“ galten. Dieses hatte sicher keinen greifbaren juristischen Inhalt, und man wurde staatlicherseits ähnlich wie die Konsumgenossenschaften behandelt. Ausgehend vom deutschen Körperschaftsrecht hat unsere Kirche versucht, diesen öffentlich-rechtlichen Charakter zu erringen, wobei wir auf starken Widerstand der Freikirchen, der katholischen Kirchen, aber auch des Staates gestoßen sind. Mit der Unterstützung durch die rumänische orthodoxe Kirche konnten wir schließlich wenigstens den öffentlichen Charakter durchsetzen, der vornehmlich die sozialen Leistungen der Kirchen unterstreicht und – wenn auch nicht direkt genannt – das Subsidiaritätsprinzip anklingen läßt.

In diesem Sinn wird auch die Partnerschaft zwischen Kirche und Staat angesprochen, die ihren Niederschlag in gemeinsamen Verträgen finden kann (Art. 9,5), was sicher nicht einem Staatskirchenvertrag oder einem Konkordat entspricht.

Die Förderung durch den Staat, sowohl was den Beitrag zu den Gehältern als auch für die kirchlichen Bauten betrifft, ist ein weiterer Streitpunkt gewesen. Während manche Freikirchen eine totale Trennung von Staat und Kirche nach französischem Modell einforderten, haben die historischen Kirchen ihr hergebrachtes Recht, das auf die Abschaffung des Zehnten und den Einzug der kirchlichen Liegenschaften gründet, beansprucht.

Ein weiterer wichtiger Hinweis betrifft die Steuerbegünstigung der Kirchen (Art. 10), aber auch vornehmlich die Möglichkeit, die Kirchenbeiträge von der Steuer abzusetzen. Freilich müssen hier noch konkrete gesetzliche Bedingungen geschaffen werden, und eine solche Regelung wird sicher Grenzen haben. Wie immer, bei den vergleichsweise kleinen Kirchenbeiträgen in unserer Kirche, wäre die Umsetzung dieses Artikels (Art. 10,2) ein wesentlicher Schritt im Blick auf die Erlangung der finanziellen Unabhängigkeit der Kirche und ihrer Gemeinden. Sich jetzt schon darauf zu freuen wäre sicherlich verfrüht.

Art. 13 bezieht sich auf den gegenseitigen Respekt und die Verständigung zwischen den Kirchen und hat für großes Aufsehen gesorgt, wobei ich persönlich den Text gut finde, aber auch die Gefahr sehe, daß die Inkriminierung der Mißachtung der religiösen Symbole unter Umständen den interkonfessionellen Dialog verbaut oder leichtfertig dem grundlosen Streit zwischen verschiedenen Kirchen dienen kann.

Die Gründung von neuen Kulten, in Kapitel II, Abschnitt 2, ist für unsere Kirche nur insoweit interessant, als sie ihren Namen schützen lassen muß. Sicher kann man hier auch in den kritischen Chor der vielen in- und ausländischen Vereine, NGOs und mancher Freikirchen einstimmen. Der Kompromiß betreffend wenigstens 0,1 % der Mitglieder einer neuen Kirche kann kritisch betrachtet werden. Immerhin waren 89 % der gesetzlich zugelassenen Kulte und Kirchen damit einverstanden. In Deutschland gilt hierfür die 1-Promille-Grenze, wobei sie sich natürlich auf jeweils ein Bundesland bezieht.

In Kap. II, Abschnitt 3, unter der Überschrift „*Personal*", wird zunächst die Unabhängigkeit der Kirchen betreffend die Anstellung ihrer Mitarbeiter, die eigene Disziplinargerichtsbarkeit wie auch das Beichtgeheimnis stipuliert (Art. 23 und 26).

Ferner besteht die gesetzliche Möglichkeit der Einrichtung und weiteren Betreibung einer eigenen Pensionskasse, die zwar die Grundprinzipien der staatlichen Sozialversicherung beachten muß, sich aber ansonsten im wesentlichen an ihren eigenen Satzungen ausrichtet.

Schließlich garantiert Art. 25 die Befreiung vom Militärdienst für das geistliche Personal der Kulte.

Im nächsten Abschnitt 4 des Kapitels II finden sich einige wenige Verfügungen betreffend das Eigentum (Patrimonium). Wichtig ist hier der Schutz der sakralen Güter (res sacrae) wie auch die Möglichkeit, die unrechtmäßig enteigneten sakralen Güter wieder zurückzuverlangen.

Kritik ist an den Bestimmungen von Art. 28 betreffend die kirchlichen Friedhöfe laut geworden. Vornehmlich Freikirchen befürchten, daß diese Bestimmungen erstens zu ungenau sind, zweitens einen ungerechten Umgang in der Vergabe von Grabstellen zulassen und eine Schikane gegen die Kulte ermöglichen, die keinen Friedhof vor Ort haben oder wo auf unbestimmte Zeit kein Gemeindefriedhof eingerichtet wird. Daß sogar hier, wo es sich eigentlich um die „letzten Dinge" handelt, das Wort „Proselytismus" gefallen ist, zeugt von den Spannungen zwischen den Kirchen, die wohl auch nicht so leicht überwunden werden können.

Im weiteren Verlauf dieses Abschnitts wird als Novum, aber doch recht dürftig, etwas über das Copyright bzw. über das Exklusivrecht der Kulte, die benötigten Kultgegenstände herzustellen, ausgesagt (Art. 29). Im ersten Fall handelt es sich um die freie Nutzung von musikalischen Werken in ihrer Aktivität, und im zweiten Fall ist die „gesetzliche" Einschränkung zu beachten, nach der die exklusive Herstellung von Kultgegenständen (etwa Kerzen) gegen das europäische Recht verstößt.

Der letzte Artikel (Art. 31) dieses 4. Abschnitts verfügt über das Kirchenvermögen im Fall von Schenkungen, Kirchenaustritten, Erlöschen oder Auflösen eines Kults sowie im Fall eines Rechtsstreits. Dabei wird zunächst festgelegt, daß bei freiwillig erbrachten Beiträgen – wie etwa Kirchenbeiträgen, Schenkungen oder Hinterlassenschaften –, kein Rechtsanspruch auf Rückgabe besteht. Diese Güter, wie auch andere rechtlich erworbene Güter, werden in das Patrimonium (Eigentum) der Kirche einverleibt, so daß auch im Fall von Kirchenaustritten oder beim anderweitigen Verlassen der Kirche kein Rechtsanspruch auf Rückgabe bestehen kann (Art. 31,2).

Für die Schlichtung von Streitigkeiten zwischen Kirchen betreffend Eigentumsfragen sind – so die gemeinsame Einigung nicht erfolgt – die staatlichen Gerichte zuständig (Art. 31,3).

Schließlich verfügt Art. 31(4), daß bei der Auflösung einer Kirche oder bei Aberkennung ihres Rechtsstatus das Eigentum entsprechend den Bestimmungen der eigenen Satzungen zu verwenden ist.

Im fünften und letzten Abschnitt dieses Kapitels (Kap. II, Abschnitt 5) wird die Institution der konfessionellen Schulen und des Religionsunterrichtes in den staatlichen Schulen behandelt. Lange Zeit ein Zankapfel im Disput zwischen den verschiedenen Kirchen, ist dieses wohl der Kompromiß, zu dem das Attribut „faul" am besten paßt.

Nach zähem Ringen hat auch schon beim vorletzten Entwurf des Kultusgesetzes die indikativische Formulierung im Blick auf die finanzielle Unterstützung der konfessionellen Schulen durch den Staat letztendlich Anwendung gefunden. Wie im Jahr 2004, so ist auch diesmal – und damit definitiv – nur die Möglichkeit der Finanzierung durch eine „Kann-Bestimmung" festgehalten (Art. 39,2 und Art. 37). Dazu kommt der Verweis auf das bestehende Gesetz, und zwar das Unterrichtsgesetz, so daß hier wenig Spielraum bleibt, aber auch die Subsidiarität in weite Ferne gerückt ist. Insofern muß gefragt werden, wo und wie die eingangs erwähnte Partnerschaft Staat – Kirche konsequent durchgehalten wird.

Unsere Kirche ist zwar von den Bestimmungen betreffend die konfessionellen Schulen nicht betroffen, aber in Solidarität mit den anderen Schwesterkirchen sind wir ebenfalls über die ohne Ab- oder Rücksprache mit den Kirchen erfolgte Änderung enttäuscht, die eine Finanzierung der konfessionellen Schulen durch den Staat illusorisch erscheinen lassen. Für eine solche vorherige Rücksprache galt ein Versprechen des Staatssekretariats für Kulte. Daß dieses von der Änderung, die sicher auch übersehen werden kann, nichts gewußt hat, ist eher unwahrscheinlich, auch wenn die Änderung im Abgeordnetenhaus oder schon vorher in der Fachkommission vorgenommen worden ist.

Die Bestimmungen betreffend den Religionsunterricht in den staatlichen Schulen entsprechen dem Unterrichtsgesetz und geben eine Praxis wieder, die sich seit 1990 etabliert hat. Darum muß nicht näher darauf eingegangen werden.

Kapitel III des Gesetzes behandelt die religiösen Vereine. Wahrscheinlich eher unbedeutend für unsere Kirche soll auf die Gründungsvoraussetzungen, die Genehmigungsprozedur und das Prozedere betreffend der Einschreibung solcher Vereine hier nicht weiter eingegangen werden.

Zu erwähnen wäre lediglich, daß verschiedene Menschenrechtsorganisationen vor allem dagegen protestiert haben, daß das neue Kultusgesetz bei der Gründung eines religiösen Vereins eine Mindestmitgliederzahl von 300 rumänischen Staatsbürgern vorsieht. In Deutschland sind dafür wenigstens zwei Personen nötig.

Die Bestimmungen betreffend die Umgestaltung bestehender Vereine in religiöse Vereine nach dem Kultusgesetz wie auch die Verfügungen über das Auflösen solcher religiöser Vereine vor Gericht werden in diesem Referat übergangen.

Die Schlußbestimmungen des Kapitels IV sollen gebührend Beachtung finden.

Zum einen ist es nun eindeutig, daß mit dem Datum des Erscheinens im Amtsblatt das alte Kultusgesetz Nr. 177/1948 wie auch alle diesem neuen Kultusgesetz zuwiderlaufenden Bestimmungen außer Kraft gesetzt werden (Art. 51).

Zweitens gibt es gemäß dem Anhang des Gesetzes heute 18 Kulte und Kirchen (Art. 49,1).

Für alle diese Kulte gilt die Verpflichtung, innerhalb von 12 Monaten ihre eigenen Statuten, in unserem Fall die Kirchenordnung aus dem Jahr 1997, zur Genehmigung vorzulegen. Das bedeutet für die Evangelische Kirche A. B. in Rumänien, daß die Arbeitsgruppe für Fragen der Kirchenordnung, die Ausschüsse des Landeskonsistoriums, das Landeskonsistorium und schließlich die Landeskirchenversammlung unsere Kirchenordnung überprüfen und die nötigen Änderungen vornehmen müssen. Dafür kann entweder die 74. Landeskirchenversammlung dienen, die voraussichtlich Ende November 2007 einberufen wird, oder eine außerordentliche Landeskirchenversammlung. Es ist jedoch auch möglich, daß das Landeskonsistorium diese Verantwortung übernimmt und in der gebotenen Zeit bzw. so schnell als möglich die Kirchenordnung vorlegt, damit diesem Rechtsvakuum schnell ein Ende gesetzt wird. Sollte es sich – wie vorauszusehen ist – um geringfügige Änderungen handeln, könnte die ordentliche nächste Landeskirchenversammlung den Beschluß des Landeskonsistoriums zur Kenntnis nehmen.

Schlußbemerkung

Ich glaube, daß die Kirchen in Rumänien im allgemeinen mit diesem neuen Kultusgesetz zufrieden sein können. Es ist an andere europäische Kultusgesetze und an die europäische Gesetzgebung angepaßt worden. Daß die Kirchen in demokratischer Weise direkt am Projekt mitarbeiten konnten, ist genau so wichtig wie auch die Schlußbestimmung in Art. 50, gemäß welcher alle Änderungen oder Ergänzungen des Kultusgesetzes nur mit der vorherigen Konsultation der anerkannten Kulte erfolgen.

Wünschenswert bleibt zum Schluß, daß das Gesetz gut und korrekt angewendet wird und daß keine kollateralen Gesetze oder Durchführungsbestimmungen dem Buchstaben und dem Geist des neuen Kultusgesetzes zuwiderlaufen oder das Gesetz sogar aushöhlen.

Claus-Jürgen
Roepke

Eine Antwort des Glaubens auf die postkommunistische Herausforderung

Der Wiederaufbau der lutherischen Kirche in Odessa als „Deutsches Zentrum St. Paul“[1]

Ich lebte damals im Getümmel
Odessas, dieser staub'gen Stadt,
die viel Verkehr, viel heitern Himmel
und einen lauten Hafen hat.
Dort wehen schon Europas Lüfte.
Dort streut der Süden Glanz und Düfte,
pulsiert das Leben leichtbeschwingt …

Alexander Puschkin

Das Kind im Wagen hat keine Chance. Ich bummle den Hafenboulevard Odessas entlang. Liebespaare in sommerlicher Leichtigkeit und eine frische Brise vom Schwarzen Meer herüber. Und im Rücken das Denkmal Richelieus, der sich hier auf der Flucht vor der Französischen Revolution vor mehr als 200 Jahren eine junge und fröhliche Stadt schuf. Doch das düstere Bild geht mir nicht aus dem Sinn: Der Kinderwagen, der die berühmt gewordene Treppe hinunterrumpelt. Die Stiefel der mordenden Soldaten, die Schreie der Mütter und das viele Blut – die Anfänge der Revolution in

1 Der Verfasser ist der Präsident des Martin-Luther-Bundes. Er leitete bis 2001 die Ökumeneabteilung der Evangelisch-Lutherischen Kirche in Bayern und wurde danach von der Leitung seiner Kirche zum Projektbeauftragten für das „Deutsche Zentrum St. Paul“ in Odessa bestellt. Die Diasporagabe des Martin-Luther-Bundes ist in diesem Jahr für die Jugendbibellager, Fortbildungsfreizeiten für Gemeindemitarbeitende und die Inneneinrichtung der im Wiederaufbau befindlichen St.-Pauls-Kirche bestimmt.

Russland. Eine Urszene menschlicher Ohnmacht und menschlichen Terrors ist dies und zugleich doch auch eine der großartigsten Szenen der Filmgeschichte: Sergej Eisensteins *Panzerkreuzer Potemkin* mit dieser Treppe, auf der eine Stadt stirbt und lebt. Hat die ukrainische Hafenstadt Odessa in der anhaltenden postkommunistischen Misere eine Überlebenschance im neuen Europa?

Eine weltoffene Stadt

Seit mehr als fünfzehn Jahren besuche ich sie in regelmäßigen Abständen. Alexander Puschkin, den das zaristische Regime einst für anderthalb Jahre ins Abseits von Odessa verbannte, pries die Schwarzmeermetropole: „Hier atmet man Europa!" Heute versucht Odessa angestrengt, den Anschluss an das neu sich ordnende Europa zu finden. Durch Handel einst groß geworden, boomt auch in diesen Tagen wieder das Wirtschaftsleben in der Stadt. Prachtvolle, neobarocke Stadthäuser werden restauriert, neue Electronic-Centres breiten sich aus, und mitten im Hafen erhebt sich in brutaler Klotzigkeit ein Hotel. An den Stränden dröhnen die Discos, und der Fisch auf den Tischen am Meer ist immer frisch. Parallel zum Verkehrsaufkommen steigen seit Jahren die Mieten für Büroflächen. Man gibt sich selbstbewusst gegenüber Kiew – wie schon einst gegenüber St. Petersburg und später gegenüber Moskau, teilt nicht die Schwärmerei der Kiewer für die Farbe *Orange.*

Die Stadt war schon immer ein Völkergemisch, war multinational und multikulturell, wie das heute heißt. Ein Drittel der Bevölkerung im alten Odessa waren Juden. So recht wahrhaben möchte man das heute nicht mehr. Doch die überwachsenen Gräber auf dem jüdischen Friedhof und die restaurierte Synagoge halten die Erinnerung daran fest. So wie Isaac Babels *Geschichten aus Odessa,* die der revolutionäre Träumer und gläubige Jude hier in seiner Geburtsstadt zu Papier brachte, bevor auch ihn die Revolution in einem finsteren Kellerloch erschoss.

Weltoffen wie einst präsentiert sich die Stadt nun wieder dem Besucher. Draußen an der Küste grüßt unverkennbar die Kuppel einer armenischen Kirche. Die Schwarzmeerfähren nach Istanbul laufen wieder aus, und Hotelschiffe legen an, um ihre Kreuzfahrer für einen Tag in die Stadt zu pressen. In der Stadtmitte prunkt in orientalischer Pracht das Islamische Zentrum. Und mitten in der Fußgängerzone boomt das neu errichtete Griechische Zentrum mit seinen Läden und Restaurants. Nur der Turm von St. Paul ragt noch immer als Ruine über die Dächer. Ob denn ausgerechnet die Deutschen für die Wiederherstellung ihrer alten Kirche kein Geld haben? So werde ich seit Jahren im Rathaus und auf den Straßen gefragt. „Wenn die Potemkin-Treppe die Visitenkarte Odessas ist, Richelieu das Symbol Odessas und die Oper der Stolz Odessas, dann ist die lutherische Kirche der Schandfleck Odessas." So stöhnte noch im Herbst 2005 die führende Architektenzeitung der Stadt.

Doch schon wenige Wochen später jubelte Odessas Tageszeitung mit der Schlagzeile: „Die *Kircha* wird wieder aufgebaut! Na endlich! Und das ist kein Scherz!" Das war am Tag nach der feierlichen Eröffnung der Baustelle. Nein – bei St. Paul handelt es sich nicht um irgendein Gotteshaus an den Gestaden des Schwarzen Meeres. Die Kirche war – neben der Petri-Kirche in St. Petersburg und der Peter-und-Pauls-Kirche in Moskau – die dritte große Kathedrale des Luthertums im alten Russland. „*Unsre Kircha*" sagen die Odessiten stolz. Ein Symbol ist sie – für diese Stadt, die nicht kleinzukriegen ist. Für Kultur, Weltoffenheit und Bildung ihrer Bürger. Für die Ökumene in ihrer vielfältigen Ausprägung. Und für das Luthertum im russischen Umfeld zwischen St. Petersburg und dem Kaukasus.

Die deutsche Präsenz im alten Odessa

Die evangelischen Gemeinden entlang der nördlichen Schwarzmeerküste gehen auf die Ansiedlung deutscher Kolonisten zurück, die zu Beginn des 19. Jahrhunderts von Zar Alexander I. ins Land gerufen wurden. Nach dem russisch-türkischen Krieg war Russland im Süden ein ausgedehnter, kaum besiedelter Landstrich zugefallen. Zunächst waren es vor allem Bauern und Handwerker aus Deutschland, die der Einladung des Zaren folgten und sich hier in Neurussland niederließen. So entstanden zahlreiche große deutsche Dörfer. Dabei entwickelte sich Odessa – 1794 gegründet – rasch zum Lebens- und Kulturzentrum der Region. In diesem Schmelztiegel der Sprachen und Kulturen spielten die Deutschen von Anfang an eine führende Rolle. Sie verwandelten nicht nur die Steppe in blühendes Ackerland, führten den Weinbau ein und entwickelten die Herstellung von Seide und Tabak. In der Stadt stellten sie die ersten Optiker, Waffenschmiede, Apotheker und Goldschmiede. Deutsche bauten als Fabrikanten neuartige Industriezweige auf und prägten als Architekten das Stadtbild. Sie wirkten als international anerkannte Wissenschaftler an der Universität und legten den Grundstein für ein Konservatorium. Zu Beginn des 20. Jahrhunderts lebten allein in der Stadt Odessa mehr als 10 000 Deutsche.

Die ersten evangelischen Gottesdienste fanden in Odessa um 1801 – vermutlich noch ohne Pastor – in einer Wohnung statt. Auf Bitten Richelieus entsandte der Zar 1803 Johann Heinrich Pfersdorff als ersten lutherischen Geistlichen. Er ließ sich in der Kolonie Großliebental vor den Toren der Stadt nieder, wo 1806 auch das erste evangelische Gotteshaus errichtet wurde. Da sich aber die rasch wachsende Stadtgemeinde vernachlässigt fühlte, erhielt sie 1811 mit Carl August Böttcher ihren ersten eigenen Pastor. Dieses Jahr gilt auch als Gründungsjahr der Gemeinde.

Böttcher machte sich energisch an den geistlichen Aufbau in Odessa. Er schuf ein neues Gesangbuch. Für die geistliche Versorgung der Landgemeinden rief er Prediger der Baseler Missionsanstalt ins Land, bildete aber auch selber junge Männer als „Kirchendiener" für die Dörfer aus. Und schließlich wurde unter ihm die erste lutherische Kirche in Odessa gebaut und 1827 bei der Einweihung nach dem Apostel Paulus benannt. Sie war am höchsten Punkt der Stadt errichtet worden, dort, wo sich noch heute der Nachfolgebau erhebt.

Unter dem zweiten Pastor Karl Fletnitzer wurden freilich auch die Probleme der bunt zusammengewürfelten Gemeinde erkennbar. Immer häufiger musste auf den Synoden über die Unbildung der Landbevölkerung sowie die Unkirchlichkeit und den „sittlichen Zustand" der städtischen Gemeinde geklagt werden: „Leider ist der größte Teil der Gemeinde tot am inwendigen Menschen und zwar so, dass sie nicht nur in Stumpfheit, Gleichgültigkeit, Mammondienst und grober Unwissenheit dahinleben, sondern auch durch offene, ärgerliche Sünden in immer tiefere geistige Finsternis versinken."

Fletnitzer beließ es nicht bei der Klage, sondern stellte sich den Herausforderungen. Er gründete in Odessa ein Lehrerseminar. Die kirchliche Elementarschule wurde unter ihm zu einer sechsklassigen Mittelschule ausgebaut, die später als „Deutsche Realschule St. Pauli" bis ins 20. Jahrhundert weitergeführt wurde. Auch die Anfänge einer diakonischen Arbeit fallen mit der Einrichtung einer Armenpflege in seine Zeit.

Mit Herbord Bienemann erhielt die Gemeinde 1868 erneut einen außerordentlich tüchtigen Pastor, der fast drei Jahrzehnte in Odessa wirkte. Unter ihm wurde das *Pfründhaus* neben der Kirche gebaut, das ehemalige Altersheim, das einzige der alten Gebäude, das bis heute erhalten ist und seit 2002 als Gemeindezentrum dient. Ihm gelang es sogar, für den Ausbau der Sozialarbeit im fernen Neuendettelsau einige Diakonissen für Odessa zu gewinnen. Nun expandierte die kirchliche Arbeit in der zweiten Hälfte des 19. Jahrhunderts. Rund um die Kirche entstanden ein Armenhaus und ein Waisenhaus, weitere Schulgebäude sowie Wohnhäuser für Pastoren, Lehrer und den Kantor. Es musste sogar mit Gustav Becker ein zweiter Pastor als

Rektor der *Barmherzigkeitsanstalten* angestellt werden. 1892 krönte Bienemann sein segensreiches Wirken mit der Gründung eines evangelischen Krankenhauses und der Erarbeitung einer Geschichte der evangelischen Gemeinden in der Südukraine.

So präsentierte sich die lutherische Gemeinde der Stadt am Ausgang des 19. Jahrhunderts mit ihrem breit gefächerten Bildungs- und Sozialwesen als eine ausgesprochen stabile und hoch anerkannte *community* in Odessa. Als sich herausstellte, dass die Kirche baufällig war und für die wachsende Gemeinde zu klein, scheute man sich nicht, sie abzureißen und an ihrer Stelle einen Neubau zu errichten. Damit wurde der Architekt Hermann K. Scheurembrandt beauftragt, der schon andere repräsentative Gebäude in Odessa geplant hatte. Seine Vorbilder suchte er in den neoromanischen Gotteshäusern Deutschlands mit ihrer Aufnahme von Elementen der rheinischen Spätromanik. Am 1. November 1897 wurde die neue Kirche eingeweiht. 7000 Mitglieder zählte die Gemeinde damals. Die neue St.-Pauls-Kirche entstand in nur zwei Jahren und kostete etwa 130 000 Rubel. Sie besaß eine große Orgel – eingebaut von der berühmten Orgelbaufirma Walker in Ludwigsburg. Mit dem Glockenturm – damals dem höchsten Turm der Stadt – und den zwei Türmen über der Apsis sowie einem Fassungsvermögen von 1200 Menschen zeugt dieser Bau vom Selbstbewusstsein der Deutschen in Odessa. Dieses kann noch heute erspüren, wer in der gut erhaltenen Ruine dem Leben derer nachsinnt, die hier einst ihre Gottesdienste feierten.

Ein vorläufiges Ende in Terror und Brandstiftung

Der *Erste Weltkrieg* stürzte die Deutschen Odessas in schwere innere Konflikte. Sie fühlten sich als Deutsche, wussten sich aber zugleich verpflichtet, ihr Vaterland Russland gegen Deutschland zu unterstützen. Propst Daniel Steinwand richtete hinter der Kirche ein Lazarett ein und sammelte für die Verwundeten. Dies nützte freilich wenig. Man misstraute den Deutschen. Der Gebrauch der deutschen Sprache im Gottesdienst wurde verboten und der lutherische Friedhof enteignet. Nach der Februarrevolution 1917 tobten in der ganzen Stadt blutige Machtkämpfe zwischen den *Weißen* und den *Roten*, die auch das kirchliche Leben zeitweise zum Erliegen brachten. 1918 erlebte die Stadt eine halbjährige deutsche Besatzung. Später kreuzten vor der Küste britische und französische Flottenverbände. Nach dem endgültigen Sieg der Bolschewiken begann der Terror des Geheimdienstes zu wüten. Im Altersheim neben der Kirche quartierte sich eine Gruppe ehemaliger deutscher Kriegsgefangener ein, die als kommunistische Gruppe mordend durch die eigenen Dörfer zog. Und im Winter 1921/22 wütete schließlich durch Stadt und Land eine verheerende Hungersnot.

In den zwanziger Jahren wurde dann auch in Südrussland die antireligiöse Gesetzgebung der Kommunisten planmäßig umgesetzt. So tauchte 1922 eine kleine Sonderkommission in der St.-Pauls-Kirche auf und sammelte die wertvollen silbernen Abendmahlsgeräte und die mit Silber beschlagene Altarbibel ein. Immerhin konnte Pastor Georg Schilling noch bis 1933 als Geistlicher in Odessa und als Propst für Südrussland tätig sein. Nach 1937 traf der Kampf Stalins gegen jede Form von Religion aber mit voller Wucht auch die Lutherische Kirche Russlands. Friedrich Merz, der nach der Oktoberrevolution als Vikar in Odessa gewirkt hatte, verschwand 1930 im Arbeitslager auf den Solovki-Inseln im Weißen Meer, wo er 1934 an Flecktyphus starb. Und der letzte Pastor an St. Paul, Karl Vogel, wurde 1937 in Odessa verhaftet und zu zehn Jahren Arbeitslager ohne Schreiberlaubnis verurteilt. In einem Lager Sibiriens soll er 1943 umgekommen sein – einer der zahlreichen Märtyrer unter den lutherischen Pastoren Russlands. Tausende von Deutschen teilten in diesen Jahren – sofern sie nicht rechtzeitig hatten fliehen können – sein Schicksal der Verschleppung und des anonymen Sterbens.

Zehn Tage vor der Einnahme Odessas durch die Deutschen erschossen die Sowjets im Oktober 1941 in einem Keller noch eine letzte Gruppe von 23 Deutschen wegen „konterrevolutionärer Propaganda und Spionage für die Faschisten“. So lautete der allgemeine, nie näher begründete Vorwurf. Unter den Ermordeten befand sich auch ein 70-jähriger Greis – Theophil Richter, Lehrer am Konservatorium und Kantor an St. Paul, der freilich schon längst als „Kultdiener“ das Recht verloren hatte, die sowjetische Jugend zu erziehen, und nun im Opernorchester untergeschlüpft war. Bei dem alten Mann handelte es sich um den Vater des begnadeten Pianisten Swatoslaw Richter.

Während des *Zweiten Weltkrieges* konnte das kirchliche Leben – unter der rumänischen und deutschen Besatzung – noch einmal kurz aufblühen. 1942 fand in der St.-Pauls-Kirche eine letzte Konfirmation statt. Der siebenbürgisch-sächsische Pfarrer Hermann Binder hielt sie, und zwei alte Gemeindeglieder in Odessa können sich daran noch heute erinnern. Im Ende dieses von Deutschland angezettelten großen Krieges ging dann das einst blühende kirchliche Leben der Schwarzmeerdeutschen endgültig unter. Das Eigentum wurde beschlagnahmt, die Gotteshäuser in Clubs oder Lagerhäuser umfunktioniert, Schulen und Krankenhäuser verstaatlicht. Auch aus Odessa war für die nächsten 50 Jahre der lutherische Glaube verschwunden.

Die St.-Pauls-Kirche im Zentrum der Stadt freilich überdauerte den Stalinterror erstaunlicherweise. Zunächst wurde sie als Fernsehstudio genutzt und

1957 der Telekommunikationsgesellschaft zur Verwaltung übertragen. Die baute sie als Turnhalle um. Und errichtete in der früheren Apsis die Sanitäranlagen – die WCs genau dort, wo sich einst der Altar befunden hatte. Das war übliche Praxis auch bei den entweihten orthodoxen Gotteshäusern, ein subtiler Affront des herrschenden Atheismus. Da sich in der Folgezeit niemand um das Gebäude kümmerte, versickerten die Abwässer, und die aufsteigende Feuchtigkeit fügte dem Mauerwerk erheblichen Schaden zu. An einigen Stellen sanken die Fundamente ein, erste Risse zeigten sich. Den Machthabern war dieser langsame Zerfall des deutschen Erbes nicht recht. So wurde der Abriss der Kirche in die Wege geleitet. Man plante an ihrer Stelle ein neunstöckiges Studentenwohnheim für das benachbarte Institut.

Doch etwas Erstaunliches geschah: Die Odessiten waren nicht bereit, diesen „Mordversuch an ihrer *Kircha*" – so die Wochenzeitung von Odessa im November 2005 – widerspruchslos hinzunehmen. Es kam zu Petitionen, Aufrufen und Demonstrationen. Die Studenten des benachbarten Konservatoriums schoben sogar nachts Wache vor der Kirche, um deren Abbruch zu verhindern. Sie hatten Erfolg. 1971 empfahl die Architektenvereinigung, das Gotteshaus auf die Liste der zu schützenden Baudenkmäler zu setzen – was freilich erst 1979 zum Erfolg führte.

In der Zwischenzeit schlugen in der Nacht vom 9. auf 10. Mai 1976 lichterloh Flammen aus den Türmen in den Himmel über Odessa. In einem verheerenden Feuersturm wurde das gesamte Innere des Gotteshauses vernichtet. Anschließend stürzte der Dachstuhl ins ausgebrannte Gemäuer. Nach Augenzeugenberichten dauerte das Löschen länger als einen Tag. Als Ursache wurde Brandstiftung festgestellt. Bis heute kursieren in Odessa die unterschiedlichsten Gerüchte dazu: Waren hier Kommunisten am Werk, denen die Bewahrung der Kirche ein Dorn im Auge war? Oder Kriminelle, die mit der Brandstiftung Straftaten vertuschen wollten?

Nach den Aufräumarbeiten entschied der Stadtrat, die Ruine dem Konservatorium zur weiteren Nutzung zu übergeben. Das plante den Wiederaufbau als Konzertsaal. Und die Odessiten setzten sich erneut für ihre *Kircha* ein. Es wurden Benefizkonzerte veranstaltet, man errichtete einen Baufonds und organisierte Arbeitseinsätze. Und tatsächlich konnte die Ruine durch den Einbau von Stahlgerüsten vor dem weiteren Verfall gerettet werden. Da setzte freilich schon die Agonie der Sowjetherrschaft ein, und so kamen diese Arbeiten gegen Ende der achtziger Jahre zum Erliegen. Obdachlose schlüpften jetzt nachts in die Keller, Jugendliche trafen sich hier zu Saufgelagen, und ab und zu stürzte ein großer Brocken von oben in die Büsche der gespenstig leeren Ruine. Was sollte aus dem einstigen Wahrzeichen der Stadt werden?

Die Wiedergeburt der lutherischen Gemeinde in Odessa

Im Zerfall der Sowjetunion und der Entstehung des selbständigen Staates Ukraine änderte sich zunächst die Situation für die nationalen Minderheiten. Den verbliebenen und aus Kasachstan zurückgekehrten Ukrainedeutschen wurde nach 1990 die Gründung kultureller Vereinigungen gestattet. Hier in der *Wiedergeburt* begannen die Menschen – vor allem in der Weihnachtszeit – zu fragen: „Da war doch noch was!? Unsere Eltern haben mit uns Lieder gesungen und gebetet. Es gab Pastoren, und wir hatten eine Kirche." Auf diese Weise entstand auch in Odessa neu eine kleine lutherische Gemeinde. Denn mit der Wende hatte sich auch die Einstellung der Machthaber zur Religion verändert.

Fünf Nachkommen der Deutschen ließen am 16. Oktober 1990 bei den Behörden eine religiöse Gemeinschaft offiziell registrieren – die erste lutherische Gemeinde in der Ukraine nach einem halben Jahrhundert! Jurij Petrowitsch Schäfer, eines der Gründungsmitglieder, sagt heute: „Als ich aus dem Lager zurückkehrte, sah ich zum ersten Mal eine richtige Kirche. Es war ergreifend. Die Feuermale und Spuren der Zerstörung an ihren Wänden waren für mich wie ein Symbol unseres Schicksals. Aber nun ist es mein Traum, unser Gotteshaus in all seiner Erhabenheit und strengen Schlichtheit wieder aufgebaut zu sehen." Dafür kämpft Jurij Petrowitsch seit nunmehr 16 Jahren.

Zu Weihnachten feierte die Gemeinde in einer Schule den ersten „richtigen" Gottesdienst mit dem jungen Prediger Viktor Gräfenstein, der mit einer ganzen Gruppe lutherischer Christen aus Kasachstan nach Odessa umgesiedelt war. Und noch im Gründungsjahr nahm man Kontakt auf zum lutherischen Bischof Harald Kalniņ im fernen Riga. Unter ihm kam es 1992 zur Gründung der *Deutschen Evangelisch-Lutherischen Kirche in der Ukraine* (DELKU). Diese Gründung vollzog sich freilich unter teilweise chaotischen Umständen.

An einem winterlichen Januarwochenende versammelten sich die Vertreter der vier bereits registrierten Gemeinden aus Odessa, Kiew, Lemberg und Dnepropetrowsk im angemieteten kalten Saal eines Kiewer Instituts. Im Gefolge des greisen Bischofs aus Riga waren allerdings auch abenteuerliche Gestalten angereist – ein verkleideter Martin Luther etwa, ein junger Emporkömmling, der sich flugs zum neuen ukrainischen Bischof weihen lassen wollte, und ein Schallplattenproduzent, der die verstörten ukrainischen Neuchristen für seine Geschäfte zu instrumentalisieren versuchte. Partielle Unübersichtlichkeit und Verwirrung der Gemüter hatte ja schon – wenn man der Pfingstgeschichte glaubt – die Gründung der Kirche in Jerusalem bestimmt. Doch die Vertreter der streng lutherischen Brüdertradition, die die

Bibel noch kannten und die alten Lieder anstimmen konnten, behielten den Durchblick. Und so übernahm Viktor Gräfenstein mit dem Segen des Bischofs aus Riga die Leitung der DELKU und wurde auch als erster Pastor der neuen Gemeinde in Odessa bestätigt.

Zum Selbstverständnis der lutherischen Kirche in der Ukraine heißt es in dem später noch einmal überarbeiteten Statut, sie gehöre „zu der einen, heiligen, christlichen und apostolischen Kirche, die unser Herr Jesus Christus gestiftet und durch seine Boten, die Apostel, für alle Völker bis zur Vollendung des Reiches Gottes gegründet hat. Sie weiß sich berufen, diese Botschaft, das Evangelium, zu bewahren und weiterzutragen, zur Ehre Gottes des Vaters, des Sohnes und des Heiligen Geistes". Und über die Bekenntnisgrundlagen heißt es in diesem Statut, die Kirche wisse sich „gebunden an die Heilige Schrift Alten und Neuen Testamentes als die einzige Quelle und unfehlbare Norm allen kirchlichen Lehrens und Handelns und an das Apostolische, das Nizänische und das Athanasianische Glaubensbekenntnis der Alten Kirche sowie an das Bekenntnis der Lutherischen Kirche, insbesondere die Augsburgische Konfession und den Kleinen Katechismus Luthers, weil sie darin die lautere Wiedergabe des Wortes Gottes sieht".

Trotz dieser steilen Formulierungen kam es in den Folgejahren vor allem in Odessa, wo jetzt die Kirchenleitung saß, zu schweren Zerwürfnissen zwischen der Mehrheit der Gemeinde und Superintendent Viktor Gräfenstein. Der junge Prediger kam aus der Brüdertradition, die in den Verfolgungsjahren der Sowjetzeit den Glauben treu bewahrt hatte und ihn nun rigoros festgehalten wissen wollte. Manches im Leben der neu gegründeten Gemeinden auch in Kiew und an anderen Orten erschien der Brüdertradition zu liberal. So trennte sich Viktor Gräfenstein 1995 von der DELKU und gründete eine eigene lutherische Brüdergemeinde.

Ungeachtet dieser geistlichen Krise und einer anhaltenden Auswanderung von Deutschen in die Heimat der Vorfahren wuchs die Gemeinde in Odessa. Zeitweise zählte sie an die 500 eingetragene Mitglieder. Die aus Bayern entsandten Pastoren und Bischöfe – vor allem Walter Klinger aus Nürnberg, der Lippische Pfarrer Jörn Schendel, der ehemalige Neuguinea-Missionar Gerd Sander und Edmund Ratz, heute lutherischer Erzbischof in St. Petersburg – bemühten sich von Odessa aus in den neunziger Jahren erfolgreich um den geistlichen Wiederaufbau der Gemeinde und der neu gegründeten DELKU.

Notwendig erschien eine ganz elementare Verkündigung, die das weithin verschüttete geistliche Wissen wieder freilegte. Aber auch die Verdeutlichung des lutherischen Glaubens in einer von der Orthodoxie geprägten geistigen Welt. Erforderlich wurden die Zurüstung von Laien als Prediger und Gemeindeleiterinnen und die theologische Qualifizierung der wenigen ukrainischen Pastoren. In der Gemeinde in Odessa entstand eine erste Gottesdienstordnung, die sich wieder an der lutherischen Tradition orientierte. Auch Gemeindepartnerschaften blühten auf. Die Gemeinden begannen allmählich, ihre eigene diakonische Verantwortung zu entdecken. Und an den sommerlichen Gestaden des Schwarzen Meeres tummelten sich in evangelistisch geprägten Bibellagern jedes Jahr Hunderte von jungen Menschen. Für vieles von dem, was heute in Odessa selbstverständlich zum Gemeindeleben gehört, wurde in diesen Jahren der Grund gelegt.

Dabei vollzog sich ohne heftige Grundsatzdiskussionen allmählich der Übergang von der deutschen in die russische Sprache. Ein solcher Übergang muss gewollt, aber auch behutsam gestaltet sein. Nur mehr die alten Mitglieder der *Wiedergeburt* verstehen und sprechen Deutsch. Umgangssprache nicht nur in den Jugendlagern ist inzwischen das Russische. Die Gottesdienste in Odessa werden daher zweisprachig gefeiert; auch bei den Liedern aus dem im *Martin-Luther-Bund* gedruckten Gesangbuch werden die Strophen abwechselnd in Deutsch und Russisch angestimmt. Zwar will die DELKU laut Synodenbeschluss auf keinen Fall auf die Bezeichnung *Deutsch* in ihrem Namen verzichten. Doch sie versteht dies als Rückkoppelung an ihre Tradition in einem multinationalen Land – lutherische Kirche in und für die Ukraine will sie in erster Linie sein, eine Kirche allerdings, die sich den Glaubenseinsichten der deutschen Reformation verpflichtet weiß.

Das langjährige Ringen um das geschichtliche Erbe

Während an anderen Orten der Ukraine die neu gegründeten lutherischen Gemeinden schon längst wieder in ihrer zurückgegebenen und renovierten Kirche oder in einem angekauften kleinen Gemeindezentrum zusammenkommen konnten, verfügte die Gemeinde am Ort der Kirchenleitung bis 2002 über keine eigenen Räume. Zehn Jahre lang wanderte man in Odessa sonntags mit Bibel und Kelch, Kreuz und Kerzenleuchter durch angemietete Kultur- und Schulsäle. Für den geistlichen Gemeindeaufbau erwies sich dies oft als hinderlich – zwischen Kinoklappsitzen kniet sich's schlecht zum Empfang des heiligen Abendmahles, und im abgestandenen Rauch vom Vorabend lässt sich das Lob Gottes nur schwer anstimmen. Der Glaube braucht die Beheimatung, auch im vertrauten und gestalteten eigenen Raum.

Das war schon Viktor Gräfenstein bewusst, der nach Rücksprache mit der bayerischen Partnerkirche und einem förmlichen Beschluss seiner Synode bereits 1992 den Antrag auf Rückgabe der Immobilien der Vorgängergemeinde stellte. Grundlage dafür war ein Erlass des damaligen Präsidenten „Über dringende Maßnahmen nach der endgültigen Überwindung der negativen Folgen der totalitären Politik der ehemaligen Sowjetunion in Beziehung auf die Religion und die Wiederherstellung der verletzten Rechte der Kirchen und religiösen Organisationen". Hinter dieser wunderbar gewundenen Proklamation verbarg sich nicht weniger als die Entscheidung, allen Kirchen ihr früheres Eigentum zurückzuerstatten, auch Gebäude, „die sich im Staatseigentum befinden und zweckwidrig verwendet werden".

In den Jahren von 1993 bis 1997 fassten dann diverse Behörden in Staat, Stadt und Denkmalschutz immer neue Beschlüsse zur Übergabe der Kirchenruine und des ehemaligen Altersheimes an die Gemeinde. Dabei hieß es unmissverständlich: „Mit der Übereignung des städtebaulichen und architektonischen Denkmals der Kirche des Heiligen Paulus übernimmt die lutherische Religionsgemeinschaft der Stadt Odessa die Verantwortung für die ordnungsgemäße Nutzung des Gebäudes, die Durchführung der Reparatur- und Restaurierungsarbeiten sowohl im Inneren als auch an der Fassade des Denkmals, sowie die Verantwortung für die nötigen Versorgungseinrichtungen des gesamten Denkmalbereiches innerhalb der Grundstücksgrenzen." Mit anderen Worten: Der Staat trennte sich von der inzwischen einsturzgefährdeten Ruine und dem maroden alten Wohnhaus, zu dem das frühere Altersheim inzwischen verkommen war – nicht aber von dem Grundstück, das weiterhin im Staatseigentum verblieb. Er übergab die Immobilie der Gemeinde – anders als es zunächst scheinen könnte – nicht als Eigentum, sondern nur zur Nutzung. Und er verpflichtete die Gemeinde zum Wiederaufbau der Kirche auf eigene Kosten. So also wurde der scheinbar so kirchenfreundliche Präsidentenerlass *de facto* – übrigens auch im Umgang mit der orthodoxen Kirche – gehandhabt.

Dass sich die kleine Gemeinde damals auf dieses „Angebot" einließ, kann man im Rückblick nur als eine sehr mutige Entscheidung des Glaubens bezeichnen. Denn in einigen anderen Städten – etwa in Lemberg oder Shitomir – riskierten die neu gegründeten Gemeinden es nicht, die alten und gut erhaltenen Gotteshäuser zurückzufordern. So ermöglichten sie den Baptisten den Zugriff auf die früheren lutherischen Kirchen dort. Was im heutigen ökumenischen Miteinander allerdings in der DELKU niemanden mehr betrübt. In Odessa jedenfalls setzte man auf Gott und die Bayern und deren hoffnungsvoll-gelassene Parole: „Schau mer mal, dann säng (sehen) ma scho."

Die Akten der Übergabeverhandlungen füllen heute im Büro von Jurij Petrowitsch Schäfer mehrere Ordner und auch im Aktenbestand des Landeskirchenamtes in München – zusammen mit den deutschen Übersetzungen –

eine halbe Schrankwand. Im Jahr 1997 endlich bestätigte die Stadtverwaltung die Übergabe der Gebäude und des Grundstücks zur Nutzung, legte aber gleichzeitig für das Grundstück einen Pachtvertrag vor. Außerdem sprach sie energisch die Erwartung aus, dass die DELKU – die inzwischen in die Verpflichtung der Gemeinde eingetreten war – mit dem Wiederaufbau der Kirchenruine beginne.

In dieser heiklen Situation bewährte sich erneut – und nun mit weit reichenden Folgen – die Partnerschaft zwischen den lutherischen Kirchen in der Ukraine und in Bayern. Die Gründe für diese Partnerschaft sind übrigens so kurios, dass sie es verdienen, nicht in Vergessenheit zu geraten. Hinter ihr standen nämlich keineswegs langfristige strategische Überlegungen auf der Ebene der Evangelischen Kirche in Deutschland (EKD) oder in Gremien abgesicherte kirchen- oder konfessionspolitische Beschlüsse. Franz Josef Strauß hatte aufgrund einer seiner Spontanideen eine Landespartnerschaft zwischen Bayern und der Ukraine ausgerufen. Und in deren Gefolge schossen eine Reihe von Städtepartnerschaften aus dem Boden – zwischen Kiew und München etwa, Nürnberg und Charkow sowie Regensburg und Odessa. Die evangelischen Gemeinden in diesen bayerischen Städten brachten sich in die kommunalen Partnerschaften ein und nötigten ihre Ökumeneabteilung im Münchner Landeskirchenamt, ebenfalls in dieses Netzwerk einzusteigen. So kam es, dass die bayerischen Schwestern und Brüder schon bei der Gründungssynode 1992 in Kiew Pate standen. Erst nachträglich wurde dies alles dann auch mit der EKD und dem neuen Erzbischof in St. Petersburg, Professor Dr. Georg Kretschmar, festgezurrt.

In einem intensiven Gedankenaustausch in ihrer Synode und mit der bayerischen Partnerkirche entschied die DELKU 1997 – anders als vom Staat gewünscht –, dem Umbau des ehemaligen Altersheimes Priorität zu geben vor dem Wiederaufbau der Ruine. Da mag die Angst vor den immensen Kosten durchaus auch eine Rolle gespielt haben. Vorherrschender Grund war aber die anhaltende Raumnot der Gemeinde in Odessa, die einen Gottesdienstraum benötigte, und der Leitung der DELKU, die ein Zentrum für ihre gesamtkirchlichen Aktivitäten brauchte.

Das ehemalige Altersheim neben der Kirchenruine war nach der Enteignung in der Sowjetzeit in 15 Kleinstwohnungen aufgeteilt worden. In diesen Kommunalwohnungen hausten 20 Familien mit insgesamt 50 Menschen. Die Stadt betrachtete es natürlich nicht als ihre Aufgabe, bei deren Ausquartierung in irgendeiner Weise behilflich zu sein. So sah sich also die DELKU bzw. ihr Partner in Bayern gezwungen, zunächst einmal für diese Mieter neue Wohnungen zu suchen – und zu zahlen! Dieser Freikauf des Gebäudes zog sich über zwei Jahre hin, und die bayerische Landeskirche – man darf es eigentlich nicht verschweigen – wurde dabei auch gewaltig über den Tisch gezogen. Nachdem die Hälfte der Wohnungen frei war, verschwand die Maklerin eines Tages über Nacht mit dem Vorschuss für die weiteren Freikäufe. Das waren immerhin mehr als 100 000 Mark. Die Polizei erwischte sie zwar, aber die Gelder waren längst in Israel und Kanada in Sicherheit gebracht worden, und die Dame präsentierte sich dem Gericht als ganz und gar mittellos. Bei ihrer ersten Begegnung mit dem ukrainischen Sumpf war die Kirche also jämmerlich eingebrochen. Sie hat daraus gelernt und bemüht seitdem lieber vorab Juristen zur Abklärung von Einzelheiten.

In zweijähriger Bauzeit konnte das heruntergekommene Gebäude dann total umgebaut werden. Es enthält jetzt im Erdgeschoss einen großen Gottesdienstsaal mit weiteren Nebenräumen für Bibelstunde, Kindergottesdienst und die diakonische Arbeit. Im ersten Stock befinden sich der Konferenzsaal, eine gemütliche Bibliothek und die Büroräume der DELKU-Kirchenleitung sowie das Pfarrbüro. Außerdem wurden zwei Pfarrwohnungen für den Bischof und den Ortspfarrer vorgesehen. Auch die Kellerräume wurden ausgebaut sowie eine Küche mit Speisesaal eingerichtet. Zunächst auf Ablehnung stieß dagegen bei den Münchnern der Vorschlag von Bischof Ratz, den alten Dachboden als Gästezimmertrakt auszubauen. Doch Ratz wies nachdrücklich auf die Funktion des Hauses als Zentrum gerade auch für die gesamtkirchlichen Fortbildungskurse, Seminare und Tagungen der DELKU hin. Und auf die Unterhaltskosten, die man mit der Einladung an deutsche Besuchergruppen hier erwirtschaften könnte. In diesem Sinn hat sich das Kirchenzentrum St. Paul seit seiner Einweihung im Herbst 2002 bestens bewährt. Doch was sollte aus der St.-Pauls-Kirche werden, dem „Schandfleck" Odessas?

Erste Überlegungen zum Wiederaufbau der St.-Pauls-Kirche

Dass die *Kircha* wieder aufgebaut werden muss, stand in Odessa immer und für alle fest. Doch in Bayern hielt man dies zunächst für eine verrückte Idee. Wie sollte eine klein gewordene Gemeinde je eine so große Kirche nutzen und unterhalten können? Müssten die Partner nicht vorrangig ganz andere Projekte finanziell fördern – die missionarische Verkündigung etwa, Jugendevangelisationen und die Qualifizierung einheimischer Prediger? So wurde skeptisch gefragt, einerseits.

Andererseits musste die spezielle Situation vor Ort bedacht werden. Vom Symbolwert des Gotteshauses – der alten „Kathedrale der Schwarzmeerdeutschen" – war schon die Rede. Sollte die Ruine von St. Paul neben der prachtvoll neu errichteten orthodoxen Kathedrale auf immer den Niedergang des evangelischen Glaubens in Odessa markieren? Durfte man jetzt, wo die Ukraine mit aller Kraft in das neue Europa drängte, das deutsche Erbe einfach dem Abriss preisgeben? Und könnte nicht die wiedererstandene lutherische Kirche im Zentrum der Stadt eine unübersehbare Einladung zum Glauben sein – an Menschen, deren Seelen im Kommunismus beschädigt worden waren und die nun im modernen Turbokapitalismus den inneren Halt zu verlieren drohten?

Wie sich Gott gegen den Kleinglauben seiner Leute durchzusetzen vermag, hat die Christenheit zuletzt in einigen anderen Metropolen Europas erleben können. Als entgegen allen Unkenrufen noch zur DDR-Zeit der Berliner Dom restauriert wurde – heute das viel besuchte gottesdienstliche Zentrum der neuen Hauptstadt. Oder als der gewaltige Bau der Erlöserkirche in Sichtweite des Moskauer Kremls neu erstand – täglich von Hunderten von Gläubigen und Ungläubigen aufgesucht, die hier im Kerzenschein die Nähe des Heiligen suchen. Und zuletzt als die Dresdner Frauenkirche gegen alle anfängliche bischöfliche Skepsis mit Millionen Euro hochgezogen wurde – seit ihrer Einweihung Sonntag für Sonntag in allen Gottesdiensten und Konzerten überfüllt. „Nicht in Steine, sondern in Menschen investieren!", tönt es in so manchem kirchlichen Entscheidungsgremium. Aber Kirchengebäude haben im Seelenhaushalt der Menschen offenbar einen besonderen, auf Langzeitwirkung angelegten Stellenwert. Den zu erspüren fällt manchem nicht leicht in einem Land, das eher über zu viele als zu wenige Gotteshäuser verfügt.

Wenn man die „verrückte Idee" weiterverfolgen wollte, musste ein Konzept her. Man ging die Sache in Odessa und München behutsam an. Zunächst gab die bayerische Landeskirche 1993 bei einem Coburger Ingenieursbüro eine eigene Untersuchung über den Bauzustand der Kirchenruine in Auftrag. Sie kam zu dem Ergebnis, dass eine Sanierung des Bauwerks „faktisch möglich und wirtschaftlich vertretbar" sei.

Zur selben Zeit entdeckte das Kiewer Institut „Ukrprojekt Restawrazija" das Projekt für sich. Man witterte hier natürlich für die Zukunft deutsches Geld. Ich erinnere mich noch genau an das erste Auftauchen einer Mitarbeiterin des Instituts in Odessa und an ihre wortreiche Präsentation der vorgesehenen Restaurierung. Da sollte die gesamte neugotische Inneneinrichtung aus Holz neu erstehen und an der Außenfassade noch das kleinste neoromanische Kapitälchen. Die aufwendigen Schönzeichnungen – das Zeitalter der Computervisualisierungen war noch nicht angebrochen! – wurden emsig auf den Tischen ausgebreitet. Finanzielle Fragen sprach niemand an, nachdem sich herausgestellt hatte, dass das Kiewer Institut arm wie eine Kirchenmaus ist und der Staat nicht daran dachte, eine einzige Kopeke in das Projekt zu stecken.

Die Deutschen begannen zu ahnen, wie man hierzulande mit alter Bausubstanz umgeht und was man unter Restaurierung versteht. Auch wer mit offenen Augen durch die Straßen Odessas schlendert, wird das leicht erkennen. Restaurieren heißt hier: Es wird alles so wieder hergestellt, wie es einst aussah, egal mit welchen Mitteln, gegebenenfalls auch mit Beton und Pappmaschee. Und wenn nichts mehr vorhanden ist oder etwas fehlt, was früher gar nicht so existierte, wird es im alten Stil dazuerfunden. Notfalls wird eben auch die dem Erdboden gleich gemachte Kathedrale in Beton wieder neu errichtet und im alten Stil verputzt. „Geil ist, was alt aussieht", scheint hier das Motto einer Gesellschaft zu sein, die in der Unübersichtlichkeit des Neuen Vergewisserung im Alten sucht. Auch manches Gemeindeglied in Odessa träumt noch heute so vom Wiederaufbau seiner Kirche. Für die Bayern ein unvorstellbarer Gedanke!

Darum begann schon früh in der DELKU und in München das eigene Nachdenken über eine Lösung. 1994 legte der Münchner Architekt Dipl.-Ing. Alexander Oppermann Vorüberlegungen für den Wiederaufbau der St.-Pauls-Kirche vor. Er erinnerte an die durchaus gelungenen Rekonstruktionen zu großer Kirchenräume in der ehemaligen DDR, aber auch an den Umbau der Nürnberger Gustav-Adolf-Kirche. Sein Vorschlag zielte auf eine Zweiteilung im Inneren des Gotteshauses. In der Apsis und im kleineren, vorderen Teil der Kirche wollte er den Gottesdienstraum einrichten und in den großen, hinteren Teil der Kirche mehrere Stockwerke mit Büros, Sälen und sogar Wohnungen einziehen. Dabei ging er noch von der Wiederherstellung der Kirche ausschließlich in der Nutzung durch Gemeinde und DELKU aus, auch wenn er die Vermietung einzelner Räume nicht ausschloss.

Immerhin gelang es, das Amt für Denkmalschutz im Bezirk Odessa für diese Idee einer Rekonstruktion des Kircheninneren zu erwärmen. Diese Behörde unter der Leitung einer energischen und engagierten Dame fühlte sich zu Recht in erster Linie für dieses große Projekt im Gebiet von Odessa zuständig und ließ das Kiewer Institut zunächst einmal links liegen. Der offizielle Restaurierungsauftrag vom November 1996 spricht von einer „teilweisen Anpassung an die Sonderforderungen der Kirche" und erläutert dies dann so: „Im Hinblick auf die komplexe Zerstörung der ursprünglichen Innenkonstruktion und der dekorativen Ausstattung kann das Gebäude zum Teil – und zwar bis zu 50 Prozent – anders genutzt und darin ein Kulturzentrum der deutschen Gemeinde mit der Kirchenverwaltung untergebracht werden." Außerdem bestätigt das Dokument, dass das Gebäude „akut einsturzgefährdet" sei, sich also – wie es nun bald im odessitischen Sprachgebrauch hieß – in einem gefährlichen „Havariezustand" befand. Damit war der Weg für weitere Planungen gewiesen.

Das Hauptproblem blieb freilich weiterhin die Frage der Finanzierung. Nach dem Motto „Was einer allein nicht schafft, ist vielen gemeinsam möglich!" machten sich DELKU und bayerische Landeskirche daher auf die Suche nach potentiellen und kooperationswilligen Partnern. Und vor Ort wurde man auch rasch fündig.

Das Bayerische Staatsministerium für Arbeit und Sozialordnung, Familien und Frauen hatte im Jahr 1992 zusammen mit der Evangelisch-Lutherischen Kirche in Bayern das *Bayerische Haus Odessa* (BHO) ins Leben gerufen. Seine inzwischen in der ganzen Region expandierende kulturelle, wirtschaftliche und soziale Tätigkeit steht unter dem Leitgedanken „Hilfe zur Selbsthilfe". Das BHO bietet Sprachkurse an und unterhält einen deutschen Lesesaal. In einer Abteilung bietet es Aus- und Fortbildungskurse für ukrainische Führungskräfte der Wirtschaft an und vermittelt Geschäftskontakte zwischen deutschen und ukrainischen Unternehmern. Zu seinen sozialen Aktivitäten zählen ein Kindergarten und eine Sozialstation, die gemeinsam mit der DELKU betrieben wird. Zusammen mit der Stadtverwaltung und dem *Lutherischen Weltbund* führt das BHO seit Jahren Anti-AIDS-Kampagnen in der Region durch. Im kulturellen Bereich liegt der Schwerpunkt bei der Orchester- und Chormusik; der auch in Deutschland bekannte Chor des BHO ist in seinem Kern der Chor der lutherischen Gemeinde.

Diese weit gefächerte Tätigkeit des BHO ist in der Stadt auf mehrere Räumlichkeiten verteilt, was allerdings der weiter expandierenden Tendenz enge Grenzen setzt. Angesichts der schon immer praktizierten Zusammenarbeit zwischen BHO und DELKU drängte sich daher die Idee einer Kooperation beim Wiederaufbau der Kirchenruine geradezu auf. Es war vor allem der BHO-Beauftragte des Bayerischen Sozialministeriums, Karl Walter, der mit der zielorientierten Energie eines ehemaligen Bundeswehroffiziers diese Idee ausarbeitete und für ihre Realisierung unermüdlich warb.

Als ein weiterer Ansprechpartner bot sich in Odessa natürlich die Organisation der *Wiedergeburt* an, die – immer eng mit der Gemeinde verflochten – bereits jetzt Räume im Kirchenzentrum nutzt. Und schließlich residieren in Odessa auch die *Gesellschaft für Entwicklung* (GfE) und die *Gesellschaft für Technische Zusammenarbeit* (GTZ), Institutionen der Deutschen Bundesregierung zur Koordinierung der Fördermaßnahmen für die deutsche Minderheit im Ausland, dem Bundesinnenministerium (BMI) nachgeordnet. Nach anfänglichem Zögern zeigte auch die GfE/GTZ Bereitschaft, sich an den in die Zukunft weisenden Gedanken zu Wiederaufbau und Nutzung von St. Paul zu beteiligen. Eine entscheidende Rolle spielte in dieser Anfangsphase noch der langjährige Aussiedlerbeauftragte der Bundesregierung, Horst Waffenschmidt. So traten um das Jahr 2000 die Überlegungen einerseits zum Konzept und andererseits zur Finanzierung in ein neues Stadium. Erste Gedankenspiele verdichteten sich zu einem Konzept.

Das Konzept eines kombinierten deutschen Zentrums für Odessa

Um für weitergehende Planungen eine solide Grundlage zu besitzen, beauftragte die bayerische Landeskirche Anfang 2001 die renommierte „Fichtner Bauconsulting GmbH“ in Stuttgart mit der Ausarbeitung einer Machbarkeitsstudie. Die Firma verfügte über langjährige Erfahrungen in der Prüfung und Planung von Projekten der Bundesregierung in zahlreichen Ländern der Welt. Nicht zuletzt deshalb war das BMI bereit, die Kosten für diese Studie zu tragen. Im Juni 2002 legte die Firma Fichtner nach gründlichen Untersuchungen diese umfangreiche Machbarkeitsstudie vor. Die unabhängige Firma vertrat darin die These – um das Ergebnis in einem Satz zusammenzufassen –, dass der Wiederaufbau der Kirchenruine als kombiniertes Begegnungs-, Kultur-, Wirtschafts- und Kirchenzentrum eine einmalige historische Chance darstelle, die finanzierbar sei und in die Zukunft weise.

Im Einzelnen untersuchte die Studie die wirtschaftlichen und gesellschaftlichen Rahmenbedingungen in Stadt und Region Odessa. Dabei prognostizierte sie der Schwarzmeermetropole eine große Zukunft als zukünftigem Brückenkopf zwischen Ost und West: „Aufgrund der EU-Erweiterung und der Wende im Land dürfte die politische und wirtschaftliche Entwicklung für Deutschland in Zukunft eher noch an Bedeutung gewinnen.“

Sodann stellte die Studie die deutsche Präsenz im alten Odessa und in der Gegenwart dar. Dabei wurde erkennbar, dass heute – im Gegensatz zu früher – die deutschen Aktivitäten in den Bereichen Kultur, Bildung, Begegnung, Religion und Wirtschaft über die ganze Stadt verstreut liegen. Genaue Untersuchungen vor Ort zeigten eindrücklich, dass ihre Konzentration an einem Ort – bei weiter bestehender Selbständigkeit der Träger – große Vorteile mit sich bringen würde: „Diese lägen in der variablen Nutzungsmöglichkeit eines Teiles der Räume und in erheblichen Synergieeffekten sowie geringeren Investitions- und Folgekosten für alle beteiligten Partner“.

Die Machbarkeitsstudie prüfte sodann verschiedene Lösungsansätze und Standorte für die Realisierung eines solchen kombinierten Begegnungs-,

Kultur-, Wirtschafts- und Kirchenzentrums in Odessa. Angesichts der deutschen Geschichte in der Stadt kam sie zu dem eindeutigen Ergebnis, dass nur der traditionelle *deutsche Hügel*, an dem sich im 19. Jahrhundert um die Kirche herum das deutsche Kultur- und Sozialleben konzentriert hatte und der auch heute noch im Zentrum der Stadt liegt, dafür in Frage käme: „Damit würde das an dieser historischen Stelle einst so eindrucksvoll verwirklichte Modell deutscher Präsenz in zeitgemäßer Form neu erstehen.“ Konkret schlug Fichtner vor: Wiederaufbau von Hauptturm und Mittelschiff als Kirchen- und Konzertsaal, kombiniert mit dem Abriss der havariegefährdeten Apsis und an deren Stelle ein Neubau als moderner Bürotrakt mit gesonderten Zugängen.

In einem umfangreichen letzten Teil legte die Firma Fichtner schließlich Vorschläge für die Raumplanung, eine Kostenanalyse und Ansätze für einen ersten Finanzierungsplan vor. Sie arbeitete auch Empfehlungen für die Bauträgerschaft und die spätere Betriebsträgerschaft eines solchen „Deutschen Zentrums St. Paul“ aus und legte sogar eine vorläufige Betriebskostenanalyse vor, aus der hervorging, dass sich das Zentrum nach einer Anlaufphase durchaus auch „rechnen“, also selber tragen würde.

Da die Machbarkeitsstudie von 2002 im Rückblick als der Durchbruch in einer sehr komplexen Diskussionslage erscheint, sei hier noch einmal die Kernthese zitiert: „Ein solches Zentrum hätte eine vielfache Funktion: Es dient unmittelbar der deutschen Minderheit und hilft ihr bei der Wiederentdeckung der ethnischen Wurzeln. Es verortet die deutsche Tradition und Präsenz in der von Beginn an multinationalen, multikulturellen und multireligiösen Stadt Odessa an einem zentralen Ort. Es dient mit seinen Fortbildungs- und Begegnungsmöglichkeiten der aus politischer Sicht wünschenswerten Vertiefung der deutsch-ukrainischen Beziehungen. Damit ist es ein Beitrag zur langfristig angestrebten Integration der Ukraine in das neue Europa. Und schließlich fördert es auch die aus kirchlicher Sicht erstrebenswerte ökumenische Verständigung zwischen Protestantismus und Orthodoxie.“

Die folgenden zwei Jahre zeigten, dass sich kaum jemand der hier aufgezeigten Vision zu entziehen vermochte. Auch die Schlüssigkeit der mit Zahlenmaterial untermauerten Darstellung und die hier aufgezeigten Perspektiven für alle potentiellen Partner taten ihre Wirkung. Als Erster machte sich der Aussiedlerbeauftragte der Bundesregierung, Horst Waffenschmidt, bei einem Odessabesuch dieses Konzept zu eigen, und seine Nachfolger verfolgten diese Linie weiter. Von den vier deutschen Botschaftern, die während des letzten Jahrzehnts in Kiew die deutschen Interessen vertraten – Dr. Alexander Arnot, Dr. Eberhard Heyken, Dietmar Stüdemann und Reinhard Schäfers – gab es nicht einen, der sich nicht gegenüber den ukrainischen Ministerien und gegenüber dem Auswärtigen Amt permanent für das Projekt eingesetzt hätte.

Das Auswärtige Amt stellte im September 2003 fest, das geplante Zentrum besäße „das Potential, zu einem sichtbaren Kristallisationspunkt vielfältiger deutscher Aktivitäten in der Region zu werden", und seine Realisierung sei sehr zu begrüßen. Das Bayerische Sozialministerium fasste zur selben Zeit den Grundsatzbeschluss, dass das BHO als von ihm gegründete und geförderte Einrichtung im „Deutschen Zentrum St. Paul" aufgehen und der vorhandene Immobilienbesitz zur Finanzierung seines Anteils eingesetzt werden solle. Vor allem auch das BMI machte in immer neuen Gesprächsrunden in Bonn und Berlin deutlich, wie sehr ihm daran lag, durch Mitwirkung an diesem Projekt die Begegnungsarbeit der deutschen Minderheit zu stabilisieren und die Förderpolitik der Bundesregierung in der Ukraine langfristig abzusichern.

Dabei liegt dem gemeinsam entwickelten Konzept eine dezidierte evangelische Idee zu Grunde. Im Protestantismus waren Glaube und Kultur, wirtschaftliche Aktivität und Bildung immer aufs Engste miteinander verbunden. Es sei nur an die Folgen der Luther'schen Reformation für das Schulwesen und die Kultur erinnert. Oder an die durch den Calvinismus beförderten ökonomischen Aufbrüche in zahlreichen westlichen Ländern. Und an die diakonischen Initiativen im Deutschland des 19. Jahrhunderts mit ihren Auswirkungen auf den modernen Sozialstaat. Früher verwirklichte sich diese Einheit weithin unter dem Dach der Kirche. Das Konzept in Odessa ist anders. Es sieht die verbindliche Kooperation selbständiger Partner vor. Diese werden im Bewusstsein einer „Einheit höherer Ordnung" (Karl Walter) gemeinsam tätig zum Nutzen aller Beteiligten und zum Segen für das Gemeinwohl – jeder auf seine spezifische Weise, aber jeder auch am Erfolg des Partners interessiert.

Dieses Modell einer Kooperation von Kirche, Kultur, Bildung und Wirtschaft ist der Orthodoxie fremd und in der Ukraine etwas Neues. Es soll aber nicht verschwiegen werden, dass es auch im Umfeld der potentiellen Partner hier und da zunächst befremdlich wirkte. So gab es im Bereich der Wirtschaft durchaus einzelne Stimmen, die sich eine Zusammenarbeit ausgerechnet mit der evangelischen Kirche („Ist die nicht unternehmerfeindlich?") schwer vorstellen konnten. Und in den beteiligten deutschen Behörden gab es auf Arbeitsebene durchaus einzelne Mitarbeiter, die den hehren Grundsatz der Trennung von Staat und Kirche gefährdet sahen bzw. ihn aufgrund ihrer DDR-Vergangenheit zu tief verinnerlicht hatten. Vor allem in der DELKU selber rief aber das geplante Zusammengehen der Kirche mit „weltlichen" Institutionen einige geistliche Beunruhigung hervor. Wenn da wirklich Räume an Firmen vergeben werden sollten – wer würde dann alles unter das Dach der Kirche einziehen, mit wem werde man sich da möglicherweise in Zukunft als Gemeinde Jesu arrangieren müssen? Viele Begegnungen, geduldige Gespräche und Aufklärungsarbeit im besten Sinn des Wortes waren erforderlich, um das Vertrauen zu schaffen, das die Voraussetzung dafür ist, ein so großes Projekt gemeinsam zu schultern.

Im Jahr 2004 zeichnete sich eine grundsätzliche Zustimmung zu dem Konzept ab: bei den Behörden der Stadt Odessa und des Denkmalschutzes, im BHO, im Bayerischen Sozialministerium, beim BMI und dem Aussiedlerbeauftragten der Bundesregierung, bei der Deutschen Botschaft in Kiew und im Auswärtigen Amt sowie in der Kirchenleitung der DELKU, bei der bayerischen Landeskirche und in der EKD. Dabei verdient festgehalten zu werden, dass sich in diesem langen Klärungsprozess letztlich alle kirchlichen Entscheidungsgremien und mit den Spitzenpolitikern in den betroffenen Ministerien auch führende Politiker in Bund und Land zu diesem in die Zukunft weisenden Projekt eines Miteinanders von Staat, Bürgergesellschaft und Kirche bekannten.

Zu Planung, Finanzierung und Betrieb des „Deutschen Zentrums St. Paul"

Nach diesem Durchbruch beauftragten DELKU und bayerische Landeskirche 2004 die Firma „Ecostroy" in Odessa mit der Ausarbeitung der Projektskizze – des Vorentwurfs – und übertrugen ihr die gesamte Planung. Diese Firma wird von dem Ingenieur und Hochschulprofessor Wladimir Gennadiewitsch Suchanow geleitet, der über gute Verbindungen zu allen einschlägigen Behörden verfügt und bereits mit zahlreichen Projekten in Odessa höchste Anerkennung gefunden hat. Es erschien den Bauträgern nicht ratsam, in Odessa mit einem ortsfremden Planungsbüro aufzukreuzen. Auch die Beauftragung des Kiewer Restaurationsinstitutes legte sich – angesichts der delikaten Beziehungen zwischen der Landeshauptstadt und dem selbstbewussten Odessa – nicht nahe. Als Architekt wurde mit Alexander Golowanow ebenfalls ein Odessit gewonnen.

Demgegenüber wurde der Vertrag für das Baumanagement mit der deutschen, aber seit vielen Jahren erfolgreich in der Ukraine operierenden Firma „o.l.t. consulting GmbH" abgeschlossen. Verantwortlich für das Projekt ist Dipl.-Ing. Torsten Oswald. Er hat bereits die Rekonstruktion der Kiewer St.-Katharinen-Kirche geleitet, die im Jahr 2000 eingeweiht wurde. Für die

DELKU ist seit 2005 Bischof Georg Güntsch in alle Entscheidungsprozesse einbezogen. Das Bayerische Sozialministerium hat seinen BHO-Beauftragten Karl Walter in den Planungsstab entsandt. Die Verantwortung in der bayerischen Landeskirche schließlich liegt in den Händen von Oberkirchenrat Michael Martin, dem Leiter der Ökumeneabteilung, und seinen Mitarbeitern sowie dem Autor dieses Artikels, den der Landeskirchenrat in München als Projektleiter bestellt hat.

Die von „Ecostroy" vorgelegte Projektskizze fand bei den diversen zuständigen Behörden in Odessa und Kiew im Laufe des Jahres 2005 Zustimmung. Von weit reichender Bedeutung erwies sich dabei eine Protokollnotiz vom 10. Februar 2005, in der es heißt: „Der Entwurf sieht vor, dass an der Stelle des Fragments der Kirche, das sich im Havariezustand befindet und nicht wieder aufgebaut werden kann – der Apsis –, ein moderner Bau errichtet wird, wo das Nationale Deutsche Kultur- und Religionszentrum untergebracht wird. Dieser Anbau ist als Fortsetzung des Hauptgebäudes (der Kirche) gedacht, wobei die alten Stilmotive der Kirche mit dem neuen Klang am Neubau verknüpft werden." Das ist zwar etwas umständlich formuliert, besagt aber klar: Die Apsis muss und darf abgerissen werden. An ihrer Stelle entsteht ein moderner Bürotrakt mit einem Kulturzentrum, das nicht Kirche ist. Und gegen eine Verbindung von Alt und Neu in der Außenansicht des Gesamtgebäudes bestehen keine Einwände.

Auf der Basis der Projektskizze legten Architekt und Planungsbüro 2006 erste detaillierte Pläne für den Wiederaufbau der Kirche als kombiniertes Begegnungs- und Kirchenzentrum vor. Dieses weist in seiner Gesamtstruktur eine auch von außen klar erkennbare Zweiteilung auf.

Nur der vordere Teil des alten Kirchenschiffes wird als verkleinerter, saalartiger Gottesdienstraum und Konzertsaal hergerichtet. Er wird als heller, farblich gestalteter Raum neu erstehen, zwar mit umlaufender Empore, aber mit keiner Reminiszenz an die dunkle Neugotik vergangener Tage. Er bietet für etwa 500 Personen Platz. Die Gemeinde wünscht sich eine traditionelle Innengestaltung mit Mittelgang, gerichteten Bankreihen und einem erhöhten Altar sowie künstlerische Akzente, die freilich von ihr – und auch im orthodoxen Umfeld – akzeptiert werden können. Auch die der Gemeinde vor einigen Jahren geschenkte alte Ikone der Gottesmutter mit dem Christuskind soll in der neuen lutherischen Kirche in einer Gebetsnische einen würdigen Platz finden – ein Wunsch, der hier, wo sich Orthodoxie und Luthertum begegnen, verständlich ist. Und natürlich wünscht sich die Gemeinde erneut eine Orgel. Die könnte in der Musikstadt Odessa, wo es keine einzige öffentlich zugängliche Orgel gibt, tatsächlich eine große Chance für die Akzeptanz von St. Paul im Kulturleben der Stadt sein. Immerhin gelten Choralgesang und Kirchenmusik auch in Südosteuropa als das Markenzeichen des Luthertums. Das sind freilich noch Träume.

Der Neubau umfasst auf zwei Etagen mit ausgebautem Souterrain und einer Dachterrasse eine Fläche von insgesamt rund 2400 m^2. Hier im rechten Gebäudeteil werden das BHO, die GfE/GTZ und die *Wiedergeburt* einziehen. Weitere Räume im linken Gebäudeteil sind für Vermietung vorgesehen. Denn Odessa boomt. Zahlreiche deutsche Unternehmen testen zurzeit die Chancen in der Schwarzmeermetropole, gründen Niederlassungen und suchen Räume. Der Bedarf an zentral gelegener Bürofläche in guter Lage und „sauberem" Umfeld ist groß. Und die Mieten steigen. Von den Mieteinnahmen sollen zunächst der Kredit getilgt und dann Bewirtschaftung und Unterhalt der Gesamtanlage bestritten werden.

Die von „Ecostroy" vorgelegten Pläne riefen noch einmal eine Diskussion mit den kirchlichen Bauträgern und dem BHO als Hauptnutzer des Neubaus hervor. So hatte das odessitische Planungsbüro zunächst der Versuchung nicht widerstanden, doch die Außenfassade des Neubaus im neogotischen Schnick-Schnack mit Bögen, Gesimsen und Kapitellen der alten Kirchenfassade anzupassen – sicher im vorauseilenden Gehorsam gegenüber der obersten Denkmalschutzbehörde, die im Kiewer Kulturministerium angesiedelt ist. Doch dem Einspruch der vereinigten deutschen Investoren gelang es, eine moderne, sachliche Fassade für den Neubau durchzusetzen. Für die Deutschen – ob kirchlich oder weltlich – war das eine Grundsatzfrage nicht nur der Architektur, sondern des Miteinanders von Kirche und Welt an dieser Stelle: Die „Welt" sollte hier nicht unter das Dach der „Kirche" ziehen, ihre Eigenständigkeit auch in der Architektur zum Ausdruck kommen.

Im Mai 2007 wurden die überarbeiteten Pläne der obersten Entscheidungskommission vorgelegt, zu der das Bauministerium und das Kulturministerium nach Kiew eingeladen hatten. Die Präsentation der Firma „Ecostroy" ging glatt über die Bühne. Es könne auf dieser Basis weitergearbeitet werden, lautete der Beschluss. Aufregung gab es im Vorfeld nur wegen der inzwischen längst abgerissenen Apsis. In einer für die Ukraine typischen Weise versuchten einige, dem Planungsbüro und der Kirche hieraus jetzt einen Strick zu drehen – war der Abbruch überhaupt richtig genehmigt gewesen? Am Horizont tauchten für einen Moment die irre Vorstellung eines angeordneten Wiederaufbaus bzw. einer mehrjährigen Haft wegen Beschädigung eines nationalen Denkmals auf. Doch plötzlich wurde ein Dokument mit vier gewichtigen Unterschriften hervorgezogen, das die Apsis endgültig als havariegefährdet einstufte und den Abriss vorschlug. Für den angereisten DELKU-Bischof, den Kulturattaché der Deutschen Botschaft und den Oberkirchenrat aus München zählte an jenem heißen Maitag in

Kiew freilich nur das Ergebnis – die oberste politische Genehmigung des Projekts in der vorgelegten Form.

Und wie steht es nun mit dessen Finanzierung? Die Machbarkeitsstudie war 2002 noch von einer Kostenschätzung in der Gesamthöhe von 3,5 Mio. Euro ausgegangen. Die Firma „Ecostroy" legte 2004 eine allerdings sehr vage Schätzung von 4,5 Mio. Euro vor. Die Überprüfung durch das Baumanagement ergab dann – unter Berücksichtigung des zwischenzeitlich geänderten Wechselkurses, der allgemeinen Kostensteigerungen und präziserer Einsichten in den Bauzustand der Kirchenruine – eine einigermaßen realistische Kostenschätzung in Höhe von 5,4 Mio. Euro. Dieser Betrag wurde den Verhandlungen über die Kostenaufteilung zugrunde gelegt, die parallel zu den Planungen zwischen den Partnern zu führen waren und im Herbst 2007 positiv abgeschlossen werden konnten.

Die Gesamtkosten verteilen sich etwa zur Hälfte auf die Restaurierung der Kirche und zur anderen Hälfte auf den Neubau, wobei es auch von allen gemeinsam zu schulternde Ausgaben gibt. Dabei war von Anfang an klar, dass sich die öffentliche Hand nicht an den Kosten für die Wiederherstellung der Kirche beteiligen kann. Dieser Betrag von etwa 2,7 Mio. Euro muss von der DELKU bzw. praktisch von ihrer bayerischen Partnerkirche allein aufgebracht werden. Der Ökumene- und Finanzabteilung in München war das schon in einem sehr frühen Stadium der Planungen bewusst. Sie hatten daher bereits im Jahr 2000 der Landessynode vorgeschlagen, aus unerwarteten Mehreinnahmen auch eine Rücklage für das Projekt Odessa zu bilden. Dieser Synodenbeschluss ist bis heute die Grundlage des finanziellen Engagements der bayerischen Landeskirche im Projekt St. Paul. Alle darüber hinausgehenden Mittel muss die Ökumeneabteilung während der Bauzeit in ihrem Budget sowie durch Kollekten und Spendenaktionen – wie etwa die Sammlung „Fastenopfer" – aufbringen.

Relativ früh entschieden auch der Aufsichtsrat des BHO und das Bayerische Sozialministerium, sämtliche BHO-Immobilien in Odessa zu veräußern und den Erlös in den Neubau des „Deutschen Zentrums St. Paul" zu investieren. Veranschlagt ist hierfür – auf der Grundlage der gegenwärtigen Situation auf dem Immobilienmarkt in Odessa – ein Betrag von 1,4 Mio. Euro, wobei auch das Bayerische Sozialministerium einen Zuschuss bis zu 300 000 Euro in Aussicht gestellt hat. Auch die bayerische Landeskirche wird sich mit einem Betrag an der Finanzierung des Neubaus beteiligen. Zuletzt hat im Herbst 2007 das BMI die Förderung des Neubaus mit 530 000 Euro zugesagt. Der Rest der Gesamtsumme soll durch einen Kredit der bayerischen Landeskirche aufgebracht werden, der durch Mieteinnahmen der ersten Jahre getilgt wird: „Was einer allein nicht schafft, ist vielen gemeinsam möglich."

Im Kosten- und Finanzierungsplan nicht enthalten sind die Ausgaben für die Inneneinrichtung des Gottesdienstraumes und seine künstlerische Ausgestaltung. Im Allgemeinen ist das die Aufgabe der Gemeinde. DELKU und Gemeinde haben daher erneut einen „Fonds für den Wiederaufbau von St. Paul" ins Leben gerufen, der in Odessa Sponsoren sucht und Spenden einwirbt. Darüber hinaus hat sich Bischof Güntsch in der lutherischen Weltfamilie und bei den deutschen Diasporawerken um Unterstützung bemüht. Inzwischen haben das *Gustav-Adolf-Werk*, der *Martin-Luther-Bund* und das *Deutsche Nationalkomitee des Lutherischen Weltbundes* zugesagt, der Gemeinde bei der Ausgestaltung ihrer Kirche finanziell unter die Arme zu greifen. So ist etwa im *Martin-Luther-Bund* die *Diasporagabe* in diesem Jahr – 2008 – für St. Paul bestimmt. Auch das Auswärtige Amt ist bereit, aus dem Topf für auswärtige Kulturpolitik unter dem Stichwort „Kunst im öffentlichen Raum" einen Zuschuss zur künstlerischen Gestaltung des Kirchen- und Konzertsaales zu gewähren.

Schließlich wurden auch die Vorüberlegungen der Machbarkeitsstudie von 2002 zur Betriebsstruktur des neuen Zentrums weitergeführt. Allen Beteiligten war rasch klar geworden, dass hier sorgfältige Planungen notwendig sein würden, die auch die ganz anders gelagerten juristischen Gegebenheiten und Möglichkeiten in der Ukraine zu berücksichtigen hätten. So ist es – um nur ein Beispiel zu nennen – der DELKU als einer Religionsgesellschaft bzw. Wohltätigkeitsorganisation nach ukrainischem Gesetz verboten, gewerblich tätig zu sein und etwa Räume im „Deutschen Zentrum St. Paul" zu vermieten. Darum ist jetzt die Gründung einer GmbH nach ukrainischem Recht geplant. In ihr wirken die DELKU, das BHO und als dritter Partner die bayerische Landeskirche als Hauptinvestor zusammen bei der Bewirtschaftung des neuen Zentrums. Die GmbH soll Räume vermieten, um Geld zu erwirtschaften, die Gemeinschaftsaufgaben im Zentrum wahrzunehmen und vor allem für ein reibungsloses Miteinander der Partner hier auf dem „deutschen Hügel" Sorge zu tragen. Mit der Ausarbeitung der Betriebsstruktur und der Klärung der juristischen Fragen wurde die international renommierte Kanzlei „Deloitte & Touche" beauftragt, die auch über ein Büro in Kiew verfügt. Man ist aus Schaden klug geworden!

Das Wunder von St. Paul

Am 4. Oktober 2005 war es so weit. An diesem sonnigen Herbsttag wurde hinter dem hohen Bauzaun die Baustelle St. Paul offiziell eröffnet. Dazu hatten sich zahlreiche Repräsentanten des öffentlichen Lebens, die Vertreter der befreundeten christlichen Kirchen, die ganze Gemeinde und viele neugierige Odessiten vor dem Hauptportal der Kirchenruine versammelt. Aus München waren Landesbischof Dr. Johannes Friedrich und aus Kiew der Botschafter angereist. Es wurde gesungen und gebetet und der Segen Gottes über allen am Bau Beteiligten ausgerufen. Odessas Presse jubelte.

Doch *de facto* begannen mit der Baustelleneröffnung erst die Vorarbeiten. Vor Ort verstand man darunter die „Beseitigung der Havarieschäden" – eine Formulierung, die nun allerdings sehr weit gefasst werden durfte. So konnte man die absturzgefährdete Apsis beseitigen, im Inneren der Ruine die alten Stahlkonstruktionen abmontieren und vor allem die Ruine innen und außen an den umlaufenden Mauern aufgraben, um die Fundamente zu stabilisieren. Die Bodenbeschaffenheit und die Bauschäden der letzten Jahrzehnte hatten diese sehr aufwändige Maßnahme notwendig gemacht. Da auch der Hauptturm gefährdet erschien, konnte hier mit dem Einbau der Treppe begonnen werden. Um die Umfassungsmauern vor weiteren Schäden zu bewahren, wurde die Beseitigung der teilweise armdicken Risse in Angriff genommen und die Außenmauern durch einen oben aufgelegten, umlaufenden Stahlbetonring gesichert. Und im Inneren durfte mit der Errichtung neuer Stahlkonstruktionen für Empore und Dachstuhl begonnen werden. Denn all dies diente nach der Verständigung, die man vor Ort gefunden hatte, der Sicherung der Ruine.

Parallel dazu laufen nun seit zwei Jahren die Arbeitsplanungen für den Neubau. Hier sind noch manche Fragen zu klären. Konkret geht es dabei etwa um die an der Schwarzmeerküste heikle Frage der Klimatisierung und die Definition des Begriffes „Eurostandard" bei der technischen Ausstattung des Neubaus. Aber auch die Durchsetzung deutscher Sicherheitsstandards und deutscher Vorschriften für behindertengerechte Lösungen sind gegenüber der ukrainischen Planung mit Nachdruck zu betreiben. Auch ist zu klären, wie der Strombedarf angesichts der maroden und überteuerten Stromversorgung der Stadt gesichert werden kann.

Insgesamt haben sich Planungsbüro und Baumanagement in dieser Zeit um 26 Einzelgenehmigungen bei diversen Behörden der Stadt bemüht. Planung, Genehmigung und Durchführung derartiger Großprojekte sind gewiss auch in Deutschland mit immer neuen Überraschungen im Geflecht der Bürokratie verbunden. Sie erfordern überall auf der Welt Verhandlungsgeschick und eine gehörige Portion Geduld. Die Situation in der Ukraine ist freilich um ein Vielfaches komplizierter und für Deutsche nicht selten undurchschaubar. Zur unterschiedlichen Gesetzeslage und den Unterschieden in der Handhabung von Verordnungen und Vorschriften kommen Unterschiede in der Mentalität, in der Art, wie Planungs- und Arbeitsabläufe organisiert werden und Entscheidungsprozesse ablaufen. Immer wieder tauchen auch neue Personen auf, die sich in ihren Interessen berührt sehen und in irgendeiner Weise eingebunden werden müssen. Da kann es dann schon mal bei Arbeitsabläufen auf der Baustelle zu Erpressungsversuchen, ja sogar zu gerichtlichen Klagen und lautstarken Angriffen in der Presse kommen. Beziehungen spielen eine Rolle und manches mehr …

Inzwischen läuft die Restaurierung des alten Teils der Kirche weiter. Das Dach wurde eingedeckt, und die Schäden an der Fassade werden beseitigt. Auch für den Neubau wurden die Stützpfähle 16 Meter tief in den Boden gerammt und das Kellergeschoss ausgehoben. Die DELKU und ihr bayerischer Partner rechnen damit, dass sich die endgültige Fertigstellung des gesamten Zentrums noch bis in das Jahr 2009 hinziehen wird.

Dass aber nun nach mehr als 15 Jahren das Wiedererstehen der alten lutherischen St.-Pauls-Kirche in Odessa in greifbare Nähe gerückt ist, darf als Wunder gelten. Oberkirchenrat Michael Martin wirbt in seiner bayerischen Landeskirche unermüdlich für das große Projekt mit der Parole „Unmögliches ist dem Glauben möglich!“ In seinem Aufruf zur weiteren Unterstützung würdigt er das „Deutsche Zentrum St. Paul“ als deutsch-ukrainisches Begegnungszentrum auf dem Weg in das neue Europa als Kristallisationspunkt für das neu erwachte lutherische Leben in der Südukraine und als ein „Symbol des Glaubens in einer postchristlichen Gesellschaft“.

Etwas einfacher, aber nicht weniger überzeugend sieht man das im Schatten von St. Paul. Im vergangenen Sommer entdeckten die Bauarbeiter zwei Meter tief im Boden unter dem Hauptturm eine kleine Pappikone. Fest verzurrt in Packpapier zeigt sie das Angesicht des Erlösers, ein „Mandylion“ also, wie es die Orthodoxie kennt, in der westlichen Tradition bekannt als das Christusangesicht auf dem Schweißtuch der Veronika. Ein Gebet auf der Rückseite in kirchenslawischer Sprache verrät, dass die Ikone vor der Revolution auf dem Berg Athos gesegnet wurde. Wann wurde sie im Boden unter der Kirche eingegraben, von wem und mit welchen Gedanken im Herzen? Niemand weiß darauf eine Antwort. Doch das interessiert auch eigentlich hier in der Gemeinde niemanden. Jurij Petrowitsch Schäfer, der die kleine Ikone für die Einweihung von St. Paul in seinem Büro wie seinen Augapfel hütet, sagt: „Das ist ein Wunder. Der Erlöser selber hat unsere *Kircha* in allen Stürmen des letzten Jahrhunderts bewahrt, damit wir sie jetzt wieder aufbauen.“

Anton
Tikhomirov

Arbeit an der Zukunft

Das Theologische Seminar der ELKRAS in Novosaratovka/St. Petersburg

1. Unschärfe oder 3D?

Vor kurzem hat meine fünfjährige Tochter Arina von unseren guten Bekannten ein tolles Geschenk bekommen: einen Zeichentrickfilm auf einer DVD. Der Film hat eine Besonderheit. Wenn man ihn wie gewöhnlich anschaut, entsteht der Eindruck, das Bild sei verwischt, undeutlich und unscharf. Es sieht nicht gerade sehr attraktiv aus. Aber der DVD ist eine spezielle Brille beigelegt: mit einem roten und einem blauen Glas. Wenn man den Film durch diese Brille anschaut, dann wird alles ganz anders. Dann wird das Bild nicht nur deutlich, es bekommt eine Tiefendimension, es wird also dreidimensional. Das ist eigentlich ein alter Trick. Wenn man zwei Bilder (jedes für ein Auge) einfach aufeinander legt, dann wird das Gesamtbild verwischt und unscharf. Wenn man sie aber separat, jedes mit dem richtigen Auge, betrachtet, dann sieht man ein 3-D-Bild.

Etwas Ähnliches empfinde ich, wenn ich über unser Seminar nachdenke. Auf den ersten Blick gibt es da viel zu viel Undeutlichkeit und Unschärfe. Nur ein paar Beispiele. Mein Bericht ist dem zehnjährigen Jubiläum des Seminars gewidmet, das Ende September 2008 gefeiert wird. Aber in Wirklichkeit ist dieses Datum – 26. September 1998 – das Datum der feierlichen Einweihung des Seminargebäudes. Der Unterricht hat schon Ende April 1997 begonnen, und zwar in einem Flügel der St. Petrikirche am Newskij Prospekt, und Anfang Mai zogen die Studenten in das noch nicht vollständig renovierte Gebäude in Novosaratovka ein. Im Unterschied zur Feier der Einweihung war der eigentliche Anfang sehr bescheiden: Ich erinnere mich an halbdunkle und staubige Räume des damals auch noch nicht renovierten Flügels oder an ein Zimmer in Novosaratovka, das später zum Büro des Rektors wurde und das anfangs als Auditorium und Speiseraum zugleich diente. Also was nun, ein bescheidener Anfang oder eine feierliche Zeremonie?

Oder eine andere Unschärfe: Von Anfang an war es nicht leicht, das Ziel und das Konzept der Ausbildung am Seminar festzulegen. Einerseits war die Ausbildung schon immer „sehr praktisch" orientiert. Das Ziel war: so schnell wie möglich Pastoren für die Gemeinden unserer Kirche auszubilden, die zumindest die notwendigsten Kenntnisse und Fähigkeiten besäßen. Andererseits wurde den Studenten von Anfang an gesagt: „Ihr seid die künftige Elite unserer Kirche. Eure Ausbildung macht aus euch nicht nur gewöhnliche Prediger, sondern auch Theologen!" Was nun, Elite der Kirche oder Erfüllung eines elementaren Bedürfnisses?

Eine Unschärfe kann man auch auf einer ganz anderen Ebene finden: Das Dorf Novosaratovka liegt dicht am St. Petersburger Stadtrand. Einige Gemeinden im Land haben ihre jungen Mitglieder schon deshalb nicht gerne zu uns geschickt, weil sie Angst hatten, dass der Einfluss einer großen Stadt sie verderben würde. Aber im Seminar wohnen junge Frauen und Männer weitgehend isoliert, weil es viel Zeit und Geld kostet, um in die Stadt zu gelangen. Manchmal müssen Dozenten die Studenten regelrecht dazu zwingen, dass sie z. B. Museen oder Kulturveranstaltungen besuchen oder einfach zur Erholung in der Stadt bummeln, anstatt in ihren Zimmern zu schlafen (ein Wunsch, der nach intensivem Unterricht durchaus verständlich ist). Also, eine große Stadt oder ein Dorf?

Die Liste solcher Undeutlichkeiten ließe sich noch weiterführen. Eine solche Lage kann bei einem Beobachter leicht Verwirrung stiften. Zu undeutlich wird das Bild, auch nicht besonders attraktiv. Und das hat nicht selten auch Kritik ausgelöst. Aber vielleicht hängt das alles nur vom Gesichtspunkt ab. Man muss eine spezielle Brille aufsetzen, um alles anders sehen zu können: Nicht Verwischtheit und Undeutlichkeit wird man dann sehen können, sondern ein erstaunliches, ungewöhnliches, sich von normalen flachen Bildern sehr unterscheidendes 3-D-Bild. Ich hoffe, dass gerade ein solcher Blick gerechtfertigt und richtig ist. Und meinen Bericht verstehe ich als einen Versuch, durch eine solche 3-D-Brille auf die Geschichte, den heutigen Tag und die Zukunft unseres Seminars zu blicken. Dann wird die scheinbare Unschärfe zur beeindruckenden Tiefe.

2. Der lange Weg: Dorpat – Leningrad – Riga – Novosaratovka

Zunächst sollte man einen kurzen Blick auf die Geschichte des Seminars werfen. Und das wird zu einer zusätzlichen Illustration der scheinbaren Verwischtheit des Bildes: Unser Seminar, das „erst" das zehnjährige Jubiläum feiert, hat zugleich eine lange und reiche Geschichte.

Im Jahrbuch des MLB wurden schon mehrere Berichte über verschiedene theologische Ausbildungsstätten in Ost-Europa veröffentlicht. Fast jede war stolz auf ihre jahrhundertelange Geschichte. Im Unterschied zu ihnen ist unser Seminar, wie gesagt, wirklich sehr jung. Wir sind erst zehn bzw. elf Jahre alt. Schon deshalb ist es fast unvermeidlich, dass mein Bericht sich von den anderen unterscheidet, denn unsere Vergangenheit ist eigentlich nicht so groß. Viel interessanter ist es für mich, über unsere Zukunft nachzudenken, die, wie ich hoffe, wirklich groß wird.

Und doch haben auch wir eine Geschichte.

Als Ausgangspunkt dürfte das Jahr 1802 dienen. Das ist das Jahr der (Wieder-)Gründung der Universität Dorpat (heute: Tartu) unter der russischen Regierung. An der theologischen Fakultät dieser Universität wurden sehr viele Pastoren der Evangelisch-Lutherischen Kirche im Russischen Reich ausgebildet. Unter den Professoren der Fakultät muss man z. B. Theodosius Harnack (den Vater von Adolf Harnack) nennen. Theologisch gesehen vertrat die Fakultät ab der zweiten Hälfte des 19. Jahrhunderts das so genannte „gesunde Luthertum", also: eine konfessionelle lutherische Theologie.[1]

Der Erste Weltkrieg und die Oktoberrevolution bedeuteten für die Pastorenausbildung in Russland einen entscheidenden Einschnitt. Es war nicht möglich, Theologen außerhalb der Staatsgrenzen auszubilden, Tartu lag aber jetzt außerhalb der Sowjetunion. Man versuchte das Problem mit den Kursen in Petrograd zu lösen, die 1921 begannen. Auf der ersten Generalsynode (21.–26. Juni 1924) wurde beschlossen, eine ständige Ausbildungsstätte der Kirche unter der Leitung des Bischofs Arthur Malmgren (1860–1947) zu gründen. So begann die fast zehnjährige äußerst schwere, leidvolle, aber auch glorreiche Geschichte des berühmten Leningrader „Predigerseminars" (1925–1934).[2] 57 Absolventen des Seminars wurden ordiniert, aber nur we-

---

1 Für mehr Informationen über die Geschichte der Fakultät verweise ich auf den Aufsatz von Kalle Kasemaa im Jahrbuch des MLB 2001: Kalle Kasemaa, Die Theologische Fakultät in Tartu (Dorpat), in: Lutherische Kirche in der Welt. Jahrbuch des Martin-Luther-Bundes, Folge 48, 2001, S. 145–158. Man kann auch die entsprechenden Stellen im Standardwerk von Wilhelm Kahle nachschauen: Wilhelm Kahle, Wege und Gestalt evangelisch-lutherischen Kirchentums. Vom Moskauer Reich bis zur Gegenwart, Erlangen 2002, S. 203–205.

2 Hier verweise ich auf das vom MLB veröffentlichte Buch Helmut Tschoerners über die Geschichte des Seminars: Helmut Tschoerner, Das evangelisch-lutherische Predigerseminar in Leningrad 1925–34. Anmerkungen zu seiner Geschichte. Mit 79 Briefen von Bischof D. A. Malmgren, Erlangen 2002.

nige konnten zumindest eine Zeit lang im Amt bleiben: Einige traten „freiwillig“ zurück, viele wurden verhaftet und umgebracht, andere konnten keine Gemeinde mehr finden. Noch ein paar Jahre und alle Formen des organisierten kirchlichen Lebens hatten aufgehört …

Zu einem neuen Anfang wurden die mehr oder weniger regelmäßigen Kurse der „Fernausbildung“, die von Bischof Harald Kalnins 1989 in Riga (zeitweilig auch an anderen Orten) organisiert wurden. Ab 1990 leitete sie der künftige Erzbischof Prof. Dr. Georg Kretschmar. Später wurde St. Petersburg zu dem Ort, an dem die Kurse stattfanden, denn nach dem Zusammenbruch der Sowjetunion lag Riga außerhalb der Grenzen Russlands. Das erste Programm und der erste ordentliche Unterrichtsplan (vorher wurden Themen der Kurse spontan ausgewählt) wurden aber erst 1996 entwickelt (dann aber vor einigen Jahren wieder grundsätzlich revidiert).

Das alles aber gehört noch zur Vorgeschichte des Seminars.

Die eigentliche Geschichte beginnt erst 1994. In diesem Jahr wurde nach langen Überlegungen und langer Suche das Gebäude der ehemaligen lutherischen St.-Katharinen-Kirche in Novosaratovka gekauft.

Novosaratovka ist ein Vorort von St. Petersburg, der im 18. Jahrhundert als deutsche Siedlung entstand. Noch heute kann man, wenn man im Dorf spazieren geht, viele alte deutsche Häuser aus dem 19. Jahrhundert sehen, die alle nach einem Muster gebaut sind. Am Friedhof, der neben der Kirche liegt, sind immer noch ein paar alte deutsche oder auch englische Grabsteine erhalten. Die Kirche selber wurde ebenfalls im 19. Jahrhundert erbaut. In der Sowjetzeit wurde sie enteignet, umgebaut und als Schule und Fahrschule benutzt. Der Zustand des Gebäudes war zur Zeit des Erwerbs äußerst schlecht. Die Renovierung, die intensiv betrieben wurde, konnte, wie gesagt, erst 1998 beendet werden.

Z. Zt. besteht der Komplex des Seminars aus zwei Hauptgebäuden. Im Gebäude der einstigen Kirche sind ein Wohnheim für Studenten (etwa 35 Plätze), Auditorien, eine Bibliothek mit Lesesaal, eine Küche, ein Speiseraum und einige andere kleinere Räume eingerichtet. Zum Herzen des Hauses wird die St.-Katharinen-Kapelle, die sich in keinem separaten Raum befindet, sondern praktisch im Zentrum des Erdgeschosses am Hauptgang liegt.

Das neue Katharina-von-Bora-Haus wurde vor vier Jahren gebaut, dort findet man Büroräume, ein gemütliches Konferenzzimmer, einen Fitnessraum für Studenten und vier große Dozentenwohnungen.

Der ganze Komplex (ein „Mini-Campus“) steht mitten im Dorf, am Neva-Ufer, von armseligen Hütten der „normalen“ Rentner und prächtigen Villen der „neuen Reichen“ umgeben. Auf der anderen Seite des Flusses bilden normale mehrstöckige Stadthäuser St. Petersburgs den Hintergrund des Ganzen.

Erwerb und Renovierung des Gebäudes, Neubau und Unterhalt des ganzen Komplexes sowie die tägliche Arbeit des Seminars wären ohne Hilfe aus dem Ausland nicht möglich gewesen. Hier sind an erster Stelle die Namen von Gerhardt und Joan Krodel (Gettysburg) zu nennen, die immense Summen an Spenden in den USA gesammelt haben. Die von Prof. G. Krodel (1926–2005) gegründete „LENS-Stiftung" („Lutheran Endowment for Novosaratovka Seminary") gehört zu den zuverlässigsten Sponsoren des Seminars. Zu den anderen wichtigen Sponsoren gehören das Lutheran Board for Mission Support, der Martin-Luther-Bund (hier muss man in erster Linie den Namen von Landesbischof Professor Dr. Joachim Heubach [1925–2000] erwähnen, der unermüdlich Spenden für das Seminar gesammelt hat), das Gustav-Adolf-Werk, der Lutherische Weltbund, die Evangelische Kirche in Deutschland, die Evangelical-Lutheran Church in America und viele andere größere und kleinere kirchliche Organisationen, denen wir allen zutiefst dankbar sind.

Der Unterricht hat, wie gesagt, Ende April 1997 begonnen. Zehn Studenten, darunter nur eine Frau (sie wurde später meine Ehefrau, auch ich selber gehörte damals zu diesem Kreis), begannen jetzt nicht mehr das „Fernstudium", sondern das volle Studium. Erster Rektor des Seminars wurde Dr. Stefan Reder, Stellvertreter des Erzbischofs. Das Entstehen und die Erhaltung des Seminars in den ersten Jahren seiner Geschichte war nur durch seine unermüdliche Arbeit möglich. Er unterrichtete auch Praktische Theologie. In seiner Arbeit begleitete ihn von Anfang an Dr. Wenrich Slenczka (1995–1999), der die Vorlesungen und Seminare in Systematik und Kirchengeschichte hielt. Etwas später kam Peter Lobers (1998–2002), der für die biblischen Fächer zuständig wurde, dazu. Ihnen standen Übersetzerinnen, Sprachlehrerinnen, Büromitarbeiterinnen und andere Kräfte treu zur Seite. Besonders in den ersten Jahren gab es viele Gastdozenten, vor allem aus Deutschland und den USA. Ab 1998 arbeitete im Seminar Godeke von Bremen, der als Theologie- und Ausbildungsreferent in der Kirche tätig war. Die anderen ständigen Dozenten aus früheren Jahren und von heute seien hier ebenfalls erwähnt: Dr. Arthur Christian Repp (ELCA, 1999–2003), Dr. Reiner Reuter (EKD, 2002–2006), Bradn Buerkle (ELCA, ab 2003), Dr. Joseph Kang (Presbyterianische Kirche, USA, ab 2002).

Als Stefan Reder 2003 aus persönlichen Gründen zurücktreten musste, erfüllte Godeke von Bremen eine Zeit lang seine Pflichten. Danach wurde Pastor Rudolf Blümcke aus Krasnojarsk zum neuen Rektor ernannt. Er konnte aber auch nicht lange bleiben, und 2005 wurde Godeke von Bremen endgültig zum Rektor (bis Mitte 2007). Zu seinen größten Verdiensten darf man zählen: zum einen die nach allen Umwälzungen sehr nötige innere Stabilisierung und die Verbesserung des Klimas im Seminar und zum anderen die wirtschaftliche Erhaltung des Seminars in einer Situation, in der die Einnahmen immer kleiner und die Kosten immer größer wurden. Während seiner Zeit wurde auch das neue Programm des Fernstudiums und ein Ausbildungskonzept für die ganze ELKRAS erarbeitet.

In den vergangenen Jahren haben 24 Männer und Frauen das Seminar mit einem Diplom absolviert, von ihnen sind bisher 16 ordiniert worden. Einige von ihnen sind Pröpste oder Träger anderer wichtiger übergemeindlicher Dienste geworden.

Zur Zeit befinden sich im Seminar 12 Studenten, und etwa 35 stehen auf der Liste der Teilnehmer der Fernkurse, die immer mehr nachgefragt werden. Diese Kurse haben auch einige wichtige Personen der ELKRAS durchlaufen, unter anderem zwei gegenwärtige Bischöfe.

3. Das Studium am Seminar

Wie gesagt, gerade die Fernkurse muss man zu den unmittelbaren Vorfahren unseres Seminars zählen. Mit der Eröffnung des regulären Studiums sind sie aber nicht einfach abgestorben. Sie werden – wenn auch etwas verändert – weiter und mit großem Erfolg durchgeführt. Zu Teilnehmern dieser Kurse können Menschen werden, die schon in einer Gemeinde tätig sind und etwas Erfahrung im kirchlichen Dienst haben: Prediger, Gemeindeleiter, Sonntagsschulmitarbeiterinnen, sogar ordinierte Pastoren, die bisher keine ordentliche theologische Ausbildung genießen konnten. Diese Fernkursteilnehmer werden zweimal im Jahr zu den jeweils etwa zweiwöchigen intensiven Kursen eingeladen. Insgesamt müssen sie acht solcher Kurse erfolgreich absolvieren. Das Programm der Kurse ist festgelegt. Jeder bildet eine in sich geschlossene Einheit, in der ein oder zwei bestimmte Themen (z. B. Wort Gottes, Schöpfung, Taufe, Beerdigung, Abendmahl usw.) von verschiedenen Gesichtspunkten aus betrachtet werden: vom biblischen, systematischen, konfessionskundlichen, praktisch-theologischen und schließlich (wenn auch etwas weniger) kirchengeschichtlichen. Das Programm ist außerdem so konzipiert, dass ein Teilnehmer mit jedem beliebigen Kurs beginnen kann.

Jeder, der diese acht Kurse erfolgreich absolviert, bekommt am Ende ein Attestat. Der Status dieses Attestats bedarf aber zusätzlicher innerkirchlicher Klärung. Daran muss noch gearbeitet werden. Eine andere Möglichkeit für die Absolventen besteht darin, dass sie zusammen mit den regulären Studenten die Abschlussprüfungen ablegen und eine Diplomarbeit schreiben. Dann können sie ein normales Diplom des Seminars bekommen. Bisher aber hat das nur einer geschafft – der Pastor der Novgoroder Gemeinde, Igor Zhuravlev.

Für das reguläre Studium können sich junge Männer und Frauen bewerben, die eine abgeschlossene Schulausbildung haben und eine Empfehlung ihres Bischofs vorlegen. Da die ELKRAS nicht immer ihre Pastoren bezahlen kann, ist eine zusätzliche Fachausbildung bei den Bewerbern sehr erwünscht.

Das reguläre Studium dauert vier Jahre: drei Jahre im Seminar und ein Jahr Praktikum in einer Gemeinde der ELKRAS. Innerhalb der ersten drei Jahre sollen die Studierenden theoretische Kenntnisse in allen klassischen theologischen Fächern erwerben und auch ihre Kenntnisse einer modernen Fremdsprache vertiefen. Das Erlernen der klassischen alten Sprachen (Hebräisch, Griechisch, Latein) ist nicht vorgesehen. Den Abschluss dieses Teils des Studiums bilden eine Diplomarbeit und Examina.

Das Praktikum (immer wieder „Vikariat" genannt, obwohl diese Bezeichnung nicht ganz zutreffend ist) wird von einer Reihe von Seminaren mit Schwerpunkt Seelsorge begleitet. Am Ende findet ein Kolloquium statt. Dann bekommen die Absolventen das Diplom eines Bakkalaureus. Bezüglich der offiziellen Anerkennung dieses Diploms ist noch nicht alles geregelt. Davon aber wird weiter unten die Rede sein.

Die Reisekosten und die Verpflegung der Studierenden übernimmt das Seminar. Sie erhalten sogar ein kleines Stipendium.

Wir haben eine gut ausgestattete Bibliothek, die bestimmt zu den besten theologischen Bibliotheken in St. Petersburg gehört und von der die persönliche Büchersammlung von Alterzbischof Professor Dr. Georg Kretschmar, die er dem Seminar geschenkt hat, ein wichtiger Teil ist. Es besteht leider immer noch ein sehr großer und z. Zt. nicht ganz erfüllbarer Bedarf an russischsprachiger theologischer Literatur, denn die meisten Studenten können weder Deutsch noch Englisch fließend lesen.

Vorlesungen im Seminar werden in Russisch, Deutsch und Englisch gehalten – auf jeden Fall aber mit einer russischen Übersetzung. Z. Zt. sind im Seminar drei theologische Dozenten tätig: zwei aus den USA und einer aus Russland (die aus Deutschland besetzte Dozentur ist gerade frei). Es wird daran gearbeitet, dass der Anteil der einheimischen Dozenten größer wird; dieser Prozess läuft aber sehr langsam und ist äußerst schwierig.

4. „Friedhofsbaptisten"

Die Frage nach der Bedeutung des Diploms eines Absolventen ist mit der Gesamtsituation in Russland und in St. Petersburg verbunden. Unser Seminar hat eine staatliche Lizenz. Das bedeutet aber lediglich, dass es als religiöse Ausbildungsstätte legal existieren darf. Eine staatliche Akkreditierung zu bekommen (d. h. eine staatliche Anerkennung des Diploms) ist im Moment einfach unmöglich. Obwohl der Staat den religiösen Ausbildungsstätten in letzter Zeit gewisse Schritte entgegenkommt, bleiben die Bedingungen, die von ihm immer noch gestellt werden, fast unerfüllbar, insbesondere wenn es sich um solch kleine Einrichtungen wie unser Seminar handelt.

Das Fehlen der offiziellen Anerkennung muss aber noch lange nicht das Fehlen einer Autorität in der Gesellschaft bedeuten. Eine solche Autorität kann schließlich viel mehr wiegen als offizielle Papiere. Und gerade in diesem Bereich wurde in der letzten Zeit leider sehr viel unterlassen. Hier muss man noch sehr hart arbeiten.

Unser Seminar steht wie gesagt direkt am Neva-Ufer. In der Sommerzeit fahren dort praktisch alle fünf oder zehn Minuten Touristenschiffe vorbei, z. B. zu dem berühmten Valaam-Kloster. Solche Fahrten werden normalerweise von einem Reiseführer begleitet, der die Fahrgäste über alles informiert, was sie am Ufer beobachten können. Aber unser sehr auffälliges Gebäude mit einem Kreuz auf dem Dach bleibt paradoxerweise einfach unbemerkt. Keiner der Führer weiß von der Existenz des Seminars. Und wenn sie auch davon wüssten, würden sie trotzdem nicht erklären können, was es ist …

Noch ein typisches Beispiel: Davon hat einer unserer Studenten berichtet, der am Abend mit dem Bus aus der Stadt ins Seminar zurückfuhr. Einer der Fahrgäste fragte seinen Nachbarn, was für ein großes gelbes Gebäude hinter dem Friedhof zu sehen sei. Der habe geantwortet: „Ach ja, dort sitzen Friedhofsbaptisten!" So wirken die schreckliche religiöse Inkompetenz im heutigen Russland und die sehr kleine Zahl von Lutheranern im Land zusammen.

Etwas anders verhält es sich freilich im akademischen Bereich. Hier hat unser Seminar etliche wichtige und interessante Kontakte. Z. B. gehört zu der Zahl unserer herausragenden Freunde der berühmte Prof. A. Alexeev, Leiter des bibelwissenschaftlichen Instituts in der St. Petersburger staatlichen Universität (Philologische Fakultät). Zu diesem Institut haben wir gute Beziehungen, die auch eine Perspektive haben können. Die ersten bescheidenen Schritte in den Beziehungen zur Orthodoxen Geistlichen Akademie sind ebenfalls getan. Im Sommersemester 2007 hat bei uns B. Tikhomirov, Dozent der Geistlichen Akademie, Vorlesungen über die Propheten gehalten. Es gibt auch andere positive Beispiele. Aber das alles reicht nicht aus. Unser Potenzial ist viel größer. Um es zu verwirklichen, muss man noch arbeiten.

Man sollte es in diesem Zusammenhang klar sehen und auch sagen: Unser Seminar ist eigentlich fast die einzige Ausbildungsstätte in Russland und anderen GUS-Ländern, in der die moderne wissenschaftliche evangelische Theologie unterrichtet wird. Die überwiegende Mehrzahl anderer protestantischer Ausbildungseinrichtungen (das Seminar der Ingermanländischen Kirche in Koltuschi eingeschlossen) stehen bewusst auf der „konservativen" (z. T. extrem konservativen, biblizistischen) Position. Unser Seminar wird also fast zum einzigen Vermittler der modernen akademischen Theologie in vielen Ländern der früheren Sowjetunion. Diese Tatsache muss nachdrücklich propagiert werden – besonders vor dem Hintergrund des ersten „Affenprozesses" in St. Petersburg einerseits[3] und andererseits des öffentlichen Briefes einiger führender russischer Wissenschaftler an Wladimir Putin, in dem sie aus Angst vor Aberglauben, den sie anscheinend mit der Religion verwechseln, der Theologie den Status einer Wissenschaft entschieden absprechen wollen.[4]

Unsere Position kann von den russischen Behörden, der weltlichen Wissenschaft und von den aufgeklärten (aber auch weniger aufgeklärten!) Kreisen der Orthodoxie mit Interesse und Sympathie aufgenommen werden, denn sie sind daran interessiert, das Wachsen des religiösen Fundamentalismus und die aggressive Mission evangelikaler Gruppen zu verhindern und zugleich die moderne westliche Theologie kennen zu lernen.

5. „Das Leben nach der Bibel" oder „Die kompromisslose Verkündigung des Evangeliums"

Aber gerade das, was zu einem Vorteil in der Welt der akademischen Theologie und in der weltlichen Gesellschaft werden kann, wird in der eigenen Kirche oft zu einem Problem. Fast von Anfang an gilt unser Seminar in

3 Im Juli 2006 hat Maria Schreiber, eine Schülerin aus St. Petersburg, versucht, vor Gericht zu erreichen, dass die Evolutionstheorie in der Schule nicht mehr als eine dominierende Theorie unterrichtet wird. Der Prozess war für sie am Ende erfolglos.

4 Der offene Brief – als „Brief der zehn Akademiker" bekannt – wurde am 23. Juli 2007 veröffentlicht. Er ist von zehn führenden Naturwissenschaftlern, Mitgliedern der Akademie der Wissenschaften, u. a. zwei Nobelpreisträgern, unterschrieben.

bestimmten Kreisen als ein „Wespennest des Liberalismus". Noch bei der Generalsynode 1999 hat einer der Pastoren gesagt, dass seines Wissens im Seminar „Homosexualität propagiert" werde – und das war zu der Zeit, als bei uns noch viele Dozenten aus der konservativen Lutherischen Kirche – Missouri-Synode unterrichteten!

Die Gründe, warum jede theologische Reflexion, und umso mehr die mehr oder weniger freie, in unserer Kirche manchmal nicht gerne gesehen wird, sind vielfältig. Solche Probleme sind auch anderen Kirchen wohl bekannt. Es besteht keine Notwendigkeit, sie ausführlich zu besprechen. Wenn man sie aber zusammenfassen will, dann ist es vielleicht möglich, vereinfacht zu sagen, dass das Luthertum oft als ein charismatischer Inhalt in römischer Bekleidung wahrgenommen wird, also: „Evangelikalismus mit Liturgie". Das wichtigste in der evangelischen Verkündigung wird an die Peripherie gedrängt und die Fragen, die dem Luthertum oft untypisch oder gar fremd sind, werden hochstilisiert.

Ein Beispiel dafür ist die Diskussion, die nach einem meiner Artikel in unserem Kirchenblatt entstand. Dort ging es um die Bedeutung der Heiligen Schrift. Dabei wurden auch Fragen des Wesens des Luthertums berührt. Eine Teilnehmerin behauptete, dass es das wichtigste im evangelischen Christentum sei, „nach der Bibel zu leben" (im Kontext bedeutete es die Erfüllung des Gesetzes). Darauf habe ich mit dem folgenden etwas zugespitzten Satz geantwortet: „Das Wesen des Luthertums besteht in der kompromisslosen Verkündigung des Evangeliums, d. h. der Nachricht, dass Gott uns vergibt und uns annimmt, unabhängig davon, ob wir ‚nach der Bibel leben' oder nicht." Ein Pastor unserer Kirche schrieb daraufhin, wenn in Novosaratovka so unterrichtet werde, dann habe er „keine Lust, jemanden zum Studium dorthin zu schicken". Biblizismus und Gesetzlichkeit also sind zwei große Probleme, mit denen wir es in der Kirche zu tun haben und die zu überwinden in absehbarer Zeit nicht so leicht sein wird.

Öfter kann man hören, dass in Novosaratovka die Bedürfnisse der Regionalkirchen der ELKRAS nicht berücksichtigt werden, dass bei uns nicht die Spezialisten ausgebildet werden, die die Kirchen wirklich brauchen. Wenn man aber direkt nachfragt, wen die Kirchen denn brauchen, bekommt man meistens keine Antwort. Und das ist durchaus verständlich. Unsere Kirche hat noch kein eigenes Profil erarbeiten können. Sie ist immer noch am Suchen.[5] Dafür aber braucht sie gerade die Hilfe seitens gut ausgebildeter

5 Von einer etwas anderen Seite hat das Problem Godeke von Bremen 2004 angesprochen: „Vielfach werden die Absolventen aus Novosaratovka in den Regionen als Fremdkörper aufgenommen, was nicht an der inhaltlichen Ausbildung liegt, sondern eher

Theologen. Deshalb wird die Rolle des Theologischen Seminars – unabhängig davon, was einige Kirchenleiter momentan subjektiv von ihm halten – objektiv auch weiterhin überaus wichtig bleiben.[6]

Es darf natürlich nicht ausgeschlossen werden, dass die ideologischen und finanziellen Gründe (die, wenn man ehrlich sein soll, doch die Hauptrolle bei den Regionalkirchen spielen, die ausgebildete Pastoren nicht ordentlich anstellen können) ab und zu dazu führen werden, dass die Zahl der Studierenden im Seminar nicht so groß wird, wie unsere Kapazitäten es erlauben. Falls aber unsere Kirche Zukunft haben soll, dann muss das Seminar auch in solchen schweren Zeiten bestehen bleiben.

In diesem Zusammenhang müssen einige Aufgaben jetzt deutlicher als früher gestellt werden. Zusammenfassend kann man sie in zwei große, miteinander aufs Engste verbundene Bereiche einteilen:

1. Einerseits darf die Kirche nicht weiterhin nur mit unzureichend ausgebildeten Mitarbeitenden versorgt werden. Es stimmt: Innerhalb von drei Jahren kann man den Studierenden sehr viele Kenntnisse mitgeben. Diese Zeit reicht aber nicht aus, damit sie diese Kenntnisse wirklich verarbeiten und sich zu eigen machen können. So entsteht die Lage, dass sich auch die besten Absolventen des Seminars in manchen Situationen als pastoral unreif zeigen und zu eigenen, gut begründeten theologischen Entscheidungen nicht fähig sind. Daher muss über einen Studiengang nachgedacht werden, der wirklich mit dem akademischen Theologiestudium an einer westlichen Universität vergleichbar wäre, dabei darf aber die praktische Orientierung des Studiums nicht aus den Augen verloren werden. Es muss weiterhin ein System der theologisch-seelsorgerlichen Beglei-

daran, dass sie mit einer Institution identifiziert werden, die regional kaum integriert ist." – Siehe Godeke v. Bremen, Aktuelles Vorwort ein Jahr danach, in: Zur Zukunft der Ev.-luth. Kirche in Russland und anderen Staaten. Dokumentation eines Symposions. Sonderausgabe des Jahrbuches des Theologischen Seminars der ELKRAS, Novosaratovka 2004, S. 7.

6 Der erste Rektor des Seminars, Stefan Reder, hat in seinem Abschiedsvortrag 2003 dazu bemerkt: „Ich bin überzeugt, dass die ELKRAS gut und akademisch ausgebildete Pastoren braucht. Denn lutherische Kirche in der GUS ist doch gerade deshalb für viele attraktiv, weil sie die Bibel und den Glauben erklärt, weil man Fragen stellen und Antworten bekommen kann. Bei diesen Menschen scheinen mir die Zukunft und die Zukunftschancen der ELKRAS zu liegen. Und dafür braucht man gut und akademisch ausgebildete Pastorinnen und Pastoren." Siehe: D. Stefan Reder, „Das Land, das wir durchzogen haben, um es zu erkunden, ist sehr gut." (Num 14,7) – Erträge aus 12 Jahren Mitarbeit am Aufbau der ELKRAS, in: Zur Zukunft der Ev.-luth. Kirche in Russland und anderen Staaten (wie Anm. 5), S. 75.

tung der Absolventen in den ersten Jahren ihres Dienstes geschaffen werden, damit sie auf ihre Fragen immer qualifizierte Hilfe erhalten können. Als Ergebnis soll in der Kirche so bald wie möglich eine – wenn auch relativ dünne – Schicht von qualifizierten Theologen gebildet werden, die dann die Schlüsselposten übernehmen könnten.

Andererseits ist es unvermeidlich, dass das Seminar den Wünschen der Regionalkirchen entgegenkommt und einen kürzeren Studiengang zur Vorbereitung von Predigern, Katecheten und Evangelisten schafft. Denn das Bedürfnis an solchen Menschen, die dann ehrenamtlich arbeiten können, ist m. E. wirklich vorhanden. Man muss nur darauf achtgeben, dass zwischen beiden Studiengängen keine allzu große qualitative Kluft entsteht. Außerdem sollte mehr auf die Organisation von verschiedenen Seminaren für verschiedene Gruppen von Kirchenmitarbeitern geachtet werden.

2. Das Seminar soll zu einem Ort werden, an dem sich langsam eine eigene theologische Schule des russischsprachigen Luthertums bildet. Sie soll die einzigartige Erfahrung unserer Kirche vom Standpunkt der akademischen Theologie her verarbeiten. Deshalb sollte man sich in der Zukunft mehr mit der Organisation von theologischen Tagungen und Seminaren beschäftigen. Die Verlagsarbeit sollte ebenfalls vorangetrieben werden. Das Seminar muss mehr sein als einfach eine Ausbildungsstätte, es hat das Potenzial, zum theologischen Zentrum unserer Kirche zu werden, das aber auch außerhalb ihrer Grenzen Bedeutung hat.

Auf jeden Fall wird die Zukunft des Seminars nicht einfach sein. Die Dimension der Tiefe, von der am Anfang des Berichtes die Rede war, muss manchmal nicht nur gesehen, sondern auch erkämpft werden.

Die folgenden abschließenden Worte wurden in meinem Bericht schon mehrmals wiederholt, sie müssen aber nochmals gesagt werden: *Es gibt viel zu tun!*

Nelson
Kirst

Liturgische Erneuerung

Jüngste Erfahrungen in einer lutherischen Minderheitskirche in Brasilien[1]

1. Einstieg

Das Leben einer Kirche kann als eine Wanderung durch die Zeiten betrachtet werden. An dieser Wanderung nehmen Stämme, Sippen und Großfamilien – das heißt: Synoden, Gemeinden, kirchliche Bewegungen – des Kirchenvolkes teil. Die Wanderung ist multidimensional. Als Dimensionen der Kirchenwanderung könnte man nennen: ihre Theologie und Lehre, ihre Ausbildung und Erziehung, ihr Gemeindeaufbau und -leben, ihre Beziehungen zum sozialen Kontext, ihre Organisation, ihr gottesdienstliches Leben und anderes mehr. Diese verschiedenen Dimensionen bewegen sich in unterschiedlichen Tempi im Zuge der Kirchenwanderung. Jede Dimension erlebt Zeiten des kürzeren oder längeren Stillstandes, der zaghaften oder der intensiven, regen Bewegung. Für jede Dimension kommt die gegenwärtige Phase, in der sie sich befindet, immer irgendwie aus der vorherigen und führt auf die nächste hin. Wie die Kirchenwanderung im Ganzen, so ist auch jede ihrer Dimensionen ständig äußeren Einflüssen ausgesetzt. Auf ihrem Weg kommt jede Dimension der Kirche mal durch staubige, steinige, öde Landschaften, mal labt sie sich an grünen, fruchtbaren Ebenen und sprudelnden, erfrischenden Wasserquellen, mal staunt sie und lässt sich einnehmen von faszinierenden, geheimnisvollen Wäldern und Landschaften. Zugleich berühren und befruchten sich die verschiedenen Dimensionen laufend im Verlauf der Wanderung mal stärker, mal schwächer.

Nun lade ich Sie ein, den Lauf der Dimension Liturgie in den jüngsten Wanderungsphasen der Evangelischen Kirche Lutherischen Bekenntnisses

1 Auf Einladung des Gustav-Adolf-Werks bei der Wissenschaftlichen Tagung „Der Beruf der Christen“ in Wittenberg am 18. 1. 2007 gehaltenes Referat.

in Brasilien (EKLB) mitzuverfolgen. Diese Kirche zählt ca. 750 000 Mitglieder, vorwiegend Nachkommen der deutschen Einwanderer, die ab 1824 nach Brasilien gekommen sind. Etwa 800 ordinierte Mitarbeiter sind in rund 3000 Gemeinden und Predigtstätten tätig, die in 18 Synoden organisiert sind. Territorial betrachtet, konzentriert sich die Kirche mehr auf den Süden des Landes, erstreckt sich aber immer mehr in neue Siedlungsgebiete. Brasilien ist ein Land mit etwa 180 Millionen Einwohnern. Seine Fläche ist größer als die der USA ohne Alaska. Die theologische Ausbildung der EKLB vollzieht sich in drei Lehrstätten, deren eine offiziell als die bestqualifizierte theologische Ausbildungsstätte des Landes anerkannt wird. Die EKLB ist ökumenisch sehr aktiv.

2. Das Vorher

Bis vor etwa 20 Jahren wanderten die Großfamilien und Sippen dieser Kirche in einer recht kargen liturgischen Landschaft umher. Die vorhandenen liturgischen Bücher waren Übersetzungen alter liturgischer Bücher aus Deutschland. In Sachen Gottesdienst übernahmen die jungen Pfarrerinnen und Pfarrer zu Beginn ihres Pfarramtes einfach vorgegebene Formulare und ahmten ihre Vorgänger nach, ohne allzu viel nach Bedeutung und Sinn zu fragen. Man machte Liturgie, weil es so geschrieben stand und weil man es so übernommen hatte. Es gab Pfarrer, die damit unzufrieden waren. Diese begannen, auf eigene Faust und ihrem Instinkt entsprechend Änderungen vorzunehmen. In einigen Gemeinden wurden die Gottesdienste zu Erweckungsgottesdiensten. In anderen zu sozio-politischen Bewusstseinsbildungsveranstaltungen. In anderen wiederum zu ausschließlichen Lobpreisgottesdiensten mit geräuschvollen Bands neben dem Altar. In den meisten Gemeinden aber wurde die Liturgie weiterhin so gefeiert, wie König Friedrich Wilhelm III. sie Anfang des 19. Jahrhunderts im entfernten Preußen kreiert und durchgesetzt hatte. Für Pastoren, Pastorinnen und Gemeindeglieder war der sonntägliche Gottesdienst eine Art Religionsunterricht, bestehend aus der Predigt und einigen geringen, nicht immer ganz verständlichen liturgischen Elementen davor und danach.

Es gab aber auch Leute, die ahnten, dass es anders sein könnte. Einige wussten es ziemlich sicher. Sie hatten nämlich bei einigen Schwesterkirchen hineingeschaut – in Studienaustauschprogrammen oder durch die Teilnahme an ökumenischen Ereignissen. Sie waren wie Kundschafter, die andere Kirchenwanderungen und -begegnungen besuchten, und dann nach ihrer Rückkehr berichteten: „Leute, Liturgie muss nicht so sein, wie wir sie in dieser kargen Landschaft betreiben. Es gibt ganz sicher eine andere, schöne, grünende, blühende, wasserreiche liturgische Landschaft. Wir müssen sie finden."

So kam es, dass gegen Ende der achtziger Jahre des 20. Jahrhunderts Boten der EKLB begannen, jene vielversprechende liturgische Landschaft gründlich und planmäßig auszukundschaften. Darauf folgte dann ein behutsames, ehrfürchtiges Betreten der neuen Gegenden. Ich möchte Ihnen nun erzählen, wie das vor sich gegangen ist.

Als wir begannen, die neue liturgische Landschaft zu erkunden, fielen uns gewisse Marksteine auf, die eigentlich recht normal aussahen, aber bei näherem Hinsehen doch eine große Tragweite hatten.

3. Einige Marksteine in der Landschaft

Ich nenne nur einige:

3.1 *Der Gottesdienst gehört nicht dem Pastor oder der Pastorin, sondern der Gemeinde.*

Es sind nicht Menschen aus der Gemeinde, die dem Pastor oder der Pastorin helfen, Gottesdienst zu halten, sondern der Pastor oder die Pastorin hilft der Gemeinde, Gottesdienst zu feiern. Die Gemeinde ist zusammen mit dem Pastor oder der Pastorin für ihren Gottesdienst verantwortlich.

3.2 *Der sonntägliche Gottesdienst ist das wichtigste Ereignis im Leben einer Gemeinde.*

Und dies aus zwei Gründen: Erstens, der sonntägliche Gottesdienst ist die einzige Gelegenheit, bei der die Gemeinde als ganze dem dreieinigen Gott, dem Ursprung und Grund ihrer Existenz, begegnet. Zweitens, der sonntägliche Gottesdienst ist in seinem Kern und Wesen mit jeder einzelnen Initiative oder Aktivität der Gemeinde eng verwoben. Christliche Erziehung, Gemeindediakonie, Mission, Seelsorge, Gemeindeaufbau – all das hat nur einen Sinn, wenn es vom sonntäglichen Gottesdienst ausgeht und zum sonntäglichen Gottesdienst wieder zurückführt. Jegliche Aktivität der Gemeinde, die nicht aus der Begegnung mit Gott im Gottesdienst entspringt oder nicht zu dieser Begegnung hinführt, hat nicht die geringste Relevanz.

3.3 Liturgie ist ein kulturelles Gebilde.

Menschen machen Liturgie. Jede Liturgie ist auch ein Kind ihrer Zeit, denn sie wird von Menschen vollzogen, die in einer bestimmten Kultur leben, denken und handeln. Wenn das so ist, dann können wir offen und kritisch mit unserer eigenen Liturgie umgehen. Wenn das so ist, dann kann man lernen, die Liturgie zu gestalten. Und wir müssen bedenken: Man kann gute und schlechte Liturgie machen. Dafür gibt es Kriterien.

3.4 Jede Liturgie hat Geschichte.

Eine Gemeinde (welcher Tradition auch immer), die heute christlichen Gottesdienst feiert, sitzt auf zweitausend Jahren liturgischer Geschichte. Man kann diese Geschichte nicht ausradieren. Und sie fängt auch nicht erst im 16. Jahrhundert an. Die für uns in der EKLB so wichtige Bedeutung der Reformation kann uns nicht vergessen lassen, dass alle Kirchen, die im Zuge der Reformation entstanden sind, drei Viertel ihrer Geschichte mit der römisch-katholischen Kirche gemeinsam haben.

Solche und einige andere Markierungen mehr fielen uns besonders auf, als wir begannen, auf unserer Wanderung die neu entdeckte liturgische Landschaft zu betreten. Im Folgenden beschreibe ich einige Stationen dieses behutsamen, ehrfürchtigen Betretens.

4. Die Ursprünge des christlichen Gottesdienstes

Wenn Liturgie Geschichte hat, dann hat sie auch einen Anfang, einen Ursprung. Eine der ergreifendsten Entdeckungen in der neuen liturgischen Landschaft waren für uns die Ursprünge des christlichen Gottesdienstes.

Der christliche Sonntagsgottesdienst, so entdeckten wir, ist wie ein Fluss, der aus zwei Quellen entspringt. Eine Quelle ist der Abendmahlsgottesdienst der Urgemeinde, die andere der Wortgottesdienst der Synagoge. Beide wurden sehr früh miteinander verbunden und bildeten zusammen die Grundstruktur des christlichen Sonntagsgottesdienstes. Die Abendmahlsliturgie ist also der genuin christliche Teil des Gottesdienstes. Die Wortliturgie ist der entlehnte Teil.

Sodann erfuhren wir, dass der christliche Sonntagsgottesdienst in dieser Einheit von Abendmahls- und Wortliturgie bis in das 16. Jahrhundert hinein gefeiert wurde. Erst dann wurde der Predigtgottesdienst, eine sekundäre Form, die im Bereich des heutigen Deutschlands bereits seit dem 9. Jahrhundert existierte, zum Hauptgottesdienst umgewandelt. Diese Umwandlung vollzog der Schweizer Reformator Zwingli. Weder Luther noch Calvin übernahmen den Predigtgottesdienst als regulären Sonntagsgottesdienst. Die protestantische Welt aber folgte Zwingli.

Natürlich regte sich bei uns gleich die Frage: Wer erlaubt uns denn, diese Einheit von Abendmahlsfeier und Wortgottesdienst zu trennen? Und wieso feiern wir regelmäßig jeden Sonntag den entlehnten Teil, die Wortliturgie, und höchstens einmal im Monat, vielleicht nur zweimal im Jahr, die Abendmahlsliturgie, den genuinen Teil des christlichen Gottesdienstes? Wer ermächtigt uns, aus dem sonntäglichen Gottesdienst einen Teilgottesdienst zu machen?

Und wir machten uns begeistert daran, mehr über die Abendmahlsliturgie zu erfahren.

4.1 Die Abendmahlsliturgie

Da entdeckten wir Ungeahntes. Die Abendmahlsfeier der Urgemeinde offenbarte sich uns als ganz anders und mit ganz anderer Bedeutung, als wir sie zu feiern pflegten. Sie war ja gar kein individuelles Ereignis. Ihre Bedeutung hat nichts zu tun mit einem persönlichen Vorteil, den jeder für sich erhält. In seiner Dissertation formulierte es unser Kollege Romeu Martini so: „Christus hat das Herrenmahl nicht für Individuen eingesetzt." Nein, das Herrenmahl ist ein gemeinschaftliches Fest, ein Essen und Trinken in Gemeinschaft, in der Gegenwart des Herrn. Ja, das Abendmahl war keine schwermütige Feier im Gedenken an einen Toten, sondern ein Fest des Lobes und des Dankes für das Ganze des Handelns Gottes in Jesus Christus (Geburt, Verkündigung, Wirken, Leiden, Tod, Auferstehung und Himmelfahrt), eben Eucharistie, wie es das Neue Testament sagt. Uns fiel es wie Schuppen von den Augen.

Mehr noch, die Didache ordnete an: Versammelt euch „am Tage des Herrn", um das Abendmahl zu feiern. So war es in der frühen Christenheit selbstverständlich: jeden Sonntag. Und wir erfuhren auch, dass die Abendmahlsfeier im Ursprung folgende dreiteilige Gliederung besaß: die Vorbereitung des Tisches mit der Darbringung der Gaben, das große Dankgebet und die Kommunion (Austeilung).

Alles zusammengenommen erforderten diese Entdeckungen von uns ein totales Umdenken unserer Abendmahlsauffassung und -praxis:

Im Ursprung fasste das Eucharistiegebet das Ganze des Glaubens zusammen, bevor es die Schrift oder ein umfassendes Glaubensbekenntnis gab.

Wir drangen weiter in die Abendmahlsliturgie hinein und begegneten dieser erstaunlichen Tatsache:

> „Selten sind wir uns der Tatsache bewusst, dass nach dem Tod und der Auferstehung Jesu mehr als zwei Jahrzehnte vergingen, bis es in der Kirche die ersten Texte mit anerkannter Autorität gab. Sie wurden später zu einem Teil des Neuen Testamentes. Zu Beginn jedoch gab es in der Kirche weder eine heilige, christliche Schrift noch ein umfassendes und systematisches Glaubensbekenntnis. Zu dieser Zeit formulierte die Kirche das Ganze ihres Glaubens im Eucharistischen Gebet.
>
> Gregory Dix hilft uns diese Situation zu verstehen: Bevor unsere vier Evangelien aufgeschrieben wurden, fand die Kirche im Eucharistischen Gebet eine vollständige Synthese des Evangeliums. So ist die Liturgie der christlichen Gemeinde älter als jede theologische Schrift und als das Neue Testament selbst. Dix sagt: ‚Als das Neue Testament geschrieben wurde, durchdrang die Eucharistie bereits alles, was mit der Bedeutung Jesu für seine Jünger zusammenhing: seine Person, sein messianisches Werk, seine Wunder, sein Tod und die Erlösung, die er brachte. Sie war der Träger für die Gabe seines Geistes, das Mittel für das ewige Leben, der Grund zur Einheit seiner Kirche.'"[2]

4.2 Die Wortliturgie

Auch die Ursprünge der Wortliturgie überraschten uns und zwangen uns zu einem gründlichen Nachdenken über unsere homiletische Praxis. Der christliche Wortgottesdienst hat seinen Ursprung im 6. vorchristlichen Jahrhundert, im babylonischen Exil, bei der Entstehung des israelitischen Synagogengottesdienstes. Der Jerusalemer Tempel und der dortige Gottesdienst waren in Schutt und Asche. Ein Neuanfang im Exil war nötig, wenn Israel überleben sollte. So entstand die Synagoge, mit James F. Whites Worten, als eine „Überlebensagentur". Durch Schriftlesung, Auslegung und gemeinsames Gebet vergegenwärtigten die Israeliten im Exil Gottes große Taten in der Geschichte, die sie zu einem einzigartigen Volk gemacht hatten. So bewahrten sie – durch Erinnerung und Vergegenwärtigung – ihre Identität, und Israel gelang es, durch seinen Gottesdienst zu überleben, während un-

2 Nelson Kirst, Unsere Liturgie – von den Anfängen bis in die Gegenwart, in: Nelson Kirst/Ari Knebelkamp/Hans Trein, Christlicher Gottesdienst – Geschichte, Theologie und Gestaltung. Impulse aus Lateinamerika, Hamburg 2002, S. 3–65, Zitat auf S. 29f. Hier habe ich zitiert: Gregory Dix, The Shape of the Liturgy, London 1960, S. 4.

zählige andere Reiche in seiner Umgebung durch das Schwert zerstört wurden.[3] Diese ererbte Bedeutung ging in die christliche Wortliturgie über: eine anamnetische, identitätsbewahrende Überlebensagentur zu sein. Auch die Wortliturgie hatte einen dreiteiligen Aufriss: biblische Lesungen, Auslegung und Fürbittengebet.

So kamen wir auf die Grundstruktur des christlichen Gottesdienstes.

5. Die Grundstruktur des christlichen Gottesdienstes, seine unentbehrlichen Teile und das Prinzip der Gottesdienstgestaltung

Die Kombination der drei Grundelemente der Wortliturgie mit den drei Grundelementen der Abendmahlsliturgie bildet die Grundstruktur des christlichen Gottesdienstes.

Wortliturgie
biblische Lesungen
Auslegung
Fürbittengebet

Abendmahlsliturgie
Vorbereitung des Tisches
Eucharistiegebet
Austeilung

Diese sechs Teile haben wir also als unentbehrlich und unaufgebbar für jeden sonntäglichen Gottesdienst erkannt. Alle anderen Teile zeigten sich uns als nützlich, aber doch entbehrlich. Unter den nützlichen, aber doch entbehrlichen Teilen der Liturgie gibt es eine Hierarchie.

Die Handhabung der unentbehrlichen und der nützlichen Teile der Liturgie nennen wir Gottesdienstgestaltung. Das Prinzip der Gottesdienstgestaltung lässt sich gut am Bild eines Hauses verdeutlichen:

> „Ein Haus besteht aus verschiedenen Räumen. Es gibt bestimmte Räume, die nicht fehlen dürfen, zum Beispiel die Küche oder das Schlafzimmer. Diese Teile sind unentbehrlich. Es gibt andere Teile, die sind nützlich, aber nicht unentbehrlich, zum Beispiel das Wohnzimmer, das Esszimmer oder ein Balkon.

3 Vgl. hierzu: James F. White, Introdução ao culto cristão, São Leopoldo 1997, S. 112.

Ebenso hat auch die Liturgie unentbehrliche Teile, die nie fehlen dürfen, und Teile, die nützlich sind, aber in einem Gottesdienst fehlen können.

Beim Vergleich der Liturgie mit einem Haus kann man auch etwas über die Anordnung der verschiedenen Teile im Ganzen lernen. Der Eingang eines Hauses [...] führt meistens durch das Wohnzimmer oder liegt in der Nähe des Wohnzimmers und nicht in der Küche oder im Schlafzimmer. Andererseits kann sich das Badezimmer zwischen Schlafzimmer und Wohnzimmer oder zwischen Schlafzimmer und Küche befinden, und das Wohnzimmer kann rechts oder links vom Eingang liegen.

So gibt es auch in der Liturgie für bestimmte Teile einen festen Ort; zum Beispiel kann das Eingangslied nur am Anfang des Gottesdienstes sein, die Auslegung nur nach der Lesung eines biblischen Textes. Es gibt aber auch Teile, die freizügiger anzuordnen sind.

Wir können die verschiedenen Teile des Hauses hinsichtlich des Materials, der Farben, der Vorhänge und der Dekoration frei gestalten. Ebenso gibt es auch hinsichtlich der Form der Liturgie, d.h. der Art und Weise, wie die Teile der Liturgie gestaltet werden, viel Freiheit, zum Beispiel, wie das Fürbittengebet oder die Austeilung des Abendmahls gestaltet werden."[4]

Und nun zur Methode der Gottesdienstgestaltung: Um einen Gottesdienst zu gestalten, richtet man sich nach gewissen Leitfragen: Was ist der Inhalt des betreffenden Gottesdienstes (normalerweise in der Lesung des Evangeliums enthalten)? Welche Gemeinde ist da versammelt (möglichst eingehende Beschreibung)? Wie ist der liturgische Raum? Wie lässt sich die Zeit dieses Gottesdienstes beschreiben (liturgische Jahreszeit, die Tageszeit, in der er stattfindet, die vorgesehene Dauer)? Wer sind die handelnden Personen und Gruppen?

Die Gestaltung einer Liturgie setzt natürlich liturgisches Können voraus. Das heißt, wer Liturgie gestalten will, muss die Bedeutung von jedem Element des gesamten liturgischen Repertoires gut kennen sowie dessen Entfaltungs- und Kombinationsmöglichkeiten. Diese Kenntnis ist leicht zu erwerben. Ist sie aber nicht vorhanden, sollte man lieber auf Fertigliturgien zurückgreifen.

Die neuen Gottesdienstbücher der EKLB (Abendmahl, Taufe, Kasualien) sind alle nach dem eben erklärten Prinzip der Gottesdienstgestaltung aufgebaut.

Beim Betreten der neuen liturgischen Landschaft stießen wir sehr bald auf die liturgische Zeit:

4 Nelson Kirst, Unsere Liturgie, a. a. O. (wie Anm. 2), S. 17f.

6. Liturgische Zeit

Natürlich war uns die Bedeutung des Sonntags geläufig. Und auch das Kirchenjahr kannten wir gut. Aber wie hat es uns doch bewegt, als wir etwas tiefer in diesen Bereich der liturgischen Landschaft eindrangen. Ich nenne drei der vielen überraschenden Entdeckungen:

6.1 Weihnachten

„Das größte Fest der Christenheit", wie wir zu sagen pflegten, ist erst im 4. Jahrhundert entstanden. Wir wussten das schon irgendwie, aber jetzt wurde es uns beeindruckend klar. Weihnachten – so zeigte es sich uns – war eigentlich eine seltsame Abzweigung und schließliche Abwertung der Epiphanie. Den Christen war ja ursprünglich das Geburtsdatum eines Menschen doch gar keine so wichtige Sache. Die Taufe oder der Tod und das darauf folgende Eingehen in die Herrlichkeit Gottes waren unendlich wichtigere Momente. Die anthropologisch begreifliche, niedliche Feier des Kindleins in der Krippe lenkt ab von dem, was eigentlich zählt: Weihnachten ist die Geburtstagsfeier dessen, der gelitten hat, gekreuzigt wurde und auferstanden ist. Und so betrachtet sieht das Christfest ja ganz anders aus.

6.2 Unermessliche Danksagung

Das Kirchenjahr öffnete sich uns als eine *unermessliche Danksagung*. Das Kirchenjahr ist wie ein riesiges jüdisches Danksagungsgebet. Indem die versammelte Gemeinde Gottes Heilstaten rezitiert (Gottes Offenbarung im Menschen Jesus; Jesu Auferstehung; die Ausgießung des Geistes und die Geburt der Kirche), indem sie diese Heilstaten im Lauf des Jahres und Jahr für Jahr rezitiert, lobt und dankt sie Gott dafür. In diesem Sinn ist das Kirchenjahr als eine unermessliche Danksagung anzusehen, und es hat einen hohen Wert.

6.3 Unermessliche Anamnese

Das Kirchenjahr ist auch eine *unermessliche Anamnese*. Indem die christliche Gemeinde Gottes Heilstaten Jahr für Jahr erneut erzählt und feiert, macht sie sich deren heilbringende Bedeutung jedes Jahr aufs Neue gegenwärtig.

Wahrscheinlich spielt das Kirchenjahr, mit seiner ständigen Wiederholung, für die Bildung eines christlichen Bewusstseins eine größere Rolle als die Predigt selbst. Ja, so entpuppte sich das Kirchenjahr für uns als ein machtvolles Gnadenmittel. Schon dies müsste Grund genug sein, der liturgischen Gestaltung des Gottesdienstes mindestens so viel Mühe zu widmen wie der Predigt.

6.4.1 Zentrum und Höhepunkt der liturgischen Zeit ist *Ostern*. Das ist so selbstverständlich. Doch dann merkten wir: Ostern wird gefeiert an einem bestimmten Festtag des Jahres, in einem bestimmten Jahreszyklus und an jedem Sonntag. Mehr noch, Ostern umfasste ursprünglich das Ganze: Jesu Leiden, Tod und Auferstehung. Welche Fülle, welche Tiefe von Ostern offenbarte sich uns da.

6.4.2 Nach vielem Suchen fanden wir eine Ausdrucksmöglichkeit für diesen theologisch-liturgischen Reichtum von Ostern, nämlich die Feier des *Ostertriduums* (Triduum Sacrum). Im zweiten Semester 2001 nahm sich Sissi Georg (damals Doktorandin) zwei Monate Zeit, um das Ostertriduum zu erforschen. (Ich erzähle Ihnen diese Episode etwas ausführlicher, weil sie typisch ist für die segensvolle enge Beziehung zwischen Forschung und Gemeindeleben bei der liturgischen Wanderung der EKLB.) Das Ergebnis von Sissi Georgs Untersuchung war ein über 100-seitiges Handbuch mit theoretischen und praktischen Ausführungen zur Gestaltung des Ostertriduums: ein Gottesdienst, der am Donnerstagabend mit Fußwaschung und Abendmahlsfeier beginnt (und dann nicht mit dem Schlusssegen endet), der am Freitagabend mit der gottesdienstlichen Erinnerung an Jesu Leiden und Tod weitergeht und am Sonnabendabend wieder aufgenommen wird, sich über die Ostervigil erstreckt und am Sonntagmorgen bei Tagesanbruch in dem Exsultet, dem neuen Feuer, der Osterkerze, der Tauferinnerung und dem gemeinsamen Herrenmahl gipfelt. Ca. 20 Kopien dieser Anleitung wurden damals hergestellt, und Liturgieteams von fünf Gemeinden aus der Umgebung der Theologischen Hochschule kamen in verschiedenen Sitzungen zusammen, um sich anleiten zu lassen. Zu Ostern 2002 wurde das Ostertriduum in diesen fünf Gemeinden und in der Theologischen Hochschule gefeiert. Danach kamen die Liturgieteams noch einmal zusammen, um ihre Erfahrungen auszutauschen und ihre Vorschläge für die endgültige Fassung des Buches zu unterbreiten. Ein paar Monate später kam diese endgültige Fassung heraus. Seitdem hat sich die volle Feier des Ostertriduums in vielen Gemeinden der EKLB ausgebreitet. Die Zahl der Gemeinden, die es feiern, nimmt Jahr für Jahr zu. Die Feier des Ostertriduums ist sehr ergreifend, indem sie die Sinne und Empfindungen der Menschen und Gemeinden in einer Tiefe anspricht wie kaum eine andere mir bekannte Feier. Für sehr viele Gemeinden ist die Feier des Ostertriduums inzwischen ein unaufgebbarer Teil ihres liturgischen Lebens geworden.

Bei unserer Wanderung stießen wir auch sehr früh auf den Bereich des liturgischen Raumes:

7. Liturgischer Raum

Es entsprach völlig unseren Beobachtungen und Erfahrungen, als wir folgende Tatsachen entdeckten: Liturgischer Raum ist immer Ergebnis einer gerade gültigen Gottesdiensttheologie (oder: ihres Nichtvorhandenseins); der liturgische Raum beeinflusst zum Guten oder zum Schlechten den Gottesdienst, der sich darin abspielt. Beim Betreten dieses Teiles der liturgischen Landschaft fanden wir ungeahnte Schätze. Ich nenne sie nur ganz kurz. Leider reicht die Zeit nicht aus, sie ausführlicher zu entwickeln:

a) Es gibt drei liturgische Zentren: den Tisch für das Mahl des Herrn, das Taufbecken und das Lesepult: Ort des Wortes und der Predigt.

b) Es gibt sechs liturgische Räume: den Raum der Gemeinde, den Raum um den Tisch des Herrn, den Raum um das Taufbecken, den Raum für das Zusammentreffen und das Auseinandergehen der Gemeinde, den Bewegungsraum (eine Gemeinde muss sich bequem bewegen können: Raum zwischen den Bänken; breite Korridore), den Raum der Gesang- und Musikgruppe (dessen Lokalisierung und Gestaltung hängt von der Rolle ab, die man der Gesang- oder Musikgruppe im Gottesdienst zuschreibt).

c) Es gibt einige wichtige Kriterien für die Gestaltung des liturgischen Raumes: Funktionalität, Einfachheit (nicht nur das Vermeiden von Prunk, sondern auch die Norm „jede Sache an ihrem Ort“: Auf den Tisch kommen Brot und Wein, auf das Pult die Bibel, in das Becken das Wasser), Flexibilität (nicht durch Eisen und Beton der nächsten Generation die Gestaltung des liturgischen Raumes zu erschweren oder unmöglich zu machen), Geborgenheit, Ästhetik.

Die Entdeckung dieser Zentren, Räume und Kriterien stellt uns vor enorme Aufgaben in Bezug auf Kirchenbau und Reform kirchlicher Räume. In einem

Doppelheft unserer liturgischen Zeitschrift *TEAR* („Webstuhl“, s. u.) haben wir diesbezügliche Anleitungen für unsere Gemeinden zur Verfügung gestellt.

8. Die Taufe

Unsere Beschäftigung mit der Taufe entsprang einer langen Unzufriedenheit mit der Art und Weise, wie wir mit diesem Sakrament umgingen. Diese Unzufriedenheit stieß dann auf überraschende Erkenntnisse, die sowohl aus Schwesterkirchen als auch aus der Ökumene auf uns zukamen.

Die Kirche wird aus der Taufe geboren. Das ist so selbstverständlich, so alt und doch so neu und eindrucksvoll. Die christliche Gemeinde ist die Gemeinde der getauften Menschen. Personen gehören einer Gemeinde an, weil sie getauft wurden. Die Taufe ist die Gebärmutter der christlichen Gemeinde. Ohne Taufe gibt es keine christliche Gemeinde. Wenn das alles stimmt, dann kann es im Leben einer christlichen Gemeinde nichts Wichtigeres geben als eine umfassende und verantwortliche Taufpraxis. Wenn das stimmt – *dass die Kirche aus der Taufe geboren wird* – dann muss alles, was in einer Gemeinde geschieht, entweder Ergebnis oder Entfaltung der Taufe sein. Und was nicht als solches erkannt werden kann, hat keine Bedeutung.

Dann kamen wir auf das Verhältnis von Taufe und christlicher Unterweisung. Wir waren gewohnt, christliche Unterweisung vor allem mit der Konfirmation zu verbinden und dann auch noch mit einigen anderen vereinzelten Bemühungen der Gemeinde (Kindergottesdienst, Bibelstunden und dgl.). Aber dann entdeckten wir in der Bibel und vor allem bei den Kirchenvätern, dass Taufe und Unterweisung *in nuce* zusammengehören. Ja, jede erzieherische Bemühung der christlichen Gemeinde kann nur Vorbereitung auf die Taufe oder Entfaltung der Taufe sein. Taufe ist nicht das Endziel, der Ankunftspunkt einer christlichen Existenz, sondern deren Anfang. Das christliche Leben entwickelt sich, wie Eugene Brand sagt, „auf der anderen Seite des Taufbeckens“. Da gehört lebenslange christliche Unterweisung hin. Nicht eine begrenzte Übung im Leben eines jungen Menschen (Konfirmation), sondern eine Anleitung, die sich über das ganze Leben hin erstreckt.

Wir lernten bei den Kirchenvätern auch, dass christliche Unterweisung als Vorbereitung auf die Taufe nicht so sehr eine Unterweisung in den theoretischen Wahrheiten des Glaubens ist, als vielmehr eine ganzheitliche Anleitung zum Christsein.

Dann entdeckten wir die ganze Fülle der Bedeutung der Taufe im Neuen Testament: Sündenvergebung, Einheit mit Christus, Empfangen des Heiligen Geistes, Einverleibung in die Kirche als Leib Christi, Wiedergeburt.

Liturgisch muss die Taufe eine umfassendere Ausgestaltung bekommen, als wir sie bisher praktiziert haben, eine liturgische Ausgestaltung, die sowohl die Radikalität der Taufe im Leben eines Menschen als auch die Fülle ihrer Bedeutungen zum Ausdruck bringt. Dies hat auch für den Ort der Taufe im kirchlichen Raum Bedeutung.

Die Anthropologie half uns, die christliche Taufe als einen Initiationsritus in eine alternative Gesellschaft zu verstehen. Wir sahen dies sehr symbol- und gestenreich in den Taufliturgien der Kirchenväter ausgedrückt. Ganz anders als die Minimalliturgie und Minimalhandlung in unserer bis dahin geläufigen Taufpraxis. Und wir merkten auch, wie unser geläufiger Taufritus die eigentliche Bedeutung der Taufe zu überschatten droht mit Handlungen und Bibeltexten, die eher auf einen Geburts- oder Mutterschaftsritus hinweisen und eigentlich nichts mit der Taufe zu tun haben.

Dies nur ganz kurz, um einen Eindruck zu geben von dem, was uns in Bezug auf die Taufe bewegt. Das bald erscheinende neue Taufbuch und die neuen Unterweisungsprogramme der EKLB stellen Bemühungen dar, aus dieser neuen und doch sehr alten Sicht der Taufe Konsequenzen zu ziehen.

Weiter entdeckten wir auf unserer Wanderung die Bedeutung der Anthropologie für das Handwerk der liturgischen Praxis.

9. Anthropologie des Gottesdienstes

In diesem Bereich haben wir ebenfalls viel gelernt, sowohl von der gängigen Spezialliteratur als auch von unseren eigenen Feldforschungen. Wir haben vor allem zu erfahren versucht: Wie erleben die Menschen Gottesdienst? Was bringt sie zur Kirche? Was bekommen sie dort? Was geschieht mit ihnen im Gottesdienst? Wie verhält sich das, was sie da erleben, zu dem, was die Kirche und ihre Amtsträger und Amtsträgerinnen im Gottesdienst vollziehen wollen?

Solche Forschungen haben uns interessante Erkenntnisse gebracht. Wir lernten vor allem, dass die Menschen ganzheitlich am Gottesdienst teilnehmen: wohl auch mit dem Verstand, aber vor allem mit allen Sinnen und mit dem ganzen Herzen. Viel stärker als die verbale Kommunikation in der Predigt ist die nonverbale Kommunikation des Raumes, der Umgebung, der Musik, der anwesenden Mitmenschen, der Sakramente, der Gesten. Die

Menschen gehen nicht zum Gottesdienst, um Gott zu verstehen, um theologische, doktrinäre Wahrheiten aufzunehmen, um abstrakte Überlegungen mitzuverfolgen. Sie gehen zum Gottesdienst, um Gottes Nähe und Freundschaft erneut zugesagt zu bekommen und zu erleben und um die Geborgenheit der Gemeinschaft mit den Mitgläubigen zu erfahren. – Im Bereich der Anthropologie des Gottesdienstes gibt es für uns noch sehr viel zu erforschen.

Die Beschäftigung mit der Anthropologie führte uns zu den Übergangsriten und half uns, auf die Bedeutung von Liturgie in den Lebenswenden aufmerksam zu werden.

10. Liturgie in den Lebenswenden

Seit einiger Zeit sind wir dabei, uns mit den von uns so genannten „anderen Übergangsriten" (außer Heirat und Tod) zu befassen: Geburt und Mutterschaft, Schulanfang, Schulabschluss u. dgl., Pensionierung, Umzug in eine andere Stadt oder in ein anderes Land, Krankheit und Genesung, Einzug in eine neue Wohnung usw.

Es ist wichtig, zu diesen Lebensübergängen liturgische Modelle anzubieten. Noch wichtiger ist es aber, Methoden vorzuschlagen, die Liturgieteams, Pastoren und Pastorinnen helfen, mit diesen Lebensübergängen selbständig rituell umzugehen.

Von den ersten Schritten an wurde unser Betreten der liturgischen Landschaft begleitet von der neuen liturgischen Musik. Erst kam sie zu uns aus Taizé, von den deutschen Kirchentagen, aus Iona. Dann begann diese Musik auch bei uns zu sprießen.

11. Die neue liturgische Musik

Sie wird in der EKLB vor allem getragen von einer neuen Generation (junge Leute um die 30) gut ausgebildeter Musiker und Musikerinnen, von denen viele eine sehr gute liturgische Ausbildung genossen haben. Eine der Hauptüberzeugungen dieser neuen Kirchenmusikergeneration ist folgende: Die wichtigste Aufgabe eines Chores oder einer Sing- und Instrumentalgruppe im Gottesdienst besteht nicht darin, der Gemeinde etwas vorzusingen, sondern ihr beim gemeinschaftlichen Gesang zu helfen, sie zum Gemeindegesang zu ermutigen, ihren Gemeindegesang zu bereichern. In den letzten

Jahren ist eine Fülle von neuen, hauptsächlich liturgischen Kompositionen entstanden, von denen viele schon übersetzt wurden und ihren Weg in die weltweite Ökumene genommen haben. Im Augenblick beschäftigt sich diese Gruppe besonders damit, liturgische Kompositionen zu Psalmentexten für jeden Sonntag des Kirchenjahres zu schaffen. Der Psalmengesang ist nämlich ein völlig vernachlässigter Aspekt in unserer liturgischen Tradition.

12. Liturgisches Verhalten: eine der vielen noch ungelösten Aufgaben

In Bezug auf das liturgische Verhalten stecken wir noch in den Kinderschuhen. Leider kann man selbst eine gute Liturgie schlecht ausführen. Im Allgemeinen ist die Ausführung unserer Gottesdienste recht mangelhaft. Zwei Bemühungen, mit diesem Aufgabengebiet umzugehen, sind uns bekannt: in Brasilien katholischerseits das so genannte „Laboratório de Liturgia", in Deutschland Thomas Kabels eindrucksvolle „Liturgische Präsenz". Wir sind noch nicht dazu gekommen, uns diesem äußerst wichtigen Aspekt der Liturgie ernsthaft zu widmen. Dies ist eine Aufgabe, die wir sehr bald in Angriff nehmen müssen.

13. Methoden und Strategien

Die liturgische Wanderung der EKLB wäre ohne die Anwendung gewisser Methoden und Strategien nicht vorstellbar. In den letzten fast zwanzig Jahren sind die folgenden die wichtigsten gewesen.

a) Zuallererst sind *kritische Einsicht, ökumenische Offenheit und Dialogbereitschaft* sehr wichtige Voraussetzungen. Und darin waren wir durch unser akademisches und lutherisches Erbe gut eingeübt. Wir erhielten segensvolle *Impulse aus Partnerkirchen der lokalen, regionalen, nationalen und weltweiten Ökumene*: aus der römisch-katholischen Basisgemeindebewegung und anderen Bewegungen in Lateinamerika, vom Ökumenischen Rat der Kirchen durch seine Vollversammlungen, durch seine liturgischen Materialien, durch die Publikationen der Kommission für Glauben und Kirchenverfassung und deren Liturgie von Lima, durch die internationalen Konsultationen des Lutherischen Weltbundes über Gottesdienst und Kultur; sowie durch die Societas Liturgica mit ihren Kongressen und Forschungsergebnissen.

b) Dann kommt, als entscheidende Strategie, solide, gründliche wissenschaftliche *Forschung*. Das ist erstens die theologisch-liturgische Forschung – in den biblischen, historischen, konfessionsbezogenen, praktischen Dimensionen der Liturgie. Dazu kommt die soziale und anthropologische Forschung. In beiden Fällen handelt es sich nicht um Forschung, die in Elfenbeintürmen eingemauert ist oder irgendwo erhaben in der Luft schwebt. Sie ist Forschung, die aus brennenden Fragen der Gegenwart erwächst, die sich dem liturgischen Leben der Gemeinden verpflichtet weiß und zu diesem zurückkehrt.

c) Ausschlaggebend unter den Methoden und Strategien war die *liturgische Ausbildung*. Sie begann damit, dass die Theologische Hochschule (Escola Superior de Teologia in São Leopoldo) Ende der achtziger Jahre einen Lehrstuhl für Liturgik einrichtete. Im *Theologiestudium* wurde dem Erlernen des liturgischen Handwerks Raum gegeben. Beim Abschluss ihres liturgischen Grundkursus müssen Studenten und Studentinnen, bevor sie in ihr Praktikum kommen, in der Lage sein, einen Abendmahlsgottesdienst im Sinne des oben dargestellten Prinzips der Gottesdienstgestaltung selbständig zu gestalten. Nach dem Praktikum besuchen die meisten ein Seminar über Taufe und Kasualien. Leider wird dieses gründliche Liturgiestudium in der Vikariatszeit nicht weitergeführt.

d) Sehr wichtig ist die Ausbildung von *Liturgieteams* in den Gemeinden. Mit Liturgieteams meinen wir nicht eine Gruppe von Lektoren oder Hilfskräften im herkömmlichen Sinn. Ein Liturgieteam ist:

> „Eine Gruppe, die sich aus ca. 4–12 Personen einer Ortsgemeinde zusammensetzt. Der Pastor/die Pastorin ist Teil des Teams.
>
> Entsprechend ihrer Vorbereitung und Erfahrung kann das Liturgieteam Mitverantwortung für bestimmte Gottesdienste in regelmäßigem oder unregelmäßigem Abstand oder sogar für das gesamte gottesdienstliche Leben der Gemeinde übernehmen.
>
> Das Liturgieteam ist zusammen mit dem Pastor/der Pastorin am gesamten Prozess der Gottesdienstvorbereitung beteiligt: Festlegung des Themas (im Allgemeinen ausgehend von den vorgesehenen Texten des Kirchenjahres), Ausarbeitung aller Teile der Liturgie, Gestaltung und Feier des Gottesdienstes."[5]

---

5 A. a. O., S. 5.

Vor etwa 15 Jahren musste diese Ausbildung lokaler Liturgieteams von Fachkräften aus der Theologischen Hochschule durchgeführt werden. Heutzutage sind viele Pastoren und Pastorinnen in der Lage, anhand von existierendem Material diese Ausbildung selbständig vorzunehmen.

e) Mitte der neunziger Jahre wurden Kurse für so genannte *Multiplikatoren und Multiplikatorinnen* aus den verschiedensten Regionen der Kirche eingerichtet. Sie bestanden aus zwei einmonatigen Kursen, die in den Sommerferien abgehalten wurden. Diese Kurse trugen stark zum allgemeinen liturgischen Bewusstsein der Kirche bei und hatten einen langfristig anhaltenden Einfluss.

Sehr entscheidend waren die *Magister- und Promotionsprogramme* an der Theologischen Hochschule. Sie ermöglichten die Bildung einer Gruppe von Fachkräften, die in der Lage sind, die liturgische Wanderung der Kirche mitzudenken, zu orientieren und zu ernähren.

Seit 2001 wurden zwei so genannte *berufliche Magisterkurse* veranstaltet. Solche Kurse finden in den Sommer- und Winterferien statt und erlauben dadurch die Teilnahme von Studenten, die berufstätig sind und in großer Entfernung von der Hochschule leben. So erreichten wir Studenten aus verschiedenen Denominationen (außer Lutheranern auch Reformierte, Methodisten, Anglikaner, Baptisten und Pfingstler) und aus vielen Ländern Lateinamerikas (außer Brasilien auch Argentinien, Chile, Kolumbien, Venezuela, El Salvador und Mexiko).

f) Und schließlich nenne ich als entscheidende Triebkraft der liturgischen Erneuerung in der EKLB eine gelungene Koordination und Integration der vielen Bemühungen durch *Kommunikation*. Diese wurde erreicht: durch die gemeinsam erfahrene Ausbildung im theologischen Grundstudium, in Kursen für Liturgieteams wie auch in den vielen Fortbildungskursen für ordinierte Mitarbeiter der Kirche und durch verschiedene Publikationen, vor allem des Centro de Recursos Litúrgicos.

Im Jahr 1993 wurde vom Lehrstuhl für Liturgik an der Theologischen Hochschule das *Centro de Recursos Litúrgicos* (eine liturgische Material- und Forschungsstelle) ins Leben gerufen. Es ist ein sehr bescheidenes Unternehmen. Als Sekretär wirkt ein Theologiestudent halbtags. Das ist unser ganzes Personal. Sonst gibt es nur freiwillige Mitarbeiter. Es ist in einem kleinen Raum der Theologischen Hochschule untergebracht.

Eines seiner Projekte ist die *Miriam-Sammlung*. Jede Nummer der Miriam-Sammlung veröffentlicht 40 ausgewählte liturgische Gesänge aus Lateinamerika in einem Satz, bestehend aus einem Partiturenheft und einer dazugehörenden CD. „Miriam 1“ kam 2001 heraus. „Miriam 2“ erschien 2007 und zeigt auf dem Umschlag das wunderbare Mirjam-Bild des deutschen Priesters und Künstlers Sieger Köder.

Das Centro de Recursos Litúrgicos bringt auch eine Serie heraus mit dem Titel *Estudos de Liturgia* (Liturgische Studien). Nummer 1 dieser Serie ist das schon genannte Buch über das Ostertriduum. Nummer 2 ist die Doktorarbeit von Sissi Georg über die Einheit von Diakonie und christlichem Gottesdienst.

Das wohl wichtigste Unternehmen des Centro de Recursos Litúrgicos ist die liturgische Zeitschrift *TEAR – Liturgia em revista*. Sie umfasst 16 Seiten und kommt dreimal im Jahr heraus. Obwohl sich ihr Inhalt auf gründliche wissenschaftliche Forschung stützt, ist *TEAR* – auf deutsch: „Webstuhl“ – keine wissenschaftliche Zeitschrift im herkömmlichen Sinn. *TEAR* soll auch von Laien verstanden werden, die keine höhere Ausbildung besitzen. Die Aufmachung ist leicht und anregend. Die Zeitschrift feiert gerade ihr siebenjähriges Bestehen. Jetzt nenne ich eine Auswahl von Themen, die Sie in den 21 *TEAR*-Nummern finden können:

- *Liturgie und Unterweisung – Überlegungen auf Grund der Taufkatechesen des Kyrill von Jerusalem, Taufe und Gemeindeaufbau,*
- *Zu den Ursprüngen des christlichen Gottesdienstes,*
- *Gemeindeversöhnung und Friedensgruß,*
- *Das Tagzeitengebet,*
- *Etappen aus der Liturgiegeschichte,*
- *Kinder im Gottesdienst,*
- *Liturgische Erneuerung: eine Begegnung mit der Tradition der Kirche,*
- *Kirchen bauen und reformieren,*
- *Liturgische Bücher,*
- *Liturgische Zeit,*
- *Das Agape-Mahl,*
- *Die Thomas-Messe,*
- *Kinder und Abendmahl.*

Es werden auch oft liturgische Erfahrungen aus den Gemeinden dargestellt mit Themen wie:

- *Diakonie, die aus dem Gottesdienst entspringt,*
- *Konkrete Schritte, um Gesang und Musik im Gottesdienst anzuregen,*
- *Versuch mit täglichen Abendgebeten* und
- *verschiedene Berichte aus der Arbeit mit Liturgieteams.*

Jede Nummer von *TEAR* bringt zwei unbekannte liturgische Gesänge.

Als weitere wichtige *Publikationen*, die die liturgische Erneuerung tragen und ernähren, sind zu nennen: meine zwei Hefte der Reihe Colméia (auf Deutsch „Bienenkorb"), „Unsere Liturgie von den Anfängen bis in die Gegenwart" und „Die ganze Liturgie Schritt für Schritt". Sie erschienen gegen Mitte der neunziger Jahre als Material für die Ausbildung von Liturgieteams, wurden später vom Lateinamerikanischen Rat der Kirchen ins Spanische übersetzt und 2002 vom Nordelbischen Missionszentrum auch ins Deutsche. Ferner war für uns die Übersetzung von James F. Whites „Introduction to Christian Worship" wichtig, die 1997 erfolgte.[6] Und gegenwärtig arbeiten wir, mit einer großzügigen finanziellen Unterstützung des deutschen Gustav-Adolf-Werkes, an der Übersetzung des deutschen liturgischen Standardwerkes „Handbuch der Liturgik", herausgegeben von Schmidt-Lauber/Bieritz/Meyer-Blanck. Diese Veröffentlichung, die der Martin-Luther-Bund finanziell unterstützt hat, wird eine enorme Bereicherung der existierenden Fachliteratur bedeuten.

Und nun möchte ich Sie etwas näher mit dem Projekt *Em Tua casa* bekannt machen, weil es in gewisser Weise das meiste zusammenfasst, was ich Ihnen bisher berichtet habe.

13.1 Em Tua casa

Auf Deutsch „In Deinem Hause", nach Psalm 84,4–5: „Der Vogel hat ein Haus gefunden und die Schwalbe ein Nest für ihre Jungen; [ich aber] deine Altäre, Herr Zebaoth, mein König und mein Gott. Wohl denen, die *in deinem Hause* wohnen; die loben dich immerdar."

Em Tua casa kommt einer Bitte von Pastoren und Pastorinnen entgegen. Sie wandten sich an das Centro de Recursos Litúrgicos mit folgendem Problem: „Wenn wir konsequent nach dem Prinzip der Liturgiegestaltung arbeiten wollen und wenn wir den Reichtum der liturgischen Gesänge, die uns zur Verfügung stehen, benutzen wollen, dann müssten wir für jeden Gottesdienst ein besonderes Liturgieblatt erarbeiten. Das macht uns aber viel zuviel Arbeit und ist für die Gemeinde finanziell unerschwinglich."

Wir diskutierten mit den Kollegen über eine mögliche Lösung und kamen zu der Veröffentlichung von *Em Tua casa.* Wie für die Miriam-Sammlung wird immer ein Satz, bestehend aus einem *Liturgischen Heft für die*

6 S. o. Anm. 3.

Gemeinde, einem *Partiturenheft* und einer dazugehörenden *CD*, herausgegeben. Im liturgischen Heft für die Gemeinde entfallen die Worte, die vom Liturgen gesprochen werden. Das Heft enthält nur die Teile, die von der Gemeinde gesprochen oder gesungen werden. Es bietet sechs verschiedene Liturgien für Abendmahlsgottesdienste an. Die *Liturgie 1* ist komplett; sie enthält alle Teile, die in einem regelmäßigen Gottesdienst vorkommen können, und zwar in einer verhältnismäßig breiten Ausarbeitung. Die übrigen Liturgien sind kürzer, unter Auslassung verschiedener liturgischer Elemente, die entbehrlich sind. *Liturgie 6* ist die kürzeste und enthält fast ausschließlich die unaufgebbaren Teile der Liturgie. Um den Instrumental- und Gesangsgruppen die Arbeit zu erleichtern, sind das Partiturenheft und die CD nach den Liturgien des Gemeindeheftes aufgebaut und bringen die 82 dazugehörigen liturgischen Lieder genau in der Reihenfolge, in der sie dort vorkommen. Das heißt, dass gewisse liturgische Lieder öfter wiederholt werden.

Eigentlich beabsichtigen wir mit *Em Tua casa*, dass diese Publikation mit der Zeit entbehrlich wird: Wir schlagen den Kollegen vor, im Lauf von ca. zwei Monaten nur eine bestimmte Liturgie zu benutzen, um erst dann auf eine andere überzugehen. Dadurch kommen die Gemeinden dazu, sich sowohl die betreffende Liturgie als auch die dazugehörenden liturgischen Lieder anzueignen. Nach Ablauf eines Jahres ist die Gemeinde in den verschiedenen Liturgien komplett zu Hause und hat sich ein ansehnliches Repertoire an liturgischen Liedern angeeignet. Dadurch kann das eigentliche Ziel von *Em Tua casa* erreicht werden, nämlich dass es entbehrlich wird. Denn das Beste ist ja, wenn eine Gemeinde eine Liturgie mit dem Herzen und ohne gedruckte Vorlage mitvollziehen kann.

14. Zum Abschluss

Bei dem mir gestellten Thema für dieses Referat ging es um das Verhältnis zwischen Liturgie und Bekenntnis, Identität und gesellschaftlicher Verantwortung in unserer Minderheitskirche: „Welchen Beitrag leistet Liturgie zum evangelischen Bekenntnis, zur Identität und zur gesellschaftlichen Verantwortung?"

Ich möchte das von mir in diesem Vortrag Dargestellte anhand dieser vorgeschlagenen Verhältnisbestimmung folgendermaßen zusammenfassen:

Das Betreten der Landschaft „Liturgie" half uns, das liturgische reformatorische Erbe erneut und stärker zu erkennen. Es seien vor allem genannt: der doppelte Gottesdienstbegriff, Luthers Inkulturation der Liturgie (die Übersetzung der Schrift, die Deutsche Messe, die Hymnen), die Realpräsenz des Herrn im Mahl, die Kreuzestheologie, Luthers Auffassung von der Taufe. Dies sind Werte, die wir in der Erkundung der liturgischen Landschaft bis zurück zur Urgemeinde in verstärkter Weise zu schätzen gelernt haben. Es gibt auch Aspekte des liturgischen Erbes unserer jahrhundertelangen protestantischen Tradition, die wir nach dem Betreten der Landschaft Liturgie nicht mehr mitvollziehen können.

Andererseits lag es uns gerade als Minderheitskirche nahe, der Einladung der Liturgik zu folgen, nicht im 16. Jahrhundert stehen zu bleiben, und so kompetent und so tief wie nur möglich bis zu den Ursprüngen des christlichen Gottesdienstes vorzudringen – nicht zuletzt um unserer Identität willen. Wir waren begeistert von der Möglichkeit, uns liturgisch mit den anderen Denominationen treffen zu können, nicht in dem nach-reformatorischen Geäst des liturgischen Baumes, sondern in dem einen gemeinsamen liturgischen Stamm der ersten Jahrhunderte, der unmittelbar aus den zwei Wurzeln des liturgischen Baumes erwuchs. Diese ökumenisch erweiterte liturgische Identität erschien uns in unserer liturgischen Wanderung enorm sinnvoll.

Unsere gesellschaftliche Verantwortung, die uns von unserem Glauben her als Konsequenz und Aufgabe immer vor Augen gestanden hat – lange bevor wir die Landschaft Liturgie entdeckt hatten –, fand sich beim Betreten dieser Landschaft ungeahnt verstärkt und verbindlicher ausgedrückt: im Kyrie, in der Fürbitte, im Offertorium (mit der wesentlichen Einheit von Gottesdienst und Gemeindediakonie), im Friedensgruß (der gemeindlichen Versöhnung) und in der Taufe (und der damit zusammenhängenden Einführung in das christliche Leben).

So erleben wir seit fast zwanzig Jahren liturgische Erneuerung als ein großes, befreiendes Geschenk der Liebe Gottes.

Ich danke Ihnen für Ihre Aufmerksamkeit!

Anhang

GOTTESDIENST MIT HERRENMAHL

Liturgie 1

Eingangsliturgie

Stilles individuelles Gebet
Musik zum Eingang
Empfang (informeller Gruß)
Lied

Apostolischer Gruß

L. Die Gnade unseres Herrn Jesus Christus und die Liebe Gottes und die Gemeinschaft des Geistes sei mit euch allen.
G. Und auch mit dir.

Sündenbekenntnis

L. … bitten wir demütig:
G. ♪ Perdão, Senhor, perdão! (Vergib, o Herr, vergib!)
Perdão, Senhor, perdão!

Absolution oder Ankündigung der Gnade

Kyrie

(nicht als individuelle Bitte um Vergebung der Sünden, sondern als ein kollektiver Schrei der Gemeinde angesichts der Schmerzen der Welt)

G. ♪ Pelas dores deste mundo, ó Senhor, imploramos
piedade. A um só tempo geme a criação.
Teus ouvidos se inclinem ao clamor desta gente oprimida.
Apressa-te com tua salvação.
A tua paz, bendita e irmanada co'a justiça, abrace o mundo
inteiro. Tem compaixão!
O teu poder sustente o testemunho do teu povo.
Teu Reino venha a nós! Kyrie eleison!

Gloria in excelsis

(Lob und Dank, nicht für die Vergebung der Sünden, sondern, nach Lukas 2,14, für das Kommen Gottes in Wort und Sakrament in diesem gegenwärtigen Gottesdienst)

G. ♪ Glória, glória, glória a Deus nas alturas.
Glória, glória, paz entre nós, paz entre nós.
1: Senhor Deus, Rei dos céus,
2: Deus Pai todo-poderoso:
1: nós te louvamos,
2: nós te bendizemos,
1: nós te adoramos,
2: nós te glorificamos,
1: nós te damos graças
2: por tua imensa glória.
G. ♪ Glória, glória, glória a Deus nas alturas …
1: Senhor Jesus Cristo, Filho unigênito;
2: Senhor Deus, Cordeiro de Deus, Filho de Deus Pai:
1: tu que tiras o pecado do mundo, tem piedade de nós.
2: Tu que tiras o pecado do mundo, acolhe a nossa súplica.
1: Tu que estás à direita do Pai, tem piedade de nós.
2: Só tu és o Santo;
1: só tu, o Senhor;
2: só tu, o Altíssimo,
1: Jesus Cristo, com o Espírito Santo,
2: na glória de Deus Pai. Amém.
G. ♪ Glória, glória, glória a Deus nas alturas …

Gebet des Tages
L. … der mit dir und dem Heiligen Geist lebt und regiert
von Ewigkeit zu Ewigkeit.
G. ♪ Amém. Amém. Amém. Amém.

Wortliturgie

Biblische Lesungen

Erste Lesung
G. ♪ Senhor, que a tua Palavra
transforme a nossa vida.
Queremos caminhar com retidão na tua luz.

Zweite Lesung
G. ♪ Aleluia, aleluia, aleluia, aleluia.

Evangelium
L. … Wort des Herrn!
G. ♪ Louvado sejas, Cristo. (Lob sei dir, Christus)

Predigt
Lied
Glaubensbekenntnis

Lied
(während des Liedes:)
Einsammlung der Gaben

Allgemeines Kirchengebet
L. (Dank)
G. ♪ Graças, Senhor! Graças, Senhor!
Por tua bondade, teu poder, teu amor:
Graças, Senhor!
L. (Fürbitten)
G. ♪ Inclina, Senhor, teu ouvido,
escuta o nosso clamor!

Liturgie des Herrenmahles

Vorbereitung des Tisches und Offertorium
G. ♪ Tudo vem de ti, Senhor.
E, do que é teu, te damos. Amém.
L. (Offertoriumsgebet) … Durch Jesus Christus, unseren Herrn.
G. Amen.

Eucharistiegebet
L. (Präfation) … singen wir das Lob deiner Herrlichkeit:
G. ♪ Santo, Santo, Santo, Senhor, Deus do universo.
O céu e a terra proclamam a tua glória.
Hosana, hosana nas alturas.
Bendito o que vem em nome do Senhor.
Hosana, hosana nas alturas.
L. (Bericht von der Einsetzung) …
L. (Anamnese) …
L. (Epiklese) …

L. (Gedenkbitten) …
G. ♪ Por Cristo, com Cristo e em Cristo, seja a ti, Pai todo-poderoso, na unidade do Espírito Santo, toda a honra e toda glória, agora e para sempre. Amém, amém, amém.

Vaterunser

Friedensgruß
L. … teilen wir nun unter uns ein Zeichen der Versöhnung und wünschen wir uns gegenseitig den Frieden Christi.

Brechen des Brotes
L. … ist die Gemeinschaft mit dem Leib Christi.
G. ♪ Nós, embora muitos, somos um só corpo.
(So sind wir viele ein Leib.)

Agnus Dei
L. Seht das Lamm Gottes.
G. ♪ /: Cordeiro de Deus, que tiras o pecado do mundo, tem piedade de nós. :/
Cordeiro de Deus, que tiras o pecado do mundo, dá-nos a paz.

Kommunion
(Während der Austeilung kann die Gemeinde folgende oder andere passende Lieder singen.)

Isto é meu corpo, partido por ti;
traz salvação e dá a paz;
toma e come, e, quando o fizeres,
faze-o em amor por mim.
Isto é meu sangue, vertido por ti;
traz o perdão e liberdade;
toma e bebe, e, quando o fizeres,
faze-o em amor por mim.

Comam do pão, bebam do cálice,
quem a mim vem não terá fome.
Comam do pão, bebam do cálice,
quem em mim crê não terá sede.

Dankgebet
L. … Durch Christus, deinen lieben Sohn, unseren Herrn.
G. Amen.

Abschlussliturgie

Abkündigungen
Lied

Segen
L. …
G. Amen.

Sendung
L. … Gehet hin in Frieden und dient dem Herrn!
G. Gott sei Lob und Dank.

Musik zum Ausgang

GOTTESDIENST MIT HERRENMAHL

Liturgie 6

Eingangsliturgie

Stilles individuelles Gebet
Musik zum Eingang
Empfang (informeller Gruß)
Lied

Eingangsvotum
L. Im Namen des Vaters und des Sohnes und des Heiligen Geistes.
G. Amen.

Gebet des Tages
L. … der mit dir und dem Heiligen Geist lebt und regiert von Ewigkeit zu Ewigkeit.
G. ♪ Amém. Amém. Amém. Amém.

Wortliturgie

Biblische Lesung
Predigt

Lied
(während des Liedes:)
Einsammlung der Gaben

Allgemeines Kirchengebet

Liturgie des Herrenmahles

Vorbereitung des Tisches und Offertorium
L. (Offertoriumsgebet) … Durch Jesus Christus, unseren Herrn.
G. Amen.

Eucharistiegebet
L. (Präfation) …
L. (Bericht von der Einsetzung) …
L. (Anamnese) …
L. (Epiklese) … dass wir in Christus ein Leib werden,
der die Hoffnung verkündet.
**G. ♪ Envia teu Espírito, Senhor.
E renova a face da terra.**
L. (Gedenkbitten) …
**G. ♪ Por Cristo, com Cristo e em Cristo, seja a ti, Pai
todo-poderoso, na unidade do Espírito Santo, toda a honra
e toda glória, agora e para sempre. Amém, amém, amém.**

Vaterunser

Brechen des Brotes
L. … ist die Gemeinschaft mit dem Leibe Christi.
G. ♪ Nós, embora muitos, somos um só corpo.
(So sind wir viele ein Leib.)

Kommunion

Dankgebet
L. … Durch Christus, deinen lieben Sohn, unseren Herrn.
G. Amen.

Abschlussliturgie

Abkündigungen
Lied

Segen
L. …
G. Amen.

Sendung
L. … Gehet hin in Frieden und dient dem Herrn!
G. Gott sei Lob und Dank.

Musik zum Ausgang

Kenneth G. Appold

Frauen im frühneuzeitlichen Luthertum: Kirchliche Ämter und die Frage der Ordination[1]

Der Weg des Luthertums zur Frauenordination ist ein langer, oft umstrittener und in manchen Fällen noch nicht abgeschlossener. Gemessen an den Möglichkeiten, die sich im Nachhinein mit Luthers Neuauffassung des Predigtamts und mit seiner Konzeption vom allgemeinen Priestertum verbinden lassen, mag es erstaunlich sein, daß lutherische Kirchen erst seit dem Zweiten Weltkrieg damit begonnen haben, Frauen als Pfarrerinnen einzusetzen und zu ordinieren. Ähnlich bemerkenswert ist der in manchen lutherischen Kirchen und Gemeinden immer noch vorhandene Widerstand gegen Frauen im Verkündigungsamt und sogar in nicht-ordinationsgebundenen kirchlichen Führungsfunktionen. Im Vordergrund stehen hier die Selbständige Evangelisch-Lutherische Kirche (SELK), die Lutheran Church-Missouri Synod (LCMS), zahlreiche weitere Kirchen, die am International Lutheran Council (ILC) teilnehmen, aber auch einige Kirchen des Lutherischen Weltbunds. Das Beispiel der lutherischen Kirche Lettlands macht zudem deutlich, daß der Weg zur Frauenordination auch zurückgegangen werden kann. Die Hindernisse auf diesem Weg sind vielfältig. Besonders der Widerstand einzelner Personen und Ortsgemeinden setzt sich aus einem Gemisch von psychologischen, sozialen, theologischen und weiteren Motiven zusammen, die sich kaum erschöpfend analysieren lassen.[2] Doch die

---

1 Der Martin-Luther-Bund dankt dem Herausgeberkreis der „Zeitschrift für Theologie und Kirche" und dem Verfasser für die Zustimmung zu einem erneuten Abdruck in seinem Jahrbuch. Ursprünglich war dieser Beitrag erschienen in: ZThK 103, 2006, 253–279.

2 Die wissenschaftliche Diskussion zum Thema Frauenordination ist zu umfangreich, um hier verzeichnet zu werden. Eine ausführliche Bibliographie ist erschienen in: W. Bock/W. Lienemann (Hg.), Frauenordination. Studien zu Kirchenrecht und Theo-

Tatsache, daß die eben genannten lutherischen Kirchen sich allesamt durch ein starkes „konfessionelles" Bewußtsein auszeichnen und diese Konfessionspflege zum wesentlichen Bestandteil ihrer kollektiven Identität machen, gibt Anlaß zu einer präziseren Fragestellung. Die Frage, ob die Ordination von Pfarrerinnen das konfessionell-lutherische Erbgut beschädigt, ist innerhalb der Konfession noch nicht endgültig geklärt worden. Da die lutherischen Bekenntnisschriften – das, worauf sich ein konfessionelles Bewußtsein in erster Instanz stützen sollte – zum Thema des Geschlechts der Ordinanden bekanntlich schweigen, ist ein etwas weiter gefaßter Rückblick auf die traditionsbildende Wirkungsgeschichte der Reformation erforderlich. Kaum eine Epoche dieser Geschichte scheint für den gegenwärtigen Zweck so gut geeignet wie die der lutherischen Orthodoxie – das Zeitalter, welches am ehesten mit einem konservativen Konfessionalismus verbunden und deshalb gern von traditionsbewußten heutigen Lutheranern hervorgehoben wird. Die Frage, wie die lutherische Orthodoxie mit dem Thema der Frauenordination umging, ist noch nie eingehend untersucht worden.[3] Ungenügend erforscht ist ebenfalls die Frage, ob und unter welchen theologischen und institutionellen Voraussetzungen Frauen in den Kirchen des frühneuzeitlichen Luthertums öffentlich tätig waren. Diesen Fragen soll im folgenden anhand von bislang unbekanntem Quellenmaterial nachgegangen werden. Manche Ergebnisse dürften dabei überraschen.

1. Institutionalisierte Tätigkeiten von Frauen in lutherischen Kirchen seit der Reformation

Kritiker haben oft bemängelt, daß die Reformation – insbesondere die lutherische – eher restriktiv als befreiend auf Frauen gewirkt habe, die einer speziellen Berufung zum religiösen Leben nachgehen wollten. Kulturhisto-

logie, Bd. III, 2000, 261–292. Zum historischen Widerstand der LCMS gegen die Frauenordination vgl. M. Todd, Authority Vested: A Story of Identity and Change in the Lutheran Church-Missouri Synod, Grand Rapids 2000. Zur Geschichte der Frauenordination in Deutschland vor dem Hintergrund reformatorischer Theologie vgl. besonders J. Ch. Janowski, Umstrittene Pfarrerin. Zu einer unvollendeten Reformation der Kirche, in: M. Greiffenhagen (Hg.), Das evangelische Pfarrhaus. Eine Kultur- und Sozialgeschichte, 1984, 83–107.

3 Einige Predigten und Evangelienauslegungen der lutherischen Orthodoxie stellt Christine Globig kurz dar in: Ch. Globig, Frauenordination im Kontext lutherischer Ekklesiologie. Ein Beitrag zum ökumenischen Gespräch, 1994, 43–48.

rische Untersuchungen der Reformation in den deutschen Städten behaupten, daß der hiermit verbundene Umwandlungsprozeß keineswegs zu einer Emanzipation der Frau, sondern vielmehr zur Stärkung einer patriarchalischen Weltordnung geführt habe.[4] Auch wenn eingeräumt wird, daß manche weibliche Frömmigkeitsformen zunächst gefördert wurden,[5] bleibt die Erkenntnis, daß die im mittelalterlichen Klosterleben entstandenen Ämter für Frauen durch die Reformation weitgehend ersatzlos abgeschafft wurden.[6] In vielen solchen Beobachtungen schwingt eine mehr oder weniger explizite Kritik mit, daß der von Luther und anderen Reformatoren hochgehaltene Gedanke eines allgemeinen Priestertums nie konsequent umgesetzt worden sei.[7]

Es steht außer Frage, daß sich die Reformation, besonders in Deutschland, auf dem Boden einer hierarchischen und patriarchalischen Weltordnung entfaltete. Die Tatsache, daß emanzipatorische Impulse, wie sie gelegentlich in der frühen Phase – und auch später im sog. „linken Flügel" – der Reformation beobachtet werden können, keine Breitenwirkung für Frauen der frühen Neuzeit erreicht haben, ist ebenfalls unstrittig. Die Gründe hierfür sind vielfältig und können im folgenden nicht ausführlich behandelt werden. Dennoch muß gefragt werden, inwieweit die anti-emanzipatorische Tendenz, die in letzter Zeit gerade für die lutherische Reformation so oft behauptet worden ist, wirklich dominant war – und ob solche globalen Behauptungen nicht vielmehr den Blick auf wichtige Gegenbewegungen in der Theologie und im kirchlichen Leben des frühneuzeitlichen Luthertums verstellen.

Zunächst möchte hinsichtlich der Auflösung der Klöster daran erinnert werden, daß hiermit eine grundlegende theologische Aufwertung des Berufslebens *extra muros* einherging. Klöster konnten nach Luthers Ansicht deshalb geschlossen werden, weil die Ausübung christlicher Religiosität angemessener im alltäglichen Leben der Gemeinde zur Geltung komme als

4 Grundlegend hierzu L. Roper, The Holy Household, Oxford 1989 (dt.: Das fromme Haus. Frauen und Moral in der Reformation, 1995).

5 Roper, a. a. O. (wie Anm. 4), 7.

6 So Roper, a. a. O. (wie Anm. 4), 179–214; wie auch S. Karant-Nunn, Continuity and Change: Some Effects of the Reformation on the Women of Zwickau (SCJ XIII/2, 1982, 17–42); und neuerdings M. Jung, Der Beitrag von Frauen zur Reformation und die Bedeutung der Reformation für Frauen, in: Ders., Nonnen, Prophetinnen, Kirchenmütter. Kirchen- und frömmigkeitsgeschichtliche Studien zu Frauen der Reformationszeit, 2002, 9–16, 13 ff.

7 Vgl. z. B. Jung, Beitrag (wie Anm. 6), 14.

hinter monastischen Mauern.[8] Kritisch kann dagegen eingewandt werden, daß solche Ansichten eben „nur Theologie" seien und keine weitere historische Wirkung erzeugten. Doch damit wäre die historische Wirkungskraft des theologischen Diskurses der Reformation unterschätzt. Luthers theologische Aufwertung der nicht-klerikalen Berufe war mehr als ein theoretisches Gedankenspiel. Sie brachte vielmehr weitreichende praktische Konsequenzen für die Gestaltung des Lebens in der Kirche mit sich. Das zeigen insbesondere die zahlreichen diakonischen und lehrenden Tätigkeiten, die durch die neuen Kirchen- und Kastenordnungen der Reformationszeit im öffentlichen *ministerium* der Kirchen verankert wurden.[9]

Viele dieser kirchlichen Aufgaben waren ausdrücklich für Frauen vorgesehen. Die einflußreichen Kirchenordnungen Bugenhagens für die Städte Braunschweig (1528), Hamburg (1529) und Lübeck (1531) zeigen zum Beispiel einen breit angelegten Versuch, Frauen in die Arbeit der Gemeinden aufzunehmen. Hier, wie auch in anderen evangelischen Kirchenordnungen, sind es drei Bereiche, die dafür bevorzugt werden: das Hebammenwesen, die Armenpflege in den Hospitälern und die Lehre in den Mädchenschulen. In allen drei Bereichen besteht die Tätigkeit der Frauen aus einer Kombination von leiblicher und seelischer Fürsorge. Die ersten beiden sind geschlechtsspezifisch konzipiert, während letztere geschlechtsunabhängig ist. So üben Hebammen eine Tätigkeit aus, für welche Frauen nach gängigen frühneuzeitlichen Vorstellungen besser geeignet sind als Männer. Dasselbe gilt für Pflegeaufgaben in den Hospitälern, besonders – aber nicht nur – wenn es um die Pflege anderer Frauen geht. Dagegen ist die Lehrtätigkeit in Mädchenschulen nicht auf Frauen beschränkt. Im 16. und 17. Jahrhundert wird dieser Beruf sowohl von Frauen als auch von Männern ausgeübt. Alle drei Tätigkeitsbereiche umfassen laut Kirchenordnungen neben ihrer Hauptarbeit auch pastorale und Verkündigungsaufgaben.

Besonders Hebammen fungieren nach den bugenhagenschen Kirchenordnungen innerhalb ihres Bereiches als eine Art Stellvertreterinnen für Pfarrer. So sind sie bevollmächtigt, das Wort Gottes zu verkünden und Nottaufen auszuführen. Auch wenn Nottaufen bereits durch vorreformatorisches Kirchenrecht erlaubt waren, fällt auf, daß die Reformatoren die „Ausnahme-

8 Vgl. u. a. WA 6, 409.

9 Vgl. hierzu vor allem C. Lindberg, Beyond Charity: Reformation Initiatives for the Poor, Minneapolis 1993. Einige dieser Tätigkeiten wurden traditionell auch von Nonnen ausgeübt, so daß die Frage, ob sich die Zahl religiöser Berufsmöglichkeiten für Frauen durch die Reformation verringert oder vermehrt hat, hiermit unbeantwortet bleibt – und bleiben muß, bis zuverlässige Daten vorliegen.

situation", für die dieses Recht konzipiert wurde, so weit „normalisierten",[10] daß sie für die Hebammen eine besondere theologische Vorbereitung durchführten und Rechenschaftspflicht gegenüber einem Superintendenten vorschrieben – und dies eben für Frauen.[11] Insofern hebt sich der Fall der Hebamme von der universalen Legitimationsgrundlage solcher Notsituationen ab und bildet einen durch die berufliche Spezialisierung bedingten regelmäßigen Sonderfall. Jeder Christ mochte aufgrund seiner eigenen Taufe – d. h. nach Luther, dank des allgemeinen Priestertums – dazu befähigt sein, in Notsituationen für den Pfarrer einzuspringen und zu taufen, doch Hebammen mußten mit der häufigen Wiederkehr solcher Situationen rechnen. Das Taufen gehörte so gesehen zu ihrem Beruf. Daher sollten sie im Gegensatz zur Allgemeinheit ausdrücklich von der Kirche hierauf vorbereitet und von der Kirche beaufsichtigt werden. Sie agierten in einer Rolle, welche – freilich nur innerhalb ihres beruflichen Kontextes und bezogen auf diese bestimmte Handlung – der Funktion von Ersatzpfarrern nahekam. Zudem läßt das Beispiel der Hebammen erkennen, daß eine hierarchische Einordnung nicht nur zur Unterdrückung von Frauen dienen muß, sondern ebenfalls eine Erweiterung – und Aufwertung – ihrer Handlungsmöglichkeiten bedeuten kann: Der Ruf nach Aufsicht durch den Superintendenten gilt nicht nur der Kontrolle der Hebammen, sondern ebenso sehr der formalen Autorisation ihrer Tätigkeit. Angesichts der großen Zahl von Geburten und der hohen Säuglingssterblichkeit in jener Epoche kann diese Institutionalisierung kaum überschätzt werden.

Weitere kirchliche Aufgaben für Frauen gelten der Fürsorge für Arme und Kranke und orientieren sich an Vorbildern aus der frühchristlichen Diakonie. In manchen lutherischen Kirchenordnungen wurden solche Frauen

---

10 Das gilt allerdings nicht für den reformierten Protestantismus, dessen Bekenntnisschriften Nottaufen durch Frauen ausdrücklich ablehnen. Vgl. Confession of Faith (1560), cap. XXII; auch die Confessio Helvetica posterior (1566) verbietet die Nottaufe durch Frauen (cap. XX). Beide Bekenntnisschriften berufen sich auf das paulinische Schweigegebot.

11 Vgl. „Der erbarn stadt Brunswig christlike ordeninge to denste dem hilgen evangelio, christliker leve, tucht, frede unde eynicheit […] 1528." In: Die evangelischen Kirchenordnungen des XVI. Jahrhunderts, hg. v. E. Sehling [= Sehling], Bd. 6: Niedersachsen I/1, 1955, 348–455, hier 359–362, besonders 359: „Sulke heveammen, wen se angenamen synt, scholen gewiset werden to deme superattendeten eddeer to eyneme anderen prediger, dat se leren, wat Gades wort bedrept in orer sake." Zur Frage der Taufe vgl. a. a. O., 360. Vgl. ebenfalls die etwas weniger ausführlichen Stellen in den Kirchenordnungen von Hamburg (1529) und Lübeck (1531): Sehling, Bd. 5, 513; und die Wolfenbüttler KO von 1543: Sehling, Bd. 6, I/1, 68 f.

den männlichen Diakonen zugeordnet.[12] Bei den Reformierten geschah das auch,[13] und hier verwendete man gelegentlich die in Calvins Ämterlehre vorkommende Bezeichnung „Diakonisse"[14]. In lutherischen Gegenden scheint diese Bezeichnung – aus bislang ungeklärten Gründen – selten gewesen zu sein,[15] doch diakonische Tätigkeiten wurden von Frauen häufig ausgeübt und hatten im Institutionswesen vieler Kirchen einen festen Platz. Wie weit verbreitet eine solche diakonische Aktivität von Frauen im frühneuzeitlichen Luthertum war, ist bislang nicht flächendeckend untersucht worden. Stichproben in Kirchenarchiven machen aber deutlich, daß Frauen weit häufiger institutionalisierte Tätigkeiten in ihren Kirchen ausgeübt haben, als z. B. aus den Kirchenordnungen ersichtlich ist. Aus Wittenberg etwa berichten die Akten des Stadtkirchenarchivs von „Büttenmägden", die mindestens seit dem frühen 17. Jahrhundert bis ins späte 18. Jahrhundert im Grauen Kloster und dem Heiligen-Kreuz-Hospital tätig waren und eine Reihe unterschiedlicher Aufgaben wahrnahmen.[16] Hierfür wurden sie von der Kirche

---

12 Vgl. die Kirchenordnungen von Lübeck und Hamburg: Sehling, Bd. 5, 365.508 f. Vgl. ebenfalls die Kirchenordnung der Stadt Minden (1530) in: Die evangelischen Kirchenordnungen des sechzehnten Jahrhunderts, hg. v. A. L. Richter, Bd. I, 1846, 138–140.

13 Vgl. etwa die Kirchenordnung von Emden (1594) zur Erwählung von „veer erbare[n] weduwen unde godtsalige matronen" zum caritativen Dienst im dortigen ehemaligen Franziskanerkloster: Sehling, Bd. 7, II/1, 480–513, hier 505.

14 Die Bezeichnung „Diakonisse" findet man u. a. in den reformierten Gemeinden von Wesel und Amsterdam. Vgl. hierzu Th. Schäfer, Die Geschichte der weiblichen Diakonie, ^{2}1887, 75–80. Calvin führt im Rahmen seiner Ämterlehre bekanntlich auch ein Diakonissenamt nach neutestamentlichem Vorbild ein (mehr hierzu, s. u.). Vgl. J. Calvin, Institutio christianae religionis (1559), IV.iii.9, ferner IV.xiii.18. In welchem Maß sich Calvin um eine praktische Umsetzung des Diakonissenamts bemüht hat, bleibt unbekannt; die Genfer Kirchenordnungen von 1541 und 1561 erwähnen keine Diakonissen. Vgl. weiter hierzu E. McKee, Diakonie in der klassischen reformierten Tradition und heute, in: Dies./R. Ahonen, Erneuerung des Diakonats als ökumenische Aufgabe (Diakoniewissenschaftliche Studien 7), 1996, 35–147, 96–104.

15 Schäfer nennt zwei Beispiele für lutherische Diakonissen im 16. und frühen 17. Jahrhundert: einmal im Jungfrauenstift von Keppel bei Siegen, das andere Mal im Jungfrauenkloster von Walsdorf. In beiden Einrichtungen wurden sowohl geistliche als auch weltliche Ämter von Frauen ausgeübt, und zu den geistlichen gehörten in Keppel u. a. das Amt der Priorin, der Vorsängerin, der „Diakonissa, das ist: die Almosen austeilet", sowie Katechetinnen und eine Küsterin (Schäfer [wie Anm. 14], 73). Das lutherische Kloster in Walsdorf hatte eine ähnliche Verteilung der Ämter (a. a. O., 74).

16 Die Büttenmägde werden weder in den Wittenberger Kirchenordnungen noch in der Hospitalordnung von 1555 erwähnt, dafür aber in den Besoldungslisten der Wittenberger Stadtkirche: „Besoldung der Geistlichen und Gotteskastenangestellten […] 1622–1652" (Wittenberger Stadtkirchenarchiv [= WB SKA]: A I 513). Vgl. ebenfalls

analog zu Diakonen, Organisten und Kantoren besoldet.[17] Eine handschriftlich überlieferte Dienstanweisung macht die Anlehnung dieser Arbeit an klassische altkirchliche diakonische Tätigkeiten wie Almosensammlung und Krankenpflege deutlich:

> „Treue, Fleiß und Ordnung [werden gefordert], insonderheit beym Einheizen mit dem Feuer Behutsamkeit, die Graue-Closter= und Hospital Büchße zum Heil. Creuz wie auch die Butte zu Einsammlung des Allmosens wöchentl. in die Häuser herein zu tragen, denen Armen im grauen Closter und Hospital in Kranckheiten die erforderl. Wartung zu leisten und alles übrige, was ihr von Seiten der Capelle anbefohlen werde, willig zu tun."[18]

Neben dem Inhalt der Dienstleistung werden zwei weitere Faktoren deutlich, die für eine Einordnung solcher Beispiele bedeutsam sind: Die Tätigkeit wird von der Kirche besoldet und beaufsichtigt, und die Zahl derer, die sie ausüben, wird mittels bestimmter Auswahlkriterien eingeschränkt. Daraus folgt, daß diese weibliche diakonische Arbeit zwar ein Ausdruck allgemein christlicher caritas ist und aus dieser ihre theologische Legitimation bezieht; darüber hinaus stellt sie jedoch eine in spezieller Weise institutionalisierte Form solcher Nächstenliebe dar, welche nicht durch jede, sondern nur durch besonders geeignete Personen ausgeübt werden kann. Diese werden wiederum unter die Aufsicht des Verkündigungsamtes gestellt.

Keine Seltenheit waren im 16. und 17. Jahrhundert lutherische Lehrerinnen. „Schulmeisterinnen" und Lehrerinnen der Mädchen- oder „Jungfrauenschulen" werden in zahlreichen frühen Kirchenordnungen erwähnt, beginnend mit der Leisniger Kastenordnung von 1523.[19] Auch die bugenhagen-

---

eine auf die Büttenmagd bezogene Rechnung vom 14. September 1779, in: „Extract von den Besoldungen [...] derer bey der Pfarrkirche, Stadt, Schule und Kapelle angestellten Personen" (WB SKA: AI 529). Die ältesten Belege stammen aus den 1620er Jahren (WB SKA: AI 513), doch die Aktenlage ist so lückenhaft, daß eine frühere Einrichtung des Amtes keineswegs auszuschließen ist. Zu den Wittenberger Hospitälern und zur Büttenmagd vgl. W. Böhmer/R. Kabus, Zur Geschichte des Wittenberger Gesundheits- und Sozialwesens, Teil II. Das 18. Jahrhundert, 1983, 19–25.

17 Vgl. WB SKA: AI 513. Die Akte enthält eine Besoldungsliste aller Kirchendiener, beginnend mit dem Superintendenten und endend mit den Büttenmägden, Küstern u. a.

18 „Registratura Wittenberg auf der Capelle, den 7. Jan. 1777", in: WB SKA: AI 497. Diese Beschreibung ist zwar recht spät, wird aber sicherlich in ähnlicher Form auch im 17. Jahrhundert zugetroffen haben.

19 Sehling, Bd. 1, I/1, 602: Es solle „eine ehrliche, betagte, untadliche weibs person mit eim jaergelde und etlichem vorrathe versehen werden, die jungen meidlein unter zwelf jaren in rechtlicher christlicher zucht, ehre und tugent zu unterweisen, und [...] deutsch schreiben und lesen lernen [...]."

schen Ordnungen fordern die Ernennung von qualifizierten Lehrerinnen für die Mädchenschulen.[20] Der Unterricht in Mädchenschulen beschränkte sich keineswegs, wie gelegentlich angenommen wird, auf Stricken, Häkeln und Benimmregeln, sondern umfaßte Lesen, Schreiben, Mathematik, Musik sowie Bibellektüre und Katechismus. Für die beiden letzteren Gegenstände, die meist im Mittelpunkt der Tätigkeitsbeschreibungen stehen,[21] sind theologische Grundkenntnisse der Lehrerin unerläßlich. Daher ist die materiale Nähe zum Pfarramt bei diesem Beruf stärker ausgeprägt als bei den vorigen beiden. Der Lehrerberuf ist darüber hinaus nicht geschlechtsgebunden; hier waren Mann und Frau eher austauschbar als etwa im Fall der Hebammen.

Beide Aspekte – die Nähe zum Pfarramt und die Geschlechtsunabhängigkeit – werden durch Beispiele aus der Wittenberger Praxis des 16. Jahrhunderts deutlich. In der Visitationsregistratur von 1533 wird der Wittenberger Jungfrauenschule ein Schulmeister zugeordnet, dem nach Bedarf der Küster zur Hilfe kommen soll.[22] Grundzüge des schulischen Curriculums werden mit dem Pfarrer, zu dessen Amt auch die Aufsicht über die Schulen gehört, abgesprochen.[23] Die Nähe des Schulmeisterberufs zum Pfarramt wird 20 Jahre später noch deutlicher. Die Visitationsregistratur von 1555 stellt nämlich fest, daß das Schulmeisteramt seit einem Jahr vom vierten Diakon – also von einem ordinierten Pfarrer[24] – probeweise ausgeübt und diese

20 Vgl. Sehling, Bd. 5, 346f.500; Bd. 6, I/1, 370f. Neben den Kirchenordnungen geben auch Visitationsberichte Einblick in lokale Situationen. Vgl. K. Pallas, Die Registraturen der Kirchenvisitationen im ehemals sächsischen Kurkreise. Erster Teil: Die Ephorien Wittenberg, Kemberg und Zahna, 1906. Neben den Beispielen aus Wittenberg wurden die Mädchenschulen von Kemberg und Schmiedeberg ebenfalls lange Zeit von Schulmeisterinnen geführt (vgl. a. a. O., 197.210.328.337f).

21 Vgl. Sehling, Bd. 6, I/1, 370f; sowie den entsprechenden Abschnitt der Wittenberger Visitationsregistratur von 1533, gedr. in Sehling, Bd. 1, I/1, 705f; und in Pallas (wie Anm. 20), 12f.

22 Vgl. Sehling, Bd. 1, ebd.; Pallas a. a. O. (wie Anm. 20), ebd. Zur Wahl des Schulmeisters vgl. Pallas, a. a. O. (wie Anm. 20), 25, und Sehling, a. a. O., 709.

23 „Und in welchen buchern die iunkfrauen lesen und geubt werden sollen, davon soll der schulmeister den herrn pfarrer als den superattendenten der schulen rat fragen." (Pallas, a. a. O. [wie Anm. 20], 12; vgl. Sehling, a. a. O., 705).

24 In Wittenberg heißen die Pfarrer der Stadt- und Schloßkirche in der frühen Neuzeit gewöhnlich „Diakon" und werden zur öffentlichen Verkündigung und Verwaltung der Sakramente ordiniert. Der Diakon, um den es in diesem Fall geht, ist der 1553 ordinierte Magister Petrus Ezelius aus Schleitz (ca. 1529–1570). Er hatte genannte Position bis zu seiner Beförderung auf die Stelle des 3. Diakons 1559 inne. Vgl. hierzu J. Ch. Erdmann, Biographie sämtlicher Pastoren und Prediger an der Stadt- und Pfarrkirche zu Wittenberg, 1801, 15.

Praxis nun von den Visitatoren verbindlich gemacht wird.[25] Bei dieser Konstruktion bleibt es in Wittenberg auch einige Zeit. So lehrten der 1553 ordinierte Diakon Petrus Ezelius und dessen Nachfolger im Amt beide in der Mädchenschule. Vor der Visitation von 1575 fand aber erneut eine bedeutsame Änderung in der Besetzung des Mädchenschulmeisterpostens statt. Jetzt wird das Amt nicht mehr vom vierten Diakon ausgeübt, sondern von einer „ehrbare[n] Matrone", der assistiert wird von einem – offenbar männlichen – *coadiutor*[26]. Nicht nur die Tätigkeit bleibt vom Geschlecht des Lehrenden unberührt, auch das Gehalt bleibt dasselbe: Das Grundgehalt der Schulmeisterin von 20 fl. stimmt exakt mit dem überein, was der vierte Diakon bekommen hatte.[27] Die „Studiengebühren" der Schülerinnen bleiben ebenfalls gleich und liegen bei 2 gr. pro Quartal.[28] Das heißt, die Lehrtätigkeit in der Mädchenschule kann sowohl von Männern als auch von Frauen ausgeübt werden und wird in beiden Fällen gleich bewertet – und gleich besoldet.

Die Tatsache, daß diese Tätigkeit aber nicht von irgendeinem beliebigen Mann, sondern von einem ordinierten Pfarrer im Rahmen seiner Amtspflichten ausgeübt wurde und daß sie wiederum ohne weiteres auf eine Frau übertragen werden konnte, ist noch bemerkenswerter. Im Kontext der Schullehre, die immerhin theologische Grundkenntnisse erforderte, Verkündigungsaufgaben umfaßte und an die kirchliche Supervision gebunden war, wurde in diesem Fall eine geeignete Frau in Wittenberg ganz offensichtlich auf die-

25 Vgl. die Visitationsregistratur von 1555, gedruckt in Pallas, a. a. O. (wie Anm. 20), 34: „Iungfrau schulmeister ist der quartus diaconus, welcher bede ampt wol versorgen kan; und ist die iungfrau schul mit rat und bewilligung domini pastoris, der burgemeister und kastenhern zum vierten diaconat geschlagen im 1554. jar, und dieweil solche verordnung, uf ein iar zu versuchen bewilligt, nach ausgang des iars fruchtbar befunden ist, haben wir verordente visitatores […] confirmirt und bestetigt, das hinfurder der vierte oder dorfdiaconus auch die iungfrauenschul verwesen soll, damit er seine unterhaltung dester stattlicher haben könn." Der Vermutung, daß es sich bei dieser Lehrtätigkeit um ein „Zubrot" handelt, welches außerhalb der regulären Amtspflichten des Diakons liegt, wird durch den hohen zeitlichen Aufwand – gut 6 Stunden am Tag –, der mit dieser Tätigkeit einhergeht, widersprochen. Die Tätigkeit in der Mädchenschule wird ein zentraler und theologisch begründeter Bestandteil des 4. Diakonats gewesen sein. Hierfür spricht schon die Verweisung an die Visitatoren.

26 Vgl. a. a. O., 48. Der vierte Diakon – nun ist es M. Cyriakus Wolf – bleibt weiterhin in der Schullehre tätig, wechselt nun aber zur Knabenschule, wo er sechs Stunden täglich unterrichtet.

27 Vgl. ebd. und a. a. O., 36.

28 Hinzu kommen u. a. 12 schfl. Korn und freie Behausung; vgl. a. a. O., 48.

selbe Ebene gestellt wie – männliche – Pfarrer. In der Schule hatte sie dieselbe Position wie vorher der vierte Diakon, und ihre Arbeit wurde gleich bewertet. Ein Einzelfall war das keineswegs. Auch wenn die Unvollständigkeit der Quellenlage Verallgemeinerungen erschwert, ist unbestreitbar, daß weitere Frauen im Umfeld Wittenbergs im späten 16. und im 17. Jahrhundert ähnliche Positionen innehatten und vergleichbar besoldet wurden.[29] Doch das Wittenberger Beispiel hat sowohl wegen der klaren Vergleichbarkeit der Schulmeisterin mit dem vierten Diakon als auch wegen des hervorgehobenen Profils der Lutherstadt eine besondere historische Bedeutung.

2. Frauen und das Predigtamt

Angesichts der auffälligen Überschneidungen von institutionalisierten kirchlichen Tätigkeiten für Frauen mit Aufgaben des Pfarramts stellt sich die Frage, warum es im frühen Luthertum keine Pfarrerinnen gab. Warum „durften" Frauen z. B. als Hebammen mehr oder weniger regelmäßig taufen, als Schullehrerinnen das Wort verkünden und im Glauben unterweisen und als Pflegerinnen diakonische Fürsorge ausüben, ohne daß sie zum ordinationsgebundenen Predigtamt zugelassen worden wären?

Das Proprium des ordinationsgebundenen Predigtamts liegt im öffentlichen Wirken in der Kirche: dem Predigen und der Sakramentsverwaltung im Gottesdienst (vgl. CA 14). Predigende Frauen scheint es im frühen Luthertum nur in Ausnahmefällen und meist außerhalb des Gottesdienstes gegeben zu haben. Die bereits erwähnten evangelischen Jungfrauenklöster in Keppel und Walsdorf z. B. scheinen, in Fortführung vorreformatorischer Bräuche, geistliche Ämter für Frauen gehabt zu haben.[30] Auch wenn diese Fälle, wie Schäfer schreibt, von zuständigen Superintendenten genehmigt wurden, spiegeln sie eine Sondersituation, denn die Tätigkeit dieser Frauen fand allem Anschein nach nur innerhalb des Klosters statt.[31] Frauen, die im Kontext der radikaleren reformatorischen Bewegungen gepredigt haben, wie

29 Als Beispiele seien die Mädchenschulen von Kemberg und Schmiedeberg genannt (vgl. a. a. O., 197.210.328.337 f).

30 Vgl. Schäfer, a. a. O. (wie Anm. 14), 73 f. Schäfer nennt mehrere Ämter, die ausdrücklich als „geistlich" bezeichnet werden, unter anderem auch eine Vorleserin, die vor versammelter Gemeinde aus der Schrift gelesen habe.

31 Eine neuere Untersuchung dieser Beispiele wäre auf jeden Fall erstrebenswert, kann an dieser Stelle aber nur angeregt werden.

z. B. in Zwickau in den frühen 1520er Jahren, wurden bald vom lutherischen „Establishment" – d. h. sowohl von der Obrigkeit als auch von Theologen, u. a. von Luther selbst – davon abgehalten.[32] Ein weiteres, viel diskutiertes Beispiel stellt die Straßburger Flugschriftenautorin und Pfarrfrau Katharina Zell dar.[33] Aufgrund ihrer umfangreichen literarischen Tätigkeit wird sie gelegentlich als evangelische „Laientheologin" bezeichnet,[34] ihre nicht weniger bedeutsame Aktivität als Ehefrau eines Pfarrers läßt Thomas Kaufmann in diesem Zusammenhang gar von einem „Pfarrfrauenamt" sprechen.[35] Selbst Katharina Zell hielt sich allerdings von der Kanzelverkündigung und Sakramentsverwaltung zurück[36] und leitete ihre berühmten Grabreden von einem durch die Lehre vom allgemeinen Priestertum legitimierten „Notmandat" ab.[37] Katharina Zell war keine Pfarrerin und betonte selbst den Unterschied. Dasselbe gilt für weitere bekannte Pfarrfrauen wie insbesondere Katharina von Bora, deren kulturelle Wirkung auf das reformatorische Amtsverständnis kaum zu überschätzen ist, die jedoch weder ein eigenständiges Amt noch die Zulassung zum ordinationsgebundenen Pfarramt angestrebt haben.

Luther selbst zeigt sich in der Frage des Amtes von Frauen ambivalent.[38] Er verteidigt hartnäckig den Gedanken des allgemeinen Priestertums gegen jegliche Kritiker:[39] Die „priesterliche Gewalt" ist, so Luther, „allen Christen

---

32 Vgl. Karant-Nunn, a. a. O. (wie Anm. 6), passim.

33 Vgl. hierzu vor allem E. McKee, Katharina Schütz Zell. Vol. 1: The Life and Thought of a Sixteenth-Century Reformer, Leiden 1999.

34 So z. B. M. Jung, Katharina Zell geb. Schütz (1497/98–1562). Eine Laientheologin der Reformationszeit? In: Ders., Nonnen, a. a. O. (wie Anm. 6), 121–168. Vgl. ebenfalls Ders., „Schweigende Weiber" oder „prophezeiende Töchter"? Das Selbstverständnis von Flugschriftenautorinnen im Kontext reformatorischer Theologie, in: Ders., Nonnen, a. a. O. (wie Anm. 6), 169–221.

35 Th. Kaufmann, Pfarrfrau und Publizistin – Das reformatorische „Amt" der Katharina Zell, in: Zeitschrift für Historische Forschung 23, 1996, 169–218. Speziell zur Anwendung des Amtsbegriffs: „Von dieser knapp skizzierten Symbolwirkung der Pfarrehe her erklärt es sich, daß diese zum integralen Bestandteil des sich formierenden konfessionellen Amtsbegriffs wurde, die Ehe des Pfarrers und damit die Pfarrfrau gehört in einen historisch aufweisbaren theologischen Sachzusammenhang mit dem Pfarramt selbst" (a. a. O., 173).

36 Vgl. a. a. O., 191.

37 Vgl. a. a. O., 200.213 f.

38 Eine ausführlichere Behandlung der Frage bei H. Goertz, Allgemeines Priestertum und ordiniertes Amt bei Luther, 1997. Vgl. dort besonders die Bemerkungen zur Frauenordination 252–258.

39 Ausdrückliche Kritik kommt von seinen altgläubigen Gegnern. Doch indirekt spürt er sie auch „von links", nämlich dann, wenn seine Lehren in eine für ihn nicht mehr tragbare Form umgesetzt werden (z. B. in Zwickau).

gemein“[40]. Diese Aussage gilt, wie der Reformator immer wieder hervorhebt, für Frauen ebenso wie für Männer. Damit begründet er sowohl die Nottaufe durch Frauen als auch deren Predigen in Notsituationen oder „in privata ecclesia“[41]. Eine aus der Schöpfung herrührende Inferiorisierung der Frau, die sie vom Priestertum aller Gläubigen ausklammert, lehnt Luther ab. Er lehrt genau das Gegenteil. Für ihn ist die Subordination der Frau erst eine Folge des Sündenfalls.[42] Doch auch wenn es im allgemeinen Priestertum keinen Unterschied zwischen Frau und Mann gibt, tritt die Bedeutung dieser Gleichheit für Luther zurück, sobald es um die Ausübung des öffentlichen Predigtamts geht. Dazu reicht es nach Luther nicht, überhaupt fähig zu sein; gerade wegen der Allgemeinheit des Priestertums bedarf es darüber hinaus einer kirchlichen „Erwählung“: „Wenn die priesterliche Gewalt allen Christen gemein ist, so folgt, daß niemand dieselbige öffentlich ausüben dürfe, er sey denn von allen hierzu erwählet.“[43] Wer für eine solche Erwählung in Frage kommt, macht Luther an anderer Stelle deutlich: Es sind „geeignete“ Menschen, und zu deren „Eignung“ gehört eine gute Stimme und Aussprache. Deshalb – und nur deshalb – sollen sie Männer sein, da Frauen nach Luthers Ansicht eine solche Stimme nicht haben.[44]

---

40 So z. B. WA 10 III, 107, ähnlich WA 8, 424; WA 12, 181 u. 309; WA 30 III, 518–527.

41 Vgl. zur Nottaufe WA 12, 181: „Itaque et mulieres, dum baptisant, legitime funguntur sacerdotio“. Zum Predigen vgl. WA 8, 498: „Wenn aber keyn man prediget, ßo werß von nötten, das die weyber predigeten“. Vgl. die Äußerungen zu Sarahs Tätigkeit, die zwar als Spezialmandat relativiert, aber zugleich legitimiert wird (WA 30, 18): „Mandatum speciale non tollit universale, praeterquam quod est locata Sarah in privata ecclesia […] Mulier debet loqui de domesticis et domo.“

42 So z. B. Luthers Auslegung von 1. Mose 3,16 (vgl. WA 42, 151). Die Subordination der Frau geht nicht aus der Schöpfung hervor, sondern kommt erst als Konsequenz des Sündenfalls in die Welt. Mehr zu diesem Themenkomplex bei Janowski, a. a. O. (wie Anm. 2), 100 f.

43 WA 10 III, 107.

44 So Luther in der 1521 verfaßten Schrift „Vom Mißbrauch der Messe“ (WA 8, 497; vgl. auch WA 8, 424 f): „Denn ßo gebeutt Paulus Timotheo, Das er denen das wortt gottis tzu predigen befelh, die datzu geschickt sind und die andern leren unnd unterweyssen konnen. Denn es gehortt tzu dem geyst, wer predigen wil, eyn gutte stymm, eyn gutt außsprechen, eyn gutt gedechtniß und ander naturliche gaben: wilcher die selbigen nicht hatt, der schweygt billich still unnd lest en andern reden. Alßo verpeutt Paulus den weybern tzu predigen ynn der gemeyn, da menner sind, wilche tzu reden geschickt sind, das ehre unnt tzucht gehallten werde, die weyl eynem man viel mehr tzu reden eygent und gebürt unnd auch datzu geschickter ist.
Und Paulus hatt das nicht auß seinem eygen hawbt verpotten, ßondern er berüfft sich auffs gesetz, wilchs sagt, die weyber sollen unterthenig seyn.“

Luther greift zu dieser Einschränkung unter dem Druck seiner Gegner. Zunächst wehrt er sich gegen den aus Rom erhobenen Vorwurf, seine auf die geistige Qualifikation aller Gläubigen aufbauende Amtslehre gestatte es Frauen zu predigen und verstoße damit gegen das paulinische Schweigegebot (vor allem aus 1. Kor 14,34).[45] Schon die normative Bedeutung der Schrift hätte ihn genötigt, auf diese Kritik einzugehen. Doch das Beispiel der Schwärmer, bei denen Frauen tatsächlich gepredigt haben (s. o.), scheint ihn ebenfalls zu beunruhigen und veranlaßt weitere restriktive Äußerungen.[46] Da Luthers Aussagen einen gewissen *ad-hoc*-Charakter haben, fällt es schwer, sie systematisch zu bewerten, und eine ausführliche Untersuchung kann an dieser Stelle nicht geboten werden. Doch einige Merkmale seiner Argumentation sollen hier hervorgehoben werden, denn sie wirkten unter seinen Nachfolgern prägend nach. Zum einen fällt auf, daß Luther das paulinische Schweigegebot stark relativiert. Aus seiner Sicht gilt es nur dann, „wenn nemlich Männer da sind", die reden können.[47] Zudem ist 1. Kor 14,34 für ihn so wenig überzeugend, daß er sogar überlegt, ob Paulus hier mit göttlicher Autorität spreche – oder nur „auß seinem eygen hawbt"[48]. Diese Überlegung weist er anschließend zurück, kann die paulinischen Aussagen aber nur unter Berufung auf 1. Mose 3,16 verstehen. Gebiete Paulus den Frauen das Schweigen in der Kirche, dann vor allem, um die aus 1. Mose 3 hervorgehende postlapsarische Ordnung aufrechtzuerhalten;[49] in dieser Ordnung steht die Frau unter dem Mann und darf ihn nicht regieren.[50] An einem solchen Ordnungsverständnis scheint Luther sehr viel stärker festzuhalten

45 Vgl. vor allem die Argumentation in WA 8, 497f bzw. WA 8, 424f.

46 Vgl. vor allem die bereits zitierte Predigt in der Zwickauer Marienkirche (1522), WA 10 III, 107: „Wenn die priesterliche Gewalt allen Christen gemein ist, so folgt, daß niemand dieselbige öffentlich ausüben dürfe, er sey denn von allen hierzu erwählet, obgleich in geheim ein jeder seinen Bruder nach dem Evangelio erinnern kann. Davon schreibt Paulus 1. Cor. 14,34: ‚Eure Weiber lasset schweigen in der Gemeinde', wenn nemlich Männer da sind." Vgl. ebenfalls die Schrift „Von den Schleichern und Winkelpredigern" (1532), WA 30 III, 518–527.

47 WA 10 III, 107.

48 WA 8, 497.

49 Vgl. ebd. Wie bereits erwähnt, versteht Luther die Subordination der Frau aus 1. Mose 3 nicht als schöpfungsgemäß, sondern als eine Folge des Sündenfalls. Diese Linie wirkt auch in der Orthodoxie fort. So stellt z. B. Abraham Calov zu 1. Mose 3,16 fest, daß die *subjectio mulierum* als Strafe und daher nicht als eine *lex generalis* zu betrachten sei; vgl. A. Calov, Biblia Testam. Veteris illustrata, tom. I. Frankfurt a. M. 1672, 248a. Ähnlich Salomon Gesner, Commentarius in Genesin, seu primum librum Moysis. Wittenberg 1613, 96.

50 Vgl. die genannten Stellen aus WA 8 sowie WA 50, 633.

als am Schweigegebot selbst. Daraus entsteht sein ambivalentes Verhältnis zum öffentlichen Predigen von Frauen: Lehnt er einerseits eine schöpfungsmäßige Inferiorisierung ab, so hält er andererseits an einer postlapsarischen Subordination fest. Nicht das Wesen der Frau hindert sie daran, das öffentliche Predigtamt auszuüben, sondern das ihr von Gott nach dem Sündenfall zugewiesene Verhältnis zum Mann – und ihre schwache Stimme.

Nun fragt sich allerdings, selbst wenn man von diesem Verständnis von 1. Mose 3 ausgeht, ob das hier ausgesagte Subordinationsgebot überhaupt für das Verhältnis zwischen Prediger und Zuhörer geltend gemacht werden kann. Auch wenn 1. Mose 3 ein „Regiment" der „Weiber" ausschlösse, wäre fraglich, ob Predigen mit „Regieren" verglichen werden kann und ob Luther den Charakter *sui generis* der Evangeliumsverkündigung hier nicht übersieht.[51] Es scheint, daß Luthers Äußerungen sehr von seinem geschichtlich bedingten Bild von „öffentlicher Ordnung" abhängig und von politischer Begrifflichkeit geprägt sind. Doch er konnte auch anders reden. Betont er doch sonst, daß die Verkündigung keine Herrschaft, sondern ein Dienst (ministerium), daß der Amtsträger folglich „Diener" (minister) der Gemeinde ist, wie die reformatorische Amtstheologie programmatisch lautet. Ganz in diesem Sinn besteht z. B. Melanchthon auf einer Wesensungleichheit zwischen Politik und Kirche, politischem Regiment und kirchlichem Amt.[52] Er stellt damit die Übertragbarkeit von politischen Kategorien auf die Kirche grundsätzlich in Frage. Theologen der lutherischen Orthodoxie folgen Melanchthon hierin und werden noch deutlicher: Das Verhältnis zwischen Predigern und Gemeinde dürfe niemals so gestaltet sein wie das zwischen *gubernatores* und *subditi*, denn die Verkündigung des Evangeliums ist kein *dominare*, sondern ein *pascere*.[53] Von einem „Regiment" durch Pfarrer – ob

51 So vor allem die Argumentation in „Von den Konziliis und Kirchen" (1539), Luthers wohl negativstes Urteil zum Thema: „Denn solch unterschied auch die natur und Gottes Creatur gibt, das weiber (viel weniger Kinder oder Narren) kein Regiment haben können, noch sollen, wie die erfarung gibt und Mose Gen. 3. spricht: ‚du solt dem Man unterthan sein', das Evangelion aber solch natürlich recht nicht auffhebt, sondern bestetigt als Gottes ordnung und geschepffe" (WA 50, 633).

52 Vgl. Melanchthons Ausführungen zur „Kirche" in den Loci theologici (III. actas), CR 21, 825–840, sowie seine Disputationen zum Thema „de ecclesia", z. B. CR 12, 484–488.526–529.566–576 und 677–682. Melanchthon geht auf die Frage vor allem aus zwei Gründen ein: um die Notwendigkeit einer *successio episcoporum* für die Kirche auszuschließen und um das Wesen der Kirche als einer Gemeinschaft „unter dem Kreuz" zu charakterisieren, welche grundsätzlich anders zu bestimmen sei als eine politische Entität.

53 So eine öfters anzutreffende Argumentation aus der Orthodoxie, die vor allem bei Jakob Martini (s. u.) einen Höhepunkt findet. Vgl. J. Martini, Disputationes pro Augu-

weibliche oder männliche – kann insofern keine Rede sein. Die Ordnung der Kirche ist – zumindest theologisch gesehen – von einer anderen Art als die der Gesellschaft. Die reformatorische Tradition selbst bietet Ansätze dazu, die oben skizzierte Verwertung von 1. Mose 3 auszuhebeln.

Allerdings wird diese Einsicht weder von den Reformatoren noch von der Orthodoxie explizit auf das Thema des Predigens von Frauen angewandt. Die Frage, ob Frauen, denen unstrittig das allgemeine Priestertum zukommt, öffentlich – d. h. in der Kirche und auch vor Männern – predigen dürfen, scheint im frühen Luthertum keine intensiven Diskussionen ausgelöst zu haben. Luthers Ambivalenz bleibt erhalten. So wird Frauen eine allgemeine Fähigkeit zur Verkündigung zuerkannt, und die Nützlichkeit der weiblichen Predigt wird mit zahlreichen biblischen Belegen unterstrichen,[54] doch Bedenken der sozialen Ordnung, beflügelt durch das paulinische Schweigegebot und 1. Mose 3,16, lassen Zweifel aufkommen, ob man es Frauen erlauben könne, von der Kanzel zu predigen.[55] Selbst diese Zweifel haben aber keine absolute Konsequenz. Theologen wie Abraham Calov halten fest, daß man auf die Stimmen von inspirierten Prophetinnen zu hören habe – auch wenn diese in der Kirche sprechen.[56] Mißachte man solche

---

stana Confessione, collegium tertium, Disp. XV: 'Αντίθεσις articuli 7, de prima quaestione a Becano mota, an Ecclesia Christi, quam militantem vocamus, sit visibilis et conspicua/Resp. Georg Fabricius. Wittenberg 1630, th. 6–11; Ders., ebd., Disp. XXIV: An praeter Christum debeat esse aliquod visibile caput ecclesiae in terris, qui loco Christi visibiliter gubernet ecclesiam/Resp. Christian Schreck. Wittenberg 1630; Ders., ebd., Disp. XXV: [mit demselben Titel]/Resp. Nicolaus Kuchmeister. Wittenberg 1630. Mehr hierzu: vgl. K. Appold, Orthodoxie als Konsensbildung. Das theologische Disputationswesen an der Universität Wittenberg zwischen 1570 und 1710, 2004, 271 ff.

54 Vgl. Ä. Hunnius, Exegesis Epistolae Pauli Apostoli ad Timotheum prioris. Frankfurt a. M. 1599, 105 f.

55 Außerhalb der Kirche sind sie natürlich aufgerufen, im Dienst des allgemeinen Priestertums tätig zu sein; außerdem gelten weiterhin die Ausnahmeregelungen für Nottaufen und -predigten: „Corollaria: Etsi mulieri publice & ordinarie docere non licet, tamen in casu necessitatis verbo exhortari aegrum, & infantem baptizare potest" (David Runge, Volumen Disputationum ex Epistolis Pauli ad Romanos, et ad Corinthios priori ei posteriori, Wittenberg 1606, 596).

56 Vgl. A. Calov, Biblia Novi Testamenti illustrata, tom II, Frankfurt a. M. 1676, 240 b [zu Röm 16,1], 352 b [zu 1. Kor 11,5] und 387 b–388 a [zu 1. Kor 14,34 f]. So Calov zusammenfassend: „Estius *mulieres*, ne quidem, si *dono prophetiae* preditae sint, aut revelationem acceperint, docere non permittit in Ecclesia. Sed cur illis daretur a Deo Spiritus propheticus, aut revelatio, si non proferre vaticinia aut revelationes ipsis integrum foret?" (387 b–388 a). Vgl. hierzu ebenfalls D. Runge, Volumen, a. a. O. (wie Anm. 55), 521 ff.

Frauen, so stehe man womöglich dem Heiligen Geist im Wege.[57] Das Schweigegebot bleibt für die orthodoxen Theologen also problematisch. Doch zu einem grundsätzlichen Umdenken mit institutionellen Folgen kommt es in der Zeit der Orthodoxie nicht. Frauen werden auch im 17. Jahrhundert nicht ordiniert.

3. Neue Ansätze bei Jakob Martini: Ein Amt für Frauen in der Orthodoxie

Überschaut man die Bandbreite von beruflichen Tätigkeiten, die während der Reformation und im Zeitalter der lutherischen Orthodoxie von religiös motivierten Frauen öffentlich ausgeübt wurden, so kann man nicht behaupten, daß der Gedanke des allgemeinen Priestertums gar nicht umgesetzt wurde oder daß es gegenüber dem Mittelalter zu einem Schwund solcher Möglichkeiten gekommen wäre. Vielmehr läßt sich feststellen, daß die neuen theologischen Ansätze und Kirchenordnungen der Reformatoren zu einer Vielfalt von Möglichkeiten für Frauen geführt haben, ihren christlichen Glauben im Alltag auszuüben und hierfür anerkannt zu werden. Neue Berufe sind entstanden, andere sind religiös neu bewertet worden, manche in neuem Gewand weitergegeben.

Es ist unwahrscheinlich, daß diese Entwicklung allein eine Folge der Lehre vom allgemeinen Priestertum war. Viele der hier besprochenen Fälle lassen sich zwar als institutionalisierte Ausformungen des allgemeinen Priestertums verstehen.[58] Eine weitere theologische Grundlage erhalten sie durch Luthers Öffnung des im Mittelalter auf das Mönchtum verengten Berufs-

57 Diese Beobachtung ist völlig konsistent mit Calovs theologischem Ansatz. Sein System analysiert Prinzipien der menschlich vermittelten Heilsordnung, verweist aber immer auf die Freiheit des Heiligen Geistes, „unmittelbar" zu wirken, und auf die damit einhergehende Möglichkeit von „außerordentlichen" Ereignissen, gehe es um die Bekehrung oder, wie hier, um die prophetische Inspiration.

58 Vgl. hierzu vor allem D. Wendebourg, Das Amt und die Ämter, in: ZevKR 45, 2000, 5–37, bes. 5–12. A. a. O., 10: „Bei diesen Diensten handelt es sich um die geordnete, einzelnen Gemeindegliedern gesondert zugewiesene, vielfach in Gestalt eigener Berufe organisierte Wahrnehmung von Funktionen des allgemeinen Priestertums, die im Unterschied zur Verkündigung in Wort und Sakrament nicht zu allen Zeiten und unter allen Umständen institutionell wahrgenommen werden müssen, die zu bestimmten Zeiten und angesichts bestimmter kirchlicher und gesellschaftlicher Herausforderungen aber sehr wohl danach verlangen."

Begriffs.[59] Doch ob diese beiden Faktoren ausreichen, die Pluralisierung kirchlicher Berufe im nachreformatorischen Luthertum theologisch zu erklären, bleibt zu fragen. Auf jeden Fall zeigt selbst ein vorläufiger Blick auf die Amtslehren der lutherischen Orthodoxie, daß die gedankliche Entwicklung auf diesem Gebiet ebensowenig mit Luthers Zeitalter abgeschlossen war wie die institutionelle.[60]

Der Wittenberger Theologe Jakob Martini[61], einer der bedeutendsten Vertreter der lutherischen Orthodoxie, bot in einer Reihe von Disputationen um 1630 eine der ausführlichsten lutherischen Amtslehren dieser Epoche dar. Seine Amtslehre ist u. a. deshalb bedeutsam, weil Martini, dessen lutherische Rechtgläubigkeit außer Frage stand, sich hier nicht an Luther, sondern an Calvin orientiert. Anders als die Wittenberger Reformatoren entwickelt Martini ein stark an Calvins Vier-Ämter-Lehre angelehntes Amtsschema, mit welchem er das Nebeneinander von Berufen in der Kirche theologisch reflektiert. Bemerkenswerterweise gibt es hier auch ein Amt für Frauen.

Seine Amtslehre erarbeitet Martini im dritten von drei Disputationskollegs über dogmatische *loci*, die er in den Jahren 1630/1631 hielt und deren Thesen er zusammengebunden als „Syntagma disputationum theologicarum" veröffentlichen ließ.[62] In den 91 Disputationen der drei Kollegs bietet Martini eine vollständige Dogmatik; 14 der Disputationen befassen sich mit der

59 Vgl. K. Holl, Die Geschichte des Worts Beruf, in: Ders., Gesammelte Aufsätze zur Kirchengeschichte III: Der Westen, 1928, 189–219.

60 Eine umfassende Darstellung lutherisch-orthodoxer Amtslehren liegt derzeit nicht vor, ist aber in Vorbereitung.

61 Martini (1570–1649) wurde nach seinem Studium in Helmstedt und Wittenberg Rektor in Ostfriesland, wo er fünf Jahre – bis zu seiner Berufung 1602 zurück nach Wittenberg auf einen philosophischen Lehrstuhl – tätig war. In Wittenberg lehrte er bis 1623 Philosophie, verfaßte wichtige Lehrbücher zur Metaphysik, verteidigte den Gebrauch der Philosophie für die Theologie („Vernunfftspiegel") und wechselte anschließend zur theologischen Fakultät. Hier wirkte er bis zu seinem Tod. Seine Theologie zielte nach eigenen Angaben auf die Bildung von Elite-Theologen, die besonders auf dem Feld der Kontroverstheologie die lutherische Sache kompetent vertreten könnten. Er selbst widmete einen großen Teil seines theologischen Schaffens der Kontroverstheologie und richtete sich besonders gegen die Jesuiten. Trotz dieses Schwerpunkts blieben seine Schriften nicht nur meist fair und geistig offen, sondern auch frei von Polemik. Innerhalb der Universität setzte er sich gegen den Hof für größere akademische Freiheit ein. Vgl. Appold, Orthodoxie, a. a. O. (wie Anm. 53), 64–67.265 ff.

62 Nach bisherigen Erkenntnissen gibt es nur noch ein Exemplar dieses Werkes, und zwar in der Bibliothek des Evangelischen Predigerseminars Wittenberg [Signatur: Th L 167]. Nach Angaben des Titelblatts wurden die Disputationen des ersten Kollegs in Wittenberg 1630 gedruckt, die der anderen beiden im Anschluß daran. Die letzten

Ekklesiologie,[63] zwölf hiervon mit der Amtslehre. In der Disputation „De ministris ecclesiae extraordinariis« (Disp. III des 3. Kollegs) definiert er das Wesen des kirchlichen Amtes und baut eine Gliederung der Ämter zur Übersicht auf. Hiernach gibt es eine innere, unsichtbare *gubernatio* der Kirche, die allein von Christus durch den Heiligen Geist ausgeübt wird, und eine äußerliche, sichtbare *administratio*. Mit letzterer befassen sich die verschiedenen kirchlichen Ämter. Sie verwalten und verteilen die *mysteria divina*, die aus Christus hervorgehen.[64] Diese *administratio externa* betrachtet Martini in zwei Teilen: als öffentliche (*publica*) und als private (*privata*).[65] Letztere, welche er in der 12. Disputation behandelt, entspricht der Ausübung des allgemeinen Priestertums und besteht unter anderem in Nächstenliebe, gemeinsamem Beten, Lesen und Meditieren, gegenseitigem Ermahnen sowie allem, was hilft, einen anderen Menschen auf den Weg zum

beiden sind ohne Jahresangabe gedruckt worden, lassen sich aber durch die beigefügten Gratulationsgedichte und die Immatrikulationsdaten der Respondenten eindeutig auf die Jahre 1630/1631 datieren.

63 Sie fanden im dritten der Kollegs statt („Collegium tertium theorematum theologicorum"): Disp. I: De ecclesia/Resp. Daniel Horn; Disp. II: De autoritate ecclesiae/ Resp. Johannes Laurentius; Disp. III: De ministris ecclesiae extra ordinariis/Resp. Georg Lösel; Disp. IV: De ministris ordinariis/Resp. Andreas Dibitsch; Disp. V: De ministrorum ecclesiasticorum coelibatu et immunitate/Resp. Johannes Jakob; Disp. VI: De vocatione ministrorum/Resp. Jan Petrus Schelderup; Disp. VII: De potestate ecclesiae in diiudicandis controversiis fidei/Resp. Nicolaus Thomas Aslojus; Disp. VIII: De potestate Ecclesiae in εὐταξία constituenda/Resp. Johannes Othmann; Disp. IX: De potestate iurisdictionis ecciesiastica/Resp. Ambrosius Walburger; Disp. X: De conciliis/Resp. Andreas Hinckelmann; Disp. XI: De politica ecclesiae gubernatione/ Resp. Johannes Piper; Disp. XII: De privata ecclesiae gubernatione/Resp. Matthias Wedov; Disp. XIII: De apertis Christi hostibus extra ecclesiam constitutis sive paganis/Resp. Martin Boetius; Disp. XIV: De haereticis et schismaticis/Resp. Hubert Koen.

64 J. Martini, De ministris ecclesiae extraordinariis, th. 1: „Disputatione prima thes. 6. diximus Ecclesiam duobus modis considerari, vel juxta conditionem et statum externum; vel juxta formalem rationem internam: atque ex eo fundamento a nobis distingui in *visibilem* et *invisibilem*. Ut ergo Ecclesiae; sic quoque ejus regiminis duplex est ratio: Una interna et invisibilis: altera externa et visibilis. Illa proprie dicta est *gubernatio*, utpote quae soli Christo competit, qui ut Ecclesiae est Dominus, sic eandem Spiritu sancto modo plane arcano et incomprehensibili gubernat; Haec vero quae non tam gubernatio, quam *administratio* est, utique Ministris ac mysteriorum divinorum dispensatoribus est commendata. Illa intelligitur ex istis, quae de officio Christi proposuimus. Istam jam modo explicamus."

65 Hier eine Gliederung der *administratio externa* zur besseren Übersicht: 1. publica, 1.1. ecclesiastica, 1.1.1. propria, 1.1.1.1. extraordinaria, 1.1.1.2. ordinaria, 1.1.2. communis, 1.2. politica, 2. privata.

Heil zu bringen,[66] wobei Martini betont, daß solche Tätigkeiten sowohl im privaten Kreis des eigenen Hauses stattfinden sollen, als auch außerhalb und für Fremde.[67] Die *administratio publica* dagegen teilt er in eine kirchliche (*ecclesiastica*) und in eine politische (*politica*) auf, erstere wiederum in eine *propria* und eine *communis*. Für unsere Frage ist die *administratio publica ecclesiastica propria* von Belang, denn in ihr befaßt sich Martini mit den kirchlichen Ämtern im engeren Sinn. Er teilt sie in zwei Kategorien ein: die der vom Heiligen Geist unmittelbar berufenen *extraordinarii* und die der „ordentlichen"; letztere behandelt er in der vierten Disputation: „De ministris ordinariis".

Martini leitet seine Ämter ähnlich wie Calvin unmittelbar aus dem Neuen Testament ab. Hierbei unterscheidet er – anders als Calvin – zwischen zwei Arten von *ministri ordinarii*: solchen, die sich mit *res spirituales*, und solchen, die sich mit *res corporales* befassen. Da der Mensch sowohl aus Leib als auch aus Seele besteht, gehören beide Aspekte des Dienstes zur kirchlichen Amtsführung.[68] Wahrgenommen werden sie allerdings durch verschiedene *ordines*: die geistlichen Sachen durch Pastoren, Lehrer und Presbyter, die leiblichen durch Diakone – und Diakonissen.[69] *Pastores* stehen der Gemeinde vor und verrichten den Dienst an Wort und Sakramenten,[70] Bischöfe bzw. Superintendenten gehören dieser Gruppe als *praepositi* an;[71] *doctores* haben mit der Lehre zu tun, allerdings nicht mit ihrer Verkündi-

66 Martini, De privata ecclesiae gubernatione, th. 9: „Nam non tantum publicae personae et publico officio in Ecclesia fungentes; sed privati quoque omnes, in id incumbere debent, ut alii sint aliis exemplo, atque adjumento ad salutem aeternam, precibus, lectione, et meditatione verbi, sancta conversatione admonitionibus et omnis generis Christianae charitatis officiis."

67 A. a. O., th. 14. Vgl. hierzu Appold, Orthodoxie, a. a. O. (wie Anm. 53), 281, Anm. 481.

68 Martini, De ministris ordinariis, th. 15: „Tandem sub *Evangelio et Testamento novo Ordinarii ministri* sunt omnes illi quorum functio in Ecclesia perpetuo habet locum, mansuraque est ad finem usque rnundi. Estque *duplex*: Vel enim tractat res *Spirituales* vel *corporales* sive τὰ βιωτικά. Ut enim homo constat anima et corpore, et sic particulari natura Spirituali et corporea: ita utraque Ecclesiasticae administratione objicitur."

69 Ob Martini durch die Bezeichnung der verschiedenen *ordines* von vier Ämtern oder von vier Klassen des einen Amtes spricht, wird in einer weiteren Arbeit, die eine größere Breite von Quellen berücksichtigt, geklärt werden müssen. Dasselbe gilt für Martinis Verhältnis zu Calvin – welches in den hier behandelten Schriften zwar unübersehbar eng zu sein scheint, von dem streng lutherischen Martini selbst aber nie angesprochen wird.

70 Martini, De ministris ordinariis, th. 21–22.

71 A. a. O., th. 23.

gung, sondern auf wissenschaftlicher Ebene in den Hochschulen;[72] *presbyteri* sorgen für Disziplin in der Kirche und tun dies, so Martini mit Bezug auf seine Gemeinden, im Rahmen der Konsistorien.[73] Mit den körperlichen Dingen haben dagegen die *diaconi* zu tun. Ihr Auftrag kommt nach neutestamentlichem Vorbild besonders in der Armenfürsorge und in der Verteilung von Almosen und weiteren öffentlichen Mitteln zur Geltung.[74] Sie sind – analog zum Verkündigungsdienst – von Gott durch die vermittelnde Instanz der Kirche berufen.[75]

Zur Gruppe der Diakone gehören auch *diaconissae*. Diese definiert Martini als „Witwen, die den männlichen Diakonen bei der privaten Verwaltung und Verteilung helfen, denn manche Dienste im privaten Leben lassen sich durch Frauen angemessener verrichten als durch Männer"[76]. Witwen seien für solche Dienste geeigneter als verheiratete Frauen, denn letztere müßten ihrem Ehemann gehorchen und sich um die eigene Familie kümmern.[77] Auf diese Weise könnten solche Frauen auf jeden Fall nützlicher sein als bei den Papisten, wo sie ihr Leben mit hirnlosem Gesang zubrächten.[78]

72 A. a. O., th. 24–26.

73 A. a. O., th. 27–31.

74 A. a. O., th. 32–48; hier die Definition des neutestamentlichen Diakonats aus th. 32: „Corporalium sive τῶν βιωτικῶν ministri sequuntur, qui Diaconi dicti sunt. Nam etiamsi appellatio ista ad quaevis in Ecclesia ministeria pertineat: aucta tamen Ecclesia sacri aerarii administris et dispensatoribus proprie tributa, et ab ipsis Apostolis consecrata fuit Actor. 6. v. 2, Rom. 12. v. 7." Und weiter dazu in th. 37: „Ut ita certum maneat, propriam Diaconorum administrationem ex Apostolica institutione esse curam pauperum, quorurn usibus olim succurrebatur, vel publice in Agapis; vel privatum in familiis." Auf einen weiteren zeitgenössischen Gebrauch des Titels „Diakon" weist Martini später in th. 43 hin: „Tandem *Diaconi* nunc in Ecclesiis nostris Germanicis vocantur etiam illi, qui pastoribus sunt adjuncti, ut eos adjuvent in docendo, concionando, Sacramentis administrandis, aegrotis ei captivis visendis, aliisque negotiis ad ministerium Sacrum pertinentibus."

75 A. a. O., th. 34: „*Diaconi* sunt Sacri rerum corporearum thesauri custodes er oeconomi, a Deo per Ecclesiam ad hoc munus vocati: quorum vita familiaque sit proba ac honesta secundum germanos canones Apostolicos, 1. Tim. 3, v. 8 ff."

76 A. a. O., th. 44: „*Diaconissae* sunt viduae in privata administratione et dispensatione Diaconis adjunctae: cum quaedam ministeria in vita privata commodius praestentura faeminis, quam a viris." Was, genau, diese Dienstleistungen sind, für die Frauen besser geeignet seien, sagt uns Martini nicht.

77 A. a. O., th. 45: „Viduas oportet esse Diaconissas, et quidem omni praesidio destitutas: nam quae in matrimonio vivunt, maritis obsequi et rem familiarem curare tenentur. Quibus etiam aliunde potest prospici, illae non sunt ad Ecclesiae aerarium amandandae."

78 A. a. O., th. 48: „Pontificii viduas Diaconissas, in quoddam Vestalium virginum genus, interpolato ethnicismo, converterunt: quae non pauperibus et aegrotis ministrando,

Fordert Martini hiermit ein „Amt" für Frauen? Deutlich ist, daß auch er, ähnlich wie das Luthertum der Reformationszeit und seiner eigenen Epoche, keine weibliche Kanzelverkündigung im Blick hat. Seine Amtslehre sieht keine Gemeindepfarrerinnen vor. Andererseits erweitert Martini die Amtslehre der lutherischen Reformation, und dies hat Folgen für den Status der Diakonissen. Zur *administratio publica ecclesiastica ordinaria* gehört sowohl ein geistlicher als auch ein leiblicher Dienst. Beide betrachtet Martini als unentbehrliche, dauerhafte Institutionen des Kirchendienstes, die von Gott eingesetzt und durch kirchliche Berufungen besetzt werden. Auch die Ämter, die er diesem zweifachen Dienst zuordnet, führt er deshalb als „ordentliche" Ämter ein. Sie unterscheiden sich von anderen Wahrnehmungsformen des allgemeinen Priestertums, die zwar als eigenständige kirchliche Berufe institutionalisiert werden können, aber das nur zeitweilig sind.[79] Die Ämter, die Martini beschreibt, sind, genau wie das Verkündigungsamt, *dauerhaft* wahrzunehmende Funktionen des Kirchendienstes, die als solche biblisch begründet sind und so bis zum Ende der Welt zum Wesen der Kirche gehören.[80] Das gilt auch für Diakonissen. Insofern läßt sich sehr wohl sagen, daß Martini ein Amt für Frauen beschreibt, oder genauer, daß er die Teilhabe von Frauen an einem kirchlichen Amt vorsieht.

Die Beschränkung des Diakonissen-Amtes auf Aufgaben im sog. „privaten" Leben sollte nicht darüber hinwegtäuschen, daß Martini die Diakonissen als Teile der *administratio ecclesiae publica* betrachtet; das Amt bleibt ein öffentliches, auch wenn es im privaten Rahmen ausgeübt wird, und wird von der privaten *administratio* eindeutig unterschieden. Diakonissen handeln im Rahmen einer kirchlichen Berufung und nicht allein in der Ausübung des allgemeinen Priestertums. Das heißt, sie handeln als kirchliche Amtsträgerinnen und nicht als Privatpersonen. Fraglos wurden Frauen wie alle Christen auch aufgrund des allgemeinen Priestertums zu wichtigen Tätigkeiten, in denen sie als Privatpersonen handeln sollten, aufgerufen. Doch

sed otiose et sine intellectu cantillando, vitam transigunt." Vgl. hierzu eine ähnliche Formulierung von Calvin (Institutio 1559, IV.xiii.19): „Creabantur enim diaconissae, non ut cantionibus aut murmure non intellecto Deum demulcerent, reliquum temporibus viverent otiosae; sed ut publico ecclesiae ministerio erga pauperes defungerentur, ut omni studio, sedulitate, diligentia, in officia caritatis incumberent."

79 Vgl. Wendebourg, a. a. O. (wie Anm. 58), 10.

80 Vgl. oben das Zitat in Anm. 68. Martini wendet dieses Kriterium auch negativ an, um einige aus der kirchlichen Praxis bekannten Ämter vom ordentlichen Amtswesen auszuschließen: „Ordines, quos Pontificii numerant, vocantque Ostiarios, Exorcistas, Lectores, Acoluthos, et Subdiaconos, neque in Scriptura comparent, neque ad essentiam Sacri ministerii pertinent" (De ministris ordinariis, th. 49).

zu diesen Aufgaben schreibt Martini in einer eigenständigen Disputation über die *administratio ecclesiae privata*[81] und unterscheidet sie von jenen Tätigkeiten, die kraft des Amtes ausgeübt werden. Mit Bezug auf Diakonissen bezieht sich die Qualifikation „in privata administratione“ also nicht auf das Wesen des Amtes, sondern auf dessen Anwendungsbereich: Fürsorge „in privata vita“. Am „amtlichen“ Charakter des diakonischen Auftrags der Frauen ändert das nichts.

Martinis Amtslehre bleibt im Bereich der systematisch-theologischen Theoriebildung. Dennoch sollte der praktische Wert seiner Lehräußerungen nicht unterschätzt werden. Alle Thesen, die, wie diese, in Wittenberg Gegenstand einer öffentlichen Disputation wurden, mußten der Fakultät zur Zensur eingereicht werden; sie erhoben den Anspruch, wahr und verbindlich zu sein. Martini unternimmt hier kein bloßes Gedankenspiel, sondern definiert eine Idealform der evangelisch-lutherischen Kirche; er will *doctrina* schaffen und diese für die Gestaltung des kirchlichen Lebens geltend machen. Große Teile seiner Amtslehre waren in der Kirche seiner Zeit ohnehin bereits etabliert – die Gattungen der Pastoren, Lehrer und Ältesten[82] entsprechen dem damaligen *usus*, auch wenn man sie bisweilen anders nannte. Die Aufgabenbeschreibung der Diakone und Diakonissen stimmt ebenfalls weitgehend mit vorhandenen Funktionen des kirchlichen Dienstes überein, die seit der Reformation in evangelischen Territorien florierten. Frauen, die solche Arbeit taten, gab es sehr wohl in den Kirchen, die Martini kannte, auch wenn man sie selten Diakonissen nannte.[83] Die Tradition der lutherischen Reformation hatte die Arbeit dieser Frauen zwar beflügelt, bislang aber weder mit einem öffentlichen Amt in der Kirche verbunden noch theologisch von der Ausübung des allgemeinen Priestertums differenziert. Martini tut beides und führt dabei die Ansätze der Reformatoren in bedeutender Weise weiter.

Die Tatsache, daß sich Martini mit seiner Amtslehre so stark an Calvin orientiert, ist angesichts der sonstigen wittenbergischen Zurückhaltung gegenüber der Genfer Theologie bemerkenswert. Martinis Beweggründe sind schwer nachweisbar, zumal er Calvin zwar zitiert, aber nicht erwähnt. In

81 Die zwölfte Disputation der Reihe: De privata ecclesiae gubernatione. Vgl. besonders die 9. These dieser Disputation (zitiert oben in Anm. 66).

82 Wie bereits erwähnt, sieht Martini in den Ältesten (*presbyteri*) anders als Calvin keine Gemeindevorsteher, sondern Konsistorien – vermutlich nach kursächsischem Muster.

83 Frauen übten ähnliche Tätigkeiten in Wittenberg aus (s. o.). Ob solche Frauen den Titel „Diakonisse“ trugen, konnte bislang nicht festgestellt werden.

seinem übrigen Schrifttum fällt keine besondere Affinität zum Calvinismus auf. Da Martini in seiner Amtslehre aber häufig nach Verknüpfungen dieser Lehre mit Beispielen aus der gegenwärtigen – lutherischen – Praxis sucht und solche ausdrücklich hervorhebt, läßt sich annehmen, daß seine Beweggründe mit einer Wahrnehmung der Praxis – und vor allem mit der Pluralisierung kirchlicher Aufgaben – zusammenhängen. In seiner Zeit in Emden vor der Wittenberger Tätigkeit mit der Praxis einer calvinischen Amtslehre bekannt geworden, sah er hierin offenbar einige praktische Vorteile.[84] Trotz der auffälligen strukturellen Ähnlichkeiten ist Martinis Amtslehre aber keineswegs nur eine Übernahme der calvinischen. Ließ sich Calvin bei der Gestaltung seiner Vier-Ämter-Lehre hauptsächlich durch seine Exegese des Neuen Testaments bestimmen, so kommen bei Martini, bei dem die Exegese weniger hervorgehoben wird, andere Momente hinzu: vor allem das Bedürfnis, einer vorhandenen institutionellen Landschaft, die durch eine zunehmende Vielfalt kirchlicher Aufgaben gekennzeichnet war, begrifflich gerecht zu werden. Der Unterschied zeigt sich im Umgang mit dem Diakonissenamt. Nach Calvins Darstellung ergibt sich die Notwendigkeit einer Lehre vom Diakonissenamt aus der Exegese.[85] Martini redet dagegen zuerst von Aufgaben, für die Frauen besser geeignet seien als Männer[86] – also von der praktischen Notwendigkeit, Frauen in der Kirche amtlich einzustellen. Selbstverständlich rechtfertigt Martini seinen Schritt auch exegetisch. Doch er wird angeregt durch die Wahrnehmung einer geschichtlichen Entwicklung, die er sowohl definieren als auch fördern will – selbst wenn das heißt, auf die Begrifflichkeit einer anderen Konfession zurückzugreifen. Bezeichnenderweise beschreibt Martini das Diakonissenamt daher auch im Präsens, während Calvin seine Darstellung in der – apostolischen – Vergangenheit läßt. Ein weiterer Unterschied zeigt sich in der Bestimmung des Verhältnisses von Diakonissen und Diakonen. Sind die Diakonissen den Diakonen für Calvin *unter*geordnet,[87] so werden die Frauen nach Martinis Darstellung den Männern *bei*geordnet. Während Calvins Ausführungen deutlicher von

84 Während seiner Zeit in Ostfriesland wird Martini in den nahe gelegenen reformierten Gemeinden – vor allem in Emden – diakonische Arbeit von Frauen beobachtet haben.

85 Das trifft vor allem auf die Stellen aus der Institutio zu (IV.iii.9, ferner IV.xiii.18). Daß auch Calvins Exegese nicht in einem ahistorischen Vakuum stattfand, sondern ebenfalls von historischen Vorbildern beeinflußt worden sein mag, ist hier weniger bedeutsam als die vergleichsweise untergeordnete Rolle, die solche Vorbilder in seiner expliziten Argumentation spielen. Zur komplexen Vorgeschichte der calvinischen Aussagen vgl. McKee, Diakonie, a. a. O. (wie Anm. 14), 98 f.

86 S. Anm. 76 oben.

87 Calvin, Institutio 1559, IV.iii.9. Vgl. McKee, Diakonie, a. a. O. (wie Anm. 14), 103.

Normen sozialer Ordnung geleitet waren, die die Einsetzbarkeit von Frauen vor allem einschränkten und ihre Unterordnung unter Männer betonten,[88] spielen solche Faktoren bei Martini nur implizit eine Rolle.[89] Viel stärker wird seine Darstellung von dem praktischen Interesse geprägt, die Arbeit der Diakonissen als eigenständigen Beitrag in die Kirche aufzunehmen. Insofern läßt sich zwischen Calvin und Martini trotz formaler Ähnlichkeiten eine deutliche Verschiebung der Ansätze und der Interessen im Umgang mit dem Diakonissenamt beobachten.[90]

4. Caspar Ziegler und die Frauenordination

Jakob Martinis Amtslehre macht zwar deutlich, daß Frauen ein kirchliches Amt innehaben können, sagt aber nicht, ob sie für ein solches Amt ordiniert werden sollten. Genau diese Frage erörtert der einige Jahre später in Wittenberg lehrende Jurist Caspar Ziegler[91] in einer 400seitigen rechtshistorischen Studie über das Diakonen- und Diakonissenamt in der alten Kirche: *De diaconis et diaconissis veteris ecclesiae liber commentarius*.[92]

Zieglers Arbeit stellt die Geschichte des Diakonats dar und nutzt diese Darstellung gleichzeitig, um innerhalb eines zeitgenössischen Diskurses Position zu beziehen. Im Fall der Diakonissen heißt das, daß Ziegler nicht nur die historische Entwicklung dieses Amtes „nacherzählt", sondern daß er sie gleichzeitig in Hinblick auf seine Gegenwart bewertet. Hierbei wird deutlich, daß er die Bewertung des Diakonissenamtes für unbefriedigend hält und die-

88 So McKee, ebd.

89 So z. B. in der Annahme, daß Witwen deshalb freier agieren können als verheiratete Frauen, weil jene keinem Ehemann gehorchen müssen (s. Anm. 77).

90 Abgesehen davon wird die Amtslehre bei Martini in ein völlig anders gestaltetes theologisches System eingebettet. Auf solche allgemeineren Unterschiede kann hier nicht weiter eingegangen werden.

91 Der aus Leipzig stammende Jurist Ziegler (1621–1690) hatte lange Zeit Theologie studiert, wechselte aber kurz vor Abschluß des Studiums an die juristische Fakultät. In Wittenberg hatte er seit 1655 bis zu seinem Tod eine Professur an der juristischen Fakultät und wurde zu einem der bekanntesten Rechtsgelehrten seiner Zeit. Sein theologisches Interesse wirkte u. a. in Studien wie der zum Diakonat und in einem einflußreichen Lehrbuch zum kanonischen Recht nach. Er war viele Jahre Mitglied des geistlichen Konsistoriums in Wittenberg.

92 Caspar Ziegler, De diaconis et diaconissis veteris ecclesiae liber commentarius, Wittenberg 1678. Das Werk ist aufgeteilt in 19 Kapitel, von denen sich die ersten 18 mit Diakonen befassen, das 19. mit Diakonissen.

sen Zustand wiederum auf eine Fehlentwicklung in der dominierenden Tradition des Kirchenrechts zurückführt. Ziegler sucht diese nun zu korrigieren.

Diakonissen hat es seit der Alten Kirche gegeben, und ihr Amt sieht Ziegler im Neuen Testament begründet. Er zählt Belege für altkirchliche Diakonissen aus den bekannten Quellen von Plinius, Clemens v. Alexandrien, Hieronymus und Epiphanius u. a. auf und skizziert die unterschiedlichen Aufgaben, die von Diakonissen verrichtet wurden.[93] Besonderen Wert legt Ziegler dabei auf die Feststellung, daß Diakonissen geschlechtsspezifische Dienste geleistet haben, für welche Männer weniger gut geeignet gewesen wären. Zu diesen gehörten Armen- und Krankenfürsorge und Totenpflege bei Frauen sowie Hilfeleistungen bei der Vorbereitung erwachsener Frauen für die Taufe, d. h. Entkleiden, Waschen, Salben usw.[94] Ziegler hält fest, daß Diakonissen bei aller Vielfalt ihrer Tätigkeit in der Alten Kirche allerdings keine Sakramente verwaltet hätten.[95]

Auf die Skizze der Aufgaben altkirchlicher Diakonissen folgt eine kurze Abhandlung über die Eigenschaften von Frauen, die für dieses Amt in Frage kamen. Manche Kirchenväter, so Ziegler, hätten behauptet, daß Diakonissen entweder Jungfrauen von mindestens 40 Jahren oder Witwen sein sollten, andere wiederum hielten ein Eintrittsalter von 60 für ideal. Ziegler selbst betrachtet die biblischen Belege als zu vage, die dortigen Bezeichnungen „Witwe" und „Jungfrau" als zu offen, als daß man hieraus präzise Kriterien für die Gegenwart ableiten könnte.[96] Wichtig sei allerdings, daß Diakonissen durch eine feierliche Handlung in ihr Amt eingeführt wurden: „Sequitur, ut videamus, qua ratione mulier electa in diaconissarum consortium recepta fuerit. Factum autem id sine dubio cum solennitate aliqua, ut alli actus omnes praestantiores, sive civiles, sive Ecclesiastici. Plurimi in hanc rem testimonia ordinationis vocabulo utuntur."[97] Eine solche Handlung, die Ähnlichkeit habe mit den Einführungszeremonien anderer ziviler oder kirchlicher Amtsträger, werde von den meisten Zeugnissen als „Ordination" – oder, wie Ziegler weiter schreibt, als *consecratio* – bezeichnet. Ziegler hält diese Zeugnisse für maßgeblich. Nach seiner Einschätzung bekräftigen die Stimmen der Alten Kirche die Haltung, daß Diakonissen ordiniert werden sollen: „Evolventi tamen mihi veterum placita videtur aliquando invaluisse

93 A. a. O., 349–352.
94 A. a. O., 351 f.
95 A. a. O., 351 (Ziegler zitiert Epiphanius): „‚Ministrarum quidem diaconissarum appellatarum ordo est in Ecclesia, sed non ad sacrificandum'."
96 A. a. O., 358 f.
97 A. a. O., 361.

opinio, etiam diaconissis proprie dictam consecrationem adplicatam fuisse et adplicari debere.“[98]

Wenn nach Meinung der Kirchenväter Diakonissen ordiniert werden sollten, dann, so Ziegler weiter, müsse man sich fragen, warum solche Ordinationen seit dem frühen Mittelalter im Westen nicht mehr stattgefunden haben. Für Ziegler beginnt das Übel mit den Synoden und den französischen Nationalkonzilien des 5. und 6. Jahrhunderts. Vor allem die Erste Synode von Orange (441),[99] das burgundische Concilium Epaonense (517)[100] und das Zweite Nationalkonzil von Orléans (533)[101] trugen dazu bei, daß die Ordination von Diakonissen durch eine Segnung ersetzt wurde. Hiermit wurden die Diakonissen – und damit Frauen im allgemeinen – aus dem Klerus verbannt.[102] Zu Unrecht, meint Ziegler. Die genannten Kirchenversammlungen hätten ein *novum* in der Kirchenrechtsgeschichte geschaffen und dabei den altkirchlichen Präzedenzfällen sowie der Tradition der Ostkirche widersprochen.[103] Vor allem ist es aber die Argumentation der frühmittelalterlichen Kanonisten, welche er kritisiert. Diese basiere nämlich auf einer Fehlinterpretation von can. 19 des Ersten Nizänischen Konzils. Der *canon* befaßt sich mit den Anhängern Pauls von Samosata und besonders mit der Frage, ob Diakonissen aus diesem Umfeld rechtmäßig geweiht würden. Die Frage wird verneint. Mittelalterliche Kanonisten hätten hierin fälschlicherweise eine Ablehnung *aller* Diakonissenweihen gesehen und diesen Irrtum zum Ausgangspunkt ihrer eigenen Beschlüsse gemacht. Da sich can. 19 nach Ziegler aber nur auf die Anhängerinnen Pauls von Samosata bezieht, deren Ordination aufgrund einer bestimmten Häresie und nicht wegen ihres Geschlechts abgelehnt worden sei, kann der *canon* nicht allgemein auf alle Diakonissen angewandt werden. Somit entbehren die Beschlüsse der späteren Synoden und Konzilien, die genau das getan haben, aus Zieglers Sicht ihrer rechtlichen Grundlage.[104] Die Konsequenz aus Zieglers Argumentation ist daher eindeutig: Diakonissen seien durchaus zum Klerus zu zählen und zu ordinieren.

---

98 Ebd.

99 Vgl. Can. 25 (26); CChr.SL 148, 84.

100 Vgl. Can. 21; CChr.SL 148 A, 29.

101 Vgl. Can. 18; CChr.SL 148 A, 101.

102 Vgl. Ziegler, a. a. O. (wie Anm. 92), 361 f.

103 Vgl. a. a. O., 362. U. a. nennt Ziegler positive Beispiele aus den *Constitutiones Apostolicae* sowie des byzantinischen Kanonisten Matthaeus Blastares, welche die Verbreitung einer Ordination von Diakonissen belegen.

104 Vgl. a. a. O., 362 ff. Ziegler steht mit dieser Ansicht nicht alleine. Auch zeitgenössische römisch-katholische Kanonisten wie Augustinus Barbosa (1589–1649) und

5. Zusammenfassung undAuswertung

Blickt man auf die hier versammelten Aussagen des frühneuzeitlichen Luthertums zum Thema Frau und Amt und Frauenordination zurück, so entsteht leicht der Eindruck, man habe es mit einem Puzzle zu tun, dessen Stücke zwar alle vorhanden sind, die aber noch nicht an der richtigen Stelle liegen. Sämtliche Voraussetzungen für die Frauenordination lassen sich im 16. und 17. Jahrhundert finden. Eine deutliche Relativierung und Infragestellung der gegen die Frauenordination gebrauchten Bibelstellen läßt sich bereits bei Luther und später bei fast allen Exegeten der Orthodoxie beobachten. Ähnlich verhält es sich mit dem aus 1. Mose 3,16 abgeleiteten Subordinationsprinzip: Entweder wird die Übertragbarkeit von sozialen und politischen Kategorien wie *dominatio/subordinatio* auf das kirchliche Amtswesen grundsätzlich in Frage gestellt, oder die Subordination wird auf das Eheleben beschränkt, und es wurden Frauen für den kirchlichen Dienst gesucht, die nicht verheiratet waren. In beiden Fällen zeigen sich Bedenken aufgrund von 1. Mose 3,16 als entkräftbar. Zudem wird offensichtlich, daß sich lutherische Theologen seit der frühen Reformation energisch darum bemüht haben, Frauen zur Arbeit der Kirche zu ermutigen und sie in den Kirchendienst zu integrieren. Hierdurch angeregt, fand ein Theologe wie Martini zumindest theoretische Möglichkeiten, solche Frauen auch in das ordentliche Amtswesen der Kirche aufzunehmen. Schließlich lassen sich bei einem Juristen wie Ziegler Bemühungen beobachten, die Geschlechtsbarriere bei der Frage der Ordination in Frage zu stellen: Ziegler zeigt, daß Frauen ordiniert und zum Klerus gezählt werden können. Dennoch bleiben diese Stimmen vereinzelt. Und es gibt keinen Beleg dafür, daß Frauen im frühneuzeitlichen Luthertum für das Predigtamt ordiniert worden wären. Wie ist das zu erklären?

Luthers Äußerungen zur Predigttätigkeit von Frauen lassen erkennen, daß die Frage der „Eignung“ im Mittelpunkt der Urteilsbildung steht. Nach der Lehre vom allgemeinen Priestertum sind Frauen zwar dazu fähig, in der Kirche öffentlich zu predigen, hierfür aber scheinbar nicht geeignet. Diese Einschätzung wirkt in der lutherischen Orthodoxie weiter. Sie basiert weitgehend auf geschichtlich bedingten Auffassungen von der Rolle der Frau im öffentlichen Leben, Auffassungen, die trotz des wachsenden exegetischen Problembewußtseins noch durch Berufung auf bestimmte Bibelstellen un-

Nicolaus Rodriguez Fermosinus († 1669), auf die er sich hier beruft, hatten auf die Fehlinterpretation von can. 19 aufmerksam gemacht und sich gegen die Auslegungstradition des Mittelalters gewandt.

terstrichen wurden. Die Tatsache, daß auch solche Autoren, die die biblischen Belege nicht anwandten oder die daraus abgeleiteten Bedenken gar zurückwiesen, dennoch zögerten, Frauen predigen zu lassen, macht deutlich, daß auch sozialhistorische Aspekte, und nicht nur biblisch-theologische Argumente, eine ausschlaggebende Rolle beim Umgang mit dieser Frage spielten.

Eine nähere Beschreibung der sozialhistorischen Aspekte, die hemmend auf die Predigttätigkeit von Frauen im frühneuzeitlichen Luthertum gewirkt haben, kann hier nicht geleistet werden. Es soll lediglich darauf hingewiesen werden, daß einige Stimmen jener Zeit auch hierfür ein Problembewußtsein entwickelt und zu Schritten aufgerufen haben, um sozial bedingte Einschränkungen für Frauen zu beheben. Eines der wichtigsten solcher Hindernisse bestand im Ausschluß der Frauen von der Hochschulbildung – ohne diese blieb das Pfarramt nur schwer zugänglich. Gleichzeitig mit Caspar Ziegler lehrte ein weiterer Wittenberger Lutheraner, der Philosoph Johannes Herbinius, daß Frauen auch zum Universitätsstudium zugelassen werden sollten – und führte zahlreiche historische Beispiele von theologisch geschulten Frauen an, die trotz Verbotes eine solche Bildung erlangt und eine Eignung für solche Tätigkeiten erwiesen hatten.[105] Da Herbinius seine Argumente in einer öffentlichen Disputation vortragen ließ, kann man davon ausgehen, daß sie an seiner Universität eine gewisse Resonanz erzeugt haben; immerhin wurde die Disputation in den Lehrplan seiner Fakultät aufgenommen. Sie ist ein weiteres Indiz dafür, daß die geschlechtsspezifische Zuordnung von Eignungsmerkmalen schon damals wandlungsfähig war – und daß die Vorstellung von theologisch gebildeten Frauen auf der Kanzel auch in der frühen Neuzeit näher rückte.

Kommt man angesichts solcher Befunde auf die eingangs erwähnte These einer anti-emanzipatorischen Tendenz in der lutherischen Reformation zurück, so kann man ihr nur bedingt zustimmen. Sicherlich trug ein kulturell verankerter Patriarchalismus auch dazu bei, daß Frauen im frühneuzeitlichen Luthertum nicht ordiniert wurden – und dieser Patriarchalismus wurde, wie manche Studien belegen,[106] sowohl von ethischen und ehe-theologischen als auch von institutionellen Produkten der Reformation weitergeführt. Doch weitere Erkenntnisse weisen auf Gegenströmungen hin, auf ein wachsendes Problembewußtsein im 17. Jahrhundert, welches sich mit Fragen nach der

105 Johannes Herbinius, Dissertatio historica I. De foeminarum illustrium eruditione/ Resp. Johannes Jacobi, Wittenberg 1657.

106 Vgl. z. B. Roper, a. a. O. (wie Anm. 4), passim.

Rolle von Frauen im kirchlichen Dienst verband. Vor dem Hintergrund einer Neubewertung nichtklerikaler Tätigkeiten durch die Reformatoren bekamen Frauen neue Möglichkeiten, am kirchlichen Dienst teilzunehmen. Das allein ist wichtig, reicht aber nicht, um eine Änderung im Umgang mit Geschlechterrollen zu dokumentieren. Hierzu mußte eine weitere Reflexion hinzukommen. Anzeichen hierfür sieht man recht deutlich bei Gelehrten wie Jakob Martini und Caspar Ziegler. Hier zeigen sich, besonders in der Amtslehre, Bemühungen, die bestehende „Ordnung" in bedeutender Weise zu ändern und die Teilnahme von Frauen im kirchlichen Dienst theologisch neu zu bewerten. Mochten solche Bemühungen zunächst „rein akademisch" bleiben, so setzten sie dennoch unverkennbare Impulse zum Abbau üblicher Hindernisse zur kirchlichen Integration – und Ordination – von Frauen.

Kehrt man nun zur Ausgangsüberlegung zurück und stellt erneut die Frage, ob die Frauenordination einen Bruch mit dem konfessionell-lutherischen Erbe darstellt, so kann diese Frage eindeutig mit „nein" beantwortet werden. Versucht man heute, eine „lutherische Tradition" zu identifizieren, so hat diese sicherlich wenig mit zeitlich bedingten Ansichten über Geschlechterrollen und Eignungsfragen zu tun und viel mehr mit der theologischen Linie, die sich von Luthers Auffassung von allgemeinem Priestertum und Amt über die vielen kirchlich tätigen Frauen der frühen Neuzeit hinaus zu den Ansätzen von Martini und Ziegler erstreckt: eine Linie, die die Hindernisse für die Frauenordination sukzessive abbaut und den Weg bis zur vollständigen Öffnung des Amtswesens für Frauen vorbereitet. Ein Widerstand gegen die Frauenordination, der sich traditionalistisch zu begründen sucht oder auf ein „konfessionelles Erbe" beruft, tut dies vergebens. Denn selbst in der Wittenberger Hochburg der lutherischen Orthodoxie zeigte man sich dieser Frage gegenüber nachweislich sehr viel offener, als es manche heutige „Traditionalisten" tun.

Andreas H. Wöhle

Auftrag und Aufgabe der evangelisch-lutherischen Kirche im einundzwanzigsten Jahrhundert

Die Evangelisch-Lutherische Kirche Russlands und anderer Staaten in einem zusammenwachsenden Europa[1]

1. Einleitung

1.1 Zur Themenstellung

Aus Anlass des Jahrhundert- bzw. Jahrtausendwechsels beschäftigten sich viele Publikationen mit dem genannten Oberthema. In jüngster Zeit ist mit dem Papier zur „Kirche der Freiheit“[2] der Evangelischen Kirche in Deutschland (EKD) zudem eine heftige Diskussion um zukünftige praktische Formen des Kirche-Seins spezifisch in der Situation Deutschlands entflammt. Auch der Ökumenische Rat der Kirchen (ÖRK) hat sich, wenn auch weniger geschichtsbezogen, dafür mehr von der grundsätzlichen ökumenischen Fragestellung her bestimmt, in dieser Sache mit einem Ekklesiologie-Papier in gewisser Weise zu Wort gemeldet.[3]

Hier soll es nun um *den Auftrag und die Aufgabe der evangelisch-lutherischen Kirche im einundzwanzigsten Jahrhundert* speziell mit Blick auf die Kirchen Europas und noch spezifischer mit Blick auf Osteuropa und dort auf die Evangelisch-Lutherische Kirche in Russland und anderen Staaten (ELKRAS) gehen. In besonderer Weise sollen die Fragestellungen unter

1 Dieser Text stellt die Bearbeitung eines Vortrags dar, der zuerst auf der Generalsynode der ELKRAS, 25.–29. April 2005, gehalten worden war.

2 Kirche der Freiheit – Perspektiven für die Evangelische Kirche im 21. Jahrhundert. Impulspapier des Rates der EKD.

3 The Nature and Mission of the Church, Faith and Order Paper 198 (vom 15. 12. 2005).

Berücksichtigung des Lichtes betrachtet werden, das durch das zusammenwachsende Europa auf sie geworfen wird.

Das Thema soll vor allem und zunächst grundsätzlich systematisch-theologisch betrachtet werden. Eine praktische Zuspitzung wird dann erst im Anschluss an die grundlegenden Klärungen versucht werden. Denn gerade angesichts der sehr unterschiedlichen Gestalten unserer evangelisch-lutherischen Kirche, die zum Beispiel im Zusammenhang von internationalen Begegnungen in der europäischen Familie des Lutherischen Weltbundes immer wieder deutlich werden, ist allerdings ein konkret zuspitzendes Reden von *dem* Auftrag *der* Kirche durchaus nicht unproblematisch. Die evangelisch-lutherische Kirche ereignet sich schließlich weltweit, und das heißt an jedem Ort konkret spezifisch. Auch in Europa verwirklicht sich unsere Kirche in sehr unterschiedlichen Kulturen und Traditionen.

Die jeweiligen Gesellschaften in Europa geben den Kirchen Kontexte vor, die in manchen Punkten genauso weit voneinander entfernt sein können wie die Unterschiede, die zwischen Kirchen verschiedener Kontinente bestehen. Diese Eingangsfeststellung ist entscheidend, denn die Kirchen haben in ihrer Form immer jeweils Teil an der Unterschiedlichkeit ihrer Kontexte.

1.2 Zu Europa als „Umfeld“ der Betrachtungen

Europa kennt viele unterschiedliche Kulturen. Und es gibt in Europa durchaus unterschiedliche „Welten“. So gibt es in der Praxis eine „Erste“, eine „Zweite“ und eine „Zwei-Drittel-Welt“ nicht erst in globaler Perspektive, sondern schon innerhalb vieler europäischer Gesellschaften selbst. Dies gilt gleichermaßen für alle Regionen in Europa – auch für Mittel- und Osteuropa.

Zudem ist Europa in Bewegung – heute mehr denn je. Und niemand wagt es, im Moment über die anstehende Entwicklung hinaus weit in die Zukunft zu schauen und Prognosen abzugeben. Zu vieles steht im politischen und sozialen Spektrum der europäischen Länder auf noch zu jungen Füßen – die Richtung der zukünftigen Entwicklungen scheint in vielen Fällen noch lange nicht ausgemacht.

Was für Europa als „Standort“ gilt – um einmal einen heutzutage in anderen Zusammenhängen häufig verwendeten Ausdruck zu gebrauchen –, das gilt auch bezüglich des Verständnisses von Kirche in Europa, bezüglich der Rolle der Kirche und bezüglich ihrer Möglichkeiten.

2. Zum Begriff „Kirche"

Die „Kirche" stellt ein vielschichtiges Phänomen dar, weshalb der Begriff „Kirche" immer schillernd wahrgenommen wird. Schon im inner-lutherischen Gespräch ist die Diskussion um die Frage, was eigentlich die Kirche zur Kirche macht, nicht wirklich abgeschlossen. Wie viel mehr gilt dies für das ökumenische Gespräch mit den unterschiedlichen christlichen Gemeinschaften, allen voran mit der Kirche des Bischofs von Rom, dann aber im Kontext der ELKRAS für das Gespräch vor allem mit der Tradition des sich selbst als „orthodox" verstehenden Christentums.

Vielleicht ist es am einfachsten, zunächst einmal zu versuchen zu klären, was wir eigentlich unter „Kirche" verstehen wollen. Denn gerade bei so scheinbar selbstverständlichen Begriffen wie „Kirche" und „Europa" erweist sich dies immer wieder als schwierig und eine Bestimmung deshalb als wichtig.

2.1 „Ek-klesia" als qualitative Beschreibung von Kirche

Gemeinsamer Ausgangspunkt aller christlichen Traditionen ist, dass Kirche im biblischen Sinn die Gemeinschaft der von Gott zum Zeugnis „Berufenen" ist. Diese sind diejenigen, die sich aus dem Trott der sich selbst genügenden Welt haben „herausrufen" lassen. Sie sind – wie dies im Griechischen heißt: „ek-klesia" – „heraus Gerufene", Gesammelte und Berufene, um von Gottes Handeln in und mit dieser Welt zu zeugen.

Auch wenn der Begriff der „Ekklesia" außerhalb der biblischen Terminologie in der Sprache der hellenistischen Umwelt zunächst die öffentlich-rechtliche Versammlung der Vollbürger der griechischen Stadtstaaten meinte, so kommt ihm im christlich-theologischen Verständnis doch vor allem die Qualität der *Unterscheidung* zu:

Der Begriff „Ekklesia" (εκκλησία) – in der Septuaginta die Übersetzung des hebräischen Begriffes קהל, „QAHAL", der die Gemeindeversammlung der Kultusgemeinde Israels meint – verweist im Gebrauch für die Kirche auf die Kontinuität mit der sich als Gemeindeversammlung selbst bestimmenden Kultusgemeinde des Gottesvolkes des Ersten Bundes und auf dessen „Unterschiedenheit" von den diese Versammlung und dieses Volk umringenden „Völkern". Kirche ist damit zu aller erst ein *qualitativer Begriff*. Er beschreibt die Gemeinschaft derjenigen, die sich berufen wissen, *in* der Welt den Zuspruch und Anspruch Gottes *gegenüber* der Welt als seiner Schöpfung zu bezeugen und in ihrer Glaubenspraxis zu gestalten.

2.2 Confessio Augustana VII – ökumenische Offenheit

In der evangelisch-lutherischen Tradition unserer Kirche ist diese Qualität der „Ekklesia" kernhaft ausgedrückt und zusammengefasst in den Formulierungen des Augsburger Bekenntnisses von 1530, in denen es heißt:

> „Es wird auch gelehrt, dass alle Zeit müsse eine heilige, christliche Kirche sein und bleiben, welche ist die Versammlung aller Gläubigen, bei welchen das Evangelium rein gepredigt und die heiligen Sakramente evangeliumsgemäß gereicht werden."

Und weiter heißt es: *„Zur wahren Einheit … (sei) dies … genug … Und (es sei) nicht nötig … gleichförmige Zeremonien [zu haben]"*.

Die Formulierung des Augsburger Bekenntnisses – der Confessio Augustana – verzichtet bewusst auf jegliche Strukturdefinition der Kirche. Stattdessen wird in ihm der Kirchenbegriff primär relational bestimmt. Im *qualifizierten Verhältnis zu Christus* – vermittelt in Wort und Sakrament – besteht das Wesen von Kirche. Sie hat als Kreatur des Wortes, als fleischgewordenes Wort Gottes in Christus, teil an der Kreatürlichkeit und damit Geschichtlichkeit dieses Wortes, am Hoffen, Gelingen und Scheitern der Geschichte des Wortes Gottes.

Von dort her ist evangelisch-lutherisches, ist reformatorisches Kirchenverständnis prinzipiell offen für verschiedene Modelle von *„gemeinsamem Kirche-Sein"*. Vom relationalen Verständnis von Kirche herkommend ist die Selbstdefinition als „Prozess Kirche" als *ökumenische Aufgabe* ein wesentlicher Ausdruck des recht verstandenen evangelisch-lutherischen, reformatorischen Konzepts von Kirche. Dieses Konzept widersetzt sich jedweder Engführung auf bestimmte Strukturen und exklusive Organisations- oder Gehorsamszusammenhänge – auch wenn diese im Gewand altehrwürdiger Traditionen daherkommen. Auftrag und Aufgabe evangelisch-lutherischer Kirche sind daher zunächst nichts anderes als das, was sie seit jeher waren – nämlich das Projekt „Kirche-Sein" gemeinsam mit anderen als ökumenisches Unterfangen zu verwirklichen.

2.3 Kirche als inklusiver „Prozess"

Die klassische Formulierung Cyprians, nach der „kein Heil außerhalb der Kirche zu finden ist", liest sich in dieser reformatorischen Perspektive dann auch nicht als organisatorisch-exklusives Kriterium. In dieser reformatorischen Perspektive kann es nur als Kriterium eines vom Geist her inklusiv funktionierenden Kirchenmodells gelten:

D. h.: Kirche-Sein ereignet sich als die Gemeinschaft mit dem Auferstandenen, die in Wort und Sakrament der ganzen Welt angesagt ist. Außerhalb dieser relationalen Gemeinschaft ist heilvolles Leben christlich-theologisch nicht beschreibbar. Darum muss notwendigerweise – mit Augustin und in seiner Nachfolge mit den Reformatoren evangelisch-lutherischer Prägung – neben der sichtbaren eine „verborgene Kirche“ gedacht und geglaubt werden. Aus der Spannung zwischen diesen beiden, aus der Spannung zwischen ihrer sichtbaren und ihrer unsichtbaren Gestalt, ist die Kirche wesentlich als bewegter „Prozess eines Lebens mit Christus“ zu verstehen. So ist Kirche dann Kirche und dort Kirche, wo sie in dem genannten Sinn in Bewegung ist und bleibt. Kirche als „Beziehungsbegriff“ kann nie statisch verstanden werden. Eine Beziehung, die zum Stillstand kommt, stirbt. Gleiches gilt von der Kirche.

Aus diesen Bildern schöpft dann auch die reformatorische Rede von der sich stets „reformierenden“ und der sich „zu reformierenden“, zu entwickelnden Kirche ihre Kraft.[4]

2.4 „Una, sancta, catholica et apostolica ...“

Die evangelisch-lutherischen Kirchen haben teil an dieser „Bewegung“ von Gott und seinem Wort her und auf ihn hin. Als „Schöpfung des Wortes“ meint und umfasst Kirche alle Menschen und übersteigt dabei all unsere konfessionellen Definitionen. Darin liegt die *Katholizität* der Kirche, die gründet auf der *einen* Sendung Christi, und damit in der *Apostolizität*, im „Gesandt Sein“ in die Welt. Dabei darf sich die Kirche in all ihrem Tun *geheiligt* wissen, herausgefordert, die *Heiligkeit* Gottes in ihrem Handeln an und in der Welt abzubilden. – Siehe da, das ist eine Beschreibung von Kirche in der klassischen Terminologie als „una, sancta, catholica et apostolica ...“, von der auch CA VII ausgeht!

4 Allerdings sind als Anmerkungen zu dieser Rede die Hinweise zu beachten, die Gerhard Müller im Jahrbuch 2007 des Martin-Luther-Bundes vorgelegt hat: Das Kirchenverständnis der lutherischen Reformation, a. a. O., S. 197–216.

2.5 Unterschiedliche Wahrnehmungen von Kirche und Erfahrungen mit Kirche

Neben einer theologischen Beschreibung dessen, was Kirche ist, gibt es aber auch ein vielschichtiges Spektrum der Wahrnehmung und des Verständnisses von Kirche in der Erfahrung ihrer Mitglieder, die auf dem Wege dieser Erfahrung jene theologischen Begriffe auf die Ebene der gesellschaftlichen Erscheinungsform, in der Kirche gelebt wird, und in den Kontext der Gesellschaft, in der diese Kirchenglieder leben, übersetzen.

Je nach wechselndem Zusammenhang kann Kirche dabei erfahren werden:

a) als eine Großorganisation, die Kindergärten, Krankenhäuser, Altentagesstätten, Schulen, Eheberatungsstellen und Akademien etc. umfasst,
b) als eine persönliche Heimat für Einzelne,
c) als ein Dienstleistungsbetrieb in Krisen- und Hoch-Zeiten von Seele und Gemüt,
d) als eine Stätte der Begegnung und auch der Auseinandersetzung und schließlich für viele auch
e) als eine Stätte der Frustration und der Enttäuschung …

Es wären hier ohne Probleme noch viele andere Kirchen-Bilder zu nennen.

2.6 Die Kirchen-Erfahrung in der ELKRAS

Auch in der ELKRAS gibt es solche erfahrungsgeprägten Wahrnehmungen und Verständnisse von Kirche. Die verschiedenen Gemeinden der Kirche leben in je eigener Tradition, die sich jeweils kontextbestimmt seit den frühesten Anfängen geformt hat. Neben Einwanderungseinflüssen aus Deutschland war es auch die Ausweitung des russischen Reiches und die Eingliederung zum Beispiel der baltischen Länder und des Ingermanlandes, die jeweils ganz spezifische evangelisch-lutherische Gemeinden entstehen ließen.

Auf Grund der bolschewistischen Kirchenpolitik und in Folge des Zweiten Weltkrieges lagen dann viele Gemeinden „in Asche“ und erfuhren später ihre Auferstehung als Gemeinden „in der Diaspora“. Diese nur kurz umrissenen Erfahrungen haben das Kirchenverständnis dieser Gemeinden geprägt. Von dieser Basis aus müssen sie sich den Herausforderungen einer sich rasend schnell entwickelnden und auch Russland beeinflussenden europäischen Gesellschaft stellen. Dabei gilt für die Kirchen und Gemeinden der ELKRAS insbesondere, dass die „Europa"-Tradition und die Verbundenheit mit dem Europäischen, so wie es erinnert wurde, in gewissem Sinn zur Vision der Verbundenheit mit der Freiheit wurde – entgegen aller real erfahrenen Abgeschlossenheit im Leben in und mit dem Sowjet-Totalitarismus.

So entwickelten sich in dieser Kirche – und in vielen anderen Kirchen mit vergleichbaren Erfahrungen – konservative Frömmigkeitsformen als Mittel des Kampfes gegen Usurpierung und Aushöhlung von Werten und Überzeugungen. Und daher stammt auch vielleicht die relative Säkularisierungs-Resistenz der Gemeinden.

2.7 *Säkularisierung und Traditionalismus: Ost- und West-Perspektiven im Kontext totalitärer Ideologien*

Wie im Westen und Norden Europas die Säkularisierung in der Folge von Aufklärung und Humanismus von vielen auch als willkommene Befreiung aus verkrusteter Kirchlichkeit und als geschichtliche Notwendigkeit positiv erfahren und theologisch positiv bewertet werden konnte, liegt für viele Gläubigen in den Gemeinden der ELKRAS die Erfahrung von Freiheit sicherlich gerade im Festhalten am Überkommenen begründet, im erbitterten Kampf gegen eine jahrzehntelang allgegenwärtige und alles vereinnahmende ideologisch verordnete Säkularisierung sowjetischer Prägung.

Interessanterweise treffen sich hier heute die Überlebensstrategien von Kirche im Sowjet-Totalitarismus mit neueren Überlegungen und Entwicklungen in den vom globalisierten Konsumismus und liberalen Ökonomismus überrollten Kirchen der Gesellschaften des Westens und Nordens Europas. Vom Traditionalismus bis hin zum moralischen und bibel-hermeneutischen Fundamentalismus wird in den Kirchen inzwischen alles willkommen geheißen, was sich in irgendeiner Weise der sich totalitär gebärdenden merkantilen Globalisierung entgegenzustellen vermag. Die Botschaft von der „freien Gnade" – sicher doch das deutlichste gegen-merkantile Konzept christlicher Kirchen – wird dabei manchmal bis zur Unkenntlichkeit entstellt.

Verwirrend ist bei dieser Begegnung kirchlicher Strategien in Ost und West, die sich einem Totalitarismus unter verschiedenen Vorzeichen widersetzen, dass der Europa-Begriff mehrfach und mehrdeutig geladen wird.

3. Europa oder EUROisierung des Kontinents – Kirchliche Wahrnehmung von Europa

Da ist einmal die bereits erwähnte, historisch begründete positive Identifikation mit Europa als „visionärer Heimat" entgegen den Unterdrückungserfahrungen des Sowjet-Totalitarismus in den Kirchen der ELKRAS gegeben. Diese aber will sich so gar nicht reimen lassen mit der heutigen Erfahrung der imperialen ökonomischen EUROisierung der Länder und Gesellschaften des Kontinents, die sich als kontextuelle Form einer liberal-ökonomischen Globalisierung erweist.[5]

Kirchlich und außer-kirchlich finden sich zudem Versuche, das Bild von den Werten und Normen eines Europa des „christlichen Abendlandes" heraufzubeschwören, um so einer ethisch-moralischen Orientierungslosigkeit im politischen Projekt Europa entgegenzuwirken.

Protestantische – zumal evangelisch-lutherische – Kirchen tun sich bei einem theologischen Zugang zu Europa allerdings besonders schwer. Die reformatorische Theologie hat auf Grund ihrer nationalkirchlichen Umsetzung eine starke Neigung dahingehend, die Verschiedenheit eher als positiven Begriff zu betonen. Sie findet von daher nur schwer einen Zugang zu einem „synthetischen", einenden Europa-Begriff theologischen Inhalts. Die politische Einheit wird in der protestantischen Tradition zudem primär als Verhandlungsziel politischer Mandatsträger beschrieben und nicht in theologischer Terminologie.

Die *römisch-katholische* Theologie nähert sich dem Europa-Begriff häufig viel selbstverständlicher in den Kategorien eines historisch inzwischen aber überholten „christlichen Abendlandes" als einem Daseinsraum, in dem die europäische Wertegemeinschaft wesentlich vom Christentum gestaltet wurde. Eine bezeichnende Beschreibung dieses Zugangs findet sich bei einem einflussreichen römisch-katholischen Theologen:

> „Die Gestalt Jesu Christi steht in der Mitte der europäischen Geschichte, und sie ist die Grundlage des wahren Humanismus, einer neuen Menschlichkeit. Denn, wenn Gott Mensch geworden ist, dann empfängt der Mensch eine ganz neue Würde. […] Aus diesem Humanismus, dem Humanismus der Menschwerdung, hat sich das Besondere der christlichen Kultur entwickelt. […] Die Überordnung

---

5 Hier sei zumindest angemerkt, dass in den Augen der Menschen anderer Kontinente aufgrund ihrer spezifischen geschichtlichen Erfahrungen Europa und seine Kirchen gerade *nicht* mit Freiheit, Gerechtigkeit und Toleranz identifiziert werden.

der sittlichen Werte über die materiellen, die Anerkennung der Ehre Gottes, dies ist ein grundlegendes gemeinsames Erbe der europäischen Kultur, um dessen Bewahrung und Vertiefung wir Christen uns heute von neuem mühen müssen]“[6]

Die *orthodoxe* Tradition beschreibt dort, wo sie es tut, die Einigungsbewegung in Europa häufig im Licht der Spiritualität des Weltlichen, hat aber von daher Schwierigkeiten beim Umgang mit der damit historisch zusammenhängenden Säkularisierung.

4. Einige Thesen zu Auftrag und Aufgabe der evangelisch-lutherischen Kirche im einundzwanzigsten Jahrhundert

Aus dem hier bisher Ausgeführten ergeben sich die folgenden qualitativen Bestimmungen des Wesens der evangelisch-lutherischen Kirche, aus denen sich ihr Auftrag und ihre Aufgaben ableiten:

A) *Ökumene als Prinzip* – Das Projekt „Kirche-Sein“ ist evangelisch-lutherisch grundsätzlich gemeinsam mit anderen Kirchen in ökumenischer Dimension zu verwirklichen. Evangelisch-lutherische Exklusivität ist nicht nur ineffektiv, sondern sie geht theologisch an der evangelisch-lutherischen Bestimmung von Kirche sündhaft vorbei.

B) *Draußen ist drinnen* – Auf Grund der theologischen Spannung zwischen „sichtbarer“ und „unsichtbarer“ Kirche ergibt sich notwendig eine Offenheit hin auf das, was der Kirche als Aufgabe aus dem Feld derer erwächst, die sich selbst als „Nicht Kirche“ verstehen und bezeichnen.

Das wiederum sprengt jedwede terminologische Grenzziehung, die mit Begriffen wie „Kirchenferne“ oder „Säkularisierung“ meint unterscheiden zu können, was zum Wesen von Kirche gehört und was nicht.

Auftrag und Aufgabe von Kirche sowie kritische Anfrage an Kirche kommen aber im evangelisch-lutherischen Sinn immer „von innen her“, auch dann, wenn sie als „von außen kommend“ formuliert oder erfahren werden. Die sonntäglich „nicht Anwesenden“, weil: „Ausgegrenzten“,

6 Joseph Ratzinger, Erzbischof von München und Freising, in einer Predigt 1980 in Krakau, in der Stadt Karol Wojtyłas, zwei Jahre nach der Papstwahl von Johannes Paul II.; in: Joseph Ratzinger, Christlicher Glaube und Europa, München/Freising 1981 (Pressereferat Erzdiözese).

„Ausgewanderten", „Weg-Gelangweilten", „Nicht Angesprochenen" usw., sind konstitutiver Teil von Kirche im theologischen Sinn. Sorge um diese Menschen und sie suchendes Engagement, um ihre Teilnahme am Beziehungsgeschehen Kirche zu gewinnen, ist nicht „Aktivität nach außen", sondern notwendige Selbstentfaltung von Kirche.

C) *Missionarische Kirche* – Mission in diesem Sinn – als fragende Haltung, die vom anderen Wesentliches über Gott und sein Wort zu lernen hofft – ist nicht „eine der Aktivitäten von Kirche", die wahrgenommen werden kann, wenn denn Zeit und Geld dafür da sind, sondern sie ist Wesen von Kirche, die *tut*, was sie *ist*.[7]

D) *Kirche als Beziehungsprozess* – Kirche verstanden als Prozess eines Lebens mit Christus ist von der Qualität des Relationalen bestimmt. Hierfür ist heute eine neue Sprache nötig, muss Raum für die Erfahrung des Miteinanders und der Begegnung mit Gott geschaffen und der Atomisierung der Gesellschaften entgegengewirkt werden.

E) *Stillstand ist Sterben* – Kirche ist immer in Entwicklung. Stillstand ist Sterben. Der Kirche eignet eine Offenheit für das Neue auf der Basis der Erfahrungen des Alten. Aber auch Sterben ist Anfang, auch das Absterben mancher Formen von Kirchlichkeit bedeutet zugleich das Raum-Schaffen für Neues und – insofern es positiv gelingt – ein Zusammengehen mit „Erinnerung" (ich darf hier bewusst zitieren: „Tut dies zu meinem Gedächtnis …").

F) *Das Machbare ist Unglaube* – Kirche ist auf die ganze Welt, auf die Schöpfung hin gedacht und angelegt.

Innerkirchliche Nabelschau ist darum „Zeugnisverweigerung" und Leugnung der Katholizität von Kirche, auch wenn sie sich auf begrenzte Möglichkeiten beruft oder auf einen angeblichen Realismus, der missionarische oder diakonale Aktionsfelder und das Verantwortungsbewusstsein von Kirche und von denen, die in und mit ihr leben, von vornherein auf das „Machbare" beschränkt.

Das „Machbare" ist eine Kategorie des Unglaubens. Kirche im recht verstandenen Sinn hingegen orientiert sich an dem ihr vorgegebenen, glaub-würdigen Zuspruch neuen, erneuerten Lebens, eines „neuen Himmels und einer neuen Erde". Ein Scheitern an der ihr vorgegebenen Aufgabe ist darum zugleich Teil des Weges der Kirche „zur Heilung der Welt", wie wir es in Winnipeg bei der Vollversammlung des Lutherischen Weltbundes nachgesprochen haben.

---

7 Vgl. hierzu auch: Mission im Kontext – Ein Beitrag des LWB zu Verständnis und Praxis der Mission. LWB, Genf 2006.

Ein deutscher Denker sagte dazu einmal: „Eine Kirche, die an ihrer eigenen Aufgabe scheitert, fasziniert mich. Sie zeugt damit auf eine menschliche Weise für den, in dessen Auftrag sie steht.“[8]

5. Vier Arbeitsgebiete von Kirche

Diese qualitativen Wesensbestimmungen von Kirche werden zu Aufgaben und Arbeitskriterien, denen die Kirche in den verschiedenen Bereichen ihrer Arbeit zu entsprechen hat. Und zwar im Bereich:

- von Kirche als versammelter Gemeinde, die im Gottesdienst als Verkündigung, als Gebet, als Gemeinschaft und Dienst zusammenkommt,
- von Kirche als Institution, die die Aufgabe hat, das Heil Gottes in Menschen und durch Menschen erlebbar werden zu lassen,
- von Kirche als zeichenhafter Gemeinschaft von Brüdern und Schwestern, die die Umkehrung aller Sozialbeziehungen – Herr/Diener, Reich/Arm, Stark/Schwach usw. – exemplarisch darstellt und damit zu dieser Umkehrung anstiftet,
- von Kirche, die auf erfahrene Rechtfertigung in spezifischer Art der Rechtstellung des Einzelnen in ihrer Mitte antwortet.[9]

6. Lernelemente unterwegs ...

Dabei können und sollen die geschichtlich und kontextuell unterschiedlichen Erfahrungen von Kirche einander befruchten.

Kirchen in Europa, die – wie die ELKRAS – über Jahrzehnte in Unterdrückungssituationen lebten, formulieren im Rückblick die folgenden Lernschritte:

- Der Verzicht (auf Konsumgüter etc.) wurde als Gewinn erfahren, der frei macht, das Wesentliche zu sehen, und zu Konsumismus-Kritik befähigt.

8 Erhard Eppler, in: W. Dirks/E. Stammler (Hg.), Warum bleibe ich in der Kirche? Zeitgenössische Antworten, München 1971, S. 50.

9 Nach Wolfgang Huber, Kirche, Stuttgart/Berlin 1974, S. 138.

- Die Erfahrung, dass das Wort des Gebets mehr bewirkt, als wir ihm zutrauen, macht Mut, an die Realität des total Unwahrscheinlichen (wie den Fall des Totalitarismus) zu glauben.
- Die Erfahrung, dass Gemeinschaft mehr ist als Besitz, befreit zum Teilen.
- Die Erkenntnis, dass Verkündigung streng situationsbezogen zu sein hat, fordert neue sprachliche und andere Formen heraus, in denen auch die Lebenspraxis der Gemeinde zum Predigtwort werden kann.
- Die Erfahrung, Sammelstelle für Andersdenkende zu sein und als Kirche mit eingeschränktem, aber positivem Pluralismus in der Kirche zu leben, ermutigt dazu, in der Kirche Grenzformen des Glaubens eine Herberge zu bieten.

7. Herausforderungen, an denen sich Wesen und fortgesetzte Lernfähigkeit der Kirche im einundzwanzigsten Jahrhundert zu bewähren haben werden

Hier sollen zum Abschluss einige Themen und Herausforderungen genannt werden, an denen sich in Europa in den kommenden Jahren die Frage entscheiden wird, ob evangelisch-lutherische Kirche und Kirche überhaupt weiterhin Relevanz für das Leben der Menschen haben kann. Die hier genannte Themenreihe beansprucht nicht den Charakter der Vollständigkeit, soll aber die oben beschriebenen Aussagen in den gesellschaftlichen Kontext hinein „erden“ helfen.

- Die HIV- und AIDS-Pandemie stellt die Kirche vor die Aufgabe, sich beim Eröffnen des Gesprächs über dieses Tabu-Thema aktiv einzuschalten. HIV/AIDS ist schon lange kein „Weit-weg-Thema“ mehr. Im Gebiet der ELKRAS hat die Ukraine eine Prävalenzrate, die afrikanischen Statistiken nahekommt, und Kirche ist hier gefordert.
- Die Migrationsbewegungen in Europa sind keine freiwilligen Prozesse, sondern Folge der globalen Entwicklung. Einige Ströme dieser Migrationsbewegungen laufen durch die Länder der ELKRAS, und die Kirche ist hier gefordert, das Bewusstsein um die Geschwisterlichkeit und Interdependenz von Menschen weiterhin zu verkündigen und „die andere Stimme“ in der Gesellschaft zu sein.
- Menschenhandel und spezifisch der Handel mit Frauen und Kindern ist zu einer der großen ökonomischen Strukturen in Europa geworden, in der Unsummen von Geld umgehen. Kirche ist hier herausgefordert, sich

nicht als Moralapostelin gegenüber den verhandelten Frauen zu gerieren, sondern sich zur Anwältin dieser Opfer von Strukturen zu machen, die Menschen ihrer Würde berauben.

- Armut ist kein Ereignis, das einfach so geschieht, sondern gewollte und zugelassene Struktur. Kirche wird sich hier als Anwalt der Armen bewähren müssen, will sie auf Dauer glaubwürdig bleiben.
- Gewalt – Kriegsgewalt und häusliche Gewalt – verletzen die Würde der Gottesebenbildlichkeit von Menschen und verändern und korrumpieren Täter und Opfer zugleich. Das Erlernen von gewaltlosem Denken und gewaltlosen Strategien im Umgang mit Konflikten jedweder Art wird zum gelebten Thema in Kirchen werden müssen, will die Kirche ihrem Zeugnis treu bleiben.
- Die Multikulturalität und Multireligiosität der europäischen Gesellschaften nimmt weiter zu. Von Kirche wird hier zu Recht erwartet, dass sie sich dieser Wirklichkeit stellt, vom irrealen Konzept einer Re-Evangelisierung Europas absieht und sich stattdessen neuen Formen des Gesprächs und der Begegnung im interkonfessionellen und interreligiösen Kontext annimmt.
- Fundamentalismus ist eine Angstreaktion, die der dem Glauben zugesagten Freiheit der Gotteskindschaft widerspricht. Das Evangelium als eine derartige Ansage der Befreiung von weltlichen Zwängen zu verkündigen, bleibt wichtige Aufgabe.
- Die Verstädterung der europäischen Gesellschaften zerstört Sozialstrukturen unwiederbringlich. Kirche ist hier gefragt, ihren Charakter als Herberge der Menschlichkeit bewusst in den Kampf um die Lebbarkeit von Innenstädten einzubringen.
- Nationalstaatlichkeit wird weiterhin zu den Spannungsfaktoren in Europa zählen. Kirche ist hier herausgefordert zur praktischen Versöhnungsarbeit an der Basis.
- Kleiner werdende Kirchen fragen nach anderen Kirchen- und Amtsstrukturen. Die Kirche ist hier herausgefordert, sich zwischen Beweglichkeit und Traditionsbewahrung zu bewegen.
- Spiritualität als Modewort leidet an Abnutzung. Erneuerung gelebter Spiritualität als radikaler Diesseitigkeit (Dietrich Bonhoeffer) in der Gemeinde und im Leben der Woche als Erneuerung des täglichen Lebens im Licht der Transzendenz des Glaubens – das ist ein Weg, den Kirche gehen muss, will sie nicht von innen her austrocknen.

In all diesen Gebieten ist Kirche zur Positionsbestimmung herausgefordert. Sind es zu viele? Wird sie daran zugrunde gehen? Werden wir sie erhalten können?

Luther sagt dazu: „Wir sind es doch nicht, die da die Kirche erhalten könnten. Unsere Vorfahren sind es auch nicht gewesen. Unsere Nachkommen werden es auch nicht sein; sondern der ists gewesen, ists noch und wirds sein, der da sagt: ‚Ich bin bei euch alle Tage bis an der Welt Ende.'"[10]

Mehr lässt sich dazu wohl nicht sagen.

10 WA 50, 476,31ff – „Wider die Antinomer", 1539, zu Mt 28,20.

Rainer Stahl

Arbeitsbericht Dezember 2005 bis November 2007

Vom achten bis ins zehnte Jahr des Dienstes für den Martin-Luther-Bund

Mit den folgenden Zeilen wird der fünfte Bericht über meine Tätigkeit als Generalsekretär des Martin-Luther-Bundes vorgelegt. Diesmal soll das Schwergewicht darauf liegen, dass ich weniger einzelne Ereignisse und detaillierte Informationen vorstelle, als vielmehr über allgemeine Tendenzen berichte, die aus der Sicht der Zentrale des Martin-Luther-Bundes in unserer Gemeinschaft ablaufen und ihr Leben prägen. Deshalb werden manche Termine und Begegnungen eher pauschal benannt, als je einzeln vorgestellt und bewertet zu werden.

1. Die Homepage der Zentrale des Martin-Luther-Bundes

Die Öffentlichkeitsarbeit der Zentrale hat seit geraumer Zeit ein bedeutendes zusätzliches Standbein: Neben der Herausgabe von jährlich vier Heften des „Lutherischen Dienstes" und der Veröffentlichung der Faltblätter für die „Konfirmandengabe" und für die „Diasporagabe" des jeweiligen Jahres stand früher die unregelmäßige Veröffentlichung von „Diaspora-Informationen" (DI), die vervielfältigt und an die Heimatadressen unserer Freunde geschickt wurden. Diese Veröffentlichung ist in der Zwischenzeit durch ein neues Medium total ersetzt worden: nämlich durch die Pflege unserer Homepage.[1]

1 An dieser Stelle sei folgende Grundinformation über den Zugang zu den Informationen auf der Homepage gegeben: Wer www.martin-luther-bund.de aufsucht, erhält eine Startseite vor sich, die schon die letzten zehn Berichte direkt zugänglich macht. Links oben führt die Verbindung „LD Online" zu jeweils einem ausgewählten Artikel aus jedem

Für diesen Arbeitsbericht habe ich mir einmal beispielhaft für den Zeitraum vom März 2005 bis zum Mai 2007 einen Überblick verschafft. 2005 wurden im Schnitt 0,7 Nachrichten pro Woche eingestellt, genau in den 40 Wochen ab der 12. Woche des Jahres 31 Nachrichten. Im Kalenderjahr 2006 wurden 62 Nachrichten eingestellt, also im Schnitt 1,2 Nachrichten pro Woche. Und in den ersten fünf Monaten des Jahres 2007 waren es 25 Nachrichten in diesen 22 Wochen.

An zwei Beispielen sei auf die besondere Möglichkeit der Homepage hingewiesen: Im Mai 2005 und im Mai 2007 haben wir Presseerklärungen von Partnern veröffentlicht:

- 2005 die beiden Presseerklärungen unserer Partnerkirche in Italien – der Evangelisch-Lutherischen Kirche in Italien – zum Tode von Papst Johannes Paul II. und zur Wahl von Papst Benedikt XVI.;[2]
- 2007 den offenen Brief von vier Pfarrern der Estnischen Evangelisch-Lutherischen Kirche zu den Vorgängen um die Umsetzung des sowjetischen Ehrenmals in Tallinn.[3]

Beide Zusammenhänge sind Beispiele für Vorgänge, bei denen es Aufgabe des Martin-Luther-Bundes ist, die Positionen in seinen Partnerkirchen bekannt zu machen.

In ähnlicher Weise haben wir zur Aktion „Hoffnung für Osteuropa" die Möglichkeit genutzt, die Veröffentlichungen und Spendenaufrufe dieser Aktion auf unserer Homepage zugänglich zu machen – so am 14. 12. 2006 die Information zur Journalisten-Preis-Verleihung und am 6. 2. 2007 diejenige zur Eröffnung der 14. Aktion, aus der heraus dann der Spendenaufruf heruntergeladen werden konnte. Indem Informationseinheiten unserer Partnerorganisationen problemlos zur Verfügung gestellt werden, bekommt die Zu-

„Lutherischen Dienst" (in Folge: „LD") seit „LD" 1/2005. Über die Verbindung „Projekte" in der Kopfzeile findet man zu den Diasporagaben, zu den Konfirmandengaben und zu allen Ländern, unter denen die jeweilig bisher eingestellten Nachrichten auffindbar sind. Über die Verbindung „Verlag" in der Kopfzeile besteht der Zugang zu allen Veröffentlichungen. Wenn es sich um eine Reihe handelt, ist diese dort am linken Rand angegeben und über sie dann alle Einzeltitel abfragbar. Allgemein kann über die Verbindung „Service" – der letzte Zugang rechts in der Kopfzeile – der Zugang zum „Archiv" gefunden werden, unter dem alle eingestellten Nachrichten in der zeitlichen Reihenfolge auffindbar sind, in der sie verfasst worden waren. In Zukunft werden durch die Umsetzung der Homepage auf „TYPO3" neue Funktionen, wie etwa eine Suchfunktion, integriert werden.

2 Homepage: „Italien: Presseerklärungen der ELKI", 11. 5. 2005.

3 Homepage: „Estland: Ein offener Brief zur Lage in Tallinn", 11. 5. 2007.

sammenarbeit einen ganz neuen Akzent – einen Akzent, der auch die Gemeinschaft zwischen unseren Vereinen im Martin-Luther-Bund noch völlig neu prägen wird (s. u.).

Dieses neue Medium kann vor allem genutzt werden, um zeitnah und unmittelbar über Begegnungen, Besuchsreisen und Tagungen zu informieren. Auf diesem Wege wird die Buntheit und die Vielfalt der Arbeit und der Herausforderungen des Martin-Luther-Bundes ganz unmittelbar bewusst. Aus den ersten Monaten des Jahres 2007 seien hervorgehoben:

– die Amtseinführung von Bischof Dr. Stanislav Piętak Anfang Januar 2007,[4]
– die gemeinsame Tagung mit Gustav-Adolf-Werk, Evangelischem Bund und Theologischer Fakultät Halle-Wittenberg in Wittenberg Ende Januar 2007 (s. u.),
– die Besuchsreise in die Evangelische Kirche A. B. in Slowenien Anfang Mai 2007.[5]

Schon an dieser Liste wird deutlich, dass dieses Medium die Möglichkeit bietet, ein wichtiges Ereignis mehrmals ins Bewusstsein zu heben und so verstärkt darauf hinzuweisen – wurde doch auf die Tagung in Wittenberg schon am 4. 4. 2006 vorausschauend hingewiesen.

Eine weitere Kategorie sei hier benannt, die sich immer wieder ergeben wird: aktuelle Informationen zu Personen. Einige der Nachrichten, die im benannten Zeitraum gegeben werden konnten, seien hier beispielhaft genannt:

– die Stellungnahme zum Besuch von Papst Benedikt XVI. in Bayern,[6]
– der Bericht über die Amtseinführung von Generalbischof Dr. Miloš Klátik in Bratislava[7] und
– der Bericht über den 70. Geburtstag des Präsidenten des Martin-Luther-Bundes.[8]

4 Homepage: „Tschechien: Bischofseinführung in Český Těšín“, 15. 1. 2007. Vgl. „LD“ 43, 2007, Heft 1, S. 16.

5 Homepage: „Slowenien: Besuch bei der Evangelischen Kirche A. B.“, 15. 5. 2007.

6 Homepage: „Gut und gerne lutherisch bleiben“, 18. 9. 2006.

7 Homepage: „Slowakei: Miloš Klátik neuer Generalbischof“, 31. 10. 2006. Vgl. „LD“ 43, 2007, Heft 1, S. 18 f.

8 Homepage: „Dem lutherischen Bekenntnis und seinem Erbe verpflichtet“, 23. 1. 2007. Vgl. „LD“ 43, 2007, Heft 1, S. 19.

Sodann bietet sich dieses Medium geradezu an, um immer wieder aktuell aus dem Martin-Luther-Verlag zu berichten: Unter „LD Online" werden die „Lutherischen Dienste" vorgestellt (vgl. hierzu: Anm. 1). Jede Buchveröffentlichung wird aktuell und mit dem Titelblatt vorgestellt, darunter selbstverständlich die Jahrbücher und die Veröffentlichungen der Lutherakademie Sondershausen-Ratzeburg (für die Verlagsveröffentlichungen des Berichtszeitraums s. u.). Jahrbücher und Tagungsbände werden mit Inhaltsverzeichnis vorgestellt. Hinweise darauf, dass der Martin-Luther-Verlag einen Stand auf der Buchmesse in Leipzig hat und wo dieser Stand zu finden sein wird, komplettieren diese Informationen.[9] Wir hoffen, dass sich viele Nutzer unserer Homepage dadurch immer wieder anregen lassen, zur Buchmesse nach Leipzig zu fahren und unseren Stand dort zu besuchen.

Aus dem Gesamtumfang von Informationen, die die Homepage zur Verfügung stellt, greife ich jetzt den Zugang „Über uns" auf, über den über „Adressen" die einzelnen Mitarbeitenden der Zentrale erreicht werden können und über „Vereine" alle Vereine vorgestellt werden und die Möglichkeit angeboten wird, direkt mit verantwortlichen Personen in den Vereinen Verbindung aufzunehmen. Über den Zugang „Service" sind „Unsere Partner in der Diaspora" und „Unsere Partner für die Diaspora" erreichbar. Jeweils sind Verbindungen/„Links" eingerichtet, so dass ohne Probleme Informationen gefunden und Verbindungen aufgenommen werden können. Der Zugang „Tagungen" eröffnet auch die Möglichkeit, neben den Programmen der geplanten Tagungen die Anmeldeformulare aufzurufen und sich mit ihrer Hilfe problemlos direkt in Erlangen anzumelden. Diese wenigen Hinweise mögen jetzt genügen. Machen Sie durch häufige Nutzung Ihre Erfahrungen mit diesem Angebot!

Im Zentrum der Homepage-Pflege steht die Möglichkeit, auf diesem Wege aktuelle Informationen über die Projekte mitzuteilen, die der Martin-Luther-Bund unterstützt und fördert. Unsere Homepage ist *der* Dokumentationsbereich über die Projektarbeit. Wer sie regelmäßig nutzt, erfährt, in welchen Kirchen Projekte gefördert und in welcher sachlichen und thematischen Vielfalt Projekte gefördert werden. Hier seien jetzt nur die Projekte aus dem Bereich der Nachrichten des Jahres 2007 (bis zum Monat Mai) vorgestellt:

9 Homepage: „Der Martin-Luther-Verlag auf der Buchmesse in Leipzig", 19. 3. 2007.

- die Unterstützung beim Bau des Gemeinde- und Kirchenzentrums in Bystřice,[10]
- der Bericht über die Freizeiten für Kinder in Wisła-Jawornik im Jahr 2006,[11]
- die Förderung der Kirchenrenovierung in Jánošík in Serbien,[12]
- die Hilfe bei der Renovierung der Pauluskirche in Wladiwostok,[13]
- die Fertigstellung der Pfarrwohnung im Pfarrhaus in Jurbarkas, Litauen,[14]
- der Bericht über die Lager mit Kindern und Jugendlichen in der Slowakischen Evangelischen Kirche A. B. in Serbien,[15]
- die Unterstützung des Baus des Gemeindezentrums in Koszalin,[16]
- ein Zwischenbericht über die Ausführung der Diasporagabe 2005 in der lettischen Kirche,[17]
- die Autounterstützung für die Gemeinde Gemer in der Slowakei,[18]
- der Bericht über die nötigen Abrissarbeiten zur Vorbereitung der Kirchenrenovierung in Ufa, Baschkortostan, Russland,[19]
- der Hinweis auf Unterstützung für eine Gemeinde in Polen.[20]

Die beiden Nachrichten zur Arbeit mit den Kindern und Jugendlichen in Serbien und zur Kirchenrenovierung in Wladiwostok seien im Abdruck als Illustration auf der übernächsten Seite angeführt.

Für diese Arbeit ist es entscheidend wichtig, dass wir von unseren Partnern so viele Informationen erhalten, dass wir möglichst mehrmals über ein Projekt berichten und so die Benutzerinnen und Benutzer der Homepage direkt am Werdegang Anteil nehmen lassen können. Dies war möglich beim Projekt „Wohnung für die Gemeinde in Abakan", zu der die Nachrichten am 31. 3., am 11. 7. und am 18. 10. 2006 dokumentieren, in welchem Ge-

---

10 Homepage: „Tschechien: Gemeindezentrum in Bystřiče", 15. 2. 2007.
11 Homepage: „Polen: Kinderfreizeit in Wisła-Jawornik 2006", 2. 3. 2007.
12 Homepage: „Serbien: Slowakische Evangelische A.B. Kirche in Serbien", 9. 3. 2007.
13 Homepage: „ELKRAS/Sibirien: Die Pauluskirche in Wladiwostok", 13. 3. 2007.
14 Homepage: „Litauen: Das Pfarramt Jurbarkas ist renoviert", 16. 3. 2007.
15 Homepage: „Serbien: Jugendlager der Slowakischen Kirche", 29. 3. 2007.
16 Homepage: „Polen: MLB hilft bei der Fertigstellung des Gemeindezentrums in Koszalin/Köslin", 12. 4. 2007.
17 Homepage: „Diasporagabe 2005 Lettland", 20. 4. 2007.
18 Homepage: „Slowakei: Ein Auto für die Gemeinde Gemer", 24. 4. 2007.
19 Homepage: „ELKRAS/Baschkortostan: Abrissarbeiten in Ufa haben begonnen", 2. 5. 2007.
20 Homepage: „Polen: Notebook für Szczyrk-Salmopol", 23. 5. 2007.

bäude die Wohnung gekauft worden, dass der Gottesdienstraum dann provisorisch in Gebrauch genommen worden und schließlich festlich geweiht worden war.[21] So schließe ich diese Skizze mit der dringenden Bitte an alle Leserinnen und Leser in unseren Partnerkirchen, dass sie uns mit guten und zeitnahen Informationen – in Text und Bild! – versorgen, so dass wir dann unmittelbar dokumentieren und informieren können.

Außerdem vermerke ich noch eine wichtige Veränderung, die ausdrücklich geplant ist: Wenn die technische Verbesserung vorgenommen sein wird (vgl. den Hinweis in Anm. 1), können noch viel einfacher als jetzt alle unsere Vereine in die Homepage mit aufgenommen werden und sich selbst in ihr darstellen bzw. Verknüpfungen zwischen den Nachrichten in unserer Homepage mit den Nachrichten in ihren Homepages hergestellt werden.

Ich schließe mit der Einladung, unsere Homepage regelmäßig und häufig zu nutzen. Es lohnt sich, jede Woche einmal hineinzuschauen. 2005 wurde unsere Homepage im Mittel 180 Mal pro Woche aufgesucht, im Jahr 2006 war es schon im Mittel etwa 200 Mal und im Jahr 2007 scheint sich ein Mittel von 230 Zugriffen anzudeuten. Das ist eine gute Entwicklung, die aber noch verstärkt werden kann. Deshalb meine Bitte an alle Leserinnen und Leser: Tragen Sie dazu bei, dass wir[22] diese Arbeit für viele Benutzerinnen und Benutzer machen.

2. Entwicklungen im Martin-Luther-Bund

2.1 Die Bundesversammlung im Herbst 2005, die am 4. und 5. November in Seesen durchgeführt wurde,[23] war in mehrerer Hinsicht wichtig für die weitere Zukunft des Martin-Luther-Bundes: Schon in meinem Bericht im

21 Homepage: „ELKRAS/Sibirien: Gemeinderäume in Abakan", „ELKRAS/Sibirien: Erster Gottesdienst in Abakan in eigenen Räumen", „ELKRAS/Sibirien: Kirchweih in Abakan". Vgl. „LD" 43, 2007, Heft 1, S. 16f.

22 Dieses „wir" muss noch genauer erläutert werden: Alle Nachrichten in der Homepage werden technisch – besonders auch was die Integration von Illustrationen anbelangt – von unserem Verlagsmitarbeiter Herrn Thiel verwirklicht. Die Texte schreibe ich häufig selbst, auch viele Photos sind von mir „geschossen" worden. Im Vorfeld aber stehen oft intensive Beratungen mit Frau Jeske von der „LD"-Redaktion, mit Frau Serban-Ludwig von der Projektarbeit, mit Frau Hirschmann von der Hausleitung. Immer sind diese Nachrichten das Ergebnis guter Zusammenarbeit im Team in unserer Zentrale in Erlangen.

23 Homepage: „Bundesrat und Bundesversammlung tagten in Seesen", 8. 11. 2005.

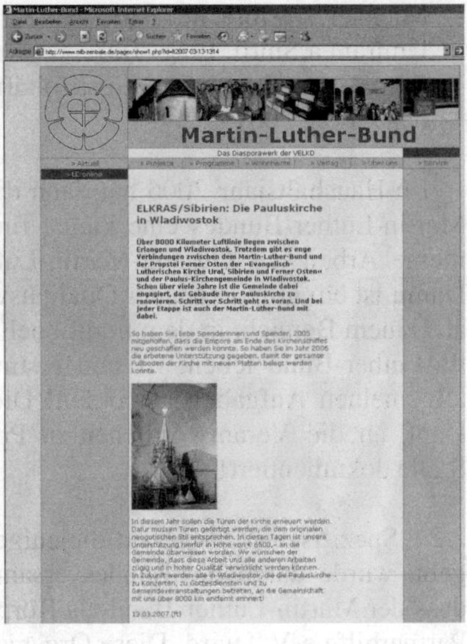

Jahrbuch 2006 hatte ich über die Aufnahme der „Lutherova společnost"/ „Luthergesellschaft" aus Prag berichten können.[24]

Einstimmig und mit großer Freude war dieses neue Mitglied aufgenommen worden, das nun die traditionelle Verbundenheit mit den in der Martin-Luther-Bund-Arbeit Aktiven in Prag weiterführt. Das Schwergewicht der Arbeit dieses Gliedvereins liegt auf der Organisation von Veranstaltungen zur reformatorischen Identität in Prag und der Publikation von reformatorischen Schriften in tschechischer Sprache:

- Martin Luther: O Klíčích Kristových [Von den Schlüsseln]. O Círckvi Svaté [Von den Konziliis und Kirchen], neu übersetzt von Ota Halama, Prag 2005,
- Martin Luther: O Mši a Kněžském Pomazání [Von der Winkelmesse und Pfaffenweihe], neu übersetzt von Ota Halama, Prag 2006,
- Lutheranus 2006, K Augsburskému Vyznání. Sborník Lutherovy společnosti, Prag 2006,

24 Vgl. hierzu meinen Tätigkeitsbericht im Jahrbuch 2006: Lutherische Kirche in der Welt 53, 2006, S. 256, und die Information in meinem Tätigkeitsbericht im Jahrbuch 2004: Lutherische Kirche in der Welt 51, 2004, S. 177.

- Michael J. Albrecht: Jsme žebráci [Wir sind Bettler]. Martin Luther o Umírání a Smrti, Prag 2007
- Tom G. A. Hardt: O svátosti oltářní. Kniha o luterském učení o večeři páně, Prag 2007.

Im Haushaltsjahr 2006 hat dann dieses osteuropäische Mitglied unseres Martin-Luther-Bundes eine kleine finanzielle Unterstützung für die allgemeine Arbeit des Gesamt-Martin-Luther-Bundes nach Erlangen gegeben. Damit ist ein grundlegender Qualitätswandel vollzogen worden: Ein Partner aus einem Bereich, in dem traditionell Empfänger von Hilfen aus dem Martin-Luther-Bund leben, ist nun erstmals auch zu einem Unterstützer der allgemeinen Aufgaben geworden! Diese Veränderung sei mit besonderem Dank an die Verantwortlichen in Prag in diesem Bericht an vornehmer Stelle dokumentiert!

2.2 Spezifisch bezogen auf diejenigen Aufgaben, um die es dieser Aktion geht, wurde durch die Bundesversammlung im Herbst 2005 beschlossen, dass der Martin-Luther-Bund als Körperschaft Mitglied der „Evangelischen Partnerhilfe e. V." wird. Diese Organisation, die persönliche Spenden kirchlicher Mitarbeiter und Pfarrer in Deutschland sammelt und gezielt an kirchliche Mitarbeiter und Pfarrer in den evangelischen Kirchen in Mittel- und Osteuropa weitergibt, hatte sich neu als Verein konstituiert. Die traditionelle Mitarbeit des Martin-Luther-Bundes in diesem Arbeitsbereich konnte von nun an nur dadurch aufrecht erhalten werden, dass er selbst Mitglied dieses Vereins wird – wie damals die Evangelische Kirche in Deutschland, die Vereinigte Evangelisch-Lutherische Kirche Deutschlands, der Reformierte Bund, das Gustav-Adolf-Werk, der Verband der Vereine evangelischer Pfarrerinnen und Pfarrer in Deutschland und die Gewerkschaft Kirche und Diakonie. Seit Herbst 2005 wird diese Mitgliedschaft durch die Teilnahme an den Mitgliederversammlungen und den Tagungen zusammen mit Partnerkirchen oder auch durch Beratungen im Büro der „Evangelischen Partnerhilfe e.V." in Hannover aktiv wahrgenommen.[25]

2.3 Mit dem Ende des Jahres 2005 wäre die zweite Amtszeit unseres Präsidenten zu Ende gegangen. OKR i.R. Dr. Claus-Jürgen Roepke stellte sich für eine dritte Amtszeit zur Verfügung und erklärte dabei, während dieser dritten Amtszeit einem Wechsel im Präsidentenamt seine besondere

25 Homepage: „Verein ‚Evangelische Partnerhilfe' e. V. gegründet", 22. 12. 2005.

Aufmerksamkeit zu widmen. Mit seiner Wiederwahl durch die Bundesversammlung stehen sein Engagement und seine Erfahrungen auch weiterhin für unseren Martin-Luther-Bund bereit.

2.4 Diese Kontinuität ist besonders deshalb wichtig, weil mit dem Jahr 2005 ein Prozess der Erneuerung und Stabilisierung der Arbeit des Martin-Luther-Bundes angestoßen worden war: Ein Kreis aktiver Freunde hatte im Februar 2005 eine Analyse der gegenwärtigen Situation vorgelegt und die Bereiche der theologischen Profilierung unseres Engagements, der Effizienz unserer Arbeit und der Verankerung unserer Arbeit in den Kirchengemeinden und Landeskirchen thematisiert. Nach Beratung im Bundesrat wurden diese Akzente in Gestalt von Anregungen für themenspezifische Arbeitsgruppen der Bundesversammlung im Herbst 2005 vorgelegt, die dort intensiv beraten worden sind.

Die vielfältigen Anregungen und Ideen dieses Beratungstages wurden einer Arbeitsgruppe „Zukunft des Martin-Luther-Bundes“ übergeben, die ihrerseits im Sommer 2006 ein detailliertes Ergebnispapier vorlegte. Auf der Grundlage dieses Papiers hat der Geschäftsführende Vorstand in die Sitzung des Bundesrates im Herbst 2006 einen Beschlussvorschlag eingebracht. Dieser wurde vom Bundesrat beraten und verändert und dann der Bundesversammlung vorgelegt. Diese diskutierte und veränderte die Vorlage ihrerseits und beschloss dann einen Text, aus dem folgende Akzente zitiert seien:

„1. Die Bundesversammlung steht zur Kurzformel ‚Lutherische Kirchen in der Welt stärken‘ als Zusammenfassung des Auftrages des Martin-Luther-Bundes, evangelisch-lutherische Kirchen in der Diaspora in aller Welt in ihrem Zeugnis und Dienst zu begleiten, ihnen als Partner zur Seite zu stehen und ihre Partnerschaft untereinander mit zu organisieren.

…

3. Die Bundesversammlung schlägt die Jahre 2008 bis 2010 als ‚Jahre der Vereine des MLB‘ vor, in denen die Verbesserung der Kommunikation zwischen den Vereinen und ihre partnerschaftliche Gemeinschaft zur Aufgabe gestellt werden. Dabei soll auch das ‚Geben und Nehmen‘ in der Gemeinschaft mit den ausländischen Vereinen berücksichtigt werden. Sie bittet die Vereine um diesbezügliche Vorschläge.

…

3.2. Die Bundesversammlung regt an, dass sich die Vereine in den Jahren 2008 bis 2010 bemühen mögen, eigene ‚Diasporatage‘ durchzuführen, zu denen sie die Zentrale als Kooperationspartnerin einladen … Ziel soll sein, jedes Jahr zwei eintägige Veranstaltungen für zwei Vereine oder auch eine Tagung in Kooperation für mehrere Vereine zu organisieren. Gegebenenfalls ist die Zusammenarbeit mit dem GAW und/oder mit anderen Partnern im Blick zu behalten. Über die geplanten ‚Diasporatage' sollen alle anderen Vereine informiert werden.

...

4. Zur Aufnahme der Fragen zum Thema ‚Wirtschaftlichkeit' des Martin-Luther-Bundes beschließt die Bundesversammlung, bei der Bundesversammlung 2008 dieses Thema durch Berichte aus ausgewählten Vereinen, aus denen die Chancen und Probleme des Wirtschaftslebens dieser Vereine deutlich werden, und durch einen Bericht aus der Zentrale, der die Entwicklung der Jahre 2002 bis 2007 detailliert darstellt (die €-Zeit), aufzugreifen.

5. Die Bundesversammlung beauftragt den Geschäftsführenden Vorstand zu prüfen, an welchen Stellen die Satzung des Martin-Luther-Bundes mit dem Ziel der Konkretion und Klarstellung der Bestimmungen zu überarbeiten wäre. Sie beauftragt den Geschäftsführenden Vorstand, die Geschäftsordnung des Bundesrates zu überarbeiten und eine Geschäftsordnung für die Sitzungen der Bundesversammlung zu schaffen. In der Bundesversammlung 2007 sind hierzu Ergebnisse vorzulegen.

6. Die Bundesversammlung begrüßt die stabile Zusammenarbeit des Martin-Luther-Bundes mit der VELKD, dem DNK/LWB und dem LWB und die Tatsache, dass der Martin-Luther-Bund für profilierte Diaspora-Arbeit in Anspruch genommen wird und dafür Unterstützungen für Verwaltung und Personal erhält.

...

7. Die Bundesversammlung übergibt alle anderen Themen, die die Arbeitsgruppe ‚Zukunft des MLB' angesprochen hat, den Vereinen des Martin-Luther-Bundes und dem Geschäftsführenden Vorstand mit der Bitte um Stellungnahme zu den noch offenen Punkten und gegebenenfalls weiteren Anträgen an die nächste Bundesversammlung."

Über Ergebnisse des hiermit angestoßenen Prozesses kann in diesem Jahresbericht noch nicht Auskunft gegeben werden. Aber bei den vielfältigen Kontakten mit den Vereinen und in ihren Arbeitssitzungen und bei ihren Festen ist zu spüren, dass von diesen Anregungen neue Impulse ausgehen.

2.5 Die Zusammenarbeit von Martin-Luther-Bund und der Aktion „Hoffnung für Osteuropa" wurde in der Zwischenzeit in der Weise intensiviert, dass der Martin-Luther-Bund – wie schon länger das Gustav-Adolf-Werk – ebenfalls die Verleihung des Journalistenpreises finanziell unterstützt. In diesem Jahr konnte der zweite Preis, der Förderpreis, aus dem Martin-Luther-Bund an die Preisträgerin in Rumänien – Frau Laura Capatana Juller – zur Verfügung gestellt werden. Die Ausschreibung stand diesmal unter dem Thema „Junge Menschen in Mittel- und Osteuropa". Neben der Reportage von Xenia Maximova, die den ersten Preis errang, beeindruckten zwei weitere Texte. So derjenige der schon erwähnten 26-jährigen Rumänin: „Die

Seelen der elternlosen Kinder". Der Beitrag erschien im Südkurier, in der Mittelbayrischen Zeitung Regensburg und Südwestpresse Ulm, im Züricher Oberländer und zuletzt auch in der Allgemeinen Deutschen Zeitung für Rumänien. Die Autorin beschreibt darin das Schicksal rumänischer Kinder, die von ihren Eltern verlassen werden, weil diese Arbeit im westeuropäischen Ausland suchen. Einen gleichwertigen Förderpreis erhielt die Bulgarin Janina Dimitrova Dragostinova, die sich bereits als Übersetzerin deutscher Literatur einen Namen machte, für ihren im bulgarischen „Standart" publizierten Artikel über die Lebenswirklichkeit bulgarischer Migranten im österreichischen Wien sowie deren Hoffnungen und Enttäuschungen in Bezug auf den Beitritt Bulgariens in die Europäische Union.[26]

3. Besondere Akzente aus dem Vereinsleben im Martin-Luther-Bund

3.1 Der Reformationstag 2005 in unserem Lauenburger Martin-Luther-Bund war dadurch hervorgehoben, dass Frau Margarethe Goebel, Kassenführerin des Martin-Luther-Bundes in Lauenburg und über Jahrzehnte Organisatorin wichtiger Hilfstransporte nach Siebenbürgen, durch Bischöfin Bärbel Wartenberg-Potter die Bugenhagen-Medaille der Nordelbischen Kirche verliehen wurde. Mir als Generalsekretär war es ein besonderes Anliegen, dabei die Mitfreude des gesamten Martin-Luther-Bundes zu übermitteln und abends im Reformationsgottesdienst in Lassahn zu predigen.

3.2 Ende Januar 2006 musste der Martin-Luther-Bund von einem großen Freund der Diaspora-Arbeit für evangelisch-lutherische Kirchen Abschied nehmen: Nach langer Krankheit verstarb Pastor i. R. Uwe Hamann im Alter von 74 Jahren. Damals erklärte Präsident Dr. Roepke für den gesamten Martin-Luther-Bund: „Wir trauern um einen großen Förderer und Freund unserer Arbeit. Pastor Uwe Hamann hat Gesicht und Arbeit des Martin-Luther-Bundes über viele Jahre und bis zuletzt geprägt und geformt. Uwe Hamann war Mitglied des Bundesrates von 1974 bis 2000, danach gehörte er zu dem kleinen Kreis der ‚ständig zu den Sitzungen Eingeladenen' – eine Verantwortung, die er gern und treu wahrgenommen hat. Das Amt des Vorsitzen-

26 Homepage: „Journalistenpreis Osteuropa 2007: Russische Redakteurin ausgezeichnet", 14. 12. 2006. Vgl. „LD" 43, 2007, Heft 1, S. 23.

den des Martin-Luther-Bundes Schleswig-Holstein nahm er von 1986 bis 2000 wahr, ab 2001 war er dessen Ehrenvorsitzender. Außerdem führte er von 1981 bis 2001 die Geschäfte des Martin-Luther-Bundes in der Nordelbischen Evangelisch-Lutherischen Kirche. Als Mitglied der Arbeitsgruppe ‚Theologische Tagungen‘ und als Mitverantwortlicher auf vielen theologischen Tagungen des Martin-Luther-Bundes, besonders in Bad Segeberg und in Seevetal, wirkte er entscheidend am theologischen Profil des Martin-Luther-Bundes mit.“[27]

3.3 Am Buß- und Bettag 2006, dem 22. November, hatte sich der Konvent der lutherischen Klasse der Lippeschen Landeskirche das Engagement im Rahmen des Martin-Luther-Bundes zum besonderen Thema erwählt. Ich war dafür in den Konvent gekommen und habe die Gesamtarbeit des Martin-Luther-Bundes und in diesem Rahmen besonders das Engagement zugunsten der Evangelisch-Lutherischen Kirche in Litauen dargestellt:

- das Haus für Jugendarbeit, Kirchenmusik und Diakonie in Kretinga – die Diasporagabe 2005;
- Marijampole – die Dachdeckung von Kirche, Pfarrhaus und Gemeindehaus;
- die Unterstützung der Arbeit von Bischofsamt und Konsistorium;
- die Förderung der Arbeit der Lehrstuhlfakultät in Klaipėda;
- die gemeinsamen Bemühungen der Zentrale zusammen mit dem Martin-Luther-Bund in Schleswig-Holstein für die diakonische Arbeit in Klaipėda und in Šakiai;
- die Herrichtung der Pfarrwohnung in Jurbarkas, wo das Gustav-Adolf-Werk die Herrichtung der Gemeinderäume ermöglicht hatte;
- die Renovierung der Kirche in Šmalininkai und die Ausstattung des Gemeinderaumes.

Das sind vielfältige Aufgaben, durch die das Engagement des Martin-Luther-Bundes plastisch und konkret wird.[28]

3.4 Am Sonntag Rogate, dem 13. Mai 2007, feierte der Martin-Luther-Bund Schaumburg-Lippe sein zwanzigjähriges Bestehen. Um der intensiven Beziehungen dieses Gliedvereins des Martin-Luther-Bundes in die Evange-

---

27 Homepage: „Pastor Uwe Hamann †“, 30. 1. 2006. Vgl. „LD“ 42, 2006, Heft 1, S. 23.
28 Homepage: „‚Lutherische Klasse‘ und Martin-Luther-Bund“, 23. 11. 2006.

lische Kirche A. B. in Rumänien willen war Bischof Prof. Dr. Christoph Klein, Sibiu-Hermannstadt, für die Teilnahme an der Feier gewonnen worden. Bischof Klein predigte im Festgottesdienst am Sonntagvormittag in der Stadtkirche in Bückeburg zu Matthäus 6 und gab seinem Dank für das Engagement des lutherischen Diasporawerkes besonders auch dadurch Ausdruck, dass er hervorhob, dass die Bitte um das tägliche Brot die Mitte des Vaterunsers ausmacht und der Einsatz für die Partner in der Diaspora in diakonischer und seelsorgerlicher und theologischer Weise selbst Zur-Verfügung-Stellung „täglichen Brotes“ war und ist.

Nach dem Gottesdienst kamen die Freunde der Martin-Luther-Bund-Arbeit noch im Gemeindehaus zusammen und dankten dem Martin-Luther-Bund Schaumburg-Lippe für seinen Einsatz und wünschten ihm guten Erfolg und Gottes Segen in der Zukunft. Ich überbrachte die Grüße aller Freunde und Mitstreiter in Deutschland und weit darüber hinaus. Schon von Landesbischof Johannesdotter wurde im Gottesdienst des Vorgängers und langjährigen Präsidenten des Martin-Luther-Bundes, Landesbischof Dr. Joachim Heubach, dankend gedacht, von dessen Witwe mehrere Redner beste Grüße überbrachten.[29]

3.5 An der Gründungsveranstaltung des „Spolok Martina Luthera“, des „Martin-Luther-Bundes“ in der Kirche in der Slowakei, am 10. Juni 2007 in Vrútky nahmen Präsident Dr. Roepke und Pfarrer Dr. Fónyad teil. Der musikalisch reich gestaltete Festgottesdienst fand in der einzigen Kirche des Landes statt, die den Namen des Reformators trägt. In der anschließenden Gründungsversammlung wurde das Statut bestätigt und Pfarrer Mag. Ondrej Peťkovský zum Vorsitzenden gewählt. Der neu gegründete Martin-Luther-Bund hat sich zur Aufgabe gesetzt, das Erbe Martin Luthers für die Gegenwart zu erschließen und so einen Beitrag zur geistlichen und theologischen Profilierung der lutherischen Kirche des Landes zu leisten.[30]

4. Die Beziehungen zur VELKD und zum DNK/LWB bzw. dem LWB

Die in den bisherigen Berichten hervorgehobene gute Kooperation hat sich weiter intensiviert. Vier Aspekte seien benannt:

29 Homepage: „20 Jahre MLB Schaumburg-Lippe“, 18. 5. 2007.
30 Homepage: „Slowakei: Martin-Luther-Bund gegründet“, 25. 6. 2007.

4.1 Wegen herzlicher Einladung als zum Team evangelisch-lutherischer Ökumene-Arbeit Gehörender habe ich regelmäßig die Einladungen zu den Geschäftsstellen-Sitzungen des DNK in Hannover wahrgenommen. Dadurch ist eine neue Stufe der Intensität in der Zusammenarbeit und wechselseitigen Absprache entstanden.[31]

4.2 Im Rahmen des Prozesses der Veränderungen auf Seiten des DNK/ LWB (Verlagerung der „Stuttgarter Stelle" nach Hannover und personelle Veränderungen dabei) wird der Martin-Luther-Bund vom Hauptausschuss des DNK/ LWB erweitert in Dienst genommen werden: In Zukunft werden die Projekte für den „Reservefonds" des Hauptausschusses durch die Mitarbeiter der Zentrale des Martin-Luther-Bundes in Erlangen betreut werden – die Projekte für die Sitzungen des Hauptausschusses vorbereitet und nach den Beschlüssen dort zugunsten der Partnerkirchen ausgeführt werden. Dies wird dann den Umfang der DNK-Projekthilfe, die bisher über den Martin-Luther-Bund ging und die auch weiterhin von ihm eingesetzt werden wird (jährlich € 40 000), noch verstärken.

4.3 Die enge Absprache mit dem Europasekretariat des Lutherischen Weltbundes zu vielfältigen Sachthemen – wie dem Weg unserer Partnerkirche in Kroatien – sei hier besonders benannt. Ein Beispiel ist die Mitarbeit bei der Konferenz mit den Mitgliedskirchen des Lutherischen Weltbundes im Baltikum und in Russland Ende September 2006 in Vilnius.[32]

4.4 Besonders sei auch in diesem Bericht hervorgehoben, dass die Ausführung des „Sonderhaushalts der VELKD für die kirchliche Hilfe in Mittel- und Osteuropa" weiterhin durch den Martin-Luther-Bund bewährt praktiziert wird. Allein für Projekte wurden im Haushaltsjahr 2005 € 238 487,15 und im Haushaltsjahr 2006 € 221 525,29 zugunsten der Partner eingesetzt. Bei den einzelnen Sachkomplexen ergaben sich wieder antragsbedingte Veränderungen. „Entwicklungsgesetze" lassen sich dabei aber nicht erheben.[33]

---

31 Vgl. hierzu schon den Hinweis in meinem letzten Bericht (wie Anm. 24): Lutherische Kirche in der Welt 53, 2006, S. 258.

32 Vgl. Norbert Denecke: Familientreffen mit Spannungen. Regionalkonferenz des LWB für die Kirchen in der Region Baltikum und Russland, „LD" 42, 2006, Heft 4, S. 10f. 23.

33 Vgl. die ansatzmäßigen Versuche dazu in meinem letzten Bericht (wie Anm. 24): Lutherische Kirche in der Welt 53, 2006, S. 259f.

5. Die Diasporagaben der Jahre 2005 und 2006

In beiden Jahren hatte der Martin-Luther-Bund jeweils zwei Kirchen in den Mittelpunkt gestellt: 2005 die Lettische Evangelisch-Lutherische Kirche und die Evangelisch-Lutherische Kirche in Litauen[34] und 2006 die Evangelisch-Lutherische Kirche in der Republik Kasachstan und die Evangelisch-Lutherische Kirche in Kirgistan.[35]

Jeweils waren verschiedene Projekte des Gemeindeaufbaus und der Förderung der Arbeit mit Kindern und Jugendlichen vorgetragen worden: verschiedene Vorhaben des Gemeindedienstes in der lettischen Kirche, die Anschaffung eines Grundstücks für den Ausbau eines zukünftigen Gemeindedienstzentrums in der litauischen Kirche, Bau- und Weiterbildungsprogramme in der Kirche in Kasachstan und der Ausbau eines Lagergeländes für Sommerveranstaltungen mit Kindern und Jugendlichen in der Kirche in Kirgistan.

Für die Diasporagabe 2005 gingen in den Jahren 2005 und 2006 knapp € 45 000 ein, es mussten aber ausnahmsweise € 42 000 aus den allgemeinen Einnahmen der Zentrale für die Projekte dieser Diasporagabe mit eingesetzt werden, damit die schon im Jahr 2005 nötigen Unterstützungen zur Verfügung gestellt und die für den Anfang des Jahres 2006 von unseren Partnern erwarteten Hilfen bereitgestellt werden konnten. Dies war natürlich eine einmalige Gegebenheit, die so nicht zur Regel werden kann.

Für die Diasporagabe 2006 ist eine andere interessante Entwicklung feststellbar: Erstmals sind die Gaben der deutschen Vereine und die bei der Zentralstelle eingegangenen Einzelspenden fast gleich hoch, die Gaben der ausländischen Vereine aber deutlich höher als die jeweilige Summe der Einzelspenden bzw. der Gaben der deutschen Vereine. Unsere Freunde in den Niederlanden, in Frankreich, in der Schweiz und Liechtenstein und in Österreich haben in Summe ein ganz besonderes Ergebnis erzielt, für das hier ausdrücklich gedankt sei.

34 Vgl. „LD“ 41, 2005, Heft 2: Sondernummer „Lettland. Litauen“.
35 Vgl. „LD“ 42, 2006, Heft 2: Sondernummer „Kasachstan. Kirgistan“.

6. Die Veröffentlichungen des Martin-Luther-Verlages und die geförderten Publikationen in den Partnerkirchen

6.1 Das Verlagsprogramm

Für den Zeitraum dieses Berichts sind folgende Publikationen aus unserem Verlag zu benennen:

Das Jahrbuch des Martin-Luther-Bundes:
– Lutherische Kirche in der Welt 53/2006[36] und
– Lutherische Kirche in der Welt 54/2007.[37]

Der dritte und der vierte Band der Veröffentlichungen der Luther-Akademie Sondershausen-Ratzeburg:
– Das Ja zum Kind – Mandat und Verantwortung für die christliche Erziehung der Kinder, LASR 3, Erlangen 2006,[38]
– Offenheit und Identität der Kirche. Die Einladung zum Heiligen Abendmahl in der pluralistischen Gesellschaft, LASR 4, Erlangen 2007.[39]

Ein fünfter Band in der Reihe „Beiträge zur Geschichte der evangelisch-lutherischen Kirche Russlands":
– *Hans-Christian Diedrich:* „Auf dem Weg zur Glaubenseinheit ..." Reformationsgeschichte Weißrusslands, Erlangen 2005.[40]

Je eine Neuauflage von:
– *Rudolf Keller/Michael Roth* (Hg.): Mit dem Menschen verhandeln über den Sachgehalt des Evangeliums. Die Bedeutung der Theologie Werner Elerts für die Gegenwart, Erlangen ^{2}2006.[41]
– *Ingetraut Ludolphy:* Die 95 Thesen Martin Luthers, Erlangen ^{2}2006.[42]

---

36 Homepage: „Lutherische Kirche in der Welt 53/2006", 14. 2. 2006.
37 Homepage: „Neu im Verlag: Lutherische Kirche in der Welt 54/2007", 9. 1. 2007.
38 Homepage: „LASR 3: Das Ja zum Kind – Mandat und Verantwortung für die christliche Erziehung der Kinder", 16. 5. 2006.
39 Homepage: „Neu im Verlag: LASR 4: Offenheit und Identität der Kirche", 11. 9. 2007.
40 Homepage: „Beiträge 5: Hans-Christian Diedrich: ‚Auf dem Weg zur Glaubenseinheit ...'", 19. 12. 2005.
41 Vgl. „LD" 42, 2006, Heft 4, S. 24.
42 Homepage: „Verlag: 95 Thesen wieder lieferbar", 5. 12. 2006.

Und ein dritter Tagungsband zum Thema „Kirchen unter dem Kommunismus“:

– *Katharina Kunter/Jens Holger Schjørring* (Hg.): Die Kirchen und das Erbe des Kommunismus. Die Zeit nach 1989 – Zäsur, Vergangenheitsbewältigung und Neubeginn. Fallstudien aus Mittel- und Osteuropa und Bestandsaufnahme aus der Ökumene, Erlangen 2007.[43]

Bei der Herstellung dieses Buches ist der Rückentext ganz überraschend ausgefallen: „Die Kirchen und das Erbe des Protestantismus“. Deshalb geben wir die vorliegende Auflage mit folgender Erläuterung aus der Hand: „Als Christen, die unter der Zerrissenheit unserer allgemeinen Kirche leiden, sehnen wir uns natürlich danach, dass konfessionelle Separationen überwunden werden, so dass man von ihnen einmal wird unter dem Begriff ‚Erbe‘ reden können. Vorherrschend – auch in dieser Publikation – ist aber der Dank, dass vom Kommunismus unter dem Vorzeichen ‚Erbe‘ geredet, geschrieben und berichtet werden kann.“

6.2 *Geförderte Veröffentlichungen*

Im Berichtszeitraum wurden in unseren Partnerkirchen folgende Publikationsvorhaben gefördert:

– Begegnungs- und Kulturzentrum Friedrich Teutsch. Festschrift zur Einweihung des Hauses, Hermannstadt 2003.
– Eine Ausgabe in ukrainischer Sprache: *Виктор Педак*: Дякуємо і мертвим, і живим. Свідчення людяності під час війни 1941–1945 рр. [Danke den Toten und den Lebenden. Zeugnisse der Menschlichkeit mitten im Krieg 1941–1945], Запоріжжя [Saporoschje] 2005.
– Ein Chorbuch für die Schlesische Evangelische A.B. Kirche in der Tschechischen Republik: Haleluja. Smíšený Sbor, Český Těšín 2006.
– *Е. Е. Князева*: Лютеранские церкви и приходы в Белоруссии, Молдавии, Закавказье и Средней Азии XVII–XX вв. Исторический справочник, Часть III [Lutherische Kirchen und Gemeinden in Weißrussland, Moldawien, im Kaukasusgebiet und in Mittelasien, 18.–20. Jh., Historisches Nachschlagewerk, Teil 3], Санкт Петербург [Sankt Petersburg] 2006.

43 Homepage: „Neu im Verlag: Die Kirchen und das Erbe des Kommunismus“, 22. 1. 2007.

- Drei Veröffentlichungen in der Mari-Sprache für die Evangelisch-Lutherische Kirche Ingriens: einen Katechismus, ein Gottesdienstbuch (Марий Кумалтыш) und ein Buch für die Sonntagsschule (2006).
- Немцы в истории России. Документы высших органов власти и военного командования 1652–1917 [Deutsche in der Geschichte Russlands. Dokumente höchster Organe der Staatsmacht und der militärischen Verwaltung], Москва [Moskau] 2006.
- Kniha Svornosti. Symbolické Čili Vyznavačské Spisy Evangelických Církví Augsburské Konfese, Praha 2006.

Dieses große Werk der Übersetzung der evangelisch-lutherischen Bekenntnisschriften in das moderne Tschechisch, dessen Bedeutung nicht unterschätzt werden kann, wurde gemeinsam mit der Diaspora- und Missionsarbeit der Lutherischen Kirche – Missouri Synode unterstützt. Die entscheidende Voraussetzung für das Gelingen dieses Projekts war das Engagement unseres Gliedvereins in der Schlesischen Evangelischen A. B. Kirche in Tschechien, des „Výbor Sdruženi Martina Luthera v ČR“, der „Vereinigung Dr. Martin Luther in der Tschechischen Republik“!

- *Július Filo*: Prenikanie soli, Martin 2006.
- *Ilze Kezbere*: Umstrittener Monotheismus. Wahre und falsche Apotheose im lukanischen Doppelwerk, NTOA 60, Göttingen/Fribourg 2007.
- *Darius Petkūnas*: Holy Communion Rites in the Polish and Lithuanian Reformed Agendas of the 16th and Early 17th Centuries, Klaipėda 2007.
- *Christoph Klein*: Kirchen der Stadt – Stadt der Kirchen. Sibiu – Hermannstadt – Nagyszeben, Hermannstadt 2007.

7. Die Tagungsarbeit des Martin-Luther-Bundes

7.1 Im Januar 2006 wurde in Seevetal zum Thema „Heiliger Geist und Glaube – ‚Der Heilige Geist hat mich durch das Evangelium berufen‘“ eingeladen. Am Anfang führte Prof. Dr. Klaus Fitschen von der Universität Leipzig in kirchengeschichtliche Grundlagen ein: „Die Wirksamkeit des Heiligen Geistes nach den Anschauungen der Alten Kirche“.[44] Dies vertiefte Prof. Dr. Rudolf Keller, Lehrberg, mit einer Darstellung zu „Luthers Positionen zur Frage nach der Wirksamkeit des Heiligen Geistes“.[45] Den Abschluss markierte dann Prof. Dr. Notger Slenczka, Mainz, mit einer „systematisch-

44 Vgl. Lutherische Kirche in der Welt 54, 2007, S. 23–35.
45 Vgl. Lutherische Kirche in der Welt 54, 2007, S. 37–55.

theologischen Reflexion der Pneumatologie – die charismatischen Bewegungen und die Spiritualität unserer Zeit".[46] Einen besonderen Akzent bekam die Tagung durch die Referate zu den aktuellen Entwicklungen – besonders in einigen Partnerkirchen: Dr. Reinhard Hempelmann, Berlin: „Herausforderungen seitens der charismatischen Bewegung heute", Tomás Tyrlík, Třanovice: „Die spirituellen und charismatischen Bewegungen in der Schlesischen Evangelischen A.B. Kirche in Tschechien",[47] und Bischof Dezső-Zoltán Adorjáni, Cluj-Napoca/Koloszvár/Klausenburg: „Die spirituellen und charismatischen Bewegungen als Herausforderungen an die Kirchen in Siebenbürgen".[48]

7.2 Im Oktober 2006 wurde auf den Liebfrauenberg im Elsass zu einer Tagung zum Thema „Welche Theologie braucht die Kirche? Wie viel Kirche braucht die Theologie?" eingeladen, die sich in den Studienprozess „Theologie im Leben der Kirche" einfügte, der seitens der Abteilung „Theologie und Studien" des Lutherischen Weltbundes organisiert wird. Folgende Referate wurden gehalten: Dr. Michael Beyer, Leipzig: „Die Bedeutung theologischer Entscheidungen für die Kirchwerdung in der Reformationszeit am Beispiel Sachsen", Prof. Dr. András Reuss: „Die theologische Prägung der Evangelisch-Lutherischen Kirche in Ungarn"[49] und Kirchenpräsident i. R. Prof. Dr. Marc Lienhard, Strasbourg: „Theologie für die Kirche. Die reformatorischen Entscheidungen in ökumenischem Zusammenhang".[50]

7.3 Im Januar 2007 wurde zusammen mit dem Gustav-Adolf-Werk und dem Evangelischen Bund an den Theologischen Tagen der Theologischen Fakultät der Universität Halle-Wittenberg mitgewirkt. Aus Anlass des 175-jährigen Jubiläums des Gustav-Adolf-Werkes waren diese Tage in Wittenberg dem Thema „Der Beruf der Christen. Evangelisches Bekenntnis, Identität und gesellschaftliche Verantwortung" gewidmet. Auf Einladung des Martin-Luther-Bundes hielt Prof. Jerzy Buzek, früher Premierminister Polens, das Eröffnungsreferat,[51] leiteten OKR Norbert Denecke und Dr. Andreas

46 Vgl. Lutherische Kirche in der Welt 54, 2007, S. 57–77.
47 Vgl. Lutherische Kirche in der Welt 54, 2007, S. 123–137.
48 Vgl. Lutherische Kirche in der Welt 54, 2007, S. 107–122.
49 In diesem Band: S. 83.
50 In diesem Band: S. 15.
51 In diesem Band: S. 95. Zusätzlich dokumentieren wir hier mit Zustimmung des Gustav-Adolf-Werkes den Vortrag von Prof. Dr. Nelson Kirst, Porto Alegre (in diesem Band: S. 151). Prof. Kirst hatte auf Einladung des Gustav-Adolf-Werkes auf dieser Tagung referiert.

Wöhle von der VELKD und dem DNK/LWB sowie Bischof Mindaugas Sabutis, Vilnius, als Gast aus einer unserer Partnerkirchen, und Pastor Andreas Siemens, Bad Essen, als Vertreter unseres hannoverschen Martin-Luther-Bundes, Arbeitsgruppen und wirkte Frau Dr. Tamara Maschuga-Tatzenko, ELKRAS, St. Petersburg, im Schlusspodium mit.

Viele Studierende der Halleschen Theologischen Fakultät, Pfarrerinnen und Pfarrer der Region – aus der Evangelischen Kirche der Kirchenprovinz Sachsen, aus der Evangelischen Landeskirche Anhalts, aus der Evangelisch-Lutherischen Landeskirche Sachsens und aus der Evangelisch-Lutherischen Kirche in Thüringen –, Freunde der Diaspora-Arbeit des Martin-Luther-Bundes und des Gustav-Adolf-Werkes und im Evangelischen Bund Engagierte und Gäste aus Partnerkirchen in der Diaspora (Letztere vor allem vom Martin-Luther-Bund eingeladen) kamen zusammen. Sie alle bildeten gemeinsam mit dem Lehrkörper der Halleschen Fakultät, mit Vertretern der Kirchen der Region – an ihrer Spitze Bischof Axel Noack, Magdeburg, und Kirchenpräsident Helge Klassohn, Dessau – und mit Interessierten aus der Öffentlichkeit einen großen Kreis. Dieser Kreis füllte den Hörsaal für die zentralen Vorträge, kam in den vielen Arbeitsgruppen zu effektiven Beratungen zusammen und erlebte die Gemeinschaft des Glaubens im eindrucksvollen Gottesdienst am Abend des Donnerstag in der Schlosskirche.[52]

8. Besuche in Partnerkirchen und Termine der Zusammenarbeit

8.1 Direkt an die Theologischen Tage in Gallneukirchen im Oktober 2005 schloss sich eine Reise nach Tschechien in unsere Partnerkirchen im Teschner Land an (19. bis 24. Oktober), denn dort wurde gemeinsam von der Schlesischen Evangelischen Kirche A. B. und von der Lutherischen Evangelischen Kirche A.B. das neue tschechische Gesangbuch in Gebrauch genommen, dessen Herstellungsprozess auch vom Martin-Luther-Bund gefördert worden war. Dieses gemeinsame Gesangbuch für beide Kirchen ist ein hoffnungsvolles Zeichen für kommende Versöhnung.[53]

52 Homepage: „‚Der Beruf der Christen‘: Gemeinsame Tagung in Wittenberg“, 29. 1. 2007. Vgl. „LD“ 43, 2007, Heft 1, S. 11.

53 Homepage: „Tschechien: Neues Gesangbuch“, 2. 11. 2005. Vgl. „LD“ 42, 2006, Heft 1, S. 15.

8.2 Die Karwoche und das Osterfest 2006 (12. bis 18. April) habe ich in der Evangelisch-Lutherischen Kirche in Rumänien verbracht – mit vielen Besuchen bei Projekten und Predigtdiensten und Grußworten in den Gemeinden Nadlac/Nagylak, Butín, Vukova (dem slowakischen Dekanat der Kirche) und Satu-Nou/Simonyifalva, Olari/Fazeksvarsánd und Timisoara/Temeschwar. Besonderes Schwergewicht hatte dabei die Auswertung unserer Hilfe zugunsten Überschwemmungsgeschädigter in der Kirche:

Es konnte mehreren Familien direkt und praktisch geholfen werden. Die Kirche hatte sich entschlossen, so umfassend zu helfen, dass Betroffene wirklich wieder eine ausreichende Existenzgrundlage haben. So wurden neue Häuser gebaut, bei der Einrichtung geholfen, der landwirtschaftliche Neuanfang mit unterstützt und in einer Familie sogar bei nötigen Operationen direkt geholfen.[54]

8.3 Vom 26. Oktober bis zum 1. November 2006 fand ein Besuch in den beiden Partnerkirchen in Serbien statt – in der Slowakischen Evangelischen A. B. Kirche in Serbien-Montenegro und in der Evangelisch-Christlichen Kirche A. B. in Serbien-Wojwodina. In der slowakischen Kirche wurde die Neueinweihung der Kirche in Padina mitgefeiert, deren Renovation der Martin-Luther-Bund mit unterstützt hatte, und in der ungarischen Kirche wurde das Reformationsfest gefeiert.[55]

8.4 Besonders sei die Teilnahme am Dies Academicus der Theologischen Hochschule der Selbständigen Evangelisch-Lutherischen Kirche in Oberursel zum Thema „Lutherische Identität in kirchlicher Verbindlichkeit" hervorgehoben:

Nach der Einführung in die Thematik durch Prof. Dr. Werner Klän, Oberursel, trug Bischof em. Dr. Jobst Schöne, Selbständige Evangelisch-Lutherische Kirche, „Überlegungen und Gedanken zu Fragen von Kirche und Kirchengemeinschaft" vor und rief seine Kirche auf, auch anderskonfessionelle Christen verstärkt zum Sakrament zuzulassen, wenn dadurch die Teilnahme an einer bekenntnisgemäßen Abendmahlsfeier ermöglicht werde. Präsident Dr. Friedrich Hauschildt, Amt der VELKD, Hannover, referierte zum Thema: „Wie lassen sich lutherische Identität in kirchlicher Verbind-

54 Homepage: „Rumänien: Die ‚Evangelisch-Lutherische Kirche in Rumänien'", 13. 4. 2006, „Rumänien: Überschwemmungshilfe", 19. 5. 2006, und: „Rumänien: Besuch im slowakischen Dekanat der Ev.-Luth. Kirche", 31. 7. 2006. Vgl. „LD" 41, 2005, Heft 4, S. 7 f, und 42, 2006, Heft 3, S. 16.

55 Homepage: „Serbien: Padina 200 Jahre alt", 7. 11. 2006.

lichkeit und die Zustimmung zur Leuenberger Konkordie miteinander vereinbaren?" Er unterstrich die Einigkeit im Glauben, die in der Tat Voraussetzung von Kirchengemeinschaft sei. „Der Konsens in der Lehre ist es nicht." Er rief dazu auf, auf Grundlage dieser Differenzierung neue Wege zu gehen. Denn: „Gott ist größer als unser Herz." Den Kreis der Hauptvorträge beschloss Dr. Samuel H. Nafzger, Lutheran Church – Missouri Synod, St. Louis: „The Lutheran Understanding of Church Fellowship and its Practice with Ecclesiastical Accountability: A Missouri Synod Perspective" – „Das lutherische Verständnis von Kirchengemeinschaft und ihre Ausübung in kirchlicher Verbindlichkeit: Aus der Sicht der Lutherischen Kirche – Missouri Synode". Er unterstrich, dass Kirchengemeinschaft eine vollständige Übereinstimmung in Lehre und Handeln zur notwendigen Voraussetzung habe.[56]

Im Rahmen der Ortsbestimmungen seitens verschiedener Werke und Institutionen habe ich die Arbeit des Martin-Luther-Bundes auf dem Weg in das 21. Jahrhundert vorgestellt. Dabei habe ich unsere „Acht Thesen zum Auftrag des Martin-Luther-Bundes" aus dem Jahr 1989 in den Mittelpunkt gestellt. Abgeschlossen habe ich meine Reflexionen mit drei Thesen:

„(1) Wir wollen mit unserer Hilfe nicht unsere Kirche bauen, also nicht unsere Strukturen und Gewohnheiten exportieren. Sondern wir wollen helfen, dass unsere Partner mit unserer Hilfe ihre eigene Kirche, entsprechend ihrer spezifischen Situation bauen.

(2) Wir wollen nicht so helfen, dass unsere Partner in der Abhängigkeit von unserer Hilfe gehalten werden, sondern so helfen, dass sie selbständig werden und letztlich unsere Hilfe nicht mehr benötigen.

(3) Wir wollen so helfen, dass unsere Partner selber Glieder im Netzwerk der Diasporahilfe werden, also aus der Rolle der Empfängerkirchen wenigstens partiell in die Rolle von Geberkirchen wechseln. So muss ein wechselseitiger Ausgleich zwischen den Diaspora-Kirchen entstehen, ‚… der Ausgleich, gleicher Wohlstand für alle' (2 Kor 9,11–13)."[57]

---

56 Homepage: „‚Lutherische Identität in kirchlicher Verbindlichkeit'", 14. 11. 2006.

57 Alle Referate sind inzwischen veröffentlicht in: Werner Klän (Hg.), Lutherische Identität in kirchlicher Verbindlichkeit. Erwägungen zum Weg lutherischer Kirchen in Europa nach der Millenniumswende, Oberurseler Hefte, Ergänzungsbände, Bd. 4, Göttingen 2007. Mein Referat ist dort auf den S. 100–111 (Zitat: 110f) dokumentiert. (Die anderen Zitate stehen auf den Seiten 52f.60, Fr. Hauschildt).

8.5 Vom 16. bis 21. Mai 2007 nahm ich wiederum an der Hauptversammlung der „Evangelischen Partnerhilfe e.V." teil – diesmal in Ungarn. Nach dieser Sitzung habe ich noch einen Gemeindebesuch in Győr-Ménfőcsanak mit Sonntagspredigt durchführen und anschließend in der Versammlung der Pfarrerinnen und Pfarrer der Westdiözese in Győr einen Vortrag zur Arbeit des Martin-Luther-Bundes halten können.[58]

8.6 Am Samstag, dem 2. Juni, und am Sonntag, dem 3. Juni 2007, wurde in Prag das 60-jährige Jubiläum der Slowakischen Evangelischen A.B. Kirchengemeinde festlich begangen. In Anknüpfung an die intensiven Beziehungen des Martin-Luther-Bundes zu dieser Gemeinde und Kirche schon unter meinem Vorgänger war es mir wichtig, dabei den gesamten Martin-Luther-Bund, aber auch die VELKD und das Gustav-Adolf-Werk zu vertreten. Die gute Gemeinschaft klang mit einem Picknick im Garten der Kirche aus. Wir wünschen den Freunden in Prag Gottes Stärkung in der Zukunft![59]

9. Veränderungen in der Zentralstelle

Die Möglichkeiten der Homepage-Gestaltung lassen sich auch in der Weise nutzen, dass aktuelle Informationen über das Leben in der Zentrale gegeben und so unsere Freunde und unsere Gliedvereine unmittelbar und direkt an den Entwicklungen in Erlangen beteiligt werden:

Im Juli 2006 haben wir eine Mitarbeiterin, die für die Studierendenheime tätig gewesen war, in den Ruhestand verabschiedet.[60]

Im August und September 2006 und 2007 fanden wieder Internationale Sprachkurse in unserem Haus statt, die ausgesprochen gut verlaufen sind. Es sei erinnert: Seit fast einem Vierteljahrhundert kann der Martin-Luther-Bund seinen Sprachkurs für kirchliche Mitarbeiter und Mitarbeiterinnen aus den Diasporakirchen anbieten. Mit großzügiger finanzieller Unterstützung der VELKD und des DNK/LWB wurden in diesen Jahren Gäste aus Frankreich, Italien, Slowenien, Ungarn, Rumänien, Serbien, Tschechien, der Slowakei, Polen, Litauen, Lettland, Estland, Finnland, Argentinien und der Russischen Föderation im Haus der Zentralstelle untergebracht und jeweils

58 Homepage: „Ungarn: Besuch in der Westdiözese", 18. 6. 2007.
59 Homepage: „Tschechien: 60 Jahre Prager Gemeinde", 4. 6. 2007.
60 Homepage: „Gerda Chisiu in den Ruhestand verabschiedet", 18. 7. 2006. Vgl. „LD" 42, 2006, Heft 3, S. 18.

einen Monat lang intensiv in Deutsch unterrichtet. Kleine Exkursionen, Besuche in Gottesdiensten, in Kirchengemeinden und beim örtlichen Diakonischen Werk ergänzten das Programm.[61]

Seit dem 1. Oktober 2006 tut Pfarrer Michael Hübner als Oberkirchenrat im Kirchenamt der Evangelischen Kirche in Deutschland in Hannover Dienst, dort im Bereich der Hauptabteilung IV in der Verantwortung für die Beziehungen der Evangelischen Kirchen nach Mittel- und Osteuropa – wie z. B. zu unseren Partnerkirchen in Polen, in den baltischen Republiken und in Russland. Bruder Hübner bringt aus seiner Erlanger Tätigkeit für die Kontakte der EKD zur Orthodoxie und zum Luthertum Ost- und Mitteleuropas exzellente Voraussetzungen mit. Wir als Martin-Luther-Bund haben uns gefreut, dass die EKD mit ihm einen bewusst lutherischen Theologen gewonnen hat, der über zahlreiche Verbindungen zu den lutherischen Minderheitskirchen in dieser Region und zu den verschiedenen orthodoxen Kirchen verfügt.[62]

Aspekte des Dienstes von Pfarrer Hübner nimmt seit dem Wintersemester 2007/2008 der Doktorand am Fachbereich Theologie der Philosophischen Fakultät Erlangen, Herr Benedikt Bruder, wahr. Damit ist unser Team wieder ausreichend besetzt.[63]

Mit dem Jahr 2007 konnten wichtige Erneuerungsmaßnahmen in unserer Zentrale zugunsten der Studierenden in unseren Studierendenhäusern und zugunsten guter Arbeit verwirklicht werden: Die Internetverbindung für die Studierenden ist einem besseren Anbieter übergeben worden, der große Saal und die Kapelle wurden renoviert, der große Saal wurde mit neuen Tischen und Stühlen ausstaffiert, alle Außenfenster des Theologenheimes und der Zentrale wurden neu gestrichen und im Kellerbereich der Zentrale haben wichtige Sanierungsarbeiten begonnen. So gehen wir mit konzentrierten Kräften in die Zukunft.

---

61 Homepage: „Internationaler Sprachkurs 2006 erfolgreich abgeschlossen“, 21. 9. 2006. Vgl. „LD“ 42, 2006, Heft 4, S. 24, und „LD“ 43, 2007, Heft 4, S. 12–15.

62 Homepage: „Dank an Michael Hübner“, 4. 10. 2006. Vgl. „LD“ 42, 2006, Heft 4, S. 21.

63 Homepage: „Benedikt Bruder neuer Tutor im Theologenheim“, 2. 10. 2007. Vgl. „LD“ 43, 2007, Heft 4, S. 23.

Gliederung des Martin-Luther-Bundes

I. ORGANE DES BUNDES

1. Bundesrat

Geschäftsführender Vorstand:

1.
Präsident:
OKR i. R.
Dr. h. c. Claus-Jürgen **Roepke**
Irminfriedstr. 19
82166 Gräfelfing
Tel.: (089) 299 863
E-Mail:
clausjuergen.roepke@web.de

2.
Stellvertretende Präsidentin:
OKR Dr. Evelin **Albrecht**
Bümmersteder Tredde 158 a
26133 Oldenburg
Tel.: (0441) 4 851 075
E-Mail: referat5-okr@ev-kirche-oldenburg.de

3.
Schatzmeister:
Dr. Michael **Winckler**
Kurfürstenstr. 4
32423 Minden
Tel.: (0571) 20 577
Fax: (0571) 85 937

4.
Generalsekretär:
Pfr. Dr. Rainer **Stahl**
Fahrstr. 15
91054 Erlangen
Tel.: (09131) 78 70-0
Fax: (09131) 78 70-35
E-Mail:
gensek@martin-luther-bund.de

Weitere Mitglieder:

5.
Drs. Perla K. A. **Akerboom-Roelofs**
Groesbeekseweg 64
6524 DG Nijmegen
NIEDERLANDE
Tel.: (+31) (24) 3 238 024
Fax: (+31) (24) 3 608 108
Mobil: (+31) 623 258 114
E-Mail:
perlaakerboom@hotmail.com

6.
Pastor Gunnar **Berg**
Föhrer Weg 7
25917 Leck
Tel.: (04662) 884 447
Fax: (04662) 884 715
E-Mail: berg.gunnar@yahoo.de

7.
OKR Norbert **Denecke**
Amt der VELKD
Postfach 210 220
30402 Hannover
Tel.: (0511) 27 96-430
Fax: (0511) 27 96-182
E-Mail: denecke@velkd.de

8.
Pfr. Mag. D. Pál **Fónyad**
Wenzel Frey-Gasse 2
2380 Perchtoldsdorf
ÖSTERREICH
Tel.: (+43) (1) 8 692 547-11
Fax: (+43) (1) 8 692 547-15
E-Mail: mlboebo@gmx.at

9.
Pfr. Sebastian **Führer**
Dammweg 2
OT Großdrebnitz
01877 Bischofswerda
Tel: (03594) 706 746
E-Mail: sfuehrer@online.de

10.
Pfr. Wolfgang **Hagemann**
Am Regelsberg 6
91301 Forchheim
Tel.: (09191) 33 881
E-Mail: w_hagemann@freenet.de

11.
Pastor i. R. Peter **Helms**
Dorfstr. 38
19246 Lassahn
Tel.: (038858) 22 863

12.
Pfr. Norbert **Hintz**
Hauptstr. 13
27412 Wilstedt
Tel.: (04283) 982 012
Fax: (04283) 982 015
E-Mail: Norbert.Hintz@arcor.de

13.
Prof. Dr. Rudolf **Keller**
Obere Hindenburgstr. 42
91611 Lehrberg
Tel.: (09820) 912 588
E-Mail: DrRudolfKeller@web.de

14.
Pfr. Ernst-Martin **Kittelmann**
Schmidtstr. 17
94234 Viechtach
Tel.: (09942) 1204
E-Mail:
Evang.-Luth.PfarramtViechtach@t-online.de

15.
Hannelore **Lay**
Poppenbüttler Stieg 39
22339 Hamburg
Tel.: (040) 5 394 940
E-Mail: H.Lay@hamburg.de

16.
Pfr. Martin **Piętak**, Th. D.
Soubezna 1163/6
73535 Horni Sucha
TSCHECHISCHE REPUBLIK
Tel.: (+420) 596 426 342
E-Mail: martin.pietak@centrum.cz

17.
Prof. Dr. Walter **Sparn**
Finkenweg 2
91080 Uttenreuth
Tel.: (09131) 57 618
Mobil: (0171) 5 219 830
E-Mail: walter.sparn@t-online.de

18.
OKR Inken **Wöhlbrand**
Amt der VELKD
Postfach 210 220
30402 Hannover
Tel.: (0511) 2796-0
Fax: (0511) 2796-707
E-Mail: woehlbrand@velkd.de

Zur ständigen Teilnahme an den Sitzungen eingeladen:

Dekan em. Walter **Hirschmann**
Dorfstr. 9
95503 Pittersdorf
Tel.: (09201) 95 420
E-Mail: walter.hirschmann@gmx.de

Superintendent i. R.
Dr. Werner **Monselewski**
Heyestr. 24
31582 Nienburg/Weser
Tel.: (05021) 65 652

Ehrenmitglied:

Landesbischof em.
Prof. Dr. Gerhard **Müller**, D. D.
Sperlingstr. 59
91056 Erlangen
Tel.: (09131) 490 939
E-Mail: muellerdd@compuserve.de

2. Zentralstelle des Martin-Luther-Bundes

www.martin-luther-bund.de

Generalsekretär:
Pfr. Dr. Rainer **Stahl**
Fahrstr. 15
91054 Erlangen
Tel.: (09131) 78 70-0
Fax: (09131) 78 70-35
E-Mail:
gensek@martin-luther-bund.de

Büro:
Fahrstr. 15
91054 Erlangen
Postfach 2669
91014 Erlangen
Tel.: (09131) 78 70-0
Fax: (09131) 78 70-35
E-Mail:
info@martin-luther-bund.de

An diese Anschrift werden alle Schreiben an den Martin-Luther-Bund erbeten.

Postbank Nürnberg
40 555-852 (BLZ 760 100 85)

Stadt- und Kreissparkasse Erlangen
12 304 (BLZ 763 500 00)

Commerzbank Erlangen
8 215 527-00 (BLZ 763 400 61)

II. BUNDESWERKE UND ARBEITSZWEIGE

Auslands- und Diasporatheologenheim

Anschrift:
Fahrstr. 15
91054 Erlangen
Tel.: (09131) 78 70-22
Studentenheim: (09131) 78 70-27
(09131) 78 70-17
E-Mail:
heime@martin-luther-bund.de

Ephorus:
Prof. Dr. Walter **Sparn**
Finkenweg 2
91080 Uttenreuth
Tel.: (09131) 57 618
Mobil: (0171) 5 219 830
E-Mail: walter.sparn@t-online.de

Studienleiter:
Benedikt **Bruder**
Finkenschlag 35 a
90766 Fürth
Tel.: (0911) 9 790 110
Mobil: (0176) 20 614 126
E-Mail: mail@benediktbruder.de

Das Auslands- und Diasporatheologenheim besteht seit dem Jahr 1935. Es wurde vom ersten Bundesleiter, Prof. D. Dr. Friedrich Ulmer, begründet. In den Jahren seines Bestehens (mit einer durch die Kriegsereignisse hervorgerufenen Unterbrechung) haben Hunderte von Theologiestudenten im Hause gewohnt, darunter erfreulicherweise viele junge Theologinnen und Theologen aus europäischen Minderheitskirchen und auch aus Übersee.
Insgesamt 20 Plätze stehen für Theologiestudenten aus lutherischen Kirchen zur Verfügung, vorzugsweise für diejenigen, die aus der Diaspora kommen oder sich auf den Dienst in einer Diasporakirche vorbereiten.
Die Gemeinschaft des Hauses erfährt ihre Prägung durch die tägliche Andacht und durch die regelmäßige Abendmahlsfeier. Das gemeinsame Frühstück, Hausabende und eine theologische Arbeitsgemeinschaft, die sich unter Leitung des Ephorus mit theologischen Grundfragen, v. a. mit den wesentlichen Aussagen des

lutherischen Bekenntnisses, beschäftigt, fördern das Zusammenleben. Von den deutschen Bewohnern wird erwartet, dass sie ihren ausländischen Mitstudenten beim Einleben in deutsche Lebensverhältnisse und bei der Einführung in den Studienbetrieb an der Universität behilflich sind.
Für Gäste und Freunde des Martin-Luther-Bundes, die auf der Durchreise sind, einen Studienaufenthalt in der Nähe der Universität planen oder als Pfarrer bzw. kirchliche Mitarbeiter an einem Kontaktstudium teilnehmen, stehen Gästezimmer bereit. Regelmäßig werden Sprachkurse für evangelische Theologen und kirchliche Mitarbeiter aus europäischen Nachbarländern durchgeführt.

Studentenheim St. Thomas

Fahrstr. 15
91054 Erlangen
Tel.: (09131) 78 70-22
Studentenheim: (09131) 78 70-17
E-Mail:
heime@martin-luther-bund.de

Ephorus:
Prof. Dr. Walter **Sparn** (s. o.)

Studienleiter:
Benedikt **Bruder** (s. o.)

Brasilienwerk

Leiter:
Pfr. Wolfgang **Hagemann**
Am Regelsberg 6
91301 Forchheim
Tel.: (09191) 33 881
E-Mail: w_hagemann@freenet.de

Geschäftsstelle:
Haager Str. 10
91564 Neuendettelsau
Tel.: (09874) 6 899 353
Fax: (09874) 1315

RaiffeisenVolksbank Neuendettelsau
516 007 (BLZ 765 600 60)

Sparkasse Ansbach
760 700 914 (BLZ 765 500 00)

Evang. Kreditgenossenschaft Kassel
3 118 100 (BLZ 520 604 10)

alle unter: Martin-Luther-Verein Neuendettelsau, mit Vermerk „für Brasilienarbeit"

Dieser Arbeitszweig des Martin-Luther-Bundes wurde 1896 gegründet und wird seit dieser Zeit im Auftrag des Bundes vom Martin-Luther-Verein in Bayern verwaltet, dessen Vorsitzender zugleich Leiter des Brasilienwerkes ist. Von jeher ist von diesem Werk insbesondere die Aussendung von lutherischen Pfarrern nach Brasilien gefördert worden. Darüber hinaus wird in zunehmendem Maß die verantwortliche Teilnahme an kirchlichen Aufbauprojekten (z. B. in Zusammenhang mit der Wanderung evangelischer Familien nach Amazonien oder in die Millionenstädte) zur Hauptaufgabe des Brasilienwerkes. Dies geschieht grundsätzlich in Abstimmung mit der zuständigen Kirchenleitung in Brasilien. Eine im Jahr 1965 von allen Gliedvereinen des MLB begonnene Schulstipendienaktion hat bisher einigen hundert Stipendiaten die Ausbildung ermöglicht. An der Aufbringung der jeweils von der Evangelischen Kirche Lutherischen Bekenntnisses in Brasilien (EKLBB) verwalteten Mittel beteiligt sich seit 1970 das Gustav-Adolf-Werk. Die Förderung kommt Schülern und Studenten zugute, die den Lehrberuf ergreifen wollen.

Sendschriften-Hilfswerk

Geschäftsstelle:
Hannelene **Jeske**
Fahrstr. 15
91054 Erlangen
Tel.: (09131) 78 70-18
Fax: (09131) 78 70-35
E-Mail:
shw@martin-luther-bund.de

Stadt- und Kreissparkasse Erlangen
12 304 (BLZ 763 500 00)

Das Sendschriften-Hilfswerk wurde im Jahr 1936 eingerichtet. Seit 1980 befindet es sich in Erlangen im Verbund mit der Zentralstelle des Martin-Luther-Bundes. Seine Aufgabe ist es, durch den Versand theologischer Literatur dem oft großen Mangel an gutem Schrifttum in Diasporagemeinden abzuhelfen. Besonders berücksichtigt werden dabei Theologiestudenten und kirchliche Büchereien. So besteht z. B. eine enge Verbindung mit vielen Studierenden an südamerikanischen Hochschulen und mit den Bibliotheken theologischer Ausbildungsstätten in Osteuropa.

Aus der früher – von 1937 bis 1971 – selbständig als Bundeswerk geführten Arbeit der *Bibelmission* ist durch Zusammenlegung der Aktivitäten eine

Württembergische Abteilung des Sendschriften-Hilfswerkes (Bibelmission)

gebildet worden. Diese Arbeit steht unter der besonderen Obhut des württembergischen Gliedvereins des Martin-Luther-Bundes. In jüngerer Zeit hat man sich besonders der Beschaffung von hebräischen und griechischen Bibeln für Studenten in Partnerkirchen gewidmet.

www.alle-eine-welt.de/bibelmission

Leiter:
Pfr. i. R. Dr. Christian **Weiss**
Mohlstr. 21
72074 Tübingen
Tel.: (07071) 254 806
E-Mail: ChristianWeiss@alle-eine-welt.de

Martin-Luther-Verlag

Anschrift:
Fahrstr.15
91054 Erlangen
Tel.: (09131) 78 70-0
Fax: (09131) 78 70-35
E-Mail:
verlag@martin-luther-bund.de

Auslieferung für den Buchhandel:
Freimund-Verlag
Ringstr. 15
91564 Neuendettelsau
Tel.: (09874) 68 939-80
Fax: (09874) 68 939-99
E-Mail: info@freimund-verlag.de

Im Martin-Luther-Verlag wird das Jahrbuch des Martin-Luther-Bundes, „Lutherische Kirche in der Welt", veröffentlicht sowie viele Titel, die über die Diasporakirchen informieren.

III. GLIEDVEREINE IN DER BUNDESREPUBLIK DEUTSCHLAND

1. Martin-Luther-Verein in Baden (gegr. 1919)

1. Vorsitzender:
Pfr. Johann **Hillermann**
Ludwig-Wilhelm-Str. 9
76530 Baden-Baden
Tel.: (07221) 25 476
Fax: (07221) 25 477
E-Mail: Baden-Baden@elkib.de

2. Vorsitzender:
Diakon Uwe **Nold**
Odenwaldstr. 11
64757 Rothenberg
Tel.: (06275) 919 699
Fax: (06275) 919 732
E-Mail: Uwe.Nold@t-online.de

Kassenführerin:
Doina **Theil**
Ludwig-Wilhelm-Str. 9
76530 Baden-Baden

Postbank Karlsruhe
28 804-754 (BLZ 660 100 75)

2. Martin-Luther-Verein, Evang.-luth. Diasporadienst in Bayern e.V. (gegr. 1860)

Vorsitzender:
Pfr. Wolfgang **Hagemann**
Am Regelsberg 6
91301 Forchheim
Tel.: (09191) 33 881
E-Mail: w_hagemann@freenet.de

Stellvertretende Vorsitzende:
Helmut **Mohr**
Garlesstr. 27
95152 Selbitz
Tel.: (09280) 97 511
Fax: (09280) 97 510
E-Mail: helmut.mohr@jomos.de

Pfr. Michael **Wolf**
Pfarrgasse 4
91189 Rohr
Tel.: (09876) 1230
Fax: (09876) 760

Schriftführer:
Pfarrerin Clair **Menzinger**
Pfarrhof 3
91207 Lauf-Beerbach
Tel.: (09126) 298 712
E-Mail: pfarramt.beerbach@erlangen-evangelisch.de

Kassenführer:
Wolfgang **Köbler**
Grasweg 47
90556 Seukendorf
Tel.: (0911) 9 754 767
E-Mail: Wolfgang.Koebler@gmx.de

RaiffeisenVolksbank Neuendettelsau
516 007 (BLZ 765 600 60)

Sparkasse Ansbach
760 700 914 (BLZ 765 500 00)

Evang. Kreditgenossenschaft Kassel
3 118 100 (BLZ 520 604 10)

Geschäftsstelle:
„Arbeitsgemeinschaft der Diasporadienste e.V."
Haager Str. 10
91564 Neuendettelsau
Tel.: (09874) 6 899 353
Fax: (09874) 1315
E-Mail: argediaspora@t-online.de

Leiter:
Dipl. Rel.-Päd. Gerhard **Lachner**

3. Martin-Luther-Verein in Braunschweig (gegr. 1898)

1. Vorsitzender:
Propst Thomas **Gleicher**
Hinter der Kirche 1 a
38723 Seesen
Tel.: (05381) 942 920
E-Mail:
keuntje.propsteibuero@kirchenzentrum-seesen.de

2. Vorsitzender/Geschäftsstelle:
Pfr. Christian **Tegtmeier**
Alte Dorfstr. 4
38723 Seesen-Kirchberg
Tel.: (05381) 8602

Schriftführerin:
Pfr. Friedlinde **Runge**
Geiteldestr. 39
38122 Braunschweig

Stellvertretender Schriftführer:
N. N.

Kassenführer:
Gerd **Jürgens**
Petersberg 1
38640 Goslar
Tel.: (0531) 40 232

Stellvertretender Kassenführer:
N. N.

Weiteres Vorstandsmitglied:
Pfr. i. R. Friedrich **Wagnitz**
Oststr. 12 d
38122 Braunschweig
Tel.: (0531) 2 872 486

Postbank Hannover
20 515-307 (BLZ 250 100 30)

4.
Martin-Luther-Bund in Hamburg (gegr. 1887)

1. Vorsitzender:
Pastor Mathias **Krüger**
Hamburger Str. 30
24558 Henstedt-Ulzburg
Tel.: (04193) 997 510
E-Mail: PastorKrueger@aol.com

2. Vorsitzender:
Pastor i. R. Dr. Hans-Jörg **Reese**
Etzestr. 41
22335 Hamburg
Tel.: (040) 5 385 276

1. Kassenführerin:
Hannelore **Lay**
Poppenbüttler Stieg 39
22339 Hamburg
Tel.: (040) 5 394 940
E-Mail: H.Lay@hamburg.de

2. Kassenführerin:
Lore-Ließ **Bunge**
Neuer Weg 29
21029 Hamburg
Tel.: (040) 7 242 125

1. Schriftführer:
Pastor i. R. Horst **Tetzlaff**
Heilholtkamp 78
22297 Hamburg
Tel.: (040) 518 809

2. Schriftführer:
Pastor i. R. Christian **Kühn**
Primelweg 26
22339 Hamburg
Tel.: (040) 597 024

Beratendes Mitglied:
Pastor i. R. Johannes **Nordhoff**
Wentorfer Str. 88
21029 Hamburg
Tel.: (040) 7 213 887

Postbank Hamburg
16 397-201 (BLZ 200 100 20)

5.
Martin-Luther-Bund Hannover (gegr. 1853)

Vorsitzender:
Pfr. Norbert **Hintz**
Hauptstr. 13
27412 Wilstedt
Tel.: (04283) 982 012
Fax: (04283) 982 015
E-Mail: Norbert.Hintz@arcor.de

Stellvertr. Vorsitzender:
Pastor i. R. Siegfried **Peleikis**
Hinter der Kirche 57
27476 Cuxhaven
Tel.: (04721) 444 784
Fax: (04721) 444 783
E-Mail: peleikis@t-online.de

Geschäftsführer:
Pfr. Andreas **Siemens**
Nikolaistraße 14
49152 Bad Essen
Tel.: (05766) 81-107 (dienstl.)
(05472) 981 796 (priv.)
(05472) 2195 (Pfarramt)
Mobil: (0173) 6 050 761
E-Mail: Andreas.Siemens@evlka.de

Stellvertr. Geschäftsführer:
Dipl.-Theol. Pfr. Markus **Lesinski**
Im Sieksfeld 19
OT Arnum
30966 Hemmingen
Tel.: (0171) 3 184 995
E-Mail: Marlesi02@yahoo.de

Kassenführer:
Kirchenamtmann Stefan **Schlotz**
Sudetenstr. 44 a
31224 Peine
Tel.: (0511) 1 241 249 (dienstl.)
E-Mail: Stefan.Schlotz@evlka.de

Stellvertr. Kassenführer:
Kirchenamtsrat i. R.
Friedrich **Korden**
Badenstedter Str. 15
30449 Hannover
Tel.: (0511) 446 969

Beratendes Vorstandsmitglied:
OLKR i. R. Dr. Axel **Elgeti**
Löwenstr. 20
30175 Hannover
Tel.: (0511) 283 060

Evang. Kreditgenossenschaft (EKK)
616 044 (BLZ 250 607 01)

6.
Martin-Luther-Bund in Hessen (gegr. 1865)

1. Vorsitzender:
Pfr. Henning **Gebhardt**
Am Hasenberg 18
29320 Hermannsburg

Stellvertr. Vorsitzender:
Pfr. Hartmut **Schmidtpott**
Am Pfarrhaus 4
35274 Kirchhain-Großseelheim
Tel.: (06422) 1650 (d)
(06422) 850 747 (p)
E-Mail:
pfarramt.grossseelheim@ekkw.de

Ehrenvorsitzender:

Dekan i. R. KR Rudolf **Jockel**
Siedlungsstr. 6
35282 Rauschenberg
Tel.: (06425) 509

Beisitzer:

Dekan i. R. KR Dr. Rolf **Sauerzapf**
Schartenbergstr. 18
34128 Kassel
Tel./Fax: (0561) 63 986

Pfr. Eckart **Veigel**
Zum Berggarten 27
34130 Kassel
Tel.: (0561) 7 398 196

Geschäftsführer:
Rentamtsleiter Jörn **Kring**
Auf der Burg 2
35066 Frankenberg
Tel.: (06451) 71 943-17
E-Mail:
kring.kra.frankenberg@ekkw.de

Ev. Kreditgenossenschaft Kassel
0 002 810 (BLZ 520 604 10)
Martin-Luther-Bund in Hessen

7. Martin-Luther-Bund in Lauenburg (Lbg. Gotteskasten, gegr. 1857)

Vorsitzender:
Pastor Martin **Jürgens**
Hauptstr. 20
23899 Gudow
Tel.: (04547) 707 785
(04547) 291
Fax: (04547) 707 784
E-Mail: sumapfarrer@web.de

Stellvertr. Vorsitzender:
Pastor i. R. Peter **Helms**
Dorfstr. 38
19246 Lassahn
Tel.: (038858) 22 863

Kassenführerin:
Margarethe **Goebel**
Schulstr. 1
23879 Mölln
Tel.: (04542) 6097

Schriftführer (kommissarisch):
Reinhard **Meike**
Schulstr. 36
23899 Gudow

Vertreter des Kirchenkreisvorstandes:
Jürgen **Holst**
Parkstr. 6
23899 Gudow
Tel.: (04547) 643
E-Mail:
Juergen.B.H.Holst@t-online.de

Beisitzer:
Pastor Joachim **Kurberg**
Kirchweg 4
21039 Börnsen

Hans Jürgen **Warncke**
Herrenschlag 11
23879 Mölln

Kreissparkasse Büchen/Lbg.
2 003 708 (BLZ 230 527 50)

8. Martin-Luther-Bund in Lippe (gegr. 1900)

Vorsitzender:
Pfr. Richard **Krause**
Platanenweg 2
32791 Lage
Tel.: (05232) 4010
Fax: (05232) 63 110
E-Mail:
Krause.Richard@t-online.de

Geschäftsführung:
Sup. Andreas **Lange**
Papenstr. 16
32657 Lemgo
Tel.: (05261) 189 802
E-Mail: sup@nicolai-lemgo.de

Sparkasse Lemgo
24 190 (BLZ 482 501 10)

9. Martin-Luther-Bund in Oldenburg (gegr. 1895)

Vorsitzender u. Kassenführer:
Pfr. i. R. Martin **Frebel**
Hermannstr. 7
49401 Damme
Tel.: (05491) 2102
Fax: (05491) 977 872

OKR Dr. Evelin **Albrecht**
Bümmersteder Tredde 158 a
26133 Oldenburg
Tel.: (0441) 4 851 075
E-Mail: referat5-okr@
ev-kirche-oldenburg.de

Pfr. i. R. Martin **Meyer**
Achterndiek 43
49377 Vechta
Tel.: (04441) 917 151

Landessparkasse zu Oldenburg,
Zweigstelle Damme
071-405 674 (BLZ 280 501 00)

10. Martin-Luther-Bund in Sachsen (gegr. 2004)

Vorsitzender:
OKR Thomas **Schlichting**
Mozartstr. 10
04107 Leipzig
Tel.: (0341) 14 133-0
(0341) 14 133-41
Fax: (0341) 14 133-41
E-Mail: SchlichtingTh@aol.com

1. Stellv. Vorsitzender:
Pfr. Sebastian **Führer**
Dammweg 2
OT Großdrebnitz
01877 Bischofswerda
Tel: (03594) 706 746
E-Mail: sfuehrer@online.de

2. Stellv. Vorsitzender:
Fabian **Löpelt**
Hauptstr. 2
01877 Demitz-Thumitz
Tel.: (0171) 7 239 855
E-Mail: fabianloepelt@gmx.de

Beisitzer:

Pfr. Dr. Jens **Bulisch**
Tröbigauer Str. 5
01877 Schmölln

Bettina **Hanke**
Bienertstr. 49
01187 Dresden

Pfr. Dr. Carsten **Rentzing**
Barbara-Uthmann-Ring 157/158
09456 Annaberg-Buchholz

Kreissparkasse Bautzen
1 000 016 206 (BLZ 855 500 00)

11.
Martin-Luther-Bund in Schaumburg-Lippe (gegr. 1987)

Vorsitzender:
Pastor Reinhard **Zoske**
Bergkirchener Str. 30
31556 Wölpinghausen
Tel.: (05037) 2387
Fax: (05037) 5039
E-Mail: rz2000@t-online.de

Stellvertretender Vorsitzender:
Dr. Michael **Winckler**
Kurfürstenstr. 4
32423 Minden
Tel.: (0571) 20 577
Fax: (0571) 85 937

Schatzmeisterin:
Angelika **Fehrmann**
Landeskirchenamt
Herderstr. 27
31675 Bückeburg
Tel.: (05722) 96 015
E-Mail: LKA-Bueckeburg@t-online.de

Beisitzer:

Pastor Josef **Kalkusch**
Holztrift 1
31553 Sachsenhagen
Tel.: (05725) 333
Fax: (05725) 915 003
E-Mail: kalkusch@t-online.de

Pastor Heinz **Schultheiß**
Pastor-Mensching-Weg 8
31675 Bückeburg
Tel.: (05722) 4465
Fax: (05722) 4401

Landeskirchenkasse,
Volksbank Bückeburg
50 477 700 (BLZ 255 914 13)

Sparkasse Schaumburg
320 204 860 (BLZ 255 514 80)

12.
Martin-Luther-Bund in Schleswig-Holstein (gegr. 1886)

Vorsitzender:
Pastor Gunnar **Berg**
Föhrer Weg 7
25917 Leck
Tel.: (04662) 884 447
Fax: (04662) 884 715
Mobil: (0172) 4 568 451
E-Mail: berg.gunnar@yahoo.de

2. Vorsitzende:
Pastorin Maike **Bendig**
Via Francesco Nullo 10/17
16147 Genua
ITALIEN
Tel.: (0039) (010) 3 776 446
E-Mail: m.bendig@web.de

Schriftführerin:
Pastorin Birgit **Mahn**
Am Markt 22
25541 Brunsbüttel
Tel.: (04852) 6333
E-Mail: birgitmahn@gmx.de

Kassenführerin:
Martje **Berg**
Spierling 1
25917 Stadum
Tel.: (04662) 881 790
E-Mail: tante-berg@foni.net

Beisitzer:
Pastor em. Peter **Rechel**
Ollnsstr. 124
25336 Elmshorn
Tel.: (04121) 4 916 947

Evang. Darlehensgenossenschaft Kiel
24 570 (BLZ 210 602 37)

13.
Martin-Luther-Bund in Württemberg e.V. (gegr. 1879)

E-Mail: martin_luther_bund_wuerttemberg@yahoo.de

Vorsitzender:
Dekan i. R. Hartmut **Ellinger**
Lieschingstr. 12
70567 Stuttgart
Tel.: (0711) 78 260 781
Mobil: (0172) 9 203 050
E-Mail: hartmut.ellinger@gmx.net

Stellvertr. Vorsitzender:
Pfr. i. R.
Dr. Gottfried H. **Rothermundt**
Geislinger Str. 19
73312 Geislingen-Türkheim
Tel.: (07331) 43 768
Fax: (07331) 947 368
E-Mail: nusseroth.ge@t-online.de

Geschäftsführer:
Pfr. Johannes **Oesch**
Th.M./Princeton
Kirchstr. 10
71404 Korb i. Remstal
Tel.: (07151) 31 433
Fax: (07151) 34 797
E-Mail: johannes.oesch@arcor.de

Schriftführer:
Pfr. Dieter **Ebert**
Bretzfelder Str. 19
74626 Bretzfeld-Adolzfurt
Tel.: (07946) 2201
E-Mail:
Ebert-KG-Adolzfurt@t-online.de

Kassenführer:
Eberhard **Vollmer**
Heerstr. 17
72141 Walddorfhäslach
Tel.: (07127) 18 703
E-Mail:
Eberhard.Vollmer@zugbus-rab.de
ae.vollmer@gmx.de

Postbank Stuttgart
13 800-701 (BLZ 600 100 70)

Landesbank Baden-Württemberg
2 976 242 (BLZ 600 501 01)

Evang. Kreditgenossenschaft Stuttgart
416 118 (BLZ 600 606 06)

14.
Martin-Luther-Bund in der Nordelbischen Ev.-Luth. Kirche

Der Martin-Luther-Bund in der NEK ist eine Arbeitsgemeinschaft der drei im Raum der Nordelbischen Ev.-Luth. Kirche tätigen Gliedvereine des MLB (MLB in Hamburg, MLB in Lauenburg, MLB in Schleswig-Holstein).

Geschäfts-/Rechnungsführerin:
Hannelore **Lay**
Poppenbüttler Stieg 39
22339 Hamburg
Tel.: (040) 5 394 940
E-Mail: H.Lay@hamburg.de

Evang. Darlehensgenossenschaft Kiel 11 045 (BLZ 210 602 37)

IV. AUSLÄNDISCHE GLIEDVEREINE

BRASILIEN

1.
Comunhão Martim Lutero

Präsident:
Pastor Dr. Osmar **Zizemer**
Rua Erwin Manzke, 5705
Vila Itoupava
89095-400 Blumenau/SC
BRASILIEN

Vizepräsident:
Pastor Dr. Henrique **Krause**
Caixa Postal 02
89120-000 Timbó
BRASILIEN

1. Schriftführerin:
Denise Goldacker **Graef**
Rua José Joos, 159
89063-150 Blumenau/SC
BRASILIEN

2. Schriftführerin:
Diác. Regina **Krauser**
Caixa Postal 7101
89239-970 Pirabeiraba-Joinville/SC
BRASILIEN

1. Schatzmeister:
Pastor Egberto **Schwanz**
Caixa Postal 1072
89239-970 Jaraguá do Sul/SC
BRASILIEN

2. Schatzmeister:
Pastor Anildo **Wilbert**
Caixa Postal 28
89251-970 Jaraguá do Sul/SC
BRASILIEN

Geschäftsführer/Geschäftsstelle:
Pastor em. Friedrich **Gierus**
Caixa Postal 6390
89068-970 Blumenau/SC
BRASILIEN
Tel.: (+55) (47) 3 371 110
E-Mail: cml@centrodeliteratura-ieclb.com.br

Konto: Caixa Econômica Federal 442/6 (BLZ 2374)

CHILE

2.
Fundacion Luterana de Chile

Präsident:
Joachin **Barentin**
Avda. Lota 2330
Providencia
Casilla 16067
Santiago 9
CHILE
Tel./Fax: (+562) 2 313 913
E-Mail: redentor@chilesat.net

FRANKREICH

3.
Société Evangélique Luthérienne de Mission Intérieure et Extérieure d'Alsace et de Lorraine

Präsident:
M. le Pasteur
Hans **Barth**
12, rue des Cigognes
67330 Neuwiller-les-Saverne
FRANKREICH
Tel.: (+33) 388 700 019
Fax: (+33) 388 700 577
E-Mail: h.barth@wanadoo.fr

4.
Association Générale de la Mission Intérieure de Paris

Präsident:
José **Bliek**
23, avenue de l'abreuvoir
78170 La Celle St Cloud
FRANKREICH

Generalsekretärin:
Pasteur Caroline **Baubérot**
121, rue de la République
94360 Bry-sur-Marne
FRANKREICH
E-Mail: cbauberot@free.fr

Büro:
22, rue des Archives
75004 Paris
FRANKREICH
Tel.: (+33) (1) 42 724 984
E-Mail: agmi2@wanadoo.fr

NAMIBIA

5.
Evangelisch-Lutherische Kirche in Namibia (DELK) – ELKIN (DELK)

Bischof Erich **Hertel**
P. O. Box 233
Windhoek
NAMIBIA
Tel.: (+264) (61) 224 294
Fax: (+264) (61) 221 470
E-Mail: delk@namibnet.com
Website: www.elkin-delk.org

NIEDERLANDE

6.
Luther Stichting

Vorsitzende:
Drs. Perla K. A. **Akerboom-Roelofs**
Groesbeekseweg 64
6524 DG Nijmegen
NIEDERLANDE
Tel.: (+31) (24) 3 238 024
Fax: (+31) (24) 3 608 108
Mobil: (+31) 623 258 114
E-Mail:
perlaakerboom@hotmail.com

Geschäftsleiter:
Jibbo H. **Poppen**
Berkenlaan 25
9678 RT Westerlee
NIEDERLANDE
Tel./Fax: (+31) (597) 416 399
Mobil: (+31) 620 016 874
E-Mail: jibbo@planet.nl

Kassenführer:
Drs. J. B. **Val**
Hoogstraat 4
4285 AH Woudrichem
NIEDERLANDE
Tel.: (+31) (183) 304 586
E-Mail: jb@val.nl

Postbank rek. nr. 2 650 968
t. n. v. Luther Stichting, Woudrichem

ÖSTERREICH

7.
Martin-Luther-Bund in Österreich (gegr. 1960)

1. Bundesleitung:

Bundesobmann:
Pfr. Mag. D. Pál **Fónyad**
Wenzel Frey-Gasse 2
2380 Perchtoldsdorf
ÖSTERREICH
Tel.: (+43) (1) 8 692 547-11
Fax: (+43) (1) 8 692 547-15
E-Mail: mlboebo@gmx.at

Bundesobmannstellvertreter:
N. N.

Bundesgeschäftsführer:
Diakon i. R. Günter **Winterbauer**
Sevcikgasse 23 c
1230 Wien
ÖSTERREICH
Tel.: (+43) (1) 6 996 670
Mobil: (+43) (676) 7 419 759
E-Mail: mlb-wint@gmx.at

Bundesschatzmeisterin:
Rosalia **Kaltenbacher**
Sevcikgasse 23 c
1230 Wien
ÖSTERREICH
Tel.: (+43) (1) 6 996 670
Mobil: (+43) (676) 7 419 759
E-Mail: r.kaltenbacher@gmx.at

2. Bundesvorstand:

Die Mitglieder der Bundesleitung (s. o.) und

Bischof Prof. Dr. Michael **Bünker**
Severin-Schreiber-Gasse 3
1180 Wien
ÖSTERREICH
Tel.: (+43) (1) 4 791 523-26
Fax: (+43) (1) 4 791 523-10
E-Mail: bischof@okr.evang.at

Generalsekretär
Pfr. Dr. Rainer **Stahl**
Fahrstr. 15
91054 Erlangen
Tel.: (09131) 78 70-0
Fax: (09131) 78 70-35
E-Mail:
gensek@martin-luther-bund.de

und die Diözesanobmänner:

Burgenland:
Pfr. Mag. Otto **Mesmer**
7501 Siget i. d. Wart
ÖSTERREICH
Tel.: (+43) (3352) 33 335
Mobil: (+43) (664) 4 756 535
E-Mail: evab.siget@aon.at

Kärnten:
Pfr. Siegfried **Lewin**
Fischertratten 4
9853 Dornbach
ÖSTERREICH
Tel./Fax: (+43) (4732) 2085

Niederösterreich:
Pfr. Mag. D. Pál **Fónyad** (s. o.)

Oberösterreich:
Pfr. Mag. Ortwin **Galter**
Niedermayrweg 5 a
4040 Linz
ÖSTERREICH
Tel.: (+43) (732) 750 630-14
Fax: (+43) (732) 750 630-16
E-Mail: mlbooe@gmx.net

Salzburg und Tirol:
Pfr. Mag. Bernhard **Groß**
Technikerstr. 50
6020 Innsbruck
ÖSTERREICH
Tel./Fax: (+43) (512) 2874-32
E-Mail: b.gross@utanet.at

Steiermark:
N. N.

Wien:
Pfarrerin Mag.
Dorothea **Haspelmath-Finatti**
Erzherzog-Karl-Str. 145–147
1220 Wien
ÖSTERREICH
Tel.: (+43) (1) 2 822 140
Fax: (+43) (1) 2 822 140-4
E-Mail: evang.donaustadt@aon.at

Postscheckkonto:
PSK Wien 7.824.100 (BLZ 60 000)
BIC: OPSKATWW,
IBAN: AT746000000007824100

SCHWEIZ

8.
Martin-Luther-Bund in der Schweiz und im Fürstentum Liechtenstein

Präsident (bis April 2008):
E. Henry **Newman**
81 Villiers Rd
Walmer
Port Elizabeth 6070
SÜDAFRIKA
Tel: (+41) 445 863 311
Fax: (+27) 86 6 143 885
E-Mail: mlb.ch@gmx.ch

Vizepräsident:
N. N.

Beisitzer:

Dr. Gerd **Stricker**
Johannisburgstr. 16
8700 Küsnacht
SCHWEIZ
Tel: (+41) (0) 433 222 244
Fax: (+41) (0) 433 222 240
E-Mail: gvstricker@vtxmail.ch

Dr. Jutta **Busch**
Holbeinstr. 77 a
4051 Basel
SCHWEIZ
Tel.: (+41) (0) 612 816 469

Werner H. **Dörfel**
Aumattstr. 122
4153 Reinach BL
SCHWEIZ
Tel: (+41) (0) 617 112 730
E-Mail: wernerdfl@intergga.ch

Kassenführer:
Torsten **Lüddecke**
Stockmattstr. 10
5400 Baden
SCHWEIZ
Tel: (+41) (0) 56 795 935 251
E-Mail: torsten.lueddecke@power.alstom.com

1. Schriftführer (bis April 2008):
Günter **Klose**
Mühlerain 15
3210 Kerzers
SCHWEIZ
Tel.: (+41) (0) 317 556 942
E-Mail: kloseguenter@bluewin.ch

2. Schriftführer/Adressen und Versand:
Günter **Schulz**
In der Schwerzi 58
8617 Mönchaltorf
SCHWEIZ
Tel.: (+41) (0) 449 481 413

Obleute für die Gemeinden:

Basel:
Dr. Jutta **Busch** (s. o.)

Bern:
Günter **Klose** (s. o.)

Vaduz:
Pfarrerehepaar
Catharina und Hartwig **Janus**
Eggasweg 10
9490 Vaduz
FÜRSTENTUM LIECHTENSTEIN
Tel.: (+423) 2 322 515

Zürich:
N. N.

Schwedischer Regionalverband:
N. N.

Postkonto:
Martin-Luther-Bund
8057 Zürich
Nr. 80-5805-5

SLOWAKEI

9.
Spolok Martina Luthera

Vorsitzender:
Pfarrer Mg. Ondrej **Petkovský**
Košeca 754
018 64 Košeca
SLOWAKEI
Tel.: (+421) (42) 4 468 195
E-Mail: petkovsky@petkovsky.com

SÜDAFRIKA

10.
Evangelisch-Lutherische Kirche im Südlichen Afrika (N-T)

Leiter:
Bischof Dieter **Lilje**
P. O. Box 7095
1622 Bonaero Park
SÜDAFRIKA
Tel.: (+27) (11) 973-1851
Fax: (+27) (11) 395-1862
E-Mail: liljed@elksant.co.za

Sekretariat (Heidi Hartung):
elksant@elksant.co.za

Studentenleiter und Dozent:
Pastor Georg **Scriba**
11 Thorngate Road
Hayfields
3201 Pietermaritzburg
SÜDAFRIKA
Tel.: (+27) (33) 260-6067
Fax: (+27) (33) 260-6069
E-Mail: scriba@nu.ac.za

Geschäftsführer:
Erwin **Dedekind**
P. O. Box 7095
1622 Bonaero Park
SÜDAFRIKA
Tel.: (+27) (11) 973-1851
Fax: (+27) (11) 395-1862
E-Mail: erwinded@hixnet.co.za

TSCHECHIEN

11.
Lutherova společnost (Luthergesellschaft)

www.luther.cz

V Jirchářích 152/14
110 00 Praha 1 – Nové Město
TSCHECHISCHE REPUBLIK
E-Mail:
martin@luther.cz

Konto:
Nr. 193 849 608/0300
CSOB, Jungmannova 15, Praha 1
BIC: CEKOCZPP
IBAN:
CZ 1 803 000 000 000 193 849 608

12.
Vereinigung Martin Luther in der Tschechischen Republik (Teschen)

Na nivách 7
73701 Český Těšín
TSCHECHISCHE REPUBLIK

Vorsitzender:
Pfr. Martin **Piętak**, Th. D.
Soubezna 1163/6
73535 Horni Sucha
TSCHECHISCHE REPUBLIK
Tel.: (+420) 596 426 342
E-Mail: martin.pietak@centrum.cz

UNGARN

13.
Luther-Bund in Ungarn

Präsidenten:

Rektor Prof. Dr. András **Reuss**
Rózsavölgyi köz 3
1141 Budapest
UNGARN
Tel.: (+36) (1) 3 636 451 oder
(+36) (1) 3 834 537
Fax: (+36) (1) 3 637 454
Tel.: (+36) (1) 3 594 612 (priv.)

Prof. Dr. Tibor **Fabiny** jun.
Reviczky ut. 58/B
2092 Budakeszi
UNGARN
Tel.: (+36) (23) 450 773

Vizepräsidenten:

Militärbischof Pál **Lackner**
Amt des Evangelischen Militärbischofs
Muraközi utca 17
1025 Budapest
UNGARN
Tel.: (+36) (1) 3 450 253
Fax: (+36) (1) 3 450 254
Mobil: (+36) (30) 8 150 718
(+36) (20) 8 244 616
E-Mail: pal.lackner@lutheran.hu
lacknerp@freemail.hu

András **Wiszkidenszky**
Robogó utca 19
1172 Budapest
UNGARN
Tel.: (+36) (1) 2 564 905

Geschäftsführer:
Pfr. Rezsö **Weltler**
Peterfy S. u. 5
9025 Győr
UNGARN
Tel.: (+36) (96) 524 902
Fax: (+36) (96) 550 689

Bankkonto:
Halaszi Takarek Győr
Nr. 58 600 324-11 127 240

V. ANGESCHLOSSENE KIRCHLICHE WERKE

1.
Gesellschaft für Innere und Äußere Mission im Sinne der lutherischen Kirche e. V., Neuendettelsau (gegr. 1849)

www.gesellschaft-fuer-mission.de

Geschäftsstelle:
Christian-Keyßer-Haus
Missionsstr. 3
91564 Neuendettelsau
Tel.: (09874) 68 934-0
Fax: (09874) 68 934-99
E-Mail:
info@gesellschaft-fuer-mission.de

1. Vorsitzender:
Pfr. Detlev Graf **von der Pahlen**
Schottenanger 13
97082 Würzburg
Tel.: (0931) 417 894
Fax: (0931) 417 896

2. Vorsitzender:
Pfr. Albrecht Immanuel **Herzog**
Missionsstr. 3
91564 Neuendettelsau
Tel.: (09874) 68 934-0
Fax: (09874) 68 934-99

2.
Luther-Akademie Sondershausen-Ratzeburg e. V.

www.luther-akademie.de

Geschäftsstelle:
Domhof 34
Postfach 1404
23904 Ratzeburg
Tel.: (04541) 3757
Fax: (04541) 802 363
E-Mail: info@luther-akademie.de

Präsident:
Bischof Dr. Hans Christian **Knuth**
Plessenstr. 5 a
24837 Schleswig
Tel.: (04621) 22 056
Fax: (04621) 22 194
E-Mail: bischofskanzlei-sl@nordelbien.de

Vizepräsident:
Prof. Ph. D. Bo Kristian **Holm**
Praestager 197
Lisbjirg
8200 Århus
DÄNEMARK
E-Mail: bh@teo.au.dk

Vorsitzender des Kuratoriums:
Prof. em. Dr. Oswald **Bayer**
Kurhausstr. 138
53773 Hennef
Tel.: (02242) 918 951

Sekretär:
Pastor Dr. Jan Jackisch
(Adresse s. Geschäftsstelle)

3.
Kirchliche Gemeinschaft der Evang.-Luth. Deutschen aus Rußland e.V.

Geschäftsstelle:
Geschäftsführer Viktor **Naschilewski**
Am Haintor 13
Postfach 210
37242 Bad Sooden-Allendorf
Tel.: (05652) 4135
Fax: (05652) 6223
E-Mail: kg-bsa@web.de

1. Vorsitzender:
Eduard **Lippert**
Am Steinkamp 3
38547 Calberlah

2. Vorsitzender:
Ernst **Schacht**
Kreuzriethe 1
31234 Edemissen-Abbensen

Ehrenvorsitzender:
Pastor Siegfried **Springer**
Freiherr-v.-Stein-Str. 1
37242 Bad Sooden-Allendorf

Beisitzer:

Artur **Axt**
Lothringer Weg 42
33102 Paderborn

Leonhard **Maisner**
Ina-Seidel-Weg 8
72336 Balingen

Eduard **Penner**
Wacholderweg 28
38547 Calberlah

Alexander **Schacht**
Dahlienweg 8
64291 Darmstadt

Alexander **Schachtmaier**
Zum Kampe 19
38524 Sassenburg

Evang. Kreditgenossenschaft Kassel
2119 (BLZ 520 604 10)

VI. WERKE IN ARBEITSVERBINDUNG MIT DEM MARTIN-LUTHER-BUND

1.
Diasporawerk in der Selbständigen Ev.-Luth. Kirche – Gotteskasten – e.V.

Vorsitzender:
Sup. Volker **Fuhrmann**
Junkerburg 34
26123 Oldenburg
Tel.: (0441) 31 306
Fax: (0441) 3 845 442
E-Mail: Oldenburg@selk.de

Stellvertr. Vorsitzender:
Prof. Dr. Werner **Klän**
Altkönigstr. 150
61440 Oberursel
Tel.: (06171) 912 761
Fax: (06171) 912 770
E-Mail: werner.klaen@gmx.de

Geschäftsführer:
Dietmar **Rumpel**
Berliner Allee 34
59425 Unna-Königsborn
Tel.: (02303) 60853
E-Mail: Dietmar.Rumpel@gmx.de

Kassenführerin:
Betriebswirtin Birgit **Förster**
Finkengasse 8
45731 Waltrop
Tel.: (02309) 79 802

Beisitzer:

Pastor Bernd **Albrecht**
Dorfstr. 1
Jabel
16909 Heiligengrabe
Tel.: (03394) 433 563

Ingeborg **Böhm**
Flughafenstr. 4 a
44309 Dortmund
Tel.: (0231) 698361

Pfarrer i.R. Dankwart **Kliche**
Am Hilgenbaum 12
44269 Dortmund
Tel.: (0231) 4555173

Pastor i. R. Siegfried **Matzke**
Straße der Jugend 61 d
02906 Klitten
Tel.: (035895) 56768

Dietmar **Rumpel**
(s.o.)

Dipl.-Religionspäd. Eva **Wiener**
Brandenburger Str. 63
61348 Bad Homburg
Tel.: (06172) 732 656

Postbank Dortmund
109 250-467 (BLZ 440 100 46)

2.
An Eaglais Liútarach in Éirinn
Evangelisch-Lutherische Kirche in Irland
The Lutheran Church in Ireland

www.lutheranireland.org

Pastors Corinna and
Dr. Joachim **Diestelkamp**
Lutherhaus
24 Adelaide Road
Dublin 2
IRLAND
Tel./Fax: (+353) (1) 6 766 548
E-Mail:
lutheranchurch@eircom.net

Anschriften der Autoren

Dr. Dick Akerboom
Groesbeekseweg 64
6524 DG Nijmegen
NIEDERLANDE

Professor Ph. D. Kenneth G. Appold
Princeton Theological Seminary
Department of History
110 Stockton Street
Princeton, NJ 08542-0803
USA

Professor Dr. h. c. Jerzy Buzek
ul. 3 Maja 17/3
40-097 Katowice
POLEN

Hauptanwalt Friedrich Gunesch
Landeskonsistorium
Strada General Magheru 4
550185 Sibiu-Hermannstadt
RUMÄNIEN

Professor Dr. Nelson Kirst
Escola Superior Teologia
Caixa Postal 14
93001-970-São Leopoldo-RS
BRASILIEN

Generalbischof Dr. Miloš Klátik
Strecnianska 15
85105 Bratislava V - Petrzalka
SLOWAKEI

Professor Dr. Marc Lienhard
17, rue de Verdun
67000 Strasbourg
FRANKREICH

Professor Dr. András Reuss
Gyöngyösi utca 17.V.17
1131 Budapest
UNGARN

Oberkirchenrat i. R.
Dr. h. c. Claus-Jürgen Roepke
Irminfriedstr. 19
82166 Gräfelfing

Dr. Rainer Stahl
Fahrstr. 15
91054 Erlangen

Rektor Dr. Anton Tikhomirov
Theol. Seminar der ELKRAS
P. O. Box 8
53501 Lappeenranta
FINNLAND

Regionalbischof
Dr. Hans-Martin Weiss
Liskircherstr. 17
93049 Regensburg

Dr. Andreas H. Wöhle
Uiterwaardenstraat 306 II
1079 DB Amsterdam
NIEDERLANDE